JN311155

葛野尋之
Kuzuno Hiroyuki

刑事司法改革と
刑事弁護

現代人文社

刑事司法改革
と
刑事弁護

はじめに

　本書は、裁判員制度、現在なお進行中の刑事司法改革、そして被疑者・被告人の弁護人の援助を受ける権利、とくに接見交通権をめぐる問題について、私がこれまでに発表してきた論文を収めたものである。これらの問題については、前著『未決拘禁法と人権』においてもいくらか論じたところであるが、本書においては、より具体的な問題、あるいはより具体的な改革構想を検討の対象としている。

　また、刑事司法改革をめぐっては、公訴提起における嫌疑基準、検察官の訴追裁量権行使のあり方など、近時、改革課題として必ずしも十分に認識されることのなかった問題についても論じたところがある。これらは、刑事手続の日本的特色としての「精密司法」を構成する本質的要素であるが、知的障碍を有し、あるいは高齢な被疑者の「入口支援」、若年成人についての検察官の処遇選別という構想など、アクチュアルな問題とも強い関連を有している。

　裁判員制度については、改革の規模が大きいだけに、始動間もない時期から現在に至るまでのあいだにも、実務の運用はいくらかの変化を示している。また、被疑者取調べの録音・録画、証拠開示など、「新時代の刑事司法改革」の諸課題についても、その具体的内容は、時期によって違いをみせている。そのことから、本書所収の論攷の対象が、現在の制度や実務の運用、改正案などとはいくらか異なっている場合もあるが、基本的な点においては、大きな違いがないように思われる。本書各章のもとになった論攷発表後に生じた理論的問題、あるいは実務の運用の変化であって、とくに言及しておきたい点については、各章の末尾に、「付記」として補足した。それらについての本格的検討は、今後の課題としたい。

　本書において、被疑者・被告人の弁護人の援助を受ける権利を、しばしば「弁護権」と言い換えているが、これは、防御の主体としての中心は弁護人であるということを含意していない。防御の主体は、あくまでも被疑者・被告人自身である。弁護人は、刑事手続において被疑者・被告人の主体性と参加が保障され、それらが具体化するように、被疑者・被告人に対して効果的な法的援助を提供する役割を負っている。弁護人がこのような役割を十分に果たし、それ

によって被疑者・被告人の主体性と参加が確保されてこそ、刑事手続の基本構造たる当事者主義は実質化する。当事者主義が真実の発見という目的に寄与しうるのは、このときである。このことを確認しておきたい。

　本書は、「補論」として、犯罪には至らない社会的迷惑行為に対する行政的規制と刑事的規制とを結合させた「ハイブリッド型規制」について、適正手続の保障という観点から検討した論攷を収めている。本書のタイトルである「刑事司法改革」や「刑事弁護」に直接の関連性は薄いものの、このような規制方式をどのように理解し評価するかは、これからの刑事司法のあり方を考えるうえで重要課題となりうると考えたからである。

　本書が一橋大学大学院法学研究科選書として出版されることを、嬉しく思う。刺激的でありながら、落ち着いた研究環境を提供していただいている一橋大学の先輩や同僚の皆様に、深く感謝する。さらには、授業中の対話、授業後の質問、ゼミでの報告・討論、論文構想の検討など、学生・院生諸氏とのやりとりは、研究の着想を得たり、考えを深めるための恰好の機会となった。また、いくつかの現実の訴訟をめぐって、弁護団に所属する弁護士の方々とともに考え、議論する機会も与えられた。このような機会を通じて得たものが、本書のなかに具体化している。これらの方々に、御礼申し上げる。本書の出版にあたっては、現代人文社・北井大輔氏に編集を担当していただき、表記などについて、的確な御助言をいただいた。感謝申し上げる。

2016年1月

葛野尋之

目次

はじめに　ii
初出一覧　xvi

序　章　　　　　　　　　　　　　　　　　　　　　　　　　　　　　　　1
裁判員制度と刑事司法改革
1. 問題設定 1
2. 裁判員制度の目的 3
   (1) 裁判員制度と民主主義　3
   (2) 裁判員制度とより適正・公正な裁判　4
   (3) 裁判員制度と公判中心主義の再生　5
3. 刑事手続の構造改革 7
   (1) 精密司法とその構造的「ひずみ」　7
   (2) 精密司法の克服とその理念　8
   (3) 「真相解明」の優位性と構造改革の不徹底　9
4. 裁判員制度と刑事手続の変化 11
   (1) 裁判員制度と公判中心主義　11
   (2) 人証中心の証拠調べの積極化　12
   (3) 裁判員裁判と供述調書の利用　13
   (4) 裁判員制度と捜査・公訴提起のあり方　16
5. 裁判員制度と精密司法の克服 19
   (1) 精密司法の克服と公判中心主義の再生　19
   (2) 刑事手続の構造改革と裁判員制度　21
6. 終章──「新時代」の刑事司法の構築 24

第1章　　　　　　　　　　　　　　　　　　　　　　　　　　　　　　29
裁判員制度における民主主義と自由主義
1. 本章の目的 29

- 2. 最高裁大法廷合憲判決の意義 ……………………………………………30
- 3. 裁判員制度と民主主義 ………………………………………………………32
  - (1) 裁判員制度の民主主義的意義　32
  - (2) 「民主司法のジレンマ」　33
- 4. 裁判員制度と自由主義 ………………………………………………………33
  - (1) 最高裁合憲判決の論理　33
  - (2) 裁判員の職務等と憲法18条の「苦役」　34
  - (3) 市民の健全な社会常識の反映　35
  - (4) 市民参加と裁判官の職権行使の独立　36
- 5. 公判中心主義の再生と新しい刑事手続 …………………………………37
- 6. 結語——裁判員制度と新しい刑事手続 …………………………………39

第2章

少年事件の処遇決定と裁判員裁判 　41

- 1. 少年事件の刑事裁判 ……………………………………………………………41
- 2. 少年事件の処遇決定と市民参加の実質化 ………………………………43
  - (1) 「原則逆送」事件と家裁移送判断　43
  - (2) 家裁移送の抑制に対する疑問　45
  - (3) 市民参加の実質化　48
- 3. 処遇決定の判断資料とその取調べ …………………………………………49
  - (1) 裁判員裁判にともなう問題　49
  - (2) 必要十分な社会調査と少年調査票　50
  - (3) 証拠としての社会記録　52
  - (4) 社会記録の取調べ方法　54
  - (5) 家裁調査官の証人尋問　55
- 4. 結語——裁判員制度の真の目的のためにすべきこと …………………56

第3章

少年事件の裁判員裁判における社会記録の取調べと作成者の証人尋問　61

- 1. 問題の所在と本章の課題 ……………………………………………………61
  - (1) 少年事件の除外提案　61
  - (2) 社会記録の取扱いをめぐる課題　62

(3)　本章の課題　64
2.　証拠としての社会記録 65
　　(1)　社会記録の取調べをめぐる問題　65
　　(2)　社会記録の取調べの必要性　67
3.　社会記録の取調べ 68
　　(1)　社会記録の取調べ範囲と採用方法　68
　　(2)　鑑定書に関する刑訴法321条4項の準用　70
　　(3)　社会記録の取調べ方法　74
4.　社会記録作成者の証人尋問 75
　　(1)　社会記録の取調べと作成者の証人尋問　75
　　(2)　証人尋問の方法　77
　　(3)　社会記録作成者の証人適格と守秘義務　78
　　(4)　少年に対する精神的打撃の防止と作成者に対する尋問方法　81
　　(5)　作成者の証人尋問と社会調査の専門性　82
5.　結語 85

第4章　88

少年事件の刑事裁判と公開原則

1.　公開審理をめぐる問題 88
2.　公開停止の可能性 89
3.　公判期日外の証人尋問 91
4.　ビデオ・リンクによる被告人質問 93
5.　結語 96

第5章　97

公判前整理手続における被告人・弁護人の主張明示義務と自己に不利益な供述の強要

最判平25（2013）・3・18刑集67巻3号325頁をめぐって

1.　事実の概要と決定要旨 97
　　(1)　事実の概要　97
　　(2)　決定要旨　98
2.　本決定の意義 99
3.　立法過程での説明と法令解説 100

- 4. 本決定の判断構造 101
- 5. 予定主張と「不利益な供述」 102
  - (1) 被告人陳述の証拠利用の可能性　102
  - (2) 証拠利用の可能性と「不利益な供述」　104
- 6. 主張明示の義務づけと「強要」 105
  - (1) いわゆる「前倒し論」　105
  - (2) 供述時期決定の自由の保障と防御権　106
- 7. 実質的意味の黙秘権と主張明示義務 108
  - (1) 実質的意味の黙秘権との抵触　108
  - (2) 予定主張に関する陳述からの不利益推認　109
  - (3) 不利益推認と自己負罪拒否特権　110
- 8. 結語 111

第6章　113

高齢者犯罪と刑事手続

- 1. 問題の所在 113
- 2. 高齢者犯罪と刑事手続 113
  - (1) 刑事手続のなかの高齢者　113
  - (2) 高齢犯罪者の福祉的支援のニーズ　114
- 3. 福祉的支援と刑事手続からの離脱 115
  - (1) 刑事司法内での福祉的支援ニーズの充足　115
  - (2) 刑事手続からの早期離脱と福祉的支援　115
- 4. 日本の先進的実践 116
  - (1) 「新長崎モデル」とその広がり　116
  - (2) 刑事弁護人と社会福祉士の連携・協働　116
  - (3) 起訴猶予の積極活用提案　117
- 5. 福祉的支援と起訴猶予のあり方 118
  - (1) 微罪処分および執行猶予をめぐる問題　118
  - (2) 起訴猶予と福祉的支援　119
  - (3) かつての保護観察付起訴猶予（「横浜方式」）　120
  - (4) 福祉的支援の実効性確保と起訴猶予　121
- 6. 刑事手続からの離脱と福祉的支援の課題 122
  - (1) 早期離脱促進の課題　122

(2) 刑事司法と福祉の連携と相互の独立性　123
7. 結語 ………………………………………………………………… 124

第7章

袴田事件第二次再審請求における静岡地裁開始決定の意義
刑事司法改革とも関連させて

1. 袴田事件の経緯と本章の課題 ……………………………………… 126
2. 再審開始要件としての証拠の明白性 ……………………………… 127
　　(1) 再審判例における明白性判断　127
　　(2) 袴田事件第一次再審請求における最高裁決定　129
3. 静岡地裁開始決定 …………………………………………………… 130
　　(1) 開始決定の構成と証拠構造分析　130
　　(2) 新証拠についての明白性判断　131
　　(3) 死刑・拘置の執行停止　133
4. 静岡地裁開始決定の特色と意義 …………………………………… 134
　　(1) DNA鑑定と「疑わしいときは被告人の利益に」原則　134
　　(2) 証拠開示の意義　136
　　(3) 死刑の執行停止にともなう拘置の執行停止　138
5. 刑事司法改革への示唆 ……………………………………………… 141
　　(1) 被疑者取調べの録音・録画　141
　　(2) 通常手続における証拠開示　143
　　(3) 再審請求手続における証拠開示　144
6. 結語 ………………………………………………………………… 147

第8章

被疑者取調べ適正化の現在
その位置と課題

1. 被疑者取調べ適正化と法制審特別部会 …………………………… 149
2. 法制審特別部会「基本構想」 ……………………………………… 150
3. 取調べ適正化と取調べ強度依存からの脱却 ……………………… 151
4. 取調べ適正化の基軸 ………………………………………………… 151

第9章　　　　　　　　　　　　　　　　　　　　　　　　153

被疑者取調べの録音・録画制度

1. 問題の所在と本章の目的 153
2. 録音・録画の目的と義務担保措置 154
   (1) 取調べ適正化と自白の任意性立証　154
   (2) 確実かつ効率的な任意性判断　155
   (3) 義務担保措置としての均衡性　157
3. 録音・録画義務の原則とその例外 158
   (1) 録音・録画義務の除外事由　158
   (2) 「十分な供述」獲得のための例外設定　159
   (3) 除外事由の曖昧さと該当性判断の不確実性　160
   (4) 除外事由の限定と手続保障　161
   (5) 録音・録画義務の履行確保　162
4. 結語——さらなる取調べ改革の起点 163

第10章　　　　　　　　　　　　　　　　　　　　　　　　168

被疑者・被告人の否認・黙秘と罪証隠滅の可能性
否認・黙秘からの推認の合理性と許容性

1. 問題の所在 168
   (1) 法制審特別部会における不一致　168
   (2) 最高裁二決定と本章の課題　169
2. 罪証隠滅の可能性の判断構造 170
   (1) 具体的事情に根拠づけられた高度な現実的可能性　170
   (2) 最高裁二決定とその含意　172
3. 否認・黙秘からの推認の合理性 174
   (1) 推認の合理性と許容性　174
   (2) 自白した場合との対比　174
   (3) 否認・黙秘からの不利益推認　175
4. 否認・黙秘からの推認の許容性 178
   (1) 黙秘からの不利益推認　178
   (2) 不利益推認と供述強要　179
5. 虚偽弁解からの推認の合理性と許容性 181
   (1) 推認の合理性　181

(2)　推認の許容性　183
6.　終章——身体拘束裁判手続の対審化 …………………………… 183

第11章　186

被疑者取調べにおける接見内容の聴取と秘密交通権
福岡高判平23（2011）・7・1判時2127号9頁をめぐって

1. 事実の概要と判決要旨 ……………………………………………… 186
　　(1)　事実の概要　186
　　(2)　判決要旨　187
2. 本判決の意義と背景 ………………………………………………… 189
3. 刑訴法39条1項と接見内容の事後的聴取 ………………………… 191
　　(1)　秘密交通権の意義　191
　　(2)　接見内容の事後的探知の禁止・制限　192
4. 被疑者・被告人の任意供述と秘密交通権 ………………………… 193
　　(1)　被疑者等の任意供述と秘密交通権の要保護性　193
　　(2)　「弁護人の固有権」と秘密交通権の要保護性　194
5. 取調べと秘密交通権の相対化 ……………………………………… 196
　　(1)　取調べと秘密交通権　196
　　(2)　最高裁判例と実質的調整　197
6. 接見内容の記者発表と秘密交通権 ………………………………… 199
　　(1)　秘密保護の必要性の消失可能性　199
　　(2)　弁護人が記者発表した事実の聴取と萎縮的効果　200
　　(3)　弁護人の記者発表と公表事実の聴取　202

第12章　206

身体拘束中の被疑者・被告人との接見、書類・物の授受

1. 問題設定 ……………………………………………………………… 206
2. 弁護人宛信書の秘密保護 …………………………………………… 208
　　(1)　秘密交通権と弁護人宛信書の内容検査　208
　　(2)　拘禁目的阻害の危険情報の社会的流通　210
　　(3)　弁護人による危険情報の選別・遮断　212
3. 接見状況の写真撮影・ビデオ録画 ………………………………… 213
　　(1)　撮影・録画禁止の論理　213

(2)　「接見」としての撮影・録画　214
　　(3)　刑訴法39条2項の「法令」と庁舎管理権　215
　　(4)　撮影・録画禁止の不必要性　216
 4. 接見交通と弁護士倫理 217
　　(1)　誠実義務の限界　217
　　(2)　信書の内容確認　218
　　(3)　危険情報の社会的流通の阻止　220
　　(4)　弁護人における危険情報の認識　222
 5. 結語 224

第13章　　　　　　　　　　　　　　　　　　　　　　　　　226
接見禁止と弁護人宛信書の内容検査

 1. 本章の目的 226
 2. 弁護人宛信書の内容検査 228
　　(1)　刑事被収容者処遇法に基づく内容検査　228
　　(2)　村岡事件控訴審判決　229
 3. 接見禁止潜脱論 231
　　(1)　接見禁止の実質的趣旨とその潜脱　231
　　(2)　第三者への信書交付と弁護人の内容確認　232
　　(3)　弁護人との接見交通と接見禁止　232
 4. 拘禁目的阻害の危険性と信書の内容検査 235
　　(1)　内容検査の実質的根拠　235
　　(2)　弁護人の危険情報選別・遮断機能　236
　　(3)　弁護人の危険情報選別能力　238
 5. 結語 239

第14章　　　　　　　　　　　　　　　　　　　　　　　　　241
接見時の携帯電話使用と弁護士倫理

 1. 本章の目的 241
 2. 過去の懲戒処分決定例 244
　　(1)　懲戒処分の決定理由　244
　　(2)　接見禁止の潜脱と危険情報の社会的流通　245
 3. 被疑者・被告人の潜脱行為と弁護士倫理 246

(1) 被疑者・被告人における法的制限および接見禁止の潜脱　246
  (2) 弁護人における被疑者・被告人の潜脱行為への荷担　248
 4. 携帯電話使用の例外的許容性 ………………………………………… 249
  (1) 防御上の必要性　249
  (2) 外部交通に関する法的制限と接見禁止の実質的根拠　251
  (3) 弁護人の実質的コントロールと危険情報の選別・遮断　252
  (4) 弁護人の補助行為と弁護士倫理、秘密交通権　255
 5. 携帯電話の持込規制と接見状況の職員視察 ……………………………… 256
  (1) 携帯電話の持込み規制　256
  (2) 接見状況の職員視察　258
 6. 結語 ………………………………………………………………………… 259

第15章　261

再審請求人たる死刑確定者と再審請求弁護人との秘密面会
最判平25（2013）・12・10民集67巻9号1761頁をめぐって

 1. 事実の概要と判決要旨 …………………………………………………… 261
  (1) 事実の概要　261
  (2) 判決要旨　261
 2. 本判決の判断構造 ………………………………………………………… 263
 3. 刑訴法の解釈と刑事被収容者処遇法の解釈 …………………………… 263
 4. 秘密面会の利益 …………………………………………………………… 265
 5. 職員立会等の措置をとらないことの相当性 …………………………… 266
  (1) 秘密面会の相対的保障　266
  (2) 職員立会等の必要性　267
 6. 本最高裁判決の射程 ……………………………………………………… 269

第16章　272

上訴取下の有効性を争う手続と弁護権

 1. 問題の所在 ………………………………………………………………… 272
  (1) 問題の背景と本章の課題　272
  (2) 本章の目的　273
 2. 上訴取下の有効性と審理続行申立手続 ………………………………… 274
  (1) 「訴訟能力」と上訴取下能力　274

(2)　上訴取下を無効とした最高裁決定　276
　　(3)　上訴取下の有効性を争う手続　278
　　(4)　上訴取下の特別な重要性　280
3.　裁判を受ける憲法的権利と有効な弁護の保障 ……………………………… 282
　　(1)　審理続行申立手続における有効な弁護の保障　282
　　(2)　裁判を受ける憲法的権利と秘密交通権の保障　284
4.　審理続行申立手続と刑訴法39条1項の準用 ………………………………… 286
　　(1)　刑訴法39条1項の準用をめぐる形式論と実質論　286
　　(2)　審理続行申立手続における申立人の法的地位と刑訴法39条1項の準用　288
　　(3)　訴訟行為能力の証明基準と「疑わしいときは被告人の利益に」　290
5.　上訴取下と弁護人の必要的援助 ……………………………………………… 292
　　(1)　結論　292
　　(2)　上訴取下の有効要件としての弁護人の必要的援助　293

第17章　297
イギリスの刑事弁護

1.　本章の目的と構成 ……………………………………………………………… 297
2.　弁護権の保障 …………………………………………………………………… 298
　　(1)　弁護権保障の歴史的発展　298
　　(2)　捜査手続における弁護権　301
　　(3)　裁判所手続における弁護権　304
3.　刑事法律扶助と当番弁護士制度 ……………………………………………… 306
　　(1)　法律扶助制度の歴史的発展　306
　　(2)　当番弁護士制度　309
　　(3)　現在の法律扶助制度　310
　　(4)　法律扶助の規模と弁護報酬　312
　　(5)　刑事弁護ソリシタ・コール・センター　313
　　(6)　刑事弁護直通電話サービス　314
4.　刑事弁護の担い手と弁護人の役割 …………………………………………… 316
　　(1)　ソリシタとバリスタ　316
　　(2)　弁護の質の確保　317
　　(3)　弁護人の役割　318
5.　結語──イギリス刑事弁護の到達点と課題 ………………………………… 320
　　(1)　弁護権保障の現状と課題　320

(2)　法律扶助制度の現状と課題　　322
　　(3)　当事者主義的刑事手続と弁護人の役割　　324

終　章　　326

刑事弁護の拡大・活性化と接見交通権をめぐる今日的問題
情報通信機器の使用に関連する問題に焦点を合わせて

1. 今日的問題の諸相 326
　　(1)　接見指定制度　　326
　　(2)　接見交通の秘密保護と接見にさいしての情報通信機器の使用　　328
2. 刑事弁護の拡大・活性化と問題の尖鋭化 329
　　(1)　刑事弁護の量的拡大　　329
　　(2)　刑事弁護の活性化　　332
　　(3)　実効的弁護手段の追求と外部交通の厳格な制限との拮抗　　335
3. 竹内事件の事実および法的問題 337
　　(1)　事実の概要および法的論点　　337
　　(2)　一審判決　　339
　　(3)　控訴審判決　　340
4. 写真撮影・録画と刑訴法39条1項の「接見」 342
　　(1)　取得した情報の記録化と「接見」　　342
　　(2)　証拠保全目的の記録化と「接見」　　345
　　(3)　写真撮影を制限する「法令」の不存在　　346
　　(4)　接見交通権の「本質」に及ぶ制限の排除　　346
5. 庁舎管理権、規律等侵害行為と接見交通権 348
　　(1)　刑訴法39条2項と刑事被収容者処遇法117条・113条　　348
　　(2)　刑事被収容者処遇法118条の趣旨と弁護人による写真撮影・録画の禁止　　354
　　(3)　弁護人による写真撮影・録画と収容施設の秩序・安全　　356
　　(4)　写真撮影・録画の禁止措置違反と刑事施設における規律・秩序　　357
6. 結語 359

補　論　　362

社会的迷惑行為のハイブリッド型規制と適正手続

1. 問題設定——ハイブリッド型規制をめぐる法的問題 362
　　(1)　社会的迷惑行為のハイブリッド型規制　　362

(2)　ハイブリッド型規制の利点　　365
　　(3)　本章の課題　　368
2.　欧州人権条約における潜脱禁止法理 369
　　(1)　潜脱禁止法理　　369
　　(2)　3つの判断基準　　371
3.　イギリスの社会的迷惑行為防止命令と潜脱禁止法理 374
　　(1)　社会的迷惑行為とハイブリッド型規制　　374
　　(2)　ASBO決定手続と権利保障　　377
　　(3)　マッキャン事件貴族院判決　　379
　　(4)　マッキャン事件貴族院判決への批判　　382
　　(5)　ASBOとASBO違反行為の処罰との連続性・一体性　　385
4.　ハイブリッド型規制と権利保障のあり方 388
　　(1)　自由権規約のもとでの潜脱禁止法理　　388
　　(2)　行政命令の決定手続と権利保障のあり方　　390
5.　ハイブリッド型規制と刑法の謙抑主義 394

[初出一覧] ＊以下は初出時のタイトルである。

序　章　「裁判員制度と刑事司法改革」法社会学79号 (2013年)
第 1 章　「裁判員制度をめぐる民主主義と自由主義」法律時報84巻 9 号 (2012年)
第 2 章　「少年事件の処遇決定と裁判員裁判」澤登俊雄＝高内寿夫編『少年法の理念』(現代人文社、2010年)
第 3 章　「社会記録の取調べと作成者の証人尋問」武内謙治編著『少年事件の裁判員裁判』(現代人文社、2014年)
第 4 章　「少年事件の刑事裁判と公開原則」刑事法ジャーナル21号 (2010年)
第 5 章　「公判前整理手続における被告人・弁護人の主張明示義務と自己に不利益な供述の強要[最高裁第一小法廷平成25・3・18決定]」判例評論670号 (判例時報2235号) (2014年)
第 6 章　「高齢者犯罪と刑事手続」刑法雑誌53巻 3 号 (2014年)
第 7 章　「袴田事件第二次再審請求における静岡地裁開始決定の意義」浅田和茂＝上田寛＝松宮孝明＝本田稔＝金尚均編『生田勝義先生古稀祝賀論文集――自由と安全の刑事法学』(法律文化社、2014年)
第 8 章　「被疑者取調べ適正化の現在――その位置と課題」法律時報85巻 9 号 (2013年)
第 9 章　「被疑者取調べの録音・録画制度」法律時報86巻10号 (2014年)
第10章　「被疑者・被告人の否認・黙秘と罪証隠滅の可能性――否認・黙秘からの推認の合理性と許容性」自由と正義66巻 3 号 (2015年)
第11章　「検察官による弁護人と被疑者との接見内容の聴取が秘密交通権の侵害にあたり違法とされた事例[福岡高裁平成23・7・1 判決]」判例評論641号 (判例時報2148号) (2012年)
第12章　「身体拘束中の被疑者・被告人との接見、書類・物の授受」後藤昭＝高野隆＝岡慎一編著『実務体系・現代の刑事弁護 (1)――弁護人の役割』(第一法規、2013年)
第13章　「接見禁止と弁護人宛信書の内容検査」石塚伸一＝岡本洋一＝楠本孝＝前田朗＝宮本弘典編著『足立昌勝先生古稀記念論文集――近代刑法の現代的論点』(社会評論社、2014年)
第14章　「接見時の携帯電話使用と弁護士倫理」季刊刑事弁護74号 (2013年)
第15章　「死刑確定者と再審請求弁護人との秘密面会の利益が侵害されたとした事例[最高裁第三小法廷平成25・12・10判決]」新・判例解説Watch (法学セミナー増刊・速報判例解説) 15号 (2014年)
第16章　「上訴取下の有効性を争う審理続行申立手続と弁護権」浅田和茂＝葛野尋之＝後藤昭＝高田昭正＝中川孝博編『福井厚先生古稀祝賀論文集――改革期の刑事法理論』(法律文化社、2013年)
第17章　「イギリスの刑事弁護」後藤昭＝高野隆＝岡慎一編著『現代の刑事弁護 (3)――刑事弁護の歴史と展望』(第一法規、2014年)
終　章　「刑事弁護の拡大・活性化と接見交通権をめぐる今日的問題――情報通信機器の使用に関連する問題に焦点を合わせて」書き下ろし
補　論　「社会的迷惑行為のハイブリッド型規制と適正手続」立命館法学327＝328号 (2010年)

序章　裁判員制度と刑事司法改革

1. 問題設定

　裁判員法が、2009年5月21日に施行されてから4年が経過した。最高裁判所事務総局が2012年12月に発表した『裁判員裁判実施状況の検証報告書』(以下、『検証報告書』)は、施行から約3年、2012年5月31日までの制度運用状況、裁判結果、裁判員の感想などに関するデータを基にして、参加した市民における意識、感覚、生活実態などの面での積極的姿勢、市民一般による裁判結果の受容、制度開始・定着における法曹の側の努力が相俟って、「この3年間裁判員制度は、比較的順調に運営されてきた」と評価している[*1]。公判前整理手続の長期化、裁判員の精神的負担など、重要な問題の指摘があるものの、おおむね順調という評価が、法律実務家のあいだでも、マス・メディアにおいても、ほぼ定着しているといってよい。

　裁判結果をみると、覚せい剤の営利目的国内持込みについて知情性が争われた覚せい剤取締り法違反事件において、知情性を否定し、無罪とした判決が増加したこと、性犯罪における量刑がいくらか厳格化する傾向をみせていること、執行猶予付判決に保護観察が付される割合が増加したことなどを除き、罪責認定においても、量刑においても、目立った変化はないようである。最高裁『検証報告書』によれば、制度施行から2012年5月31日までのあいだに、裁判員裁判の終局人員3,884人のうち、無罪は18人、一部無罪は10人であり、あわせて0.72%に過ぎない。2006年から2008年の裁判官裁判における一部無罪を含む無罪率0.84%とほぼ同じである。100%に限りなく近い有罪率に変化はないのである。

　公判審理については、顕著な変化が指摘されている[*2]。すなわち、公判前整理手続による争点・証拠の整理を踏まえて、罪責認定および量刑にとって必要十分な事実に的を絞った「核心司法」化が進み、集中的な迅速審理が行われる

[*1] 最高裁判所事務総局『裁判員裁判実施状況の検証報告書』〈http://www.saibanin.courts.go.jp/topics/pdf/kensyo_houkokusyo/hyousi_honbun.pdf〉。

なかで、証拠調べにおいては書証中心から人証中心となって、公判審理が活性化した。検察官、弁護人の弁論も、簡潔に要点をついたものとなった。その結果、公判審理が格段に分かり易くなった。公判廷での審理から直接心証を形成することができるという意味において、「目で見て耳で聞いて分かる」審理が実現した。このような変化があるとされる。

　他方、虚偽自白・供述による冤罪事件が相次ぎ、とくに厚労省元局長事件においては、検察の「有罪獲得至上主義」的姿勢が厳しい批判を集めたことなどを契機として、大規模な刑事司法改革が進められようとしている。その主題は、「取調べと供述調書への過度の依存」を克服することであり、法制審・新時代の刑事司法制度特別部会（以下、特別部会）は、取調べの録音・録画の制度化から、被疑者国選弁護人制度の拡大、刑の減免、協議・合意制度および刑事免責制度、通信傍受の拡大と会話傍受の導入、公判廷顕出証拠の真正性を担保する方策、自白事件の簡易迅速な処理手続に至るまで、さまざまな具体的検討課題を提示している。この刑事司法改革は、日本の刑事手続に構造的変化をもたらす可能性を内包している。

　裁判員制度が刑事手続にもたらした、あるいはもたらすべき変化は、広く刑事手続全体のあり方との関連において、どのような意味をもつのか。現在進行中の刑事司法改革は、どのような理念に立って、どのような方向に進んでいるのか、また、進むべきか。さらに、裁判員制度のもたらす変化と「新時代」の刑事司法とは、どのような関係性を有しているのか。裁判員制度のもたらす変化が、必然的に「新時代」の刑事司法の構築につながるのか。本章は、これらについて検討する。

　以下論じるように、裁判員制度は、市民参加によるより適正・公正な刑事裁判の実現を主目的とするが、この目的を達成するためには、公判中心主義の再生が必要とされる。裁判員制度のもと、公判審理の「分かり易さ」が求められ、人証中心の証拠調べが積極化した。しかし、綿密な捜査の徹底とそれに基づく公訴提起の厳選という精密司法の基本的要素は残存しており、そうであ

---

*2　裁判官、検察官、弁護人にほぼ共通の評価といってよい。日本犯罪社会学会編『第39回大会報告要旨集』（2012年）所収の「シンポジウム『裁判員制度は刑事司法をどう変えるか？』」における加藤学（裁判官）、稲川龍也（検察官）、神山啓史（弁護士）の報告要旨参照。このほか、「特集・裁判員制度3年の軌跡と展望」論究ジュリスト2号（2012年）、「特集・裁判員制度と国民参与裁判」刑事法ジャーナル32号（2012年）、「特集・裁判員事件の審理方法」刑法雑誌51巻3号（2012年）所収の諸論攷など参照。

る限り、直接主義・口頭主義を支える基盤はなお脆弱である。公判中心主義の真の再生のためには、精密司法のトータルな克服こそが必要とされる。他方、法制審・特別部会は、公判中心主義の後退と捜査の裁判支配、虚偽自白と誤判、手続の適正さの弛緩という取調べと供述調書への強度の依存に起因する「ひずみ」を指摘した。これらの「ひずみ」は、精密司法に内在する構造的問題であって、その解消のためには、刑事手続の構造改革こそが求められる。両者の課題は、ここにおいて結節する。精密司法が「真相解明」目的に傾斜していたことからすれば、刑事手続の構造改革においては、憲法の適正手続主義こそが指導理念とされなければならず、公訴提起の極度の厳選を見直すことが必須の課題となる。

2. 裁判員制度の目的

(1) 裁判員制度と民主主義

　刑事裁判への市民参加制度には、民主主義的意義と自由主義的意義とがあるといわれてきた。裁判員制度についてもそうである[*3]。

　裁判員法1条は、制度目的として「司法に対する国民の理解の増進と信頼の向上」を規定するのみである。しかし、裁判員制度の目的を民主主義原理から切断して理解することはできないというべきである。市民が刑事裁判という主権の行使に直接参加することは、やはり、国民主権に基づく民主主義原理によってこそ基礎づけられるものであって、裁判員制度は、民主主義原理を具体化したものとして理解すべきである[*4]。しかも、その参加の仕方は、裁判内容に直接影響を与える形でのものである。裁判員制度と民主主義原理との結びつきは、強く深いということができよう。裁判員制度の合憲性を認めた最高裁大法廷判決[*5]も、「裁判員法1条は、制度導入の趣旨について、国民の中から選任された裁判員が裁判官と共に刑事訴訟手続に関与することが司法に対する国民の理解の増進とその信頼の向上に資することを挙げており、これは、この制度が国民主権の理念に沿って司法の国民的基盤の強化を図るものであ

[*3]　この点について、葛野尋之「裁判員制度における民主主義と自由主義」法律時報84巻9号（2012年）参照。
[*4]　後藤昭「裁判員制度と弁護人への期待」日本弁護士連合会編『裁判員裁判における弁護活動』（日本評論社、2009年）9頁。
[*5]　最大判平23（2011）・11・16刑集66巻1号1頁。

ることを示している」と述べている。判決は、裁判員法1条において直接の言及はないものの、この規定が裁判員制度の民主主義的意義を含意するものと理解しているのである。

　もっとも、民主主義原理のみによって裁判員制度を正当化することができないことは、「民主司法のジレンマ」論が説くとおりである。司法の機能は、本来、政治権力や民意の専横から少数者の権利を保護することにあり、とりわけ刑事裁判においては、国家の刑罰権に直面する被疑者・被告人の人権保障こそが、その本質的機能というべきだからである。

(2) 裁判員制度とより適正・公正な裁判

　このような刑事裁判の本質的機能からすれば、刑事裁判への市民参加も、それが被疑者・被告人の人権保障に向けてより適正・公正な裁判の実現に寄与するものであってこそ、正当性を有するというべきであろう。この点について、最高裁大法廷判決は、裁判員法による具体的制度を検討したうえで、「憲法が定める刑事裁判の諸原則の保障は、裁判官の判断に委ねられて」おり、また、「裁判員が、様々な視点や感覚を反映させつつ、裁判官との協議を通じて良識ある結論に達することは、十分期待することができ」るとしたうえで、「公平な『裁判所』における法と証拠に基づく適正な裁判が行われること（憲法31条、32条、37条1項）は制度的に十分保障されている」との結論を導いている。合憲判決としては、憲法に違反しないことを判示すれば足りることもあって、裁判員制度における市民参加が適正・公正な刑事裁判を阻害することはないという消極的判断にとどまっている。

　裁判員制度は、市民に対して裁判員としての職務従事や、裁判員候補者としての裁判所出頭という一定の負担を義務づけるものである。この義務づけが憲法18条の禁止する「苦役」に該当しないかどうかを判断するうえで最も重要なのは、義務づけの必要性・正当性であって、これは制度目的にかかわる問題である。それゆえ、裁判員制度の憲法18条適合性を承認するためには、裁判員制度が刑事裁判の本質的機能をより強化するといえなければならないはずである[*6]。

　これまで、裁判員制度は市民の健全な社会常識を裁判内容に反映させることになり、それによって、より適正・公正な裁判の実現へとつながると指摘されていた。「国民の司法参加の最も重要な目的は、それによってより適切な裁判が実現されるという点にある」とされるところ、「裁判員制度の導入の目

的は、専門性と健全な常識の相互作用を図ることにより、よりよい裁判の実現を目的としている」とされるのである[*7]。市民参加が裁判官の専門性の十全な機能を確保するとする点は注目すべきである[*8]。このとき、「専門性と健全な常識の相互作用」が、どのようにして、より公正・適正な刑事裁判の実現へとつながるのかが問題となる。

　裁判官の職権行使の独立性は、適正・公正な刑事裁判にとって不可欠な裁判官の法的専門性を支える本質的基盤である。市民参加が、「裁判官に対する司法行政権の行使を通じての最高裁判所によるコントロールから裁判を遮断」し、裁判官の職権行使の独立を実質化させるとも指摘されてきた[*9]。裁判員制度は、「裁判所内部の圧力から個々の裁判官を独立させ、裁判の専門合理性が正しく発揮されることを目指すもの」だとされるのである[*10]。

(3)　裁判員制度と公判中心主義の再生

　裁判員制度と適正・公正な刑事裁判との関連性をより具体的に考えるならば、裁判員制度が、それと一体化した刑事手続改革と相俟って、公判中心主義

[*6]　最大判平23（2011）・11・16は、裁判員制度は「国民主権の理念に沿って司法の国民的基盤の強化を図るもの」であって（裁判員法1条）、この目的のための「司法権の行使に対する国民の参加」であることを指摘したうえで、負担の程度・免除事由について具体的に検討し、裁判員の職務などの義務づけが憲法18条の禁止する「苦役」にあたらないとしているが、刑事裁判の本質的機能が被疑者・被告人の人権保障にあることを考えるとき、「司法の国民的基盤の強化」という目的のみから憲法18条適合性を導くことは、説得力を欠くというべきであろう（葛野・注3論文7頁）。

[*7]　土井真一「日本国憲法と国民の司法参加」同編『岩波講座・憲法（4）──変容する統治システム』（岩波書店、2007年）275頁。

[*8]　稗田雅洋「裁判員が参加する裁判の実情と課題──日本の刑事裁判がどう変わったか」刑事法ジャーナル32号（2012年）55頁は、裁判官の立場から、「裁判員と事件について日常的に議論するうちに、裁判官は、国民の多様な視点・考え方に接し、そのような多様な考え方を持つ国民にも理解してもらえるような論理を用いるようになる。逆に、法律家特有の論理、裁判官特有の論理では通用しないことがあることを実感し、改めて、何故これまでそのような論理を用いてきたのか、その理由を問い直し、これをきちんと説明できるようにするし、これができない論理は用いないようになる。……裁判官とのこうした議論を通じて、裁判官自身が、これまで余り疑問を持たなかった法律家特有の論理について、考え直す機会を持つのである。／筆者は、裁判員制度の最大の意義は、裁判員と裁判官のこのような意見交換が日常的に行われる結果、個々の事件に対する検討が深まるとともに、全体としての司法の判断が、国民から理解されやすく、より納得のいくものとなることにあると考えて」いるとする。

[*9]　常本照樹「司法権──権力性と国民参加」公法研究57号（1995年）72頁。

[*10]　宍戸常寿「国民の司法参加の理念と裁判員制度」後藤昭編『東アジアにおける市民の刑事司法参加』（国際書院、2010年）145頁。

の再生をもたらし、直接主義・口頭主義を実質化しうるということに注目すべきであろう。刑事手続の運用が「真相解明」に傾斜した精密司法として現れるなかで、公判中心主義が形骸化し、直接主義・口頭主義から離れた「調書裁判」が定着する一方、被疑者・被告人の防御権の保障が後退してきたからである。100％に限りなく近い有罪率も、精密司法の所産である[*11]。

　大規模な手続改革をともなう裁判員制度の導入は、精密司法の現状を変革し、公判中心主義の再生をもたらしうることが指摘されている。裁判員制度がもたらす変革は広範囲に及ぶものであるが、後藤昭によれば[*12]①直接主義・口頭主義が強化され、裁判所の事実認定が捜査機関の作成した供述証拠に依存することなく（したがって、捜査から独立して）、人証中心の公判廷での証拠調べに基づくものとなること、②裁判員にとって「目で見て耳で聞いて分かる審理」が目指されることにより、裁判の公開原則が実質化し、審理が被告人にとっても意味を理解しやすいものとなること、③過度に仔細にわたる詳細な立証によることなく、公判前整理手続を通じて争点を明確化し、ポイントに焦点を合わせた迅速な審理が可能になること、④被告人の防御の準備に配慮し、また、公判前整理手続により早期に争点・証拠が確定することにより、未決拘禁の運用が厳格化すること、⑤自白の任意性を検証する手段として、取調べの可視化が要求され、任意性の判断自体も厳格化すること、⑥裁判員裁判に付随したものではないにせよ、被疑者国選弁護人制度が導入されたこと、などがあげられる。このほかにも、⑦公判前整理手続における証拠開示の拡大は、被告人の防御権の実質的強化をもたらすことになるであろう[*13]。

　裁判員制度は、これらの諸局面において公判中心主義の再生をもたらし、それによってより適正・公正な刑事裁判の実現に寄与しうるのである。逆に、より適正・公正な刑事裁判の実現において、裁判員制度がその真価を発揮するためには、公判中心主義の再生が必要とされることになる。

[*11] 松尾浩也「刑事裁判と国民参加——裁判員法導入の必然性について」法曹時報60巻9号（2008年）13〜17頁。精密司法について、松尾浩也「刑事訴訟の日本的特色——いわゆるモデル論とも関連して」法曹時報46巻7号（1994年）参照。あわせて、平野龍一「現行刑事訴訟の診断」『団藤重光博士古稀祝賀論文集（4）』（有斐閣、1985年）、石松竹雄『刑事裁判の空洞化』（勁草書房、1993年）参照。
[*12] 後藤昭「刑事司法における裁判員制度の機能」同・注10書96〜105頁。
[*13] 後藤・注4論文4〜5頁。

3. 刑事手続の構造改革

(1) 精密司法とその構造的「ひずみ」

　法制審・特別部会は、2011年6月29日に始まった審議の中間総括として、2013年1月29日の第19回会議において、『時代に即した新たな刑事司法制度の基本構想』(以下、『基本構想』)を取り纏めた。その後、2つの作業分科会が、『基本構想』に沿って具体的検討を進めた。この特別部会は、「近年の刑事手続をめぐる諸事情に鑑み、時代に即した新たな刑事司法制度を構築するため、取調べ及び供述調書に過度に依存した捜査・公判の在り方の見直しや、被疑者の取調べ状況を録音・録画の方法により記録する制度の導入など、刑事の実体法及び手続法の整備の在り方について御意見を承りたい」とする法務大臣諮問を受けて、法制審内に設置されたものである。

　『基本構想』は、その総論部分において、「捜査機関は、被疑者及び事件関係者の取調べを通じて、事案を綿密に解明することを目指し、詳細な供述を収集してこれを供述調書に録取し、それが公判における有力な証拠として活用されてきた」という、刑事司法の運用のあり方を指摘したうえで、このような戦後一貫して継続してきた運用が、「事案の真相究明と真犯人の適正な処罰を求める国民」の支持・信頼を集めてきたとする一方、「それに伴うひずみ」も明らかになったとした。『基本構想』によれば、その「ひずみ」とは、「取調べ及び供述調書への過度の依存」であって、それが「本来公判廷で事実が明らかにされるべき刑事司法の姿を変容させ、取調べを通じて作成された供述調書がそのまま公判廷でも主要な証拠として重視される状況を現出させ、刑事裁判の帰すうが事実上捜査段階で決着する事態となっているとも指摘される」とされた。しかも、「取調べ及び供述調書に余りにも多くを依存してきた結果」、取調官による無理な取調べが行われ、その結果得られた虚偽の自白調書が誤判の原因となり、また、「捜査段階において真相解明という目的が絶対視されるあまり」、手続の適正さが弛緩し、無理な取調べが許される「構造」となっているとの指摘もあるとされた。

　『基本構想』は、このような現状認識に立ち、「現在の刑事司法制度が抱える構造的な問題に的確に対処した、新たな刑事司法制度を構築」すべく、第1に、「取調べへの過度の依存を改めて適正な手続の下で供述証拠及び客観的証拠をより広範囲に収集することができるようにするため、証拠収集手段を適正化・多様化す」べきとし、具体的検討課題として、取調べの録音・録画制度、刑の

減免、協議・合意制度および刑事免責制度、通信・会話傍受、被疑者・被告人の身柄拘束の在り方、弁護人の援助の充実化を提示した。第2に、「供述調書への過度の依存を改め、被害者及び事件関係者を含む国民への負担にも配意しつつ、真正な証拠が顕出され、被告人側においても、必要かつ十分な防御活動ができる活発で充実した公判審理を実現す」べきとして、証拠開示制度、被害者・証人支援策の拡充、公判廷顕出証拠の真正性を担保する方策、自白事件の簡易迅速な処理手続という具体的検討課題をあげた。

『基本構想』は、刑事司法の日本「独自の姿」として、「取調べによる徹底的な事案の解明と綿密な証拠収集及び立証を追求する姿勢」を指摘したが、このような刑事司法のあり方こそ、精密司法にほかならない[*14]。精密司法においては、「真相解明」目的のもと、詳密な捜査、とくに濃密な取調べを踏まえ、「有罪の確信」という高度の嫌疑基準と検察官の広汎な訴追裁量に基づき、極度に厳選した公訴提起を行ったうえで、供述調書の取調べを中心とする公判審理を経て、仔細にわたる事実認定を行うことになる。

また、『基本構想』は、公判中心主義の後退と捜査の裁判支配、虚偽自白と誤判、手続の適正さの弛緩という取調べと供述調書への強度の依存に起因する「ひずみ」を指摘していたが、このような「ひずみ」は、それ自体、精密司法の構成要素というべきである。精密司法においては、手続の適正よりも「真相解明」への傾斜が生じるなか、捜査が糾問化し、取調べは自白獲得に向けて追及的・誘導的なものとなり易く、公判審理は直接主義・口頭主義から離れ、活気を失う。公判中心主義の形骸化は、必然的に被告人の防御権保障の後退をともなう。結果として、無罪の獲得は至極困難となる。『基本構想』があげた「ひずみ」は、たんなる精密司法の機能不全の現れではない。むしろ、精密司法が必然的に生起させる、その意味においてそれに内在する構造的問題なのである。

(2) 精密司法の克服とその理念

そうであるならば、取調べと供述調書への強度の依存、それに起因する公判中心主義の後退と捜査の裁判支配、虚偽自白と誤判、手続の適正さの弛緩という「ひずみ」を解消するために必要とされるのは、精密司法の克服であって、そのための刑事手続の構造改革のはずである。それによってこそ、精密司法

[*14] この点について、葛野尋之「刑事司法の構造改革——その理念と課題」法律時報85巻8号(2013年)参照。

に内在する構造的「ひずみ」を解消することができる。精密司法の構造を維持したまま、その細部を調整ないし修正するという仕方では、不可能なのである。

このとき、刑事司法の構造改革の指導理念とされるべきは、憲法の適正手続主義である。松尾浩也が指摘するように、「精密司法の問題性は、おのずから『手続の適正』よりも『真相の解明』に傾くところにある」[15]。ここにいう「真相解明」は、必罰主義的意味を有する積極的実体的真実主義である。精密司法は、必罰主義的「真相解明」を安定的かつ効率的に達成しうるシステムとして確立し、定着した[16]。したがって、刑事手続の構造改革においては、憲法の適正手続主義に立ち返り、それによって精密司法を克服しなければならないのである。

(3) 「真相解明」の優位性と構造改革の不徹底

『基本構想』は広汎な改革課題を提示したものの、なお「真相解明」目的に束縛されており、それによって刑事手続の構造改革においても不徹底さを残している。

その顕著な例は、取調べの適正化についてみられる。検察の在り方検討会議から法制審・特別部会へと続く刑事司法改革の流れからも明らかなように、取調べの適正化は、刑事司法の構造改革における最重要課題の一つである。精密司法が取調べと供述調書に強く依存しつつ、必罰主義的「真相解明」に傾くとき、取調べは、取調官が自己の抱く嫌疑を前提として、自己の期待に沿うような供述を被疑者から引きだそうとする追及的・誘導的なものとなり易い。ここにおいて、自白強要の危険が生じる。取調べと供述調書への強度の依存、自白獲得のための追及的・誘導的取調べという2つの問題がこのように結節するのであれば、取調べと供述調書への強度の依存から脱却することと、取調べの適正さを確保することとは、まさに表裏の課題であって、精密司法の克服という方向において、一体的に解決されるべきものである[17]。

ところが、『基本構想』は、取調べ適正化のための具体的方策を講じる点においてなお不徹底である。具体的課題として焦点となったのは、取調べの録音・録画制度である。特別部会においても、それに先立つ検察の在り方検討会

---

[15] 松尾浩也『刑事訴訟法（上）〔新版〕』（弘文堂、1999年）16頁。
[16] 亀山継夫「刑事司法システムの再構築に向けて」『松尾浩也先生古稀祝賀論文集（下）』（有斐閣、1998年）7頁以下参照。
[17] 葛野尋之「被疑者取調べ適正化の現在――その位置と課題」法律時報85巻9号（2013年）57頁。

議においても、録音・録画制度の具体化こそが眼目であった。特別部会の審議においても、全面可視化の制度化を求める意見は強かった。しかし、この意見に対しては、「国民の安全・治安の確保」とのバランスという観点から、「取調べの真相解明機能が損なわれて捜査に大きな支障が生じ、犯人を的確に検挙できなくなる事態を招くようなことがあってはならない」とする頑強な消極意見が示された。このような消極意見に沿う形で、『基本構想』は、結局、「録音・録画の影響により被疑者から供述を得ることが困難になる場合」を中心とする「取調べや捜査の機能に深刻な支障が生じる事態を避ける」ために、「録音・録画の対象外とすべき場面が適切に除外される制度」を設定しなければならず、そのような制度設計が不可能であるならば、取調官の裁量によって録音・録画の対象範囲を設定するべきとの立場をとるに至った。『基本構想』は、取調べの「真相解明」機能を優位におき、それをさして害さない限りにおいて録音・録画の制度化を認めるとしたのである[*18]。

　「真相解明」を優位におきつつ、それによって適正手続を相対化し、その保障水準を引き下げるという思考枠組は、弁護人の立会権の保障、取調べに先立つ弁護人との接見の機会の保障についてもとられている。これらは、「真相解明」機能を録音・録画以上に大きく害するとして、簡単に退けられている。そのような思考枠組が、取調べの適正化方策についてだけでなく、『基本構想』全体を覆っているとさえいえる。

　このことによって、憲法の適正手続主義に立った精密司法の克服において、『基本構想』はなお不徹底であるといわざるをえない。取調べと供述調書への強度の依存こそ、精密司法に内在する最大の問題であって、この強度の依存に起因して取調べの適正さが弛緩し、追及的・誘導的取調べが虚偽自白を生んできたことからすれば、『基本構想』における取調べ適正化方策の不十分さは、刑事手続の構造改革における消極性の現れなのである。

[*18]　もちろん、特別部会において積極意見が強調したように、録音・録画が常に「真相解明」の妨げになるわけではない。しかし、少なくとも従来型の取調べを前提としたとき、その制度化が被疑者の供述採取を困難化する場合もありうることはたしかである。

4. 裁判員制度と刑事手続の変化

(1) 裁判員制度と公判中心主義

　裁判員制度は、公判中心主義の再生のなかでこそ、より適正・公正な刑事裁判の実現という主要目的の達成において、その真価を発揮しうる。他方、取調べと供述調書への強度の依存という精密司法に内在する構造的な「ひずみ」を解消するためには、刑事手続の構造改革が必要とされる。それでは、裁判員制度と刑事手続の構造改革とはどのような関係にあるのか。裁判員制度は、必然的に、公判中心主義の再生をもたらし、さらには精密司法の克服へとつながるのであろうか。

　裁判員制度のもとで、実際にも、公判審理は活性化しているという評価が一般的である。もちろん、裁判員裁判の公判審理は一様のものではない。制度施行後4年のなかでも変化があり、また、担当裁判官による差異も指摘されている。しかし、全体的傾向としては、「核心司法」化が進み、書証中心から、人証中心の証拠調べへと変わったとされる。また、検察官、弁護人の弁論も、要点をついた、理解しやすいものとなったという。この傾向は、とくに否認事件において顕著であるという。

　裁判員裁判に裁判長として関与した経験を数多く有する杉田宗久は、2011年5月28日の日本刑法学会分科会「裁判員事件の審理方法」において、自ら把握する「おおまかな運用傾向」を、次のように描き出している。「自白事件や、否認事件でも争いのない事実については、従前同様、証拠物を除くと同意書証によって立証が行われるのが一般的であり……、罪体に関し証人尋問が行われることは、鑑定書等につき専門家が口頭でその内容を説明した方が分かりやすいような場合を除くと、比較的稀である。これに対し、被告人の供述に関しては、その供述調書が同意書証として取り調べられることも多いが、被告人質問を先行して行い、罪体に関しても被告人に自ら公判で語らせた上で、捜査段階での供述がこれと食い違う場合など必要に応じその供述調書を取り調べるという直接主義的運用も少なくない。／これに対し、否認事件の争点については、関係者の証人尋問・被告人質問等の人証が証拠調べの中核を占めており、直接主義的運用が支配的である……。なお、2号書面に関しては、検察官においても、真に立証に必要な事項をできる限り証人尋問の中で証人に語らせようと努めている結果、従前に比べると、同書面が請求されるケースはやや減少しているのではないかと思われる」[19]。

(2) 人証中心の証拠調べの積極化

　もっとも、裁判員制度施行後間もなくして、自白事件や否認事件の争いのない事実について書証中心の証拠調べが拡大したとして、問題が指摘された。裁判員経験者に対する最高裁アンケート調査の結果において、審理内容が理解しやすかったという回答が減少した。このことの理由として、書証の取調べの拡大があげられた。証人尋問を回避し、同意書証による立証が一般化することにより、「書証の取調べ時間が長くな」り、「公判中心主義や直接主義に反するといわれても反論できない」ような事態が生じたというのである。その結果、「犯罪事実及びこれに関連する事情について、裁判員が直接証人のリアリティ溢れる供述に接し、その内容について質問し確認する機会が失われるため、裁判員にとって理解しにくい裁判となっていることが疑われる」という。裁判員にとって、「長時間にわたる書証の朗読を集中力を維持して聞いて理解することが難しいというだけでなく、疑問点について直接証人に質問して証拠の意味するところを確かめる機会が与えられないことも、審理の理解を困難にしている」とされるのである[20]。

　裁判所内部においては、このような事態に対応して、自白事件および否認事件の争いのない事実についても、人証による証拠調べを積極化する流れが強まっているようである。杉田宗久は、裁判員法施行2年を経過した頃から、「裁判所部内では、裁判員裁判を中心に、事実に全く争いがなく検察官請求書証につき全て同意されている事件においても、被害者・目撃者等の罪体の証人尋問を原則的に——場合によっては職権で——行うべきであるという考え方が急速に広められつつある」と指摘している[21]。

　人証による証拠調べの積極化という方向は、現職裁判官からも支持を得ている。たとえば、加藤学は、供述調書と異なり、人証であれば、必要な事実についてのみ報告を聞くことができる点、被体験者自身の直接供述であれば、現実感が高い点、供述調書における捜査官の「まとめ」を排して、公判廷における直接供述により、供述者本人の原供述そのものを聞くことができる点を

---

[19] 杉田宗久『裁判員裁判の理論と実践』（成文堂、2012年）392頁。
[20] 稗田・注8論文53頁。加藤学「裁判員裁判の概況——『見て聞いて分かる審理』への取り組み」日本犯罪社会学会・注2報告書5頁も、書証中心の「従前の運用への回帰」が広がっており、それは裁判員裁判においてもみられるが、それ以外の事件においてはいっそう顕著であるとする。
[21] 杉田・注19書392頁。

あげて、裁判員・裁判官は、重要事実については書証によることなく、証人による心証形成をすべきとしている。たんなる「分かり易い」審理ではなく、人証の取調べによることがより正確な事実認定につながることを強調しつつ、「裁判員制度を導入した当初の直接主義・口頭主義に今一度立ち返るべき」とするのである[*22]。また、稗田雅洋は、「犯罪の成立という意味では争いがないとしても、犯情に関して評価が分かれうる事件については、裁判員・裁判官にとって、被害者や目撃者の生々しい証言を直接聞き、疑問点について直接質問する機会を得ることにより、検察官と弁護人が調整して作成した証拠書類の朗読を聞くよりも、事案の内容を理解し納得した上で判断することが容易になることは明らかだ」としている[*23]。

　両当事者が同意のうえで書証の取調べを請求したときでも、その「必要性」を判断するために、書証の採否を留保して人証の取調べを先行させ、書証の内容と同趣旨の供述がえられた場合には、「不必要」として却下するという運用を超えて、なお重要事実については、裁判官が人証による立証を促し、あるいは職権による証拠調べをすべきか、当事者主義訴訟においては、原則として当事者による証拠方法の選択を重視すべきではないかという点は、訴訟構造や証拠法の基本にかかわる理論的問題である[*24]。とはいえ、実務が、裁判官による差異を含みながらも、全体として、人証中心の証拠調べを積極化していることはたしかである。裁判員制度がもたらした重要な変化である。

(3) 裁判員裁判と供述調書の利用

　制度施行間もない時期から始まった、両当事者の同意に基づく書証による立証の拡大は、たんに当事者の立証上の便宜によるだけでなく、精密司法への回帰を含意しているとの指摘もある。杉田宗久は、上記刑法学会分科会の報告において、裁判員経験者による最高裁のアンケート結果によれば、「総じて、現在の裁判員は、審理を『分かりやすい』と感じている」ようだとしながら、「その一方で、施行後2年を経て、『分かりやすさ』のためのスキル自体はより洗練されたものとなる一方で、当事者・裁判所にやや慣れのようなものが生じ、

[*22] 加藤・注20報告6頁。この点について、松田岳士「伝聞法則の運用」刑法雑誌51巻3号（2012年）40頁参照。
[*23] 稗田・注8論文54頁。
[*24] 堀江慎司「伝聞法則と供述調書」法律時報84巻9号（2012年）34頁、川出敏裕「裁判員裁判と証拠・証明」論究ジュリスト2号（2012年）53頁、松田・注22論文41頁など参照。

改革の熱意も施行当初ほどではなくなったため、ややもすると従前の精密司法への郷愁のようなものも顔を出し始めていることを否定できない」と指摘している[*25]。また、加藤学も、「法曹三者が従来の調書に頼った裁判から脱却できていないこと」を指摘し、「戦後60年以上にわたり行ってきた運用は、裁判官を含め、法曹三者の身に染みついてしまっているのであろう」としている[*26]。

精密司法は、かつて日本の刑事司法の「岩盤」とさえいわれ、その不変性が指摘されていた[*27]。その精密司法が、裁判員制度のもとでも、両当事者の同意を媒介として、書証による立証の拡大という形において現出したのである。このことは、裁判員制度が、必然的に公判中心主義を再生させるわけではないことを意味している。

実際、裁判員制度の施行直前、検察庁、そして裁判所も、書証の利用に対して消極的姿勢を示してはいなかった。2009年2月、最高検は『裁判員裁判における検察の基本方針』(以下、『検察基本方針』)を発表した[*28]。このなかで、「供述調書の役割」が論じられたが、それによれば、「裁判員裁判でも多数を占めるであろう自白事件においては、分かりやすく迅速な審理を実現するためにも、また、証人の負担への配慮の観点からも、簡にして要を得た参考人や被告人の供述調書が同意書証として取り調べられることが適切である場合が多いと考えられる。また、否認事件においては、参考人の供述調書が不同意とされて証人尋問が実施され、罪体に関する被告人質問が実施されるが、検察官が公判廷において参考人から真実の証言を得るために種々の努力を傾注しても、真実を語らせることができない場合があり得るところであり、また、被告人の公判供述は、一般的に、自己の刑責を免れ、あるいは軽減したいという心理のため、真実から後退した内容となりがちであるから、今後とも、捜査段階での供述を適正かつ正確に調書化し、相反供述に係る事実等の立証に用いることが必要かつ重要であることに変わりはないというべきである」とされてい

[*25] 杉田・注19書394頁。
[*26] 加藤・注20報告5頁。
[*27] 松尾・注11論文23頁以下。
[*28] 最高検察庁『裁判員裁判における検察の基本方針』〈http://www.kensatsu.go.jp/saiban_in/img/kihonhoshin.pdf〉。法律のひろば別冊『裁判員裁判の実務』(2009年)に全文が掲載されており、稲葉一生「裁判員裁判における検察の基本方針について」同誌所収が、作成の経過および概要を紹介している。

る。かくして、「裁判員裁判の下でも、供述によって立証すべき事項については、供述調書が引き続き重要な役割を果たすべきであることに変わりはない」と結論づけられている。「真相解明」と効率的立証のために、被告人供述、第三者供述を問わず、また、自白事件、否認事件のいずれについても、供述調書の必要性が指摘されているのである。

　他方、最高裁事務総局刑事局は、各地で行われた模擬裁判の結果を踏まえ、司法研修所の研究会における多数意見を集約して、2009年1月7日、『模擬裁判の成果と課題』を発表した[*29]。それによれば、「『「調書裁判」からの脱却のためには、他の関係証拠では立証が不十分であるかを十分検討し、2号書面や自白調書がなければ裁判の結論が大きく異なる場合に限定してこれらの調書を採用すべきである。公判における供述内容が、これらの書面等に録取された供述内容に比して、相当後退したり、曖昧なものであっても、大筋において異ならないと判断できるのであれば、これらの書面等については必要性がないものとして、証拠調べ請求を却下するのが相当である。』との考え方もあるのではないかとの見解」があったものの、2号書面や自白調書を除いた他の証拠でも心証形成できるかどうかの判断は中間評議ではなく、最終評議において決定すべきであり、また、「裁判員の分かりやすさの観点からは、2号書面等を用いて、より確実な心証形成を追求すべき場面もあろう」として、「2号書面や自白調書を必要なしとして却下するかどうかは、基本的には最終評議の結果次第というべきであって、その判断は慎重に行うべきであろうというのが大方の意見であった」とされている。慎重な言い回しながら、供述調書による立証の必要性が肯定されているのであって、それをできるだけ回避し、人証の直接供述によるべきとする立場は退けられたのである。

　たしかに、『検察基本方針』、『模擬裁判の成果と課題』のいずれにおいても、2号書面に安易に頼ることは回避すべきとされ、記憶喚起のための誘導尋問、的確な弾劾尋問などにより、公判廷における証人尋問を通じて真実の供述がなされるよう努力したうえで、それでも必要な場合にこそ、2号書面の取調べを請求し、また、証拠採用すべきとされている。従前の実務とは異なる運用が提起されているといってよい。しかし、上述のように、供述調書による立証の必要性自体は肯定されており、結局のところ、許容性の法的要件（刑訴

[*29]　最高裁判所事務総局刑事局「模擬裁判の成果と課題——裁判員裁判における公判前整理手続、審理、評議及び判決並びに裁判員選任手続の在り方」判例タイムズ1287号（2009年）。

法321条1項2号・322条2項・319条など）を満たし、確実な立証または認定にとって必要とされるならば、供述証拠による立証が許容されるとされていたのである。この点において、日弁連が、2号書面、自白調書のいずれについても、とくに争いのある事実については、「直接主義の実質化」という観点から、供述調書による立証の必要性を基本的に否定し、また、争いのない事実については、争点の明確化のためにも、書証による立証の一般的な必要性を認める一方で、裁判員にとっての分かり易さ、取調官の録取過程の介在による原供述との乖離などを理由にして、供述調書によるのではなく、合意書面（刑訴法327条）を活用すべきとしていることとは対照的である[30]。『検察基本方針』および『模擬裁判の成果と課題』が、日弁連のいう「直接主義の実質化」において不徹底さを残していることからしても、やはり、裁判員制度が必然的に直接主義・口頭主義を実質化させ、公判中心主義の再生をもたらすとはいえないであろう。

(4) 裁判員制度と捜査・公訴提起のあり方

　精密司法の克服という点に関連して注目すべきは、検察において、裁判員制度のもとでも、被疑者取調べを含む綿密な捜査の徹底とそれに基づく公訴提起の厳選に基本的変化はないとされていることである。これらはまさに、精密司法の本質的要素とされてきたものである。

　『検察基本方針』は、裁判員制度のもとでも、「捜査機関による綿密な証拠収集を踏まえ、公判審理において、証拠に基づき、事案の真相すなわち実体的真実を解明し、適正妥当な事実認定と量刑を実現する」という刑事裁判の目的に変化はなく、「実体的真実の解明は、我が国の良質な刑事裁判の要諦をなすものである」としたうえで、裁判員裁判においては、「分かりやすい」、「迅速な」、しかも「的確な」主張・立証が要請され、したがって「刑事裁判において解明すべき実体的真実とは、いわゆる『事案の全容』ではなく、裁判官と裁判員とが適正妥当な事実認定と量刑判断を行うために必要不可欠な『公訴事実と重要情状事実』をいう」のであって、「そこから外れる周辺的な事情や枝葉末節の部分に係る事実は除かれる」としている。刑事裁判の主要目的として、事案の真相解明を追求することを維持しつつ、裁判員裁判においては、「事案の全容」で

---

[30] 日本弁護士連合会裁判員制度実施本部『裁判員裁判における審理の在り方についての提言案（討議資料）——証拠調べの在り方を中心に』(2006年6月19日) 参照。

はなく、「公訴事実と重要情状事実」に焦点を合わせた、分かりやすく迅速・的確な主張立証が必要だとするのである。「真相解明」目的の堅持と「核心司法」化とが、このように接合されている。

「捜査及び訴追の在り方」について、『検察基本方針』は、「裁判員裁判対象事件の捜査においても、被疑者等事件関係者の基本的人権を尊重しながら、迅速かつ徹底した捜査によって事案の真相を解明するという捜査の基本に変わるところはない」との立場を示した。そのうえで、裁判員制度のもとでは、従来にも増して捜査の適正や被害者・遺族の立場・心情への配慮が求められ、また、「客観的証拠の収集と科学捜査を一層重視しなければならない」とする一方、「裁判員裁判対象事件の捜査においても、被疑者を始めとする事件関係者の供述は、引き続き極めて重要である。取り分け、被疑者の真実の供述がなければ真相を明らかにすることができない事件が少なくないし、適正な量刑を決めるために必要な犯行の動機等も被疑者の供述によって初めて明らかになることが多い。さらに、被疑者が反省して真実を語ってこそ、真の改善更生も期待できるのである。したがって、検察官は、従来と同様、被疑者の心を開かせて真実を語らせるための十分な取調べを行い、被疑者から真の自白を得るよう、最善を尽くさなければならない」としている。「検察官は……、警察等の第一次捜査機関との緊密な連携と適切な役割分担の下に、従来にも増して、適正かつ迅速で、しかも臆するところのない徹底した捜査の遂行に努めなければならない」とするのである。裁判員裁判における「核心司法」化にともない、検証・実況見分、鑑定、取調べなどの具体的実施方法、それらに基づく供述調書その他の書面の作成方法などにおいては、一定の変化を予定しているものの、主要目的としての「真相解明」の追求のもと、自白獲得に向けての被疑者取調べをはじめ、綿密な捜査を徹底するという点においては、基本的変化を否定しているといってよい。

さらに、『検察基本方針』は、「裁判員裁判の下においても、検察権行使の基本的な在り方に変更はなく、公訴権の行使に関しても従来と同様に、検察官は、的確な証拠によって有罪判決が得られる高度の見込みがある場合、すなわち公判廷において合理的な疑いを超える立証をすることができると判断した場合に限り、適正な訴追裁量の上で、公訴を提起することになる」としている。従来どおり、綿密な徹底した捜査を踏まえて、「有罪の確信」という高度な嫌疑基準を維持することによって、公訴提起を厳選すべきとの立場を明確にしているのである。「有罪の確信」基準による公訴提起の極度の厳選こそ、極端

に高い有罪率の直接の要因であって、「精密司法」の枢要に位置する要素である。

裁判員制度開始後、実際にも、綿密な捜査の徹底とそれに基づく「有罪の確信」基準による公訴提起の厳選は維持されているようである。裁判員裁判の準備および対応において中心的役割を果たしてきた検事の稲川龍也は、次のように説いている[*31]。まず、裁判員制度のもとでは、「核心司法」化が進んだとする。検察官と裁判所との関係において変化が生じ、「従前のように、大量の資料を裁判官等が読み込んで書証の中から真実を解明するようなことはできない。よって裁判官は、争点が検察官の出した証拠によって認定できるのか否かを判断する評価者に徹するようになった」とする。しかし、他方において、きわめて高い有罪率を支えている公訴提起の厳選は維持されているとする。

稲川龍也は、高度の嫌疑基準の維持について、「起訴時に集めた証拠を前提に、確実に有罪をとれるという見込みがない限り公判請求をしない」という実務が続いてきたが、これこそが、99％を超える有罪率の最大要因であって、「99％という非常に高い有罪率が続いているため、誰かが起訴されれば、その人が犯人と思われてしまう現実が存在する。……裁判員制度を導入する際には、起訴基準を少し下げても良いのではないかという議論が検察内部でも行われたが、99％の有罪率が続いた社会においては現実問題として困難であろうという結論に至った」とする。そして、「高い有罪率を支えた起訴基準は変化しておらず、それゆえ裁判員裁判が導入されても無罪率はほとんど変化していない。つまり、高い有罪率を支えているのは緻密な捜査ときめ細かい事実認定であって、精密司法の土台として、これらの要素がそのまま残っている」とするのである。ここにいう「きめ細かい事実認定」は、文脈からすれば、公訴提起にあたって検察官がする「事実認定」を指すのであろう。

さらに、稲川龍也は、緻密な捜査と高度の嫌疑基準の社会的基盤にも触れ、「99％の有罪率と起訴基準の関係については、国民やマスコミも関わってくるより広い問題であり、現実にこの点について変化はない」と指摘している。その含意は、国民やマスコミが「真相解明」を期待する一方、起訴された人を真犯人視し、社会的烙印を与えるような状況を作り出しており、裁判員制度のもとで「精密な公判前整理手続と期間の短い簡潔な公判」による「核心司法」化が進んだとしても、このような社会状況が変わらない限り、綿密な徹底した

[*31] 稲川龍也「裁判員裁判導入による刑事司法の変化」日本犯罪社会学会・注２報告書７頁。

捜査に基づく「有罪の確信」基準による公訴提起の厳選を変えることはできず、その結果、極端に高い有罪率も維持されることになり、この点において精密司法の本質的要素が残存するということであろう。

5. 裁判員制度と精密司法の克服

(1) 精密司法の克服と公判中心主義の再生

　以上のように、裁判員制度が、公判審理のあり方を変えたことはたしかである。公訴事実および重要情状事実に焦点を合わせた「核心司法」化が進み、それらの事実について、人証中心の証拠調べが積極化した。しかし、裁判員制度のもとでも、被疑者取調べを含む綿密な捜査の徹底、それに基づく「有罪の確信」基準による公訴提起の厳選については、基本的変化はない。精密司法の基本的要素は、裁判員制度のもとでも、なお残存しているのである。

　「核心司法」化と人証中心の証拠調べの積極化は、捜査のあり方を変化させる可能性を有しているといえよう[*32]。実際、取調べの具体的方法、供述調書その他の書面の作成方法などには変化が生じた。さらに、公判審理への市民参加は、公訴提起の厳選を見直す契機ともなりうるであろう。これらのことはたしかである。しかし、裁判員制度は、大規模な手続改革をともなうものであったにせよ、それ自体としては、公判審理のあり方に関するものである。そして、現実には、捜査の基本的あり方は変化していない。裁判員制度のもとでも、「真相解明」に向けての綿密な徹底した捜査が維持されているのである。「有罪の確信」基準による公訴提起の厳選も、このような捜査に依拠している。それなくして、「有罪の確信」という公訴提起の嫌疑基準を維持することはできない。さらに、起訴猶予の積極的活用においても変化はないが、それも詳細な情状取調べを含む綿密な徹底した捜査のうえにこそ可能となる。かくして、精密司法の基本的要素は残存しているのである。

　ここにおいて、問題は、精密司法の基本的要素がまさに「土台」として残存するなかで、公判中心主義の真の再生がありうるのか、あるいは直接主義・口頭主義に立った公判審理も脆弱な基盤のうえにあるのではないかということ

[*32] 平野龍一「参審制の採用による『核心司法』を」ジュリスト1148号 (1999年) 5頁は、参審員制度のもと、供述調書は朗読による証拠調べを通じて直接心証を形成できるよう、「要を得た、そして事件の核心を突いた短いもの」にしなければならないとし、「それは、ひいては、取調べのやり方、身柄拘束の長さにも影響を及ぼすかもしれない」と指摘している。

である。

　もともと、裁判員にとって「分かり易い」審理という観点から人証中心の証拠調べを積極化することは、それ自体、脆弱性をはらんでいた。書証の取調べであっても、書証の作成方法、取調べ方法などに必要な工夫をすることによって、「分かり易い」ものとすることは可能だからである。たとえば、杉田宗久は、自己の裁判員裁判関与の経験を踏まえて、「国民性の相違（我が国の裁判員は書面を厭わない傾向が窺われる。）等も視野に入れ、……以前から、『書証の朗読は分かりにくい』というようなことが紋切り型に語られているが、実際の裁判員裁判において書証の朗読を多数回にわたり聞いた経験からすると、これはやや一面的な評価であるように思われる。書証の内容面の工夫、（書証の）取調べ方法の工夫や裁判長の訴訟指揮次第では、公判廷で心証形成可能で、かつ、記憶に残るものとなるのではなかろうか」と指摘している[33]。実際、『検察基本方針』は、そのような工夫を具体的に求めている。「分かり易さ」の追求が、必然的に、直接主義・口頭主義の実質化をもたらすわけではないのである。

　また、公判審理における「分かり易さ」の追求が、必然的に、綿密で徹底した捜査というあり方を変化させるわけでもない。それは、裁判員制度への対応において重要な役割を担った検事の辻裕教が、裁判員制度施行直前に、「捜査において真相が解明されていなければ、分かりやすく迅速、かつ的確な公判審理を期待することは困難と考えられることから、裁判員裁判対象事件については、その観点からも、徹底した捜査による真相の解明がより望まれるともいえよう」と指摘しているとおりである[34]。

　精密司法は、「真相解明」への深い傾斜のなかで、事実認定の「ぶれ」という意味での不安定性を排除しつつ、「真相解明」を効率的に達成しうるシステムとして形成され、定着してきた。徹底した被疑者取調べを含む綿密な捜査が尽くされ、それを踏まえて「有罪の確信」の嫌疑基準および起訴猶予の積極活用により公訴提起が厳選される。公判審理は供述調書の取調べが中心となり、直接主義・口頭主義から離れていく。結果として、有罪率は99％を超える極端に高いものとなり、詳細かつ膨大な供述調書に依拠した仔細にわたる事実認定がなされる。亀山継夫が、「真相解明」が希求されるなかで、争いの有無による手続的峻別の欠如、ラフな起訴ないし無罪率の上昇に対する一般庶民感

---

[33] 杉田・注19書393頁。
[34] 辻裕教「裁判員制度と捜査」ジュリスト1370号（2009年）142頁。

覚の抵抗なども相俟って、「真相解明」を安定的かつ効率的に達成しうるシステムとして、詳密な捜査と公訴提起の厳選を前提とする調書中心の精密審理という堅固な実務が確立したのであって、それは「病理現象」ではなく「生理現象」だとするのも、理由のないことではない[*35]。

　精密司法が、このような意味において全体システムとしての機能的統合性を有するのであれば、裁判員制度のもと、公判審理のみをとりだして「核心司法」化を進め、人証中心の証拠調べを積極化したとしても、精密司法の「土台」ともいうべき基本的要素が残存している限り、それは脆弱性をはらんだものとならざるをえないであろう。直接主義・口頭主義に立った審理が、裁判員にとって「分かり易い」審理のために追求されるとき、この脆弱性はいっそう高まる。制度施行後間もなくして書証依存への回帰がみられ、そのことが精密司法への「郷愁」に支えられていたとされることは、それを示すものといえよう。精密司法の基本的要素を残したままで、その「土台」のうえには、公判中心主義の真の再生はないのである。

⑵　刑事手続の構造改革と裁判員制度

　裁判員制度がより適正・公正な刑事裁判の実現というその目的を達成するためには、上述のように、公判中心主義の再生が必要とされる。そして、公判中心主義を真に再生し、直接主義・口頭主義を実質化するためには、精密司法のトータルな克服が必要である。ここにおいて、裁判員制度と刑事手続の構造改革とは結節する。精密司法の克服によってこそ、公判中心主義の真の再生が可能となり、そのなかでこそ、裁判員制度はより適正・公正な刑事裁判の実現という目的達成において、その真価を発揮しうるのである。

　精密司法の克服にとって不可欠な重要課題は、「有罪の確信」という嫌疑基準のみならず、刑事政策的観点からの起訴猶予の積極活用を含めた、公訴提起の極度の厳選の見直しであろう。

　これら両面にわたる公訴提起の極度の厳選は、精密司法を構成する本質的要素である。厳選された公訴提起は、実質的にみて、詳密な捜査の結果収集された膨大な資料による検察官の「有罪」認定とそれに基づく実質的な処遇判断を意味している。刑事手続全体をシステムとして捉えたとき、それが安定と効率をもたらしたことはたしかであろう。反面、公訴提起に関する検察官の

[*35]　亀山・注16論文7頁以下。

判断は、不可視性を免れえず、透明性・客観性において劣っている。また、事実上、公判審理は検察官の「有罪」認定を再確認する場となって、公判審理は形骸化し、検察官が刑事政策的観点から処罰に値すると判断した事件のみを対象とすることとなった。そして、このような厳格な公訴提起の判断資料を収集するとの目的から、捜査、なかんずく広汎な情状事実をも含む被疑者取調べの肥大化を招いた。検察官の「有罪」認定において、その基礎となる捜査資料が未だ公判における被告人側の弾劾を受けていないものであることからすれば、被疑者自身の「有罪」の告白としての自白が重視されるのは自然であろうし、自白はまた、被疑者の反省・悔悟を表示するものとして、刑事政策観点からの起訴猶予判断にとって不可欠の材料とされる。捜査の中心は、自白獲得に向けての被疑者取調べにおかれることになる。『基本構想』が指摘したように、取調べへの強度の依存は、取調べの適正さを弛緩させ、過度に追及的・誘導的な取調べを招き、その結果、虚偽自白による冤罪を生む。公訴提起の極度の厳選を見直すことは、精密司法の克服にとって、もちろん十分条件ではないにしても、不可欠の前提条件となるはずの課題である[36]。

たしかに、刑事手続というシステムの安定性と効率性への配慮をまったく無視することはできないであろう。しかし、いま必要とされるのは、精密司法が「真相解明」目的を追求するなかで、それらに過度に傾斜することによって、手続の適正への十分な配慮を欠いたことへの反省であって、透明性・客観性を備えた、そして被疑者・被告人の主体性と参加を保障するような手続の公正さを向上させることなのである。この点において、争う事件と争いのない事件との手続的峻別は、検討すべき課題となろう[37]。

----

[36] 嫌疑基準の見直しについて、石田倫識「起訴の基準に関する一試論」法政研究78巻3号(2011年)、同「捜査改革と起訴基準——公判中心主義の実現に向けて」法律時報85巻8号(2013年)など、起訴猶予の見直しについて、三井誠「検察官の起訴猶予裁量(1〜5)」法学協会雑誌87巻9・10号(1970年)〜94巻6号(1977年)、同『刑事手続法(II)』(有斐閣、2003年)19頁以下など参照。また、三井誠「刑事訴訟法施行30年と『検察官司法』」別冊判例タイムズ7号『刑事訴訟の理論と実務』(1980年)参照。起訴猶予は、弁護人への情報開示と弁護人からの情報・意見の提供を通じてより透明性・客観性を高めたうえで、特別予防的性格ではなく、「微罪処分」的な、あるいはより一般予防的な性格を強調した「起訴放棄型」のものとして再定義されるべきであろう(三井・注36『刑事手続(II)』33頁)。

[37] 亀山・注16論文18頁、田口守一「新しい捜査・公判のあり方」ジュリスト1429号(2011年)70頁など参照。とはいえ、長期の濃密な捜査・取調べを維持しつつ、取調べ適正化の徹底、起訴前・起訴後の身体拘束の厳格化、逮捕段階での公的弁護を含む弁護権強化、有効な弁護の基礎となる捜査段階での証拠開示など、被疑者・被告人の防御権の必要な強化を欠くままであれば、手続的峻別の制度化は、かえって手続の適正さの確保において深刻な問題をもたらすことになろう。

公訴提起の厳選を見直すことに対しては、起訴にともなう被告人の負担と烙印効果を理由にして、消極意見が優勢である[*38]。しかし、だからといって、公訴提起の極端な厳選を続けるべきではないであろう。大規模な構造改革が必要となるが、公訴提起の基準緩和による捜査・取調べのスリム化、起訴前・起訴後の身体拘束の限定、争いのある事件とない事件の手続的峻別、起訴後の手続打切の制度化などを具体化することにより、起訴にともなう公判手続の負担を軽減する方向を追求すべきであろう。起訴にともなう烙印効果も、公判段階の手続打切が広がり、有罪認定と刑の言渡に至らない事件が増加することによって、軽減されるはずである。それでもなお、被告人一人をとってみれば、手続的負担、烙印効果の両面において、起訴された方が、されないよりも不利益が大きいことは否定できない。それはたしかである。しかし、起訴された場合、されなかった場合を合わせた被疑者・被告人の不利益の総和は、現在よりも相当軽減されることになるであろう。

[*38] たとえば、司法研修所検察教官室編『検察講義案（平成24年版）』（法曹会、2013年）68頁は、「検察の実務においては、的確な証拠に基づき有罪判決が得られる高度の見込みがある場合に限って起訴するという原則に厳格に従っている。／起訴の在り方に関し『検察官は、主観的に犯罪の嫌疑があると認めた場合には直ちに起訴することを原則とすべきである』との見解が一部にあるが、この見解は、検察官が起訴時において、『一応の犯罪の嫌疑が認められる』程度のおおまかな証拠判断に立ち、起訴後の証拠収集をも期待しつつ、公訴を提起するという在り方を一般化することになろう。これでは、犯罪の嫌疑が十分でない者が多く起訴される結果となり、我が国の実情などにかんがみると、これらの起訴に伴う種々の人権侵害を生む弊害の危険性が余りに高く、国民の負託にこたえるものとは到底いえない。我が国においては、この見解は妥当でなく採り得ない」としている。亀山・注16論文9頁は、「捜査官・公訴官の使命は、伝統的に、真犯人と確信できるものを特定して、起訴し、有罪判決を獲得することにあり、精密捜査・厳格起訴が当然のやり方とされてきた」としたうえで、「このようなやり方にあっては、無罪は、本来有罪であるべきものを捜査・公判の遂行上の不手際で無罪にしたか、本来起訴すべきものでないものを起訴したか、いずれにせよ、職務遂行上の重大な過誤と受け止められてきた」とし、そのことは「捜査・公訴の効率性を追求すべき組織としては当然の受け止め方であるし、起訴という重大な権限を行使する検察官個人にとってみれば、当然の職業倫理でもある」としている。問題は、公訴提起の極度の厳選という定着した実務において、「捜査・公判の遂行上の不手際で無罪にした」という受け止め方が支配的となるなかで、検察の在り方検討会議『提言』が指摘するように、「検察官一人一人が、有罪判決を得ることによる犯人の処罰の実現を重視するあまり、手続の適正性の確保への意識や人権保障への配慮が二の次になっていないか、訴訟の勝敗へのこだわりから、無実の者を処罰することへの恐れを失うこととなっていないか」、捜査においては、被疑者に不利な証拠のみを重視し、被疑者の弁解に耳を傾けることをせず、被疑者に有利な証拠を軽視してきたのでないかなどの点において、「有罪獲得至上主義」ともいうべきものが生じ易いのではないかということである。

6. 終章——「新時代」の刑事司法の構築

　以上論じたように、市民参加によるより適正・公正な刑事裁判の実現という目的達成において、裁判員制度がその真価を発揮するためには、公判中心主義を再生する必要がある。裁判員制度のもと、公判審理の「分かり易さ」が強調され、人証中心の証拠調べが積極化した。しかし、綿密な捜査の徹底とそれに基づく公訴提起の厳選という精密司法の基本的要素が残存している限り、直接主義・口頭主義の基盤はなお脆弱である。公判中心主義の真の再生のためには、精密司法のトータルな克服こそが必要とされる。

　このことは、取調べと供述調書への強度の依存、それに起因する公判中心主義の後退と捜査の裁判支配、虚偽自白と誤判、手続の適正さの弛緩という「ひずみ」を解消するための刑事手続改革の課題と重なり合う。これらの「ひずみ」は、精密司法に内在する構造的問題であって、その解消のためには、精密司法の構造的枠内における調整・修正ではなく、精密司法の克服に向けた刑事手続の構造改革こそが求められる。精密司法が「真相解明」目的に傾斜していたことからすれば、その構造改革は、憲法の適正手続主義によって指導されなければならず、「有罪の確信」という嫌疑基準、刑事政策的意味を有する起訴猶予の積極活用の両面において、公訴提起の厳選を見直すことが不可欠の改革課題となる。

　ところで、注目すべきは、法制審・特別部会に先立つ検察の在り方検討会議の『提言』が、裁判員制度の導入など、検察と刑事司法を取り巻く環境が大きく変化するなか、「人権意識や手続の透明性の要請が高まり、グローバル化、高度情報化や情報公開等が進む21世紀において、『密室』における追及的な取調べと供述調書に過度に依存した捜査・公判を続けることは、もはや、時代の流れとかい離したものと言わざるを得ず、今後、この枠組みの中で刑事司法における事実を解明することは一層困難なものとなる」と指摘したことである[39]。個人主義とそれを基礎にした市民社会が成熟に向かい、人々の価値観が多様化する一方、政治経済・社会・文化のグローバル化が進展し、通信技術が飛躍的発達を遂げた現在、精密司法の克服、換言すれば公判中心のより透明で客観的な、そして被疑者・被告人の主体性と参加をよりよく保障する、そのような意味においてより公正な刑事手続の構築が、ますます強く求められているといえよう。このような大規模な環境変化が刑事手続に対して与えるインパクトは、広くかつ深いものであって、『基本構想』が示唆したような捜査

段階での供述獲得の困難化に尽きるものではない。精密司法の克服、それによるより公正な公判中心の刑事手続の構築が、まさに「新時代」の刑事司法にとって求められているのである。

翻ってみれば、裁判員制度もまた、大規模な社会的変化のなかで導入されたものである。世紀転換期の司法改革が大規模な社会的変化のなかでこそ必要とされたことは、「21世紀の日本を支える司法制度」と題された司法制度改革審議会『意見書』[40]の全編において、繰り返し指摘されていた。その「司法改革の目玉」として創設されたのが、裁判員制度であった[41]。ここにおいても、市民参加の制度化による、透明性と客観性の高い、より公正な司法のプロセスが求められていた。先のような大規模な環境変化のなかにあっては、いかに高度の専門的力量を有する専門家によるものであっても、不可視的なプロセスを通じてなされた判断が、社会的な信頼と支持を獲得し続けることは難しいであろう。それらの獲得のためには、プロセスの公正さこそが要求されるのである[42]。市民の参加は、プロセスの透明性と客観性を高め、その公正さを向上させる。そして、それは裁判結果に対する社会的な信頼や支持につながる[43]。そうであるからこそ、市民参加の制度化が検討されていた時期、裁判所側からは、刑事裁判の正確さと市民の信頼に対する強い自信が幾度も繰り返

---

[39] 検察の在り方検討会議『提言』を含め、その議事録および配付資料については、〈http://www.moj.go.jp/kentou/jimu/kentou01_00001.html〉。第2回会議において、元検事総長の但木敬一委員が、これまで捜査および裁判が取調べと供述調書に依拠しつつ「真相解明」を追求してきたことを指摘したうえで、「しかし、社会が大きく転換する中で、そういうやり方自体が一つの問題として提起されている。つまり、過度に取調べに頼る捜査、あるいは過度に検事調書に頼る裁判、それが根源的に問われているんじゃないか。やっぱり、ここは本当にその構造自体をみんなで本当にこれで良いのか、次の時代もこれで良いのかどうか。ここを本当に考えていなければいけないんじゃないかと私は思っております」と発言したことが注目される。『提言』につき、「(座談会)検察改革と新しい刑事司法制度の展望」ジュリスト1429号(2011年)、「市民集会『検察の在り方検討会議の提言を受けて』」自由と正義63巻2号(2012年)、山下幸夫『「検察の在り方検討会議」提言をどう受け止めるか』季刊刑事弁護67号(2011年)参照。松尾浩也「検討会議提言を読んで」ジュリスト1429号(2011年)58頁は、「捜査・公判の在り方」に関する提言第4が精密司法の見直しを求めているとする。もっとも、大規模な制度改革が提起されたことによって、取調べ適正化のための焦眉の課題であった録音・録画の制度化が先延ばしにされる結果となったことは否めない。但木委員も先の発言のなかで示唆していたように、録音・録画の制度化は構造的な制度改革を前提とすることなく可能なのであるから、刑事手続の構造改革の諸課題と切り離して、取調べ適正化のためのいわば応急措置として、それを先行させることが可能であったし、また、そうすべきであったといえよう。

[40] 司法制度改革審議会『意見書』(2001年6月12日)〈http://www.kantei.go.jp/jp/sihouseido/report-dex.html〉。

[41] 松尾邦弘「国民参加と司法——裁判員裁判について」法の支配141号(2006年)10頁。

されていたにもかかわらず、裁判員制度の導入が必要とされ、現実化したのであろう*44。

このように、裁判員制度と精密司法の克服に向けての刑事司法改革とは、その社会的基盤を共有する。そうであるがゆえに、両者が相互に支え合いながら共に、「新時代」の刑事司法の構築に向けての課題を担いうるのである。

---

*42 公正の心理学における手続的公正の研究所見が、人々の認知において手続の公正さが高まるほど、裁判結果への受容性が高まるとしていることが想起される。公正の心理学、とくに手続的公正について、田中堅一郎『社会的公正の心理学』(ナカニシヤ出版、1998年)61〜81頁[竹西亜古]、菅原郁夫『民事訴訟政策と心理学』(慈学社出版、2010年)25〜46頁、大渕憲一「心理学における正義研究パラダイム」法社会学78号(2013年)、菅原郁夫「公正を語ることと感じること」同誌所収など参照。
*43 公正の心理学によるマックーンとタイラーのアメリカ陪審裁判研究によれば、一般の人々は、陪審員の参加する審理手続の方が、裁判官のみの審理手続よりも効率性においては劣るものの、公正さおよび正確さにおいては優れていると評価したとされる (MacCoun and Tyler, The Basis of Citizens' Preferences for Different Forms of Criminal Jury: Procedural Justice , Accuracy, and Efficiency, 12 Law and Human Behavior 83 [1988])。松村良之ほか「裁判員制度と刑事司法に対する人々の意識」北大法学論集59巻4号(2008年)、同「裁判員制度と刑事司法に対する人々の意識——2011年第2波調査に基づいて」北大法学論集62巻4号(2011年)は、裁判員制度に対する態度(認知、感情的な評価、行動意図)および法や法システムに対する人々の態度や行動性向が、裁判員制度の導入の前後においてどのように変化するかについての本格的な社会調査に基づく研究であり、注目される。この調査結果との関連における裁判員制度の意義の検討は、他日を期すよりほかないが、裁判員の判断のみでなく、裁判員裁判全体、あるいはより一般的に刑事裁判全体に対する信頼・支持が問題となり、また、短期的効果ではなく、裁判員制度のもとでの市民参加による長期的効果が問題となる点には注意が必要であろう。それゆえ、陪審裁判が長期定着してきたアメリカにおいて、人々の意識のなかでの陪審裁判と裁判官裁判との比較を問題にするのとは異なるであろう。
*44 法哲学者の島津格は次のように論じている(島津格『問いとしての〈正しさ〉——法哲学の挑戦』〔NTT出版、2011年〕277頁)。すなわち、「専門家に対する包括的で一般的な信頼が確固としているなら、法律家は、専門家として自分たちの中で法を運用すればよいのかもしれない(プラトン・モデル)。しかし一般的・外在的な信頼が頼りにならないなら、法律家たちはその営みの中に国民を取り込んで、自分たちがしていることを理解してもらい、国民の常識と法の間の接合に努力せねばならない。裁判官がしていることは、基本的に常識でできることである。ただそれを少し緻密に、誠実に、職業として経験を積みながら、行っているにすぎない。国民が裁判をそのように見ることができて初めて、裁判官は尊敬されるのではないだろうか。民主主義の下では、わからないから尊敬されるという超越的な権威ではなく、わかるからこそ尊敬されるという地に足がついた権威が必要である。/……裁判員制度は、誤審を減らすためではなく(誤審は多分増えるだろう)、単純な『国民参加』のためでもなく、『法』を社会の中に根付かせるという上記の目的のために、導入されるべきなのである」と。市民参加が裁判の「権威」と裁判への「信頼」をもたらすことを指摘する点において、注目すべき見解である。もっとも、刑事裁判の本質的機能は、やはり国の刑罰権に直面した被疑者・被告人の人権保障にあるというべきであるから、裁判員制度が本文に述べたような社会的基盤を有し、その要求するものとして導入されたとしても、それは、市民参加によるより適正・公正な刑事裁判の実現に寄与するものでなければならないというべきであろう。

【付記1】脱稿後、特集「『新時代の刑事司法』の展望」刑法雑誌52巻3号（2013年）に接した。とくに、大澤裕「『日本型』刑事司法と『新時代の刑事司法』」は、「取調べ中心主義」からの脱却と取調べの適正化との関係、捜査の比重の低減と起訴基準の引下げとの関係などについても論じており、示唆に富む。

【付記2】検察庁内部においても、被疑者および参考人の取調べとその所産たる供述調書に強度に依存することを見直し、公判供述と客観証拠による立証を追求すべきとの立場が有力化しているようである。たとえば、稲川龍也「被疑者取調べ及び供述調書の在り方」法律のひろば66巻6号（2013年）は、裁判員制度の導入にともなう公判供述による立証の重視や自白の任意性・信用性判断の客観化、「検察の理念」の策定、取調べの録音・録画の試行の拡大、科学技術・情報通信技術の進歩にともなう客観的証拠の拡充など、被疑者取調べをめぐる環境の変化のなかで、「真相は捜査・公判を通じた手続の全体の中で解明されるべきであって、捜査段階における真相解明のみを絶対視すべきではな」いとしたうえで、取調べの目的ないし機能として、被疑者取調べと客観的証拠の収集や裏付け捜査との相互のフィードバックを通じての「真相解明」を第一にあげつつ、供述態度や供述状況のみならず、「被疑者の人となり」を知ることによる起訴便宜主義の適正な運用、矯正、更生保護など関係機関との連携、被害者への謝罪、被疑者の知的レベルや性格・生活環境の把握を通じての被疑者の改善更生の促進をあげている。公判供述と客観的証拠による立証が重視され、取調べの録音・録画が拡大するにともない、要点中心の簡潔化、録取範囲の限定など、供述調書の作成方法に変化が生じるとしながらも、被疑者取調べ自体の縮減が目指されているわけではないようである。高度の嫌疑基準においても、起訴猶予の積極的運用においても、公訴提起の厳選が維持されるならば、警察取調べを含め、取調べを中心とする捜査の縮減は困難であろう。

【付記3】法制審・新時代の刑事司法特別部会は、第30回会議（2014年7月9日）において、「新たな刑事司法制度の構築についての調査審議の結果」（以下、「調査審議の結果」）を承認し、法制審総会は、第173回会議（同年9月18日）において、「調査審議の結果」を原案どおり採択し、法務大臣に諮問した。政府は、「調査審議の結果」を踏まえた刑訴法等の改正案を作成し、2015年3月13日、第189回通常国会に提出した。改正案は、①取調べの録音・録画制度の導入、②捜査・公判協力型協議・合意制度の導入、③通信傍受の対象拡大および

効率化、④裁量保釈の判断にあたっての考慮事情の明確化、⑤被疑者国選弁護人制度の対象拡大など弁護人による援助の充実、⑥証拠開示制度の拡充、⑦犯罪被害者等・証人を保護するための措置の拡充、⑧罪証隠滅等の罪などの法定刑の引き上げ、⑨自白事件の簡易迅速処理のための措置、を柱とするものであった。改正案は、国会審議の過程で一部修正を施されたうえで、同年8月7日、衆議院において可決された後、同年9月25日、審議未了のまま、参議院法務委員会において継続審議に付された。

第1章 裁判員制度における民主主義と自由主義

1. 本章の目的

　裁判員法の施行から3年が経過した。それにともない、公判審理にとどまらず、刑事手続全体に変化が生じている。しかし、裁判員制度については、違憲の疑いも提起されてきた。また、おおむね順調な運用という評価の一方、看過しがたい問題や混乱も指摘されている。これらの多くは、制度創設過程において、制度目的が十分明確化されなかったことと無関係ではない。裁判員の負担軽減や分かり易い審理のみが追求されるならば、作成や朗読の仕方に注意を払いさえすれば、事実を整然としたストーリーに纏めあげた供述調書に依拠した方が、効率的で分かり易いということにもなりかねず、また、争点の削ぎ落としと証拠の過剰な厳選によって、被告人の防御権を後退させるおそれもある。裁判員制度が、必然的に、直接主義・口頭主義を徹底させ、被告人の防御権を強化するというわけではない。このようななか、最高裁大法廷は、2011年11月16日、憲法は国民の司法参加を許容しており、裁判員制度は憲法の諸規定に違反しないと判断した[*1]。

　ところで、刑事裁判への市民参加、とくに陪審制度については、民主主義的価値と自由主義的価値とを具現しているとされてきた。トクヴィルが、陪審制度は「普通選挙と同様に、人民主権の教義の直接かつ端的な帰結である」と述べ、建国期アメリカ陪審制度の民主主義的意義を賞賛したことは有名である[*2]。

　他方、ハミルトンは、刑事事件についての「専断的な弾劾、犯罪容疑に対する専断的な起訴、専断的な判決に基づく専断的な処罰」による「司法専制」から

[*1] 最大判平23（2011）・11・16裁時1544号1頁、判時2136号3頁。
[*2] トクヴィル（松本礼二訳）『アメリカのデモクラシー（1・下）』（岩波文庫、2005年）184～186頁。トクヴィルは陪審制度の政治教育的役割を強調したが、むしろ民事陪審においてその役割が大きいとした。

「自由」を保護する点にこそ、陪審制度の真価があるとした*3。合衆国最高裁は、1967年、ダンカン事件において、この自由主義的意義を再確認し、「被告人は、その同輩である陪審員による裁判を受ける権利を保障されることによって、腐敗した、あるいは熱心すぎる検察官、従順に過ぎ、偏見をもち、あるいは常軌を逸した裁判官からのこのうえない保護手段を獲得するのである」と述べた*4。

　裁判員制度についても、民主主義的意義と自由主義的意義が指摘されてきた。裁判員制度は、民主主義原理とどのように関連しているのか。また、どのような自由主義的意義を有しているのか。その導入にともなう大規模な手続改革と相俟って、より公正・適正な刑事裁判の実現にどのように寄与するのか。最高裁合憲判決は、どのような理解に立っているのか。本章は、これらの問題を検討する。そのことを通じて、本特集の趣旨も明らかにされるであろう。

2. 最高裁大法廷合憲判決の意義

　最高裁合憲判決は、歴史的・世界的状況、憲法と裁判所法の制定経過、それらの規定などから、「刑事裁判に国民が参加して民主的基盤の強化を図ることと、憲法の定める人権の保障を全うしつつ、証拠に基づいて事実を明らかにし、個人の権利と社会の秩序を確保するという刑事裁判の使命を果たすこととは、決して相容れないものではなく」、「憲法上国民の司法参加がおよそ禁じられていると解すべき理由はな」いとして、国民の司法参加の一般的な憲法許容性を確認した。そのうえで、具体的制度の憲法適合性を検討し、「憲法が定める刑事裁判の諸原則を確保する上での支障はな」いと結論づけ、憲法31条・32条・37条1項・76条1項・80条1項の違反はないとした。

　続けて、判決は、裁判員制度が合憲である以上、「裁判員法が規定する評決制度の下で、裁判官が時に自らの意見と異なる結論に従わざるを得ない場合があるとしても、それは憲法に適合する法律に拘束される結果であ」るから、憲法76条3項には違反しないとした。

　判決は、裁判員制度による裁判体が憲法76条2項の禁止する特別裁判所に

---

*3 ハミルトン「陪審制の検討」アレグザンダ・ハミルトン＝ジョン・ジェイ＝ジェイムズ・マジソン（斎藤眞＝武則忠見訳）『ザ・フェデラリスト』（福村出版、1991年）406頁。
*4 Duncan v. Louisiana, 391 U.S. 145, 155-166 (1968).

あたらないことは明らかだとした後、さらに、裁判員としての職務従事や裁判所候補者としての裁判所出頭（以下、裁判員の職務等）が国民に一定の負担をもたらすにせよ、「司法に対する国民の理解の増進と信頼の向上」をという制度目的（裁判員法1条）は「この制度が国民主権の理念に沿って司法の国民的基盤の強化を図るものであることを示して」おり、「裁判員の職務等は、司法権の行使に対する国民の参加という点で参政権と同様の権限を国民に付与するものであり」、また、裁判員法が辞退を類型的に認め、政令により辞退に関して柔軟な制度をおき、経済的負担を軽減する措置も講じていることからしても、裁判員の職務等は憲法18条後段の禁止する「苦役」にはあたらないとした。

　裁判員制度始動後も、その合憲性が争われ、数多くの高裁判決[5]が、合憲判断を重ねてきた。このようななか、本合憲判決は、違憲論の主要論拠を否定するものであり、合憲性の争いに一応の決着をつけた。残された憲法的論点もあるが、すでに最高裁は、本合憲判決に依拠しつつ、小法廷判決により、被告人に裁判員裁判の選択権がないことが憲法32条・37条に違反しないと判断している[6]。

　判断内容をみると、本合憲判決が、立法過程において不明瞭であった民主主義的意義を認めた点が注目される。反面、合憲判断としては、一般的な憲法許容性を肯定したうえで、市民参加の具体的制度が憲法の諸規定に違反しないと示すことで足りることから、総論的で形式的な判断に傾き、それゆえ裁判員制度の自由主義的意義については、十分明確化しないままに終わっている。憲法18条適合性について十分説得的な理由を示すことができなかったのは、それゆえである。しかし、刑事裁判の本質的機能が被疑者・被告人の人権保障にあることからすれば、やはり自由主義的意義を明確化しなければならない。

---

[5]　公刊されているのは、東京高判平22（2010）・4・22高刑集63巻1号1頁、東京高判平22（2010）・6・29判タ1347号102頁、東京高判平22（2010）・8・30高刑速〔平22〕92頁。
[6]　最判平24（2012）・1・13裁時1547号21頁、判時2143号144頁。

3. 裁判員制度と民主主義

(1) 裁判員制度の民主主義的意義

　裁判員法1条は、制度目的として「司法に対する国民の理解の増進と信頼の向上」を規定するのみであって、司法改革審議会「中間報告」のように「強固な国民的基盤（民主的正統性）」の形成には言及していない。韓国の国民参与法1条が、制度目的として、「司法の民主的正当性」を明記していることと対照的である[*7]。裁判員法は、裁判員制度を民主主義原理に直接由来するものとしては性格づけていないようにもみえる。

　しかし、裁判員制度の目的を民主主義原理から切断して理解することには疑問がある。裁判員法1条がこの原理に直接言及していないにせよ、刑事裁判は、まぎれもなく国家による主権の行使である。市民が刑事裁判という主権の行使に直接参加することは、やはり、国民主権に基づく民主主義原理によってこそ基礎づけられるものであって、裁判員制度は、民主主義原理を具体化したものとして理解すべきである[*8]。しかも、その参加の仕方は、裁判内容に直接影響を与える形でのものである。裁判員制度と民主主義原理との結びつきは、強く深いということができよう。

　最高裁合憲判決は、「裁判員法1条は、制度導入の趣旨について、国民の中から選任された裁判員が裁判官と共に刑事訴訟手続に関与することが司法に対する国民の理解の増進とその信頼の向上に資することを挙げており、これは、この制度が国民主権の理念に沿って司法の国民的基盤の強化を図るものであることを示している」と述べている。判決は、直接の言及はないものの、裁判員法1条も裁判員制度の民主主義的意義を含意するものと理解しているのである。そして、判決は、「司法の国民的基盤」の強化が必要とされる理由について、「司法の役割を実現するために、法に関する専門性が必須である……が、法曹のみによって実現される高度の専門性は、時に国民の理解を困難にし、その感覚から乖離したものにもなりかねない側面を持つ。刑事裁判のように、国民の日常生活と密接に関連し、国民の理解と支持が不可欠とされる領域においては、この点に対する配慮は特に重要である」と述べている。このような形

[*7] 関永盛「国民参与裁判制度の概要と成立の経緯」後藤昭編『東アジアにおける市民の刑事司法参加』（国際書院、2010年）35頁。

[*8] 後藤昭「裁判員制度と弁護人への期待」日本弁護士連合会編『裁判員裁判における弁護活動』（日本評論社、2009年）9頁。

で、「司法の国民的基盤」と「国民の理解と支持」(裁判員法1条にいう国民の「理解」と「信頼」と同義であろう)とを結びつけているのである。

(2) 「民主司法のジレンマ」

ここにおいて、困難な問題が浮かび上がる。「司法までが民主化しないところに合理的な民主主義の運用がある」とする「民主司法のジレンマ」の問題である[9]。すなわち、違憲審査制のもと、司法の本質的機能が、政治権力や民意の専横から少数者の権利を保護することにある以上、裁判所は政治権力のみならず、民意からも独立していなければならず、司法に民主主義を持ち込むべきではないとされるのである。「民主司法のジレンマ」からすれば、司法の民主化はその本来的使命に矛盾することとなり、裁判員制度の目的も、民主主義原理とは切り離されて理解されるべきことになる[10]。

裁判員制度が民主主義的意義を有することはたしかである。しかしやはり、司法の本質的機能は人権保障にある。刑事裁判においては、国家刑罰権の濫用から被疑者・被告人の人権を保護することこそ、司法の本来的使命である。それゆえ、裁判員制度を、ただ民主主義原理によって単純に正当化することはできないはずである。ここにおいて、裁判員制度と自由主義原理との関係が問われることになる。

4. 裁判員制度と自由主義

(1) 最高裁合憲判決の論理

最高裁大法廷も、合憲性判断にあたり、裁判員制度と被疑者・被告人の人権保障のための公正・適正な刑事裁判との関係を検討し、裁判員制度において「憲法が定める刑事裁判の諸原則を確保する上での支障はな」いと結論づけている。

第1に、判決はまず、人権保障に関する刑事裁判原則の遵守には「高度の法的専門性が要求される」のであって、「憲法は、刑事裁判の基本的な担い手として裁判官を想定している」とする。さらに具体的制度を検討したうえで、「憲法が定める刑事裁判の諸原則の保障は、裁判官の判断に委ねられている」とす

---

[9] 兼子一＝竹下守夫『裁判法〔第4版〕』(有斐閣、1999年)24頁。福井厚「裁判員制度と『民主司法のジレンマ』論」法政法科大学院紀要6巻1号(2010年)参照。
[10] 柳瀬昇『裁判員制度の立法学』(日本評論社、2009年)214頁。

る。

　第2に、公正・適正な刑事裁判は、もちろん裁判員の関与する判断においても要請されるが、判決は、具体的制度を詳細に検討し、「裁判体は、身分保障の下、独立して職権を行使することが保障された裁判官と、公平性、中立性を確保できるよう配慮された手続の下に選任された裁判員とによって構成されるもの」であり、事実認定、法令の適用、刑の量定について「裁判員の関与する判断は、いずれも司法作用の内容をなすものであるが、必ずしもあらかじめ法律的な知識、経験を有することが不可欠な事項であるとはいえない」のであり、また、「裁判長は、裁判員がその職責を十分に果たすことができるように配慮しなければならない」のであるから、「裁判員が、様々な視点や感覚を反映させつつ、裁判官との協議を通じて良識ある結論に達することは、十分期待することができ」るとしている。このことから、「公平な『裁判所』における法と証拠に基づく適正な裁判が行われること（憲法31条、32条、37条1項）は制度的に十分保障されている」との結論を導いている。

　このように、判決は、裁判官の法的専門性の働きを重視しつつ、裁判員は裁判官と役割を分担したうえで、裁判官が主宰する手続のなか、裁判官の説明を受け、裁判官とともに評議・評決に関与するのであるから、一般市民たる裁判員が関与したとしても、それによって公正・適正な刑事裁判が阻害されることはないとするのである。

(2)　裁判員の職務等と憲法18条の「苦役」

　憲法規定に違反しないことを示せば足りる合憲判決が、このような消極的判断にとどまることはやむをえないかにもみえる。しかし、公正・適正な刑事裁判にとって裁判員制度がどのような積極的意義を有するのかを示さなかったことの結果、憲法18条適合性の理由は、十分な説得力に欠けるものとなっている[11]。

───────────

[11]　憲法18条違反の主張適格も問題になる。東京高判平22（2010）・4・22は、「裁判員制度は司法権を担う下級裁判所の構成に直接関わるものであり、同制度が国民の基本的人権を侵害し憲法に反するものであるとすれば、被告人の裁判を受ける権利（憲法32条、37条）を侵害することになるから、この点について被告人の主張適格を否定することはできない」とした。宍戸常寿「刑事裁判批評」刑事法ジャーナル28号（2011年）93頁は、「刑事裁判それ自体が被告人の人権にかかわる」こととともに、裁判員の辞退が広く認められ、過料の実例がない現状において、裁判員自身による憲法訴訟が想定しがたいことから、被告人の主張適格が認められると理解すべきとする。最高裁合憲判決は、主張適格について触れていない。

憲法18条の禁止する「苦役」については、一定程度の苦痛を要求する主観説に対して、苦痛の程度を問題にせず、本人の意思に反する強制的労役を意味するとする客観説が有力化しているが、いずれの立場からも、法律上の強制的労役がすべて違憲とされるわけでなく、負担を課す必要性・正当性、負担の程度、負担の免除事由などを考慮し、実質的に判断して、「市民として果たすべき義務として憲法が予定している役務」とされるものは除外するとされている[*12]。

　最高裁合憲判決は、裁判員法1条の制度目的からすれば、裁判員制度は「国民主権の理念に沿って司法の国民的基盤の強化を図るもの」であって、この目的のための「司法権の行使に対する国民の参加」であることを指摘したうえで、負担の程度・免除事由について具体的に検討し、裁判員の職務等が憲法18条の禁止する「苦役」にあたらないとしている。裁判員の職務等の憲法18条適合性を判断するにあたり最も重要なのは、その義務づけの必要性・正当性であって、これは制度目的にかかわる問題である[*13]。「司法の国民的基盤の強化」を目的とする司法参加というだけで、裁判員の職務等の必要性・正当性について説得力ある理由を示したといえるのかは疑問である。司法の本質的機能が人権保障にあることからすれば、自由主義原理との関係において裁判員制度の積極的意義を明確化したうえで、裁判員の職務等を義務づけることの必要性・正当性を示すべきであろう。公正・適正な刑事裁判の実現と切り離して、民主主義原理との関係においてのみ、この義務づけの必要性・正当性を示しているがゆえに、判決は十分な説得力に欠けるのである。

(3) 市民の健全な社会常識の反映

　それでは、自由主義原理との関係において、裁判員制度にはどのような積極的意義が認められるのであろうか。

　司法制度改革審議会「意見書」は、市民参加により裁判内容に市民のもつ健

[*12] 土井真一「日本国憲法と国民の司法参加」同編『岩波講座・憲法 (4)――変容する統治システム』(岩波書店、2007年) 270〜272頁。

[*13] 土井・注12論文272頁。東京高判平22 (2010)・4・22は、裁判員の職務等の義務づけは「裁判員制度が司法に対する国民の理解の増進とその信頼の向上に資する (裁判員法1条) という重要な意義を有する制度であり、そのためには広く国民の司法参加を求めるとともに国民の負担の公平を図る必要があることによるのであって、十分合理性のある要請に基づくもの」であり、負担の程度・免除などを考慮すれば、憲法18条に違反することはないとしている。しかし、このような目的のみにより、裁判員等の職務の義務づけが正当化できるかは疑問である。

全な社会常識が反映されるようになると指摘していた。最高裁合憲判決も、補論部分において、「裁判員制度は……、国民の視点や感覚と法曹の専門性とが常に交流することによって、相互の理解を深め、それぞれの長所が生かされるような刑事裁判の実現を目指すものということができる」と述べている。とはいえ、これらにおいて、裁判内容に市民の健全な社会常識を反映させることは、司法の人権保障機能の強化とではなく、むしろ司法の国民的基盤の強化と結びつけられていた。

　しかし、市民参加による健全な社会常識の反映が、より公正・適正な刑事裁判の実現につながるとする見解もある。憲法学者の土井真一は、「国民の司法参加の最も重要な目的は、それによってより適切な裁判が実現されるという点にある」としたうえで、「裁判員制度の導入の目的は、専門性と健全な常識の相互作用を図ることにより、よりよい裁判の実現を目的としている」と説く。専門性は裁判の精度を高めるうえで重要であるにせよ、「専門性が十全に機能するためには、それが自律的に作用する空間を維持しつつも、全体との有機的な連携を失わせないために、より多角的ないし多面的な情報あるいは知見との交流を確保しなければならない」とするのである[*14]。市民参加が裁判官の専門性の十全な機能を確保するとする点は注目すべきである。とはいえ、裁判官の法的専門性は、本来、司法の人権保障機能に向けられていたはずである。そうであるならば、「専門性と健全な常識の相互作用」が、どのようにして、より公正・適正な刑事裁判の実現へとつながるのかが問題となる。

(4)　市民参加と裁判官の職権行使の独立

　最高裁合憲判決もいうように、公正・適正な刑事裁判を確保するうえで、裁判官の法的専門性が決定的意義を有することはたしかである。そして、裁判官の法的専門性を支える不可欠の基盤となるのが、裁判官の職権行使の独立である（憲法76条3項。身分保障に関して78条・79条6項・80条2項）[*15]。

　「民主司法のジレンマ」論は、市民参加が裁判官の職権の独立を侵食するとしていた。しかし、市民参加はむしろ、裁判官の職権行使の独立を実質的に強化するとの見解も有力である。強固な「官僚司法」のなか、裁判官の職権行使の独立が脅かされてきたという現実があるからである。1960年代から70年代、

[*14]　土井・注12論文275〜276頁。
[*15]　笹倉秀夫『法哲学講義』（東京大学出版会、2002年）316頁以下参照。

日本は「司法の危機」を経験した。現在に至るまで、裁判官の職権行使の独立を脅かす司法行政の圧力は消失していない[*16]。

このようななか、市民参加は「裁判官に対する司法行政権の行使を通じての最高裁判所によるコントロールから裁判を遮断」し、裁判官の職権行使の独立を実質化させることにつながるというのである。ここにおいて、市民参加の自由主義的意義が認められる[*17]。このような観点からすれば、裁判員制度は、「裁判所内部の圧力から個々の裁判官を独立させ、裁判の専門合理性が正しく発揮されることを目指すもの」だということができよう[*18]。市民参加により、裁判官一人一人が良心に従い、その職権を独立して行使することのできる環境が実質的に保障され、それによって裁判官の担う法的専門性の十全な機能が確保されるときにこそ、司法の人権保障機能もよりよく達成されることになる。

5. 公判中心主義の再生と新しい刑事手続

裁判員制度は、大規模な手続改革と相俟って、公判中心主義を再生することによって、より公正・適正な刑事裁判の実現を促す。

松尾浩也は、日本の刑事手続が「真相解明」目的に深く傾斜し、「精密司法」としての形姿をとるなか、「公判中心主義」が希薄化したことを指摘し、大規模な手続改革と一体化した裁判員制度の導入は、「必然的な要請の結果として現実化したもの」だとする[*19]。「精密司法」は、綿密な捜査、とくに濃密な取調べを踏まえ、きわめて高度の嫌疑に基づく公訴提起がなされ、供述調書の取調べを中心とする公判審理を経て、仔細にわたる事実認定を行うというもの

[*16] 木佐茂男ほか『テキストブック・現代司法〔第5版〕』（日本評論社、2009年）181〜186頁〔川嶋四郎〕、188〜208頁〔宮澤節生・木佐茂男〕、守屋克彦編『日本国憲法と裁判官——戦後司法の証言とよりよき司法への提言』（日本評論社、2010年）参照。
[*17] 常本照樹「司法権——権力性と国民参加」公法研究57号（1995年）72頁。
[*18] 宍戸常寿「国民の司法参加の理念と裁判員制度」後藤・注8書145頁。土井・注12論文276頁も、「専門性と健全な良識の相互作用」が「よりよい裁判の実現」につながると論じるなかで、先の引用に続けて、「専門家集団であっても、それが人間の集団である以上、集団的・組織的利害の存在は否定できず、その利害関係の調整の中で生じた論理が専門性の中に混入してくる危険がある。そうした危険を抑制するためにも、専門性は開かれた構造を有している必要がある」としている。
[*19] 松尾浩也「刑事裁判と国民参加——裁判員法導入の必然性について」法曹時報60巻9号（2008年）13〜17頁。

である。反面、捜査が糾問化し、公判審理は活気を失う。公判中心主義の形骸化は、必然的に、被告人の防御権保障の後退をともなう。結果として、無罪の獲得は至極困難となる[20]。松尾浩也によれば、「調書裁判と評される現状は、公判に多量の調書が提出され、裁判官は、何百頁、場合によっては何千頁という調書をひたすら読み抜き、そこに矛盾はないかを問い詰めて判決するというものです。このような一種の名人芸に支えられた刑事手続というものは、あまりに独自であり、敢えていえば不健全ではないか」[21]とされる。大規模な手続改革をともなう裁判員制度の導入は、このような「精密司法」の現状を変革し、公判中心主義を再生することになるとされるのである。

　実際、裁判員制度は、刑事手続に大きな変革をもたらした。その変化は広範囲に及ぶが、後藤昭によれば[22]、①直接主義・口頭主義が強化され、裁判所の事実認定が捜査機関の作成した供述証拠に依存することなく（したがって、捜査から独立して）、人証中心の公判廷での証拠調べに基づくものとなること、②裁判員にとって「目で見て耳で聞いて分かる審理」が目指されることにより、裁判の公開原則が実質化し、審理が被告人にとっても意味を理解しやすいものとなること、③過度に仔細にわたる詳細な立証によることなく、公判前整理手続を通じて争点を明確化し、ポイントに焦点を合わせた迅速な審理が可能になること、④被告人の防御の準備に配慮し、また、公判前整理手続により早期に争点・証拠が確定することにより、未決拘禁の運用が厳格化すること、⑤自白の任意性を検証する手段として、取調べの可視化が要求され、任意性の判断自体も厳格化すること、⑥裁判員裁判に付随したものではないにせよ、被疑者国選弁護人制度が導入されたこと、などがあげられる。このほかにも、⑦公判前整理手続における証拠開示の拡大は、被告人の防御権の実質的強化をもたらすことになるであろう[23]。最高裁も、捜査機関作成の取調べメモ・捜査メモについて、証拠開示の拡大に積極的な判断を続けている[24]。

　このように、裁判員制度は、大規模な手続改革と一体となって、新しい刑事

---

[20] 「精密司法」について、松尾浩也「刑事訴訟の日本的特色——いわゆるモデル論とも関連して」法曹時報46巻7号（1994年）参照。あわせて、平野龍一「現行刑事訴訟の診断」『団藤重光博士古稀祝賀論文集（4）』（有斐閣、1985年）、石松竹雄『刑事裁判の空洞化』（勁草書房、1993年）参照。
[21] 松尾・注19論文14頁。
[22] 後藤昭「刑事司法における裁判員制度の機能」同・注7書96〜105頁。
[23] 後藤・注8論文4〜5頁。
[24] 最決平19（2007）・12・25刑集61巻9号895頁、最決平20（2008）・6・25刑集62巻6号1886頁、最決平20（2008）・9・30刑集62巻8号2753頁。

手続を出現させつつある。被疑者取調べの全面可視化が実現せず、代用監獄は存続し、証拠開示も全面開示ではなく、伝聞証拠の許容要件や任意性を要件とする被告人の自白調書の全面許容に変わりがないなど、手続改革には限界もある。また、公判中心主義の現実化には裁判官による差異がみられ、供述調書への依存の高まりも指摘されている。しかし、現在進行中の手続改革が、直接主義・口頭主義の再活性化をともなう公判中心主義の再生という方向にあることはたしかである。それは、被疑者・被告人の防御権の強化をともなう。裁判員制度は、このような手続改革と相俟って、より公正・適正な刑事裁判の実現に寄与しうるのである。

6. 結語——裁判員制度と新しい刑事手続

　裁判員制度は、それにともなう大規模な手続改革と一体化しつつ、公判中心主義を再生させようとするものであり、それによって、より公正・適正な刑事裁判の実現を促進する。このような新しい刑事手続は、捜査・取調べを肥大化させ、それにより作成された供述調書に強く依存しつつ、直接主義・口頭主義の公判審理を不活性化させた「精密司法」を克服しようとするものである。この点において、裁判員制度の自由主義的意義が最もよく現出する。

　そうであるならば、裁判員制度の真価は、新しい刑事手続が全体として有効に機能するなかでこそ、発揮されることになる。別の角度からみれば、裁判員制度がより公正・適正な刑事裁判を現実化することができるかは、新しい刑事手続が全体として有効に機能し、公判中心主義が真に再生するかにかかっているのである。それゆえ、新しい刑事手続の運用は、直接主義・口頭主義の公判審理を再活性化し、公判中心主義を再生することへと方向づけられなければならない。供述調書への強度の依存は、捜査・取調べ中心主義を残存させるものであるから、確実に克服されるべきである。さらに、公判中心主義をいっそう強化するための立法的課題が、明らかにされなければならない。

【付記】2009年5月、裁判員法が施行された直後、同年9月から2013年6月までのあいだ、法務省内に設置された「裁判員制度に関する検討会」が、裁判員背戸の実施状況などについて検討を行った結果、第18回会議（2013年6月21日）において、『取りまとめ報告書』を取りまとめた〈http://www.moj.go.jp/content/000112006.pdf〉。これを踏まえて、2013年12月24日より、法制審・

刑事法（裁判員制度関係）部会が、裁判員法の改正に向けて審議を開始し、第5回会議（2014年6月26日）において、改正「要綱（骨子）修正案」を可決し、法制審総会に報告した。法制審総会は、第172回会議（2014年7月14日）において、部会より報告された改正「要綱（骨子）」を採択し、これを基にして、裁判員法改正案が作成された。同改正案は、2014年10月24日、第189回国会（臨時会）において、一部修正のうえ可決成立した。改正法は、審理期間が「著しく長期」である場合において裁判員裁判の対象から除外することができることなどを内容とするものであった（内田亜也子「施行後6年を迎えた裁判員制度の評価と課題——裁判員法の一部を改正する法律の成立」立法と調査368号〔2015年〕、浅沼雄介「裁判員の参加する刑事裁判に関する法律の一部を改正する法律について」法曹時報67巻12号〔2015年〕参照）。

第2章 少年事件の処遇決定と裁判員裁判

1. 少年事件の刑事裁判

　裁判員制度が始動した。刑事手続のあらゆる領域に重大な影響が生じる。その影響は、もちろん少年事件の取扱いにも及ぶ。本来、少年の成長発達権の保障に根ざした健全育成の目的（少年法1条）からすれば、少年の非行克服に向けた教育的援助は、家裁調査官のソーシャル・ケースワークを含む少年審判と保護処分によって追求されるべきであり、刑事処分相当として事件を逆送し、刑事裁判と刑罰によって対処することは極力限定されるべきである[*1]。また、公開・対審の刑事裁判が、少年の手続参加の保障を本質とする適正手続と矛盾の契機を含んでいることからすれば、刑事処分相当として逆送決定が許されるのは、公開・対審の刑事裁判のなかでも畏縮し疎外されることなく、少年が手続の主体として、手続を十分理解し、手続に参加することが可能であると具体的に確認された場合に限られるべきである[*2]。裁判員裁判が予想される場合には、裁判員裁判における手続参加の可能性が確認されなければならない。さらに、2007年刑訴法改正によって、審理の傍聴、心情意見の陳述にとどまらない、被害者参加人による証人尋問、被告人質問、弁論意見陳述（論告・求刑）が認められるようになり（刑訴法316条33～38）、その運用のなか、「感情に支配される法廷での審理は、かえって感情的対立を激しく」し、「対決的・威圧的・糾問的な法廷活動のもとでの被告人の萎縮を現実化する危険性」があると指摘されているが[*3]、このような被害者参加の可能性も考慮されなければならない。かくして、少年の手続参加の可能性が確認されない限り、適正な手

[*1] 葛野尋之『少年司法の再構築』（日本評論社、2003年）463頁以下参照。
[*2] 葛野・注1書428頁以下、葛野尋之『少年司法における参加と修復』（日本評論社、2009年）211頁以下参照。これまでの刑事裁判においても、公開法廷のなかで少年が過度に緊張し、畏縮し、疎外されてしまうことが指摘されてきたが（川村百合「少年の裁判員裁判の問題点と解決策を考える」自由と正義59巻10号〔2008年〕89頁など）、村山裕「少年逆送事件の問題」法律時報81巻1号（2009年）34頁は、「原則9人で行われる裁判員裁判の構造に由来する威圧感や、パワーポイントを用いるなど裁判員に分かりやすい立証方法は、少年に畏縮効果や衝撃をもたらさないか」という点を問題として指摘している。

続が確保されないという意味において、刑事処分が「相当」であるとはいえず、逆送決定は許されないというべきである。

　そのうえでなお、刑事処分相当として逆送が決定され、少年事件の刑事裁判が裁判員裁判により行われる場合がありうることを想定しなければならない。裁判員裁判の対象は、死刑または無期の懲役・禁錮の事件および法定合議事件であって（裁判所法26条2項2号）、故意の犯罪行為により被害者を死亡させた罪に係わる事件である（裁判員法2条1項）。他方、2000年の少年法改正によって、行為時16歳以上の少年による故意の犯罪による被害者死亡事件については、家裁は「刑事処分以外の措置を相当と認めるとき」を除き、刑事訴追のための逆送決定をすべきこととされた（20条2項）。これは、「原則逆送」を定めた規定と理解され、運用上も、逆送決定は顕著に増加した（2001年4月1日の施行から5年間に216人）。「原則逆送」事件は裁判員裁判の対象となるから、家裁の逆送決定を経た少年事件の多くが、裁判員裁判により審理されることになる。試算によれば、逆送・起訴後に成人に達した被告人の事件を除外すると、少年事件の裁判員裁判は、年間30～40件程度見込まれるという。

　少年事件の刑事裁判においては、少年事件の特性に配慮した、それに相応しい充実した審理がなされなければならない。それが、適切な処遇決定の前提となる。他方、裁判員裁判においては、市民の司法参加を具体化したものとして、裁判員裁判を有効に機能させるような審理が要求される。審理手続においても、判断においても、市民参加が実質的なものとならなければならない。これら両者が二者択一的にではなく、両立的に実現されなければならないのである。

　しかし、これらの両立的実現は容易ではない。刑事裁判においては、公開・対審の手続が、少年・関係者のプライバシー保護や少年の「情操の保護」（少年審判規則2条1項）、さらには少年の手続参加の保障において、深刻な問題をもたらすこと、これまで実務においてさまざまな配慮・工夫がなされてきたものの、裁判員裁判においてはそれらの問題が顕在化・尖鋭化するであろうこと、これまで提案されてきた解決策には問題や限界があることは、前稿が

---

*3　鈴木一郎「被害者参加制度の現状確認」法学セミナー660号（2009年）。これは、日弁連刑事弁護センターによる関与弁護士アンケートの結果分析に基づくものであり、被害者の二次被害や失望感・虚無感の可能性とともに、公正さに欠ける審理の結果、「被告人の更生の阻害や無実の被告人への誤判の危険性」までも指摘されている。

明らかにしたとおりである[*4]。問題の深刻さにかんがみ、実務家のなかからは、少年事件を裁判員裁判の対象から除外すべき、あるいは年長少年の事件に対象を限定すべきとの提案もなされている。これは、少年事件に対する社会的関心の高さからすれば、市民の司法参加としての裁判員制度の正統性にもかかわる提案であろう。また最近では、裁判員裁判の運用において、「目で見て耳で聞いて分かる審理」、「簡にして要をえた」立証、証拠の厳選などを強調するあまり、少年事件の特性に配慮した、それに相応しい審理を不可能にするかのような提案もなされている。このような提案は、少年事件の充実した審理と適切な処遇決定を犠牲にするだけでなく、実のところ、裁判員裁判を市民の司法参加としての実質に欠けるものにしてしまう危険をはらんでいる。

本章は、裁判員裁判における少年事件の処遇決定がどのように行われるべきか検討する。以下、論じるように、少年事件に相応しい充実した審理が行われ、適切な処遇決定がなされるためには、少年の人格特性や生育環境が十分検討されなければならず、それに関する証拠として、家裁の社会記録が取り調べられなければならない。このことこそが、市民の司法参加としての裁判員制度の目的にも適い、裁判員裁判を真の意味で有効に機能させることにもなるのである。

2. 少年事件の処遇決定と市民参加の実質化

(1) 「原則逆送」事件と家裁移送判断

少年事件の裁判員裁判において、裁判員は処遇決定の判断にどのように関与すべきか。少年事件の処遇決定に実質的に参加した、といえるような関与でなければならない。

裁判員法6条1項によれば、裁判員の関与する判断は、事実の認定、法令の適用、刑の量定とされ、同条2項によって、法令の解釈、訴訟手続など、それ以外の判断は、裁判官のみによるものとされている。さらに、少年事件の場合、保護処分相当を理由とする家裁への事件移送の判断（少年法55条）にも、裁判員が関与すべきことが明記されている（裁判員法6条2項2号）。それは、家裁移送の判断が、有罪を認定した後の広い意味での刑の量定に関する判断の一

[*4] 葛野尋之「少年事件の裁判員裁判」季刊刑事弁護57号（2009年）参照。

種だからだと説明されている*5。また、家裁移送の判断に含まれる「犯罪事実の認定及び刑事処分の見込みという各判断は、有罪判決における裁判員の関与する判断と実質的に同一の内容である上、見込まれる刑事処分と見込まれる保護処分の具体的な比較検討についても、量刑に準ずるものとして裁判員の関与を認めることに支障はなく、むしろ、この部分のみを切り離して裁判官の判断事項とすることは適当でないという考えに基づくもの」であるとも指摘されている*6。家裁移送の判断は、具体的事件において、当の少年に対して、刑罰を科すか、それとも保護処分のために家裁に事件を移送するかに関するものであるから、刑の量定に先行するものとして位置づけられる。家裁移送の判断は、少年事件の刑事裁判をもカバーする健全育成の目的のもと（少年法１条の文言からそのことは明らかである）、少年手続と刑事手続を貫く「保護優先主義」の全体構造のなか、決定的に重要な意味を有している。裁判員法においては、このような家裁移送の判断と、なお刑事処分が相当と判断された場合の量刑とを含む、少年事件の処遇決定の全体が、裁判員が関与すべき判断とされたのである。

　刑事裁判所による家裁移送判断のあり方に重大な影響を与えうるのが、2000年少年法改正による20条２項の創設である。この規定は、一般には、いわゆる原則逆送を定めたものと理解されている。「原則逆送」事件の家裁移送判断について、注目すべき見解を打ち出したのが、平成19年度司法研究『難解な法律概念と裁判員裁判』（以下、『司法研究』）である*7。

　『司法研究』によれば、家裁移送の根拠となる保護処分相当性の判断は、通常は、検察官が主張する刑事処分相当との事情と、弁護人が主張する保護処分相当との事情とを比較検討して行われるのに対し、「原則逆送」事件については、保護処分相当性に関して特別な判断が必要になるとされる。すなわち、『司法研究』は、先行する司法研究『改正少年法の運用に関する研究』*8を参照しつつ、少年法20条２項ただし書を適用して刑事処分以外の措置を選択するため

---

*5　池田修『解説・裁判員法〔第２版〕』（弘文堂、2009年）32頁。
*6　辻裕教「『裁判員の参加する刑事裁判に関する法律』の解説(1)」法曹時報38巻11号（2007年）93頁。
*7　司法研修所編『難解な法律概念と裁判員裁判』（法曹会、2009年）59頁以下。これに対する批判として、村山・注２論文、武藤暁「少年法55条の保護処分相当性について」季刊刑事弁護60号（2009年）参照。
*8　司法研修所編『改正少年法の運用に関する研究』（法曹会、2006年）。これに対する批判として、改正少年法検証研究会「『司法研修所編・改正少年法の運用に関する研究』の批判的検討」立命館法学307号（2006年）参照。

には、保護処分の方が矯正改善に適しているだけでなく、「事案内容において、少年についての凶悪性、悪質性を大きく減じて保護処分を許容しうるような『特段の事情』」が必要であるとする。さらに、家裁と刑事裁判所とのあいだの移送の連続を回避し、家裁調査官など専門的調査能力を有する家裁の判断を尊重すべきことから、20条2項の趣旨を55条の保護処分相当性の解釈に反映させるべきとする。このような考え方を前提に、『司法研究』は、他の解釈の可能性もあるとの留保を付しながら、家裁が「特段の事情」なしとして逆送を決定した場合、「基本的には家庭裁判所の判断を尊重した上で、『特段の事情』に関する判断要素が変化した場合などにおいて同法55条の保護処分相当性が認められるにすぎない」としている。

「特段の事情」の判断要素について、『司法研究』は、20条2項ただし書の掲げる諸事情について、事件の性質、少年の特性その他一切の客観的・主観的事情が考慮されるべきとしながらも、再度、先行司法研究を参照しつつ、20条2項が対象犯罪の反社会性、とくに人の死という結果の重大性に着目した規定であること、立法過程においても、反社会性を減じる事情のある事例がただし書の適用例としてあげられていたことから、「『特段の事情』のほとんどが当該犯罪行為に関連する事情の場合に認められている」とし、少年の資質・環境に関する事情としては、「動機の形成や犯行に至る経緯、責任能力・判断力等、刑事裁判における犯罪事実や重要な量刑事実に影響するものにおおむね限られているのが実情」であって、この意味において、「『特段の事情』に関する判断要素は、狭義の犯情を中心とした量刑事情と大差ない」としている。

(2) 家裁移送の抑制に対する疑問

『司法研究』のとるこのような見解には、いくつかの疑問がある。

第1に、その前提とする少年法20条2項の理解への疑問である。少年法1条の健全育成目的からすれば、20条2項を「原則逆送」規定とする理解には重大な疑問があり、本来、被害者死亡事件についての社会感情に配慮して、一段と丁寧な社会調査のうえで、処遇選択の理由をいっそう明確かつ説得的に説明する責任を家裁に対して課した規定として理解すべきである[*9]。たとえ「原

[*9] 少年法20条2項について、本来、「原則逆送」規定ではなく、処遇選択に関する家裁の特別に重い説明責任を定めた規定として理解すべきことについて、葛野・注1書589頁以下、正木祐史「20条2項逆送の要件と手続」葛野尋之編『少年司法改革の検証と展望』(日本評論社、2006年) 36頁以下、本庄武「少年法は厳罰主義を採用したと解すべきか」一橋論叢133巻4号 (2006年) など参照。

則逆送」規定との理解に立ったとしても、20条2項の規定からは、ただし書該当性を認定できないときは逆送決定をすべきことが要求されているにすぎず、先のような意味の「特段の事情」のない限りただし書の適用はできないと理解することには無理がある。かりに「原則逆送」事件だから「特段の事由」が必要との前提に立ったとしても、その「特段の事情」ありとは、20条2項ただし書に掲げられた事情からみて、すなわち「犯行の動機及び態様、犯行後の情況、少年の性格、年齢、行状及び環境その他の事情を考慮し」、刑事処分以外の措置の相当性が認められることでしかないはずである。「特段の事情」の判断要素を狭義の犯情を中心とする一般の量刑事情に限定することは、20条2項ただし書にそれ以外の事情も掲げられていることからみて、この規定の解釈として正当化されえない[10]。たとえ「特段の事情」が必要だとの立場を前提にしても、「少年事件としての当該事件を正当に評価するためには、少年事件および少年の特質を踏まえて、保護処分相当性の判断要素として（20条2項ただし書において・引用者）掲げられた各具体的事実を『特段の事情』として総合的に検討することが必要」というべきであろう[11]。改正案の国会審議においても、提案者からは、少年の要保護性に関する調査を踏まえ、「個々の事案においては、犯行の動機、態様、犯行後の状況、少年の性格、行状、情状及び環境等の事情を家庭裁判所がきめ細かく検討し、保護処分が適当であると認める場合には逆送しないで保護手続を選択することになって」おり、「裁判所において最も適切な処分が選択される」ことになると説明されていた[12]。『司法研究』の見解は、このような提案者の説明から大きく逸脱している。

　第2に、刑事裁判所による家裁移送の判断が担うべき機能からみても、疑問がある。健全育成目的と少年審判・保護処分優先の全体構造のもと、家裁の逆送決定は、少年の処遇選択にとって決定的に重要なものであり、調布事件最高裁判決[13]によって、保護処分以上の不利益性を有するものと性格づけられている。それにもかかわらず、逆送決定自体には不服申立の方法が用意されて

---

[10] 本庄武「逆送決定の基準論」改正少年法検証研究会・注8論文348〜362頁、同「少年の刑事裁判における処分選択の原理」龍谷大学矯正・保護研究センター研究年報5号（2008年）197〜199頁、正木祐史「逆送裁判員裁判における55条移送『保護処分相当性』の提示」季刊刑事弁護57号（2009年）77〜80頁など。
[11] 正木・注10論文79頁。
[12] 第150回国会衆議院法務委員会議録第2号（2000年10月10日）漆原良夫議員発言など。同旨の説明が度々なされている。
[13] 最判平9（1997）・9・18刑集51巻8号571頁。

いない。このことからすれば、家裁移送に関する刑事裁判所の判断は、家裁の逆送決定に対する不服申立の審査として機能すべきことを期待されているというべきであろう[*14]。過去の実務においても、家裁移送の決定は、逆送決定後の事情の変化を根拠とするものだけでなく、実質的にみたとき、家裁の逆送決定を破棄し、事件を家庭裁判所に差し戻すとの判断としてなされてきた。また、たとえ「原則逆送」規定によって逆送決定が増加しても、家裁移送が効果的に機能することによって、個別具体的事件における適切な処遇選択が可能になるものと期待されていた。このような期待は、2000年改正案の国会審議において、提案者からも明確に表明されていた。『司法研究』がいうように、少年法55条の保護処分相当性が認められる場合を、「特段の事情」の判断要素が変化したときに基本的に限定することは、刑事裁判所による家裁移送の決定を厳しく抑制することとなり、家裁移送の判断が家裁の逆送決定に対する不服申立の審査や、「原則逆送」のセーフティネットとして有効に機能することを不可能にするであろう。もともと、『司法研究』は、55条の解釈・運用に「原則逆送」規定の趣旨を反映させるべきとの前提に立っていた。しかし、20条2項が新設された後にも、55条はなんら修正を受けなかったのであるから、「原則逆送」事件だからといって、刑事処分の適用が拡大するよう、刑事裁判所による家裁移送の決定をことさらに抑制する必要はない、とも考えうるであろう。

　第3に、家裁、刑事裁判所間の移送の連続の回避や、家裁の判断の尊重という根拠についての疑問である[*15]。刑事裁判所の家裁移送については、家裁と刑事裁判所の双方が刑事処分相当と認めた場合に限って刑事処分を課すことができる、という制度的意義が指摘されてきた。移送の連続の回避を強調して、刑事裁判所の家裁移送決定を一般的に抑制しようとすることは、このような制度的意義を失わせることになる。また、家裁が家裁調査官、少年鑑別所など専門的調査機能を有することはたしかであるが、この専門的調査機能は、矯正可能性や処遇の見通しに関する判断においてこそ発揮されるべきものである。逆送決定が「保護不適」を理由に行われる場合、それはこのような専門的判断を超えた法的・規範的判断によるものであるから、家裁の専門的判断の尊

[*14] 田宮裕＝廣瀬健二編『注釈少年法〔第3版〕』（有斐閣、2009年）472頁は、「検察官送致決定に対する不服申立は認められないが、本条の移送の申立によって刑事裁判所の職権発動を促すことで、刑事裁判所に刑事処分相当性の審査を事実上求めることができる」とする。
[*15] 正木・注10論文77頁。

重という要請は妥当しない。刑事裁判所の家裁移送において、家裁の専門性の尊重は、抗告制度の場合と同様、刑事裁判所が最終的な処遇決定の権限を有さず、事件を家裁に「移送」しうえで、その専門的調査機能を活かした処遇決定に委ねる、という形で具体化されているのである。

(3) 市民参加の実質化

『司法研究』の見解には、裁判員裁判における市民参加の実質化という観点からも疑問がある。

ここにおいて確認すべきは、裁判員法が、家裁移送と刑の量定を含む少年事件の処遇決定すべてについて、裁判員の関与を要求したことである。少年事件の処遇決定において、少年に刑罰を科すのか、それとも保護処分により臨むのかという判断は、刑の量定に先行するものであり、それに優るとも劣らず重要である。裁判員法は、この家裁移送の判断に裁判員の関与を要求することによって、市民の健全な社会常識を反映させようとしたのである[*16]。逆送決定が家裁において裁判官のみによって行われ、しかも、少年法20条2項該当事件に典型的なように、その多くが「事案の重大・悪質性を重要な判断要素として保護不適とするものであり、……経験諸科学による専門的な判断というよりも、法律的・社会的評価の面が強い」のであるから、刑事裁判所における家裁移送の判断に裁判員が関与することによって、市民の健全な社会常識の観点から家裁の判断を再検討させることこそが、裁判員法の目的に適うところである[*17]。『司法研究』の見解は、家裁移送の判断への裁判員の関与を実質的に限定しようとするものにほかならない。そのことは、少年事件の処遇決定に市民の健全な社会常識を反映させようとした裁判員法の趣旨に反する。この意味において、裁判員裁判としての有効な機能を失わせるのである。

また、「原則逆送」事件の家裁移送の判断において、「特段の事情」の判断要素を狭義の犯情に限定することについては、裁判官と裁判員の役割分担という観点からも疑問がある。裁判員法において、裁判員の関与する判断とされたのは、事実の認定、法令の適用、刑の量定であり、少年事件の場合、少年法55条による家裁移送の判断も含まれる。法令の解釈に関する判断は、たしか

[*16] このような市民参加を実質化させるためには、少年法の目的や処遇決定の原理について市民の基本的理解を促進し、それを社会常識のなかに血肉化させることが必要であろう。
[*17] 守屋克彦「少年逆送事件・コメント」村井敏邦＝後藤貞人編『被告人の事情／弁護人の主張』(法律文化社、2009年) 178頁。

に裁判官の専権とされた（裁判員法6条2項1号）。しかし、裁判官が法解釈によって、法適用の仕方を厳格に枠づけることは、裁判員の実質的関与を過度に抑制してしまう危険をはらんでいる。「特段の事情」が必要との前提に立つとき、具体的事実に照らして「特段の事情」が認められるかどうかは、まさに法適用に関する判断である。裁判員法が、法適用の判断に裁判員が関与すべきとしたことからすれば、本来、「特段の事情」の有無を判断するうえでどのような事情を考慮するかの判断にも、裁判員の健全な社会常識を反映させるべきであろう。法律の規定から一義的に明らかでないにもかかわらず（むしろ、20条2項ただし書は狭義の犯情以外の事情を掲げている）、「特段の事情」の有無は狭義の犯情によって判断する、という形で法適用の仕方を裁判官が枠づけることは、このような裁判員法の趣旨に適合しないのである。

3. 処遇決定の判断資料とその取調べ

(1) 裁判員裁判にともなう問題

　少年事件の処遇決定については、どのような証拠を、どのような方法で取り調べるべきかが問題となる。これまで少年事件の刑事裁判においては、量刑にあたって、また、家裁移送に関する判断、とくに保護処分の必要性・有効性の判断を行うためには、他の証拠の取調べでは不十分であり、家裁の作成した社会記録の取調べが必要かつ重要とされてきた[*18]。少年法50条、刑訴規則277条に沿った運用である。

　他方、社会記録は、少年の要保護性に関するものである以上、必然的に少年・関係者のプライバシーに深く関わる情報を多く含んでいる。また、その内容が明らかにされることによって、少年に強い精神的打撃を与える場合もある。「情操の保護」（少年審判規則2条1項）の問題である。さらに、家裁調査官と被調査者との信頼関係の維持という観点からも、社会記録の秘密性が要請されてきた。社会記録の取調べについて、その秘密性を保持するために運用上の配慮・工夫がなされてきたのは、それゆえである。しかし、直接主義・口頭主義の徹底や「目で見て耳で聞いて分かる審理」が強調されるなか、裁判員裁判においては困難な問題が生じる。「法廷で取り調べられた証拠のみに基

[*18] 横田信之「刑事裁判における少年調査記録の取扱いについて」家庭裁判月報45巻11号（1993年）6頁以下。

づいて判断を下すことを徹底しよう」とすれば、これまでのような配慮・工夫のうえで社会記録を取り調べることはできなくなるから、少年法50条や刑訴規則277条は「死文化」するおそれが強いとの指摘さえある[*19]。

『司法研究』は、家裁移送の判断基準と判断要素に関する先の見解を前提として、その判断資料についても、とくに社会記録の取扱いに関連して、厳格な限定を提案している。『司法研究』によれば、刑訴規則277条があるにせよ、「証拠の厳選の要請は、当然社会記録にも及ぶはずであ」り、また、少年その他関係者のプライバシーへの配慮が要請されることから、家裁移送の判断資料は、「その判断に必要不可欠なものに厳選」されるべきとされる。『司法研究』は、判断基準・判断要素に関する先の見解に基づき、「特段の事情」の審理に必要な証拠としては、通常は一般の刑事裁判と同様の証拠で十分であるとし、社会記録が必要となる場合でも、少年調査票の「意見欄」で足りるとする。証拠調べの方法としては、「『目で見て耳で聞いて分かる』審理という要請に対応するためには、公判期日における朗読以外の方法はない」とする。さらに、『司法研究』は、「意見欄には、『特段の事情』の有無を中心とした調査官意見の内容及びその判断の根拠が当事者に、ひいては裁判員にも、十分伝わるような、かつ少年その他の関係者のプライバシーに配慮した、簡にして要を得た具体的な記載を行うことが求められる」とする。そして、調査官意見について弾劾的な主張・立証を行う当事者は、プライバシーに配慮しつつ、社会記録を含む開示記録のなかから、鑑別結果報告書の意見部分、医師の診断書など、公判での朗読に適した部分を抜粋のうえ証拠化するべきとしている。

(2) 必要十分な社会調査と少年調査票

たしかに、社会記録の取調べをこのように限定したうえで、「特段の事情」に関する記載が、少年・関係者のプライバシーにも配慮しつつ簡潔になされたならば、公判廷での朗読により裁判員にも理解が可能となり、プライバシーに関する問題も回避することができるであろう。裁判員裁判における「目で見て耳で聞いて分かる」審理という要請には、応えることができるであろう。

しかし、『司法研究』の見解には疑問がある。「特段の事情」を要求するその前提的立場の問題は、上述のとおりであるが、少年事件の審理のあり方として、社会記録の取調べを先のように限定することは、要保護性に関する人間行動

[*19] 佐藤博史＝竹田真「重大少年事件と裁判員制度」現代刑事法7巻1号（2005年）91頁。

科学的調査の活用を定める少年法50条、家裁の取り調べた証拠の取調べを求める刑訴規則277条に明らかに反している。その結果、家裁移送の判断から、少年の人格特性や生育環境に関する事情が削ぎ落とされることとなり、少年事件の特性に配慮した、それに相応しい充実した審理も、そのような審理に基づく適切な処遇決定も不可能となる。家裁移送の判断は、健全育成目的から切り離されることとなり、健全育成目的が少年の刑事事件の取扱いをもカバーすることを明記する少年法１条に適合しないといわざるをえない。もともと、公判前整理手続における証拠の整理も、「充実した公判の審理」のためになされるべきものであり（刑訴法316条の２第１項）、「証拠の厳選」（刑訴規則189条の２）自体が目的ではない。社会記録の取調べが少年事件の充実した審理のために必要とされるとき、「証拠の厳選」を理由にしてそれを避けることは認められないというべきである。

　このような『司法研究』の見解は、少年調査票の記載、ひいては社会調査のあり方に重大な変化を求めるものであるが[20]、それとまるで歩調を合わせるかのように、近時、家裁実務において、社会調査とその結果を記載した少年調査票の簡略化がみられるという。家裁調査官に対して「簡にして要を得た」少年調査票の記載が強調されるあまり、必要十分なものながらポイントを押さえた無駄のない調査票ということを超えて、調査票の記載のみならず、その前提となる社会調査自体においても、質、量両面で必要な調査を尽くさない不十分な調査が広がるおそれがあるという[21]。「原則逆送」事件について逆送可能性が高いことから、少年調査票の作成において、刑事裁判の公開審理のなかでの取調べがありうることを想定して、それに適合するように、プライバシーに深く関わる事項などの記載を簡略化することは、かねてより示唆され

---

[20]　裁判員裁判における使用をも念頭におきつつ、「簡にして要を得た」記載という観点から、「特段の事情」に関する『司法研究』の見解に沿った調査票の記載を促すものとして、少年法実務研究会・家裁調査官研修部「原則検察官送致事件の少年調査票の記載の在り方」総研所報５号（2008年）参照。これに対する本格的批判として、岡田行雄「少年事件に関する社会調査の調書依存化とその克服に向けて」熊本法学118号（2009年）参照。同論文は、このような社会調査は、捜査機関から送付された供述調書など「法律記録に基づき、事件を解釈し、その背景を分析するだけのものに変質する可能性が高い」が、調書依存化を克服するために、社会調査にあたり家裁調査官は、捜査機関の作成した供述調書からは距離をおき、むしろその内容を批判的に吟味しなければならず、「家裁の外に出て幅広い事情を丹念に調査する必要がある」とする（74頁）。さらに、藤原正範「家裁調査官の調査の劣化を危惧します」季刊刑事弁護57号（2009年）参照。

[21]　日本弁護士連合会『少年審判における社会調査のあり方に関する意見書』（2009年５月７日）〈http://www.nichibenren.or.jp/ja/opinion/report/data/090511.pdf〉。

ていたところである*22。しかし、論者も認めるように、社会調査自体の科学性・専門性が後退することになれば、少年の要保護性の解明が不十分となり、刑事裁判所のみならず、家裁の処遇決定の根幹が切り崩されることになる。「少年事件において、科学的、専門的な見地から十分な調査を行うことは少年法の原理からすれば譲れない一線というべき」*23なのである。逆送が相当程度予想される事件に限定して行うとの考えもありうるが、むしろそのような事件においてこそ、家裁の処遇決定のためにも、逆送された場合における刑事裁判所の処遇決定のためにも、いっそう丁寧な社会調査が必要とされるというべきであろう。改正案の国会審議においても、「原則逆送」事件について、少年法20条2項ただし書の該当性を判断するために、丁寧な調査が必要とされることは、提案者から繰り返し表明されていた*24。

(3) 証拠としての社会記録

　個別事件においてその少年に刑罰が相応しいのか、保護処分が相応しいのかを判断するうえでは、本来、保護処分による教育の必要性・有効性が重要な判断要素となり、それを具体的に解明するためには、その少年の人格特性や生育環境を具体的に検討する必要がある。たとえ、「原則逆送」事件について「特段の事情」が必要とされ、「原則逆送」の趣旨が家裁移送の運用のなかにも反映されるべきとの立場によったとしても、上述のように、その判断要素は、狭義の犯情に限定されることなく、少年法20条2項ただし書に掲げられているような犯罪行為の背景に関する人格特性、生育環境をも含むべきである。少年法50条が、少年事件の審理が人格、生育環境などの行動科学的調査を踏まえたものとなるよう求め、刑訴規則277条が、家裁の取り調べた証拠を取り調べるよう求めているのは、それゆえである。これらは、「原則逆送」事件の審理においても、遵守されるべきものなのである。

　少年の人格特性や生育環境の十分な検討は、たとえ『司法研究』の見解に立ったとしても、少年法20条1項による逆送事件については、家裁移送の判断において必要とされる。また、「原則逆送」事件を含め、刑事処分相当と判断された後、具体的にどのような刑を量定すべきか、とくに社会復帰の促進に特

---

*22　角田正紀「少年刑事事件を巡る諸問題」家庭裁判月報58巻6号（2006年）37頁。
*23　角田・注22論文37頁。
*24　第150回国会衆議院法務委員会議録第8号（2000年10月31日）杉浦正健議員発言など。

別に配慮して少年事件に認められている不定期刑をどのように科すべきか判断するうえでは、不可欠といえるであろう。

　問題は、裁判員裁判において、少年の人格特性や生育環境について、どのような証拠を、どのように取り調べるべきかである。『司法研究』がいうように、家裁の社会記録を取り調べるにしても、調査官の意見欄だけで足りる、とすることはできない。この意見欄は、家裁調査官が、社会調査によって得られた事実とそれに対する評価を踏まえて、少年の処遇に関する意見を家裁裁判官に対して示した部分であるから（少年審判規則13条2項）、少年調査票に含まれる家裁移送の判断に必要な情報を、それのみによって得ることは不可能である。むしろ重要なのは、家裁調査官が意見を形成する基礎となった事実であり、それについての評価であろう[25]。これらは、家裁の逆送決定においても基礎とされたものであり、刑事裁判所の家裁移送の判断がその検討のうえでなされることによってこそ、逆送決定に対する実質的審査も可能となる。刑訴規則277条が定めているように、刑事裁判所が家裁裁判の取り調べた証拠としての社会記録を取り調べることが要求されるが、反面、裁判員裁判においては、直接主義・口頭主義の徹底という観点から、書証の使用はできるだけ回避すべきとされている。一般的にはそうであろう。しかし、社会記録は書証であっても、少年事件の充実した審理と適切な処遇決定のために必要な情報を含み、また、むしろそのような情報については、口頭報告よりも、書面による報告の方が正確さにおいて優れているから、裁判員裁判においても証拠とすることを認めるべきである。

　このとき、社会記録を証拠とすべきなのは、当事者いずれかの利益のためというよりも、少年事件の充実した審理と適切な処遇決定のために必要な基礎資料としてなのであるから、その取調べは、当事者いずれか一方の請求によるのではなく、当事者の同意を前提として、裁判所の職権によるべきであろう。また、少年調査票と鑑別結果報告書の取調べは不可欠であるとしても、社会記録のなかには、それらの取調べを行ったならばあえて取調べることを必要としない資料も含まれているであろう。それらについては、裁判員の理解の混乱を回避するためにも、裁判所と両当事者の合意のうえで、職権取調べの対象から除外すべきであろう[26]。

---

[25]　武藤・注7論文102頁。
[26]　武藤・注7論文102頁。

(4) 社会記録の取調べ方法

　刑訴法において書証の取調べは朗読によるものとされ、とりわけ裁判員裁判においては、書証を用いる場合でも、「目で見て耳で聞いて分かる」審理となるよう、実務上慣行となっていた要旨告知（刑訴規則203条の2）によるのではなく、全文朗読がなされるべきといわれている。社会記録を証拠とする場合、どのような取調べ方法が適切なのか[*27]。これをめぐっては、第1に、どのような取調べ方法によれば、裁判員が社会記録の内容を理解することができるか、第2に、社会記録中に含まれた少年・関係者のプライバシーの保護や被調査者との信頼関係の維持、少年に対する精神的打撃の回避に配慮するとき、どのような方法が適切か、が問題となる。

　これまで、社会記録の取調べについても、要旨告知が実務の慣行とされ、ときにそれさえ省略されてきたのは、裁判官が公判廷外で社会記録を閲読し、その内容を理解することができる、このような形で実質的な「取調べ」が可能だとされたからである。裁判員には理解可能であろうか。

　前提とされるべきは、少年の人格特性や生育環境について、ポイントを的確に押さえた必要十分な社会調査が行われ、それが人間行動科学の専門家でない者にも理解可能な程度にまで明快に、少年調査票としてまとめられるべきことである。真の意味において「簡にして要をえた」調査票といえるのかもしれない[*28]。このことが、家裁においても、人間行動科学の専門家ではない裁判官がその内容を正確に理解したうえで、処遇決定を行うために必要とされ、また、少年の理解と参加を確保した、適正な処遇決定手続が践まれるための基礎ともなる[*29]。そのような少年調査票であれば、裁判員裁判においても、

[*27] 刑事裁判における少年調査票の取扱いについて、岡田行雄「改正少年法における社会調査」葛野・注9書56頁以下参照。

[*28] もっとも、社会調査が少年の人格特性と生育環境を対象とし、人間行動科学的専門性に基づくものであるがゆえにこそ、事実の摘示から、その評価、それに基づく結論に至る道筋が、たんに理路整然としていればよいというわけではなかろう。「少年事件の調査にとって結論に矛盾する事実はきわめて重要であり、そこを大切にすることこそ家裁調査官の科学性の証であった。余分なことを書かないという姿勢は余分なことを調べないということになり、ついには科学性を放棄することにもつながりかねない」という藤原正範の指摘（注20論文86頁）には、重い意味がある。このような社会調査の結果をどのように理解しやすく明確に少年調査票にまとめるかは、困難であるが、解決されるべき課題である。

[*29] 葛野尋之「少年審判の処遇決定手続と少年の手続参加」同・注2書参照。

一般市民である裁判員が閲読し、その内容を正確に理解することは可能であろう。

　この場合、公判廷における朗読は必要か。後に閲読して理解することができるのであれば、裁判所と両当事者の合意を前提として、その理解を補助する程度の、また、公開審理を実質的に担保する程度の要旨の告知で足りるであろう[*30]。要旨の告知であれば、その内容に配慮することによって、少年・関係者のプライバシー保護や被調査者との信頼関係の維持、少年に対する精神的打撃の回避という要請にも応えることができる。

(5) 家裁調査官の証人尋問

　家裁調査官の証人尋問について、『司法研究』は、証拠方法としての意義が不明確であること、公務員として守秘義務を負っていることを理由として、消極的立場をとっている。しかし、社会記録を書証として取り調べるにせよ、少年調査票の重要部分について家裁調査官が口頭で説明することにより、裁判官・裁判員の理解が助けられることになるであろう。さらに、家裁調査官の口頭説明に対して質問することにより、説明内容への疑問も解消されるであろう。

　たしかに、家裁調査官は家裁の職員であるが、証拠とされるべき少年調査票の作成者として、証人適格は否定されないというべきであろう。家裁調査官の守秘義務については、どのように考えるべきか。家裁調査官が、少年調査票の内容のなか公務上の秘密にあたる事項について証言を拒否できることは、一般的には承認されるべきであろう（刑訴法144条）。しかし、少年調査票が証拠として取り調べられる場合、すでにその内容は裁判所に対して開示されているのであるから、家裁調査官の証言が少年調査票の重要部分の説明に関するものである限り、もはや裁判所に対して「国の重大な利益を害する」秘密であることを主張し、その証言を拒否することは認められないというべきである。

[*30] 少年事件の刑事裁判、とくに裁判員裁判の公開審理をめぐる問題については、葛野尋之「少年事件の刑事裁判と公開原則」刑事法ジャーナル21号（2010年）（本書第4章）参照。また、渕野貴生「逆送後の刑事手続と少年の適正手続」葛野・注9書、笹倉香奈「裁判員裁判と少年のプライバシー・情操保護」季刊刑事弁護57号（2009年）参照。

4. 結語——裁判員制度の真の目的のためにすべきこと

　裁判員制度は、たんに「司法に対する国民の理解の増進とその信頼の向上」（裁判員法1条）を目的とするものではない。これらの目的の達成は、「あくまでも司法に参加する国民が、客観的な基準に照らして適切といえる裁判を目指して参加するから」であり[31]、裁判員制度は、裁判官と裁判員とのあいだで、「専門性と健全な良識の相互作用を図ることにより、よりよい裁判の実現を目的としている」のである。憲法における司法権の目的・機能からすれば、この「よりよい裁判」とは、詰まるところ、「法の下の平等な正義」の具体的実現のために「公正な裁判を受ける国民の権利」をよりよく保障する裁判である[32]。刑事裁判について、そのような裁判は、憲法の適正手続主義からも要請される。このとき、少年事件の刑事裁判において、「公正な裁判」の本質は、少年事件の特性に配慮した充実した審理が尽くされることであり、それを通じて適切な処遇決定がなされることであろう。このような裁判の実現こそが、裁判員裁判の目的なのである。それゆえ、裁判員裁判を有効に機能させるためとの理由から、少年事件の充実した審理や適切な処遇決定を抑制することは許されない。むしろ、裁判員裁判の目的に反するのである。

　本章は、少年事件の裁判員裁判において、少年事件の特性に配慮した、充実した審理が行われ、適切な処遇決定がなされるためには、少年の人格特性や生育環境が十分検討されなければならず、それに関する証拠として、家裁の社会記録が取り調べられるべきことを論じた。このことは同時に、裁判員制度の上述の目的からすれば、裁判員裁判を真の意味で有効に機能させること、司法への市民参加を実質化することに結びつくのである。

　また、本章は、少年調査票の概要を説明するための家裁調査官の証人尋問について、証人適格がないことや守秘義務を理由として、それが否定されるべきでないことを指摘した。家裁調査官の証人尋問をめぐる重要問題は、むしろ、公判廷での証言が傍聴人や在廷する少年に聴かれることによって、少年・関係者のプライバシーが明らかとされ、家裁調査官と被調査者との信頼関係が損なわれる危険が生じ、あるいは、出生、家族関係などに関する重大な秘密を知

---

[31] 長谷部恭男「司法権の概念と裁判のあり方」ジュリスト1222号（2002年）146頁。
[32] 土井真一「日本国憲法と国民の司法参加——法の支配の担い手に関する覚書」同編『岩波講座・憲法（4）——変容する統治システム』（岩波書店、2007年）272～276頁。

ることから、少年が精神的打撃を受けることである。これらの問題に対処するためには、審理の公開制限や公判期日外の証人尋問、被告人の退廷措置の可能性を検討する必要がある。また、実務のなかでは、弁護人の私的鑑定としての精神鑑定や犯罪心理鑑定の積極的活用が提起されている。その可能性、条件作り、証拠化と取調べの方法なども検討されるべきである。さらには、少年の健全育成を支え、促すためのコミュニティの市民参加という観点から、市民付添人、処遇場面での参加、非行防止活動への参加など、他のさまざまな局面での市民参加を展開するなか、少年審判への市民参加の制度を構想し[33]、それと連携する形で、少年事件の裁判員裁判のあり方を再考する可能性も検討されなければならないであろう。これらについては、次の機会に行いたい。

【付記】裁判員裁判の実務においては、近時、少年事件の家裁移送における保護処分相当性の判断のみならず、少年事件か、成人事件かを問わず、犯情を中心として量刑を行う傾向が強まっている。その立場を再確認したのが、井田良ほか『裁判員裁判における量刑評議の在り方について』司法研究報告書63輯3号（2012年）（以下、『司法研究』）（後に、司法研修所編『裁判員裁判における量刑評議の在り方』〔法曹会、2012年〕として発刊。また、「特集・裁判員裁判における量刑と弁護活動」季刊刑事弁護80号〔2014年〕、城下裕二「量刑判断における行為事情と行為者事情」季刊刑事弁護83号〔2015年〕など参照）である。

　量刑の本質の確認とそれに基づく量刑基準の明確化という主題について、『司法研究』は、刑法の基本原則たる行為責任の原則からすれば、量刑の本質は犯罪行為に相応しい刑事責任を明らかにすることであって、犯罪行為に対する責任非難の程度に応じた刑の分量を決定することが必要となるとする。それゆえ、犯情に基づく量刑が基本となり、この犯情は処罰の根拠となる処罰対象そのものの要素と当該行為の意思決定への非難の程度に影響する要素とを含み、これらを総合的に考慮し判断する必要があるとする。そして、刑罰の予防・社会復帰の目的は、犯情により決められる責任の枠のなかで、一般情状による量刑の調整のために働くにすぎないとする。

　もっとも、これまでは、犯罪の動機、方法・態様、結果の大小・程度・数量などが犯情に当たるとされる一方、被告人の性格、一身上の事情など主観的事情は一般情状として分類されてきたところ、『司法研究』は、行為者の主観

---

[33] 葛野・注1書618頁以下、同・注2書356〜358頁参照。

的事情が犯情に影響を与え、そのような犯情によって責任の枠が決められることを認める。『司法研究』は、「被告人が若年である場合の不遇な生育歴など、これまで一般情状事実とされてきた事情であっても、場合によっては動機の形成過程に大きく関わるなど、非難の程度、ひいては最終の量刑に少なからず影響するものもあり、従来の犯情事実・一般情状事実の分類も、量刑の本質という観点からは必ずしも厳密なものではない」（6頁）と述べている。

たとえば、被告人の若年性は、人格未成熟で反対動機を形成する力が弱く、交遊関係など環境の影響により犯罪に及びやすい点において、一般に責任非難を減少させる事情の一つとされ、また、若年ゆえの可塑性の高さから、教育による矯正可能性の高さが認められるとされてきたものの、後者については、逆の見方もなされる可能性があり、「あくまで当該事案の具体的事情に照らして判断する必要」があるとする。そのうえで、『司法研究』は、少年法は、責任非難の程度の低さ、教育による改善更生の可能性の高さの両面を考慮して、少年に対する刑罰を一般に軽減しているが、このような少年法の趣旨は、量刑にあたっても考慮されるべきであるとし、「当事者においては、個別の事案における具体的な事実関係を前提として、少年法が趣旨とするところを踏まえつつ、被告人が少年であること（それによる人格の未熟等）が犯行態様や結果等にどのように結びつき責任非難の程度に影響するか、更生可能性の程度にどのように影響するかを説得的に主張・立証することが求められる」とする（70頁）。被告人の生育歴については、「不遇な生い立ちが精神的成長や人格形成を阻害して遵法精神や規範意識の涵養が十分になされず、それが犯罪への反対動機形成を阻害した場合」や、被告人が少年・若年成人で、「幼少期から被害者に虐待を受けていたことが犯罪の動機となっているような場合」には、動機、経緯などと相俟って、意思決定への非難程度に影響を与える限りにおいて量刑上考慮されるとする。他方、生い立ちの不遇が、「単なる行為者の主観的事情（行為者の属性）の指摘にとどまる場合は、量刑の本質に照らし、それが量刑上大きく考慮されることはない」とし、「それが責任非難の程度に影響するというのであれば、……そうした事情が犯罪行為の意思決定にどのように関連し、当該事案をどのようなものとしてみればよいのかを、量刑の本質を踏まえながら、裁判員に説得的に提示すること」が必要とされるとする（72頁）。

このように、『司法研究』は、被告人、すなわち行為者の主観的事情が犯情に関連性を有し、それを通じて量刑に影響を与えうることを認めているが、量刑における当事者の主張・立証をますます重視する一般的傾向を反映して、

そのためには、若年性、生育歴などの主観的事情がどのように犯情に関連し、影響を与えたかを、当事者が説得的に主張・立証すべきことを求めている。このような当事者の主張・立証は、実際の問題としては、弁護人に求められることになろう。また、少年法55条の家裁移送のための保護処分相当性を判断するにおいて犯情を重視する立場からも、弁護人に同様の説得的な主張・立証が求められることになろう。

　行為者の主観的事情が犯情にどのように影響したかについて説得的な主張・立証を行うことは、それ自体、決して容易なことではない。しかも、行為の悪質性、結果の重大性などによる犯情評価を修正するためには、相当に強度な主張・立証が求められることになろう。このようななかで、いっそう重要性を増すのが、精神鑑定、心理鑑定など、科学的鑑定の活用である。当事者による説得的な主張・立証が求められるのであれば、有効な立証手段としての科学的鑑定の活用の機会が実質的に保障されなければならない。どのような主観的事情とどのような犯情の関連性が問題となるのかによって、これらの科学的鑑定のうちなにを選択するか、あるいは併用するかが決められることになろう。弁護人の要求に応じて裁判所が鑑定を命じる場合にも、弁護人が当事者の立場から専門家に対して鑑定を依頼する場合にも、どのような主観的事情とどのような犯情との関連性を解明するのかを明確にしたうえで、鑑定事項を設定する必要があろう。弁護人の依頼による場合には、鑑定の信頼性を向上させるためにも、面接の場所・時間、検査用具の使用など、鑑定実施の条件整備が課題となろう（少年事件の裁判員裁判における情状鑑定の活用について、本庄武「情状鑑定の活用——発達障害を抱えるケースを手掛かりに」武内謙治『少年事件の裁判員裁判』〔現代人文社、2014年〕参照）。

　また、少年法が責任非難の程度の低さとともに、教育による改善更生の可能性の高さを考慮して、少年に対する刑罰を一般に軽減していることは、『司法研究』も認めるところであるが、このような少年法のもとでは、少年事件の量刑においては、成人事件の場合に比べ、教育による改善更生の可能性がより重視されるべきであって、そのことが、「少年の健全な育成」という目的を刑事事件の取扱いにも及ぼしている少年法1条の趣旨に適うように思われる。そうであるならば、少年の要保護性に関して家裁の作成した社会記録、その作成者の証人尋問、教育的処遇による社会復帰の可能性に関する精神医学的・心理学的鑑定などの証拠が、十分取り調べられるべきであろう（この点については、本書第3章参照）。

ところで、最判平26（2014）・7・24刑集68巻9号925頁は、傷害致死事件について懲役10年の求刑を超えて懲役15年に処した第一審判決およびこれを是認した控訴審判決を量刑不当・著反正義として破棄するにあたり、「我が国の刑法は、一つの構成要件の中に種々の犯罪類型が含まれることを前提に幅広い法定刑を定めている。その上で、裁判においては、行為責任の原則を基礎としつつ、当該犯罪行為にふさわしいと考えられる刑が言い渡されることとなるが、裁判例が集積されることによって、犯罪類型ごとに一定の量刑傾向が示されることとなる。そうした先例の集積それ自体は直ちに法規範性を帯びるものではないが、量刑を決定するに当たって、その目安とされるという意義をもっている。量刑が裁判の判断として是認されるためには、量刑要素が客観的に適切に評価され、結果が公平性を損なわないものであることが求められるが、これまでの量刑傾向を視野に入れて判断がされることは、当該量刑判断のプロセスが適切なものであったことを担保する重要な要素になると考えられるからである」としたうえで、「この点は、裁判員裁判においても等しく妥当するところである」と判示した。行為責任の原則から量刑の公平性が求められ、そのために犯罪類型ごとの量刑傾向を「目安」にすべきとしたのである。このような量刑のあり方は、少年事件についても要請されることになろう。このとき注意すべきことは、犯罪類型ごとの量刑傾向が少年事件の量刑例のみを基礎にして形成されているわけではないという点である。行為責任の原則から犯情中心の量刑が求められるとともに、犯罪類型ごとの量刑傾向を「目安」にした量刑の公平性が要求されるにしても、少年法が少年に対する刑罰を一般に軽減していることからすれば、少年事件については、犯罪類型ごとの量刑傾向を下方修正したうえで、量刑の「目安」にすべきことになろう。

第3章 少年事件の裁判員裁判における社会記録の取調べと作成者の証人尋問

1. 問題の所在と本章の課題

(1) 少年事件の除外提案

　裁判員制度が導入されてから、4年が経過した。裁判員制度は、刑事裁判のあり方に大きな影響を与えた。その影響は、もちろん、少年事件の刑事裁判にも及んでいる。

　最高裁判所事務総局が2012年12月に発表した『裁判員裁判実施状況の検証報告書』(以下、『検証報告書』)は、施行から約3年の制度運用状況、裁判結果、裁判員の感想などに関するデータを基にして、参加した市民における意識、感覚、生活実態などの面での積極的姿勢、市民一般による裁判結果の受容、制度開始・定着における法曹の側の努力が相俟って、「この3年間裁判員制度は、比較的順調に運営されてきた」と評価している[*1]。公判前整理手続の長期化、裁判員の精神的負担など、重要な問題の指摘があるものの、おおむね順調という評価が、法律家のあいだでも、マス・メディアにおいても、ほぼ定着しているといってよい。

　しかし、少年事件の裁判員裁判に対しては、実務家のなかにも、厳しい批判がみられる。裁判員裁判の対象から少年事件を除外すべきとの意見さえある。少年事件の裁判員裁判に重大な問題があるとしても、運用上の配慮・工夫、さらには立法的制度改革によるそれらの問題の解決可能性について議論が尽くされないうちに、このような除外意見が表明されているとすれば、それは、少年事件の刑事裁判、とくに少年法55条による家裁移送と刑の量定とを含む

[*1] 最高裁判所事務総局『裁判員裁判実施状況の検証報告書』〈http://www.saibanin.courts.go.jp/topics/pdf/kensyo_houkokusyo/hyousi_honbun.pdf〉。裁判員裁判の運用状況とその評価について、葛野尋之「裁判員制度と刑事司法改革」法社会学79号 (2013年) (本書序章) 参照。

少年事件の処遇決定に市民が関与することの積極的意義が不明確なままであることに起因しているといえよう。少年事件が、その少年が生まれ、生きてきた生育環境の強い影響下において生起したものであり、また、少年が社会へと戻り、社会の一員として生活を再建することが目指されている──少年法1条の健全育成目的は、少年の刑事事件の取扱いにも及ぶ──ことからすれば、少年事件の処遇決定においては、これら両面における社会とのつながりの強さと深さを踏まえた社会性のある判断が求められ、そのためには処遇決定に市民が参加することが有意義なのではないかということについて、議論が深められるべきであろう。もちろん、そのときには、現在のように無作為抽出による裁判員の選出が望ましいのか、事件ごとの選任とすべきなのかなど、制度の基本設計についても再検討が必要であろう。

(2) 社会記録の取扱いをめぐる課題

　市民参加の積極的意義を明確化することと同時に、現在の少年事件の裁判員裁判が抱える問題の解決可能性についても、議論が深められなければならない。その中心的問題の一つが、家裁の審判過程において作成された社会記録を、裁判員裁判においてどのように活用すべきか、また、どのように活用することができるかということである。

　少年法1条は、「この法律は、少年の健全な育成を期し、……少年……の刑事事件について特別の措置を講ずることを目的とする」と定めている。文言上明らかなように、健全育成目的は、少年審判のみならず、少年の刑事事件の取扱いにも及ぶ。少年法50条が、少年の刑事事件の審理は少年の要保護性に関する人間行動科学的調査について定めた9条の趣旨に従って行われるべきとしているのも、それゆえである。刑訴規則277条は、「少年事件の審理については、懇切を旨とし、且つ事案の真相を明らかにするため、家庭裁判所の取り調べた証拠は、つとめてこれを取り調べるようにしなければならない」と規定している。また、実体面においても、少年法55条は、刑事裁判所が「少年の被告人を保護処分に付するのが相当であると認めるときは」、事件を家裁に移送すべきよう定めており、さらに、少年に対する刑罰としては、不定期刑が中心的位置を占めている（少年法52条）。これらの規定から明らかなように、少年事件の刑事裁判においては、少年事件の特性に配慮した、それに相応しい充実した審理がなされなければならない。それが、適切な処遇決定の前提となるのである。

他方、裁判員裁判においては、市民の司法参加を具体化したものとして、裁判員裁判を有効に機能させるような審理が要求される。証拠調べにおいては、裁判員の十分な証拠理解に適した証拠が選択され、それを可能にするような取調べ方法が採用されなければならない[*2]。また、そのような審理が、適正手続の保障において欠けることがあってはならないのも、もちろんである[*3]。

　これらの要請がすべて満たされなければならない。しかし、少年事件の刑事裁判において、それは簡単なことではない。裁判員裁判において、困難さはいっそう高まる。

　少年法50条および刑訴規則277条に示されているように、少年事件に相応しい審理において重要なのは、科学主義の見地から[*4]、少年の人格および生育環境に関する証拠が必要十分な程度に取り調べられることである。このような証拠として最も重要なものは、家裁の作成した社会記録であろう。近時、精神医学、心理学などの専門家、あるいは家裁調査官、鑑別技官などの経験者による情状鑑定の重要性が指摘されている。たしかに、刑事手続の過程における情状鑑定は、社会記録作成後の少年の変化、少年に対する審判手続および刑事手続の影響などをも捕捉できるものであり、それゆえ、科学主義に立って更生可能性に関する証拠調べを尽くすためには、情状鑑定が積極的に活用されるべきである[*5]。とはいえ、情状鑑定がなされる場合であっても、家裁の社会記録の重要性が失われるわけではない。要保護性に関する調査・鑑別は、少年の人格および生育環境を広く対象としつつ、家裁調査官、精神科医、鑑別技官、法務教官などの高度な専門性と経験に基づき、長年にわたる実践の蓄積のうえに、家裁送致後の手続過程、とくに観護措置期間中に、中立的な公的機関により実施されるものであって、社会調査は、そのような調査・鑑別に基づ

[*2] 裁判員制度が市民参加によるより適正・公正な裁判の実現というその主要な目的の達成において真価を発揮するためには、直接主義・口頭主義に立った公判中心主義の再生が必要とされる（葛野尋之「裁判員裁判における民主主義と自由主義」法律時報84巻9号〔2012年〕）。

[*3] 渕野貴生「裁判員裁判における社会記録の取調べと適正手続」斉藤豊治古稀『刑事法理論の探求と発見』（成文堂、2012年）は、適正手続の保障という視点から、少年事件の裁判員裁判における社会記録の取扱いを検討している。

[*4] 岡田行雄『少年司法における科学主義』（日本評論社、2012年）が、科学主義を総合的に検討している。憲法と子どもの権利条約の要請に応えて、少年司法における「新たな科学主義」の確立を提言しており、科学主義のあり方、その活用方法を考えるうえで示唆的である。

[*5] 武内謙治「少年に対する裁判員裁判——死刑事件を契機として」季刊刑事弁護69号（2012年）193頁は、「とくに死刑適用が問題となる事件においては、社会記録の代替あるいは補充として、情状鑑定の実施が必要」だとする。

くものだからである。とりわけ少年法55条の家裁移送が争われる事件においては、この判断が家裁の逆送決定の再審査として機能すべきことからしても、家裁の逆送決定の重要資料である社会記録を取調べることは不可欠であろう。

(3) 本章の課題

以下、本章は、少年事件の裁判員裁判における社会記録の取調べとその作成者の証人尋問について検討する[*6]。

少年事件の刑事裁判においては、少年事件の特性に配慮した、それに相応しい充実した審理がなされなければならず、そのためには、家裁移送の判断および不定期刑を中心とする刑の量定において、少年の人格および生育環境に関する証拠として、家裁の審判過程において作成された社会記録中、少なくとも少年調査票および鑑別結果通知書の取調べを行わなければならない。

裁判員裁判においては、一般に、直接主義・口頭主義の徹底が求められるが、社会記録については、例外的に、書証として採用し、要旨の告知により取り調べるべきである。証拠としての中立性から、当事者の同意を前提として、職権による証拠調べを基本とし、当事者の同意が得られない場合には、鑑別結果通知書のみならず、少年調査票についても、鑑定類似の性格を認め、書面による正確な報告にも配慮して、刑訴法321条4項の準用による証拠採用を認めるべきである。もっとも、家裁調査官本来の専門性を超えた、保護処分の社会的許容性に関する調査に基づく部分は、鑑定類似の性格が認められないから、除外されるべきである。

刑訴法321条4項を準用して、少年調査票および鑑別結果通知書を取り調べる場合、作成者が証人として尋問を受け、作成名義および記載内容の真正性、さらには調査内容の正確性を供述しなければならない。少年および関係者のプライバシー保護、社会調査における被調査者の信頼の保持に配慮して、作成者の証人尋問を行う場合、公開停止の措置または期日外尋問の方法がとられるべきである。また、尋問方法としてはプレゼンテーション方式を採用したうえで、社会記録の内容を明確化し、またはその根拠となった事実および分析・評価を確認するために必要な事項について、尋問を行うこととすべき

[*6] この問題について、葛野尋之「少年事件の裁判員裁判」季刊刑事弁護57号 (2009年)、同「少年事件の処遇決定と裁判員裁判」澤登俊雄＝高内寿夫編『少年法の理念』(現代人文社、2010年)、同「少年事件の刑事裁判と公開原則」刑事法ジャーナル21号 (2010年) (本書第4章) 参照。

である。

　このような作成者の証人尋問を行うことにより、社会記録が依拠した事実の正確さが確認され、その分析・評価の適切さが保障されることになる。また、社会記録の内容がより明確なものとなり、裁判官・裁判員におけるその正確な理解が高まることにもなる。このことからすれば、社会記録の取調べについて両当事者が同意している場合でも、作成者の証人尋問が行われるべきである。

2.　証拠としての社会記録

(1)　社会記録の取調べをめぐる問題

　少年事件の処遇決定にあたり、どのような証拠を、どのような方法で取り調べるべきかが問題となる。これまで少年事件の刑事裁判においては、量刑にあたって、また、家裁移送に関する判断、とくに保護処分の必要性・有効性の判断を行うためには、他の証拠の取調べだけでは不十分であり、家裁の審判過程において作成された社会記録の取調べが必要かつ重要とされてきた[*7]。少年法50条および刑訴規則277条に沿った運用であり[*8]、科学主義の要請に応えようとするものである。

　他方、社会記録は、少年の要保護性に関するものである以上、必然的に、少年・関係者のプライバシーに深く関わる情報を多く含んでいる。また、家裁調査官と被調査者との信頼関係の維持という観点からも、社会記録の秘密性が要

[*7] 横田信之「刑事裁判における少年調査記録の取扱いについて」家庭裁判月報45巻11号（1993年）6頁以下。

[*8] 仲家暢彦「若年被告人の刑事裁判における量刑手続」中山善房退官『刑事裁判の理論と実務』（成文堂、1998年）333頁は、少年法50条および刑訴規則277条が「訓示規定」であるとしつつも、当事者主義を基調とする刑事訴訟手続のなかで裁判所に対し審理の内容と証拠調べについて一定の義務を課すというのは異例中の異例であること、家裁移送を認める少年法55条も相俟って、刑事裁判所が「犯罪事実と情状に加え、少年の要保護性及び保護可能性についても審査判断すべきことを求めている」ことからすれば、家裁の判断の重要資料とされたはずの少年調査記録を取り調べることなしに家裁移送に関する判断をすることは、「犯罪事実の認定又は評価について家庭裁判所とは大きく異なる判断をした場合などの特別な場合を除き、不可能か若しくは著しく妥当性を欠く」とする。加藤学「保護処分相当性と社会記録の取扱い——家裁移送が争われる事件を念頭に」植村立郎退官『現代刑事法の諸問題（1）』（立花書房、2011年）485頁は、少年法55条の保護処分相当性の判断は、少年の要保護性を踏まえてなされるべきことから、「家裁移送の是非が真の争点になっている刑事事件においては、調査官制度のような専門制度をもたない刑事裁判所にとって、自らの判断能力を補充するために、社会記録を取り調べることは、……必須というべきであろう」とする。

請されてきた。さらに、その内容が明らかにされることによって、少年に強い精神的打撃を与える場合もある。「情操の保護」（少年審判規則2条1項）の問題である。社会記録の取調べについて、その秘密性を保持するために運用上の配慮・工夫がなされてきたのは、それゆえである。

　しかし、裁判員裁判においては、直接主義・口頭主義の徹底、「目で見て耳で聞いて分かる審理」が強調されることから、困難な問題が生じる。「法廷で取り調べられた証拠のみに基づいて判断を下すことを徹底しよう」とすれば、これまでのような配慮・工夫のうえで社会記録を取り調べることはできなくなるから、少年法50条や刑訴規則277条は「死文化」するおそれが強いとの指摘さえある[*9]。

　平成19年度司法研究『難解な法律概念と裁判員裁判』（以下、『司法研究』）[*10]は、家裁移送の判断基準と判断要素について、裁判員裁判対象事件の多数を占める少年法20条2項該当事件の場合、保護処分相当性を認定するためには「特段の事情」が必要であり、さらに「特段の事情」はまず狭義の犯情から判断されるべきとする見解（いわゆる犯情説）を前提として、その判断資料についても、とくに社会記録の取扱いに関連して、厳格な限定を提案している。『司法研究』によれば、刑訴規則277条があるにせよ、「証拠の厳選の要請は、当然社会記録にも及ぶはずであ」り、また、少年その他関係者のプライバシーへの配慮が要請されることから、家裁移送の判断資料は、「その判断に必要不可欠なものに厳選」されるべきとされる。『司法研究』は、判断基準・判断要素に関する先の犯情説に基づき、「特段の事情」の審理に必要な証拠としては、通常は一般の刑事裁判と同様の証拠で十分であるとし、社会記録が必要となる場合でも、少年調査票の「意見欄」で足りるとする。証拠調べの方法としては、「『目で見て耳で聞いて分かる』審理という要請に対応するためには、公判期日における朗読以外の方法はない」とする。

　さらに、『司法研究』は、「意見欄には、『特段の事情』の有無を中心とした調

[*9]　佐藤博史＝竹田真「重大少年事件と裁判員制度」現代刑事法7巻1号（2005年）91頁。
[*10]　司法研修所編『難解な法律概念と裁判員裁判』（法曹会、2009年）59頁以下。『司法研究』の見解は、少年調査票の記載、ひいては社会調査のあり方に重大な変化を求めるものであるが、近時、家裁実務において、社会調査とその結果を記載した少年調査票の過剰なまでの簡略化がみられるという。この点についての的確な批判として、岡田・注4書171頁参照。このほか、藤原正範「家裁調査官の調査の劣化を危惧する」季刊刑事弁護57号（2009年）、斉藤豊治「社会記録と裁判員裁判」甲南法学51巻4号（2011年）188頁など参照。

査官意見の内容及びその判断の根拠が当事者に、ひいては裁判員にも、十分伝わるような、かつ少年その他の関係者のプライバシーに配慮した、簡にして要を得た具体的な記載を行うことが求められる」とする。そして、調査官意見について弾劾的な主張・立証を行う当事者は、プライバシーに配慮しつつ、社会記録を含む開示記録のなかから、鑑別結果報告書の意見部分、医師の診断書など、公判での朗読に適した部分を抜粋のうえ証拠化するべきとしている。

(2) 社会記録の取調べの必要性

たしかに、社会記録の取調べをこのように限定したうえで、「特段の事情」に関する記載が、少年・関係者のプライバシーにも配慮しつつ簡潔になされたならば、公判廷での朗読により裁判員にも理解が可能となり、裁判員裁判における「目で見て耳で聞いて分かる」審理という要請には、応えることができるであろう。また、プライバシーや社会調査における信頼維持、少年の情操保護に関する問題も回避することができる。

しかし、『司法研究』の見解には疑問がある。前提とされる犯情説の問題は、すでに広く指摘されてきたとおりである[11]。少年事件の審理のあり方としても、社会記録の取調べを先のように限定することは、要保護性に関する人間行動科学的調査の活用を定める少年法50条、家裁の取り調べた証拠の取調べを求める刑訴規則277条に明らかに反している。その結果、家裁移送の判断から、少年の人格および生育環境に関する事情が削ぎ落とされることとなり、少年事件の特性に配慮した、それに相応しい充実した審理も、そのような審理に基づく適切な処遇決定も不可能となる。家裁移送の判断は、健全育成目的から切り離されることとなり、健全育成目的が少年の刑事事件の取扱いをもカバーすることを明記する少年法1条に適合しないといわざるをえない。もともと、公判前整理手続における証拠の整理も、「充実した公判の審理」のためになされるべきものであり（刑訴法316条の2第1項）、「証拠の厳選」（刑訴規則189

---

[11] 正木祐史「逆送刑事裁判における55条移送『保護処分相当性』の提示」季刊刑事弁護57号（2009年）78頁、葛野・注6「少年事件の処遇決定と裁判員裁判」172頁、加藤・注8論文480頁、斉藤・注10論文185頁、武内・注5論文193頁、本庄武「保護処分相当性判断・再考」注3『斉藤古稀』584頁など。少年法55条の保護処分相当性の解釈に反映するとされる20条2項の解釈をめぐって、川出敏裕「処分の見直しと少年審判」斉藤豊治＝守屋克彦編著『少年法の課題と展望(1)』（成文堂、2005年）170頁、改正少年法検証研究会「『司法研修所編・改正少年法の運用に関する研究』の批判的検討」立命館法学307号348頁以下（2006年）［本庄武］など。

条の2）自体が目的ではない。社会記録の取調べが少年事件の充実した審理のために必要とされるとき、「証拠の厳選」を理由にしてそれを避けることは認められないというべきである。

　個別事件においてその少年に刑罰が相応しいのか、保護処分が相応しいのかを判断するうえでは、本来、保護処分による教育の必要性・有効性が重要な判断要素となり、それを解明するためには、その少年の人格および生育環境を、両者の関連性を視野に入れつつ具体的に検討する必要がある。たとえ、少年法20条2項該当事件について家裁移送を認めるためには「特段の事情」が必要だとの立場によったとしても、「特段の事情」の判断要素は、狭義の犯情に限定されることなく、少年法20条2項ただし書に掲げられているような犯罪行為の背景にある人格および生育環境に関する事情をも含むべきである。少年法50条および刑訴規則277条の要求は、「原則逆送」事件の審理においても遵守されるべきである。

　たとえ少年法20条2項該当事件について『司法研究』の見解に立ったとしても、少年法20条1項による逆送事件については、家裁移送の判断において、少年の人格および生育環境を十分に検討することが必要とされる[*12]。また、そのことは、20条2項該当事件を含め、刑事処分相当と判断された後、具体的にどのような刑を量定すべきか、とくに更生可能性と社会復帰の促進に特別に配慮して少年事件について広く認められている不定期刑（少年法52条）をどのように科すべきかを判断するうえでは、不可欠といえるであろう。

3.　社会記録の取調べ

(1)　社会記録の取調べ範囲と採用方法

　問題は、裁判員裁判において、少年の人格および生育環境に関する証拠としての社会記録を、どのような範囲において、どのような方法により取り調べるべきかである。

　『司法研究』がいうように、家裁の社会記録を取り調べるにしても、調査官の意見欄だけで足りるとすることはできない。この意見欄は、家裁調査官が、

[*12]　加藤・注8論文488頁は、たとえ犯情説による場合でも、狭義の犯情から「特段の事情」が肯定されたならば、少年法20条2項ただし書に掲げられている犯行の動機・態様、犯行後の情況、年齢、行状・環境その他の事情について必要な証拠を調べておく必要があるから、結局、評議前の時点において、証拠調べの対象を狭義の犯情に関するものに限定することはできないと指摘する。

社会調査によって得られた事実とそれに関する分析・評価を踏まえて、少年の処遇に関する意見を家裁裁判官に対して示した部分であるから（少年審判規則13条2項）、社会記録に含まれる家裁移送の判断または量刑に必要な情報を、それのみによって得ることは不可能である。むしろ重要なのは、家裁調査官が意見を形成する基礎となった事実であり、それについての分析・評価であろう[*13]。これらは、家裁の逆送決定においても基礎とされたものであり、刑事裁判所の家裁移送の判断がその検討のうえでなされることによってこそ、逆送決定に対する実質的審査も可能となる。

　社会記録には、少年調査票、鑑別結果通知書のほかに、調査の過程において収集された各種資料が含まれている。証拠調べを必要十分な範囲に限定するという意味における証拠の「厳選」（刑訴規則189条の2）という要請からも、社会記録のすべてを取り調べるのではなく、少年調査票および鑑別結果通知書の取調べを基本とすべきであろう[*14]。少年調査票および鑑別結果通知書の取調べは不可欠であるとしても、社会記録のなかには、それらの取調べを行ったならばあえて取調べる必要のない資料も含まれている。それらについては、取調べの対象から除外すべきであって[*15]、個別事件ごとの必要性に応じて、それらの取調べについて具体的判断がなされるべきであろう。

　刑訴規則277条が定めているように、刑事裁判所は家裁の取り調べた証拠としての社会記録を取り調べるよう要求されているが、反面、裁判員裁判においては、直接主義・口頭主義の徹底という観点から、書証の使用はできるだけ回避すべきとされている。一般的にはそうであろう。しかし、社会記録は書証であっても、少年事件の充実した審理と適切な処遇決定のために必要な、少年の人格および生育環境に関する重要資料であって、また、そのような情報については、口頭報告よりも、書面による報告の方が正確さにおいて優れているのであるから、裁判員裁判においても、取調べ方法には注意を払いつつも、証拠とすることを認めるべきである。

　少年調査票および鑑別結果通知書は、家裁調査官および少年鑑別所が少年の人格および生育環境に関する問題を中立的立場から解明したものであって、少年事件に相応しい充実した審理のために活用されるものであるから、証拠

[*13]　武藤暁「少年法55条の保護処分相当性について」季刊刑事弁護60号（2009年）102頁。
[*14]　加藤・注8論文490頁。
[*15]　武藤・注13論文102頁。

の一般的性格として、当事者一方の利益に資するというよりも、中立性を有するというべきであろう。それゆえ、それらの取調べは、当事者いずれか一方の請求による取調べではなく、当事者の同意を得たうえで（刑訴法326条）、裁判所の職権によることを基本とすべきであろう。当事者主義構造をとる刑事訴訟において、本来、職権証拠調べは例外として位置づけられるべきものである。しかし、社会記録の先のような性格からすれば、例外的に職権取調べによることを基本としてよいであろう。少年法50条および刑訴規則277条は、ほかならぬ裁判所に対して、科学主義に立った審理と家裁の取り調べた証拠の取調べを要求しているが、職権証拠調べを基本とすることは、このような規定の仕方にも適合するといえよう。

このとき、少年調査票および鑑別結果通知書の証拠採用においては、当事者の同意を得ることを基本とすべきといっても、当事者の一方が自らに必要と判断し、相手方が同意した部分に限るのではなく、それら全体を採用するようにすべきである。これらは、それぞれの全体が一体として判断を形成しているからである。当事者それぞれにとって必要な部分だけに限るという「つまみ食い」的な証拠請求・採用によるならば、これらに含まれる少年の人格および生育環境に関する情報を正確に理解することができず、これらを証拠とすることの意義を半減させることになるであろう[16]。

(2) 鑑定書に関する刑訴法321条4項の準用

量刑については、自由な証明で足りるとの見解もある。少年法55条の移送判断も同様に扱われることになろう。しかし、量刑においても、犯情のみならず、狭義の情状に含まれる事実であっても、原則としては厳格な証明が必要だとの意見も強い[17]。量刑に与える影響の重大性、量刑が被告人の重大な関心事であることへの配慮などから、実務は、狭義の犯情についても厳格な証明によっているとされる[18]。以下、このような実務を前提にして、少年調査票および鑑別結果通知書の取調べについて論じることとする。

厳格な証明によるとする場合、少年調査票および鑑別結果通知書の全体について、当事者の同意を前提としつつ、裁判所の職権取調べを基本にすべき

---

[16] 加藤・注8論文491頁。同論文は、裁判所は必要性が認められる限り、全体の証拠化を目指して、検察官または弁護人が証拠請求するときには全部を請求するよう、相手方に同意をするのであれば全部同意をするよう説得すべきであり、必要があれば、裁判所による職権証拠調べも検討すべきとしている。

としても、これらは「書面」(刑訴法320条1項)であるから、当事者の同意が得られないとき、その証拠能力が問題となる。個別事件の具体的事情によっては、とくに社会調査の内容が少年の処分を重くする方向において用いられるようなものである場合には、被告人の権利・利益を擁護するという弁護人の基本的職責との関係において、弁護人はそのような社会記録の取調べに同意することができないときもあろう。

鑑別結果通知書については、刑訴法321条4項の準用が承認されてきた。心理テストなどに基づいて少年の資質鑑別の結果を明らかにしたものであること、内容が心神の鑑別という鑑定に類する事項であること、作成者が通常は精神科医または臨床経験を積んだ法務技官であることなどの理由からである[19]。これに対して、少年調査票については、鑑定書に準じた扱いを認めないとする見解が多数であった。鑑別結果通知書とは異なり、少年調査票は、少年、保護者、参考人、関係機関などから得た情報を整理・要約した報告書であることから、刑訴法312条4項の準用は困難だとされたのである[20]。

しかし、近時、鑑定書に関する規定の準用を認める見解が有力である[21]。横田信之によれば[22]、たしかに、少年調査票と鑑別結果報告書とのあいだには相違がある。その相違は、作成者、人格面に焦点を合わせているか、生育歴、生活環境などにも焦点を合わせているかという内容、心理検査の比重が大き

---

[17] もっとも、適正な量刑にとって必要十分な資料の確保という観点から、厳格な証明の原則を貫徹できるかには問題が残る。「一律に厳格な証明を求めると、余りに情状資料が限定され、ときに量刑の適正さが損なわれる場合も生じないとはいえない。特に被告人側提出の情状事実については、その性質、重要性等に配慮して、伝聞証拠であってもその利用が望ましい事態も生じよう」(三井誠『刑事手続法(III)』〔有斐閣、2004年〕497頁)からである。このように考えるならば、少年事件の刑事裁判においても、被告人は少年調査票および鑑別結果通知書の取調べを請求したときは、取調べの必要性が認められる以上、裁判所としてはそれらを取り調べるべきことになる。

[18] 原田國男『裁判員裁判と量刑法』(成文堂、2011年) 161頁、杉田宗久『裁判員裁判の理論と実践』(成文堂、2012年) 327頁など。加藤・注8論文491頁は、「少なくとも、家裁移送が真の争点になるような事案においては、厳格な証明によるべき」としている。

[19] 横田・注7論文23頁。

[20] 横田・注7論文23頁。

[21] 横田・注7論文28頁、加藤・注8論文491頁、斉藤・注10論文211頁など。なお、少年事件の裁判員裁判のなかには、323条3項の特信書面として社会記録を証拠採用した例があるが(前田領「ケーススタディ①東京事件——強盗致傷」武内謙治編著『少年事件の裁判員裁判』〔現代人文社、2014年〕)、定型的な信頼性が期待できるかという点において、社会記録が同条1項・2項にあげられた書面に準じるものとは認めがたいから、特信書面として証拠採用することには疑問がある。

[22] 横田・注7論文25頁。

いか、面接の比重が大きいかという基礎資料、診断中心か、診断とともに処遇面にも力点をおくかという処遇指向性の面においてである。しかし、両者を比較するならば、第1に、少年の人格・性格の調査に基づき、要保護性判断のための資料を提供し、少年の審判と処遇に役立てようとする目的において、両者は共通である。第2に、鑑別も心理検査中心主義から、探索的処遇を導入するなど、少年の生育歴・生活環境に関する調査を基礎資料とするようになっており、両者のあいだには内容面の共通性がある。第3に、その結果、鑑別結果報告書も、少年調査票同様、非行の動機・態様に関する少年の供述、家庭環境に関する情報などを基礎にすることとなり、両者のあいだには資料面での共通性がある。第4に、いずれも中立的な国家機関が行っており、家裁調査官も、法務技官も、科学的専門教育を受けていること、少年鑑別所が家裁から独立した別機関とされた沿革から、両機関の性格の本質的違いは認められないこと、少年調査票は原則家裁調査官一人により作成されるが、主任調査官による指導や共同調査もありうることなどにおいて、作成者の面での共通性も認められる。また、少年調査票についてみると、第1に、法務技官と同様、その作成者である家裁調査官は人間行動科学の専門家であり、中立的立場にある。第2に、報告内容自体に詳細、複雑、微妙な点があり、口頭報告よりも、書面の方が正確性を確保できる。第3に、総合的・評価的な面については、反対尋問によるテストの有効性が期待しにくい。第4に、少年調査票は、少年、保護者、参考人などから得た多様な情報を整理・要約したものであるが、通常の情状鑑定および精神鑑定も同様な性格を有しており、このことが直ちに、刑訴法321条4項の準用を否定する理由にはならない。これらのことからすれば、鑑別結果報告書と同様、少年調査票についても、鑑定書に準じて証拠能力を認めてよいとされるのである。

渕野貴生も、家裁調査官が人間科学の専門的知見に基づき、専門家として蓄積した人的資源をも活かしながら、少年の立ち直りという観点から必要な事実を掘り起こし、評価したうえで、処遇意見を科学的根拠に基づいて述べたものである点において、社会調査は鑑定類似の性格を有し、また、複雑な内容を有することから、書面による報告が適していることを指摘し、これらのことから、刑訴法321条4項の準用を認めるべきとしている[*23]。

たしかに、指摘されたこれらの理由からすれば、少年調査票を鑑別結果通

[*23] 渕野・注3論文565頁。

知書と区別して扱う必要はないといえよう。両者ともに鑑定書に準じて、作成者が証人として尋問を受け、「真正に作成されたものであること」（刑訴法321条4項）を供述することを要件として[*24]、その証拠能力を認めてよいのである。

　もっとも、少年調査票について、刑訴法321条4項の準用を認めるのが原則だとしても、個別具体的事件における社会調査のあり方によっては、科学的専門性に立脚した鑑定類似の性格が否定され、その結果を記載した少年調査票について、鑑定書の準用が否定される場合もありえるというべきである。すなわち、近年、とくに少年法20条2項該当事件において、保護処分による教育の必要性・有効性ではなく、保護処分の社会的許容性、すなわち非行行為それ自体をはじめ、社会感情、被害感情などに照らして、保護処分が社会的に許容されるかという面の調査が相当な比重を占め、むしろ社会的許容性についての判断が処遇意見に決定的影響を与えているような社会調査が広がっていることが指摘されている。正木祐史がいうように、保護処分の社会的許容性についての判断は、まさに規範的判断に属するものであって、人間行動科学における家裁調査官の専門性を超えている[*25]。したがって、このような社会調査について、鑑定類似の、科学的専門性を備えたものと認めることはできず、このような社会調査に基づく少年調査票についても、刑訴法321条4項の準用により証拠能力を認めることはできないというべきである。あるいは、可能な場合には、保護処分の社会的許容性に関する事実とその分析・評価を記載し、それに基づく意見を示した部分を除外し、家裁調査官本来の科学的専門性に基づく社会調査に関する部分に限定して、少年調査票を鑑定書に準じて扱うことを認めるべきであろう。このように限定的な証拠採用をしたとしても、

[*24] 書面の体裁などから作成名義の真正を疑わせる事情がなく、当事者が作成の真正を争わず、その点に関する作成者への反対尋問権を行使しないとの意思を明示した場合には、作成の真正が立証されたものとして扱われることが許されるとする見解がある（河上和雄ほか編『大コンメンタール刑事訴訟法（7）〔第2版〕』〔青林書院、2012年〕〔中山善房〕）。加藤・注8論文491頁もこの立場による。しかし、ここにいう作成の真正が作成名義だけでなく、記載内容の真正性、さらには調査内容の正確性をも含むと理解するならば、当事者が証拠採用に同意せず、刑訴法321条4項を準用して証拠能力を認めたうえで、裁判所が職権により証拠採用しようとする場合、当事者が調査内容の正確性をも含めた「作成の真正」を争わず、その点に関する作成者への反対尋問権を行使しないという事態は想定しがたいのではなかろうか。
[*25] 正木・注11論文77頁、葛野尋之「ワークショップ・少年事件の裁判員裁判」刑法雑誌51巻3号（2012年）154頁［正木祐史報告部分］。このような社会調査それ自体の問題性については、岡田・注4書131頁以下参照。

除外されるべき部分と採用されるべき部分とは、異なる原理に立った「調査」に基づくものであるから、「つまみ食い」的な証拠採用ということにはならないであろう。

(3) 社会記録の取調べ方法

　少年調査票および鑑別結果通知書の取調べ方法はどうすべきか。刑訴法において書証の取調べは朗読によるものとされ（刑訴法305条）、とりわけ裁判員裁判においては、書証を用いる場合でも、「目で見て耳で聞いて分かる」審理となるよう、実務上慣行となっていた要旨告知（刑訴規則203条の2）によるのではなく、全文朗読がなされるべきといわれている。社会記録の取調べ方法をめぐっては、第1に、どのような取調べ方法によれば、裁判員が社会記録の内容を理解することができるかが問題となり、第2に、社会記録中に含まれた少年・関係者のプライバシーの保護、被調査者との信頼関係の維持、少年に対する精神的打撃の回避に配慮するとき、どのような方法が適切かが問題となる。

　裁判員制度導入前には、社会記録の取調べについても、要旨告知が実務の慣行とされ、ときにそれさえ省略されてきたのは、裁判官が公判廷外で社会記録を閲読し、その内容を理解することができる、このような形で実質的な「取調べ」が可能だとされたからである。このような「取調べ」によって、裁判員には内容の理解が可能であろうか。

　前提とされるべきは、少年の人格および生育環境について、ポイントを的確に押さえた必要十分な社会調査が行われ、それが人間行動科学の専門家でない者にも理解可能な程度にまで明快に、少年調査票としてまとめられるべきことである。真の意味において「簡にして要をえた」調査票といえるかもしれない[*26]。このことが、家裁においても、人間行動科学の専門家ではない裁判官がその内容を正確に理解したうえで、処遇決定を行うために必要とされ

[*26] もっとも、社会調査が少年の人格および生育環境を対象とし、人間行動科学的専門性に基づくものであるがゆえにこそ、事実の摘示から、その分析・評価、それに基づく結論に至る道筋が、たんに理路整然としていればよいというわけではなかろう。「少年事件の調査にとって結論に矛盾する事実はきわめて重要であり、そこを大切にすることこそ家裁調査官の科学性の証であった。余分なことを書かないという姿勢は余分なことを調べないということになり、ついには科学性を放棄することにもつながりかねない」という藤原正範の指摘（注10論文86頁）には、重い意味がある。このような社会調査の結果をどのように理解しやすく明確に少年調査票にまとめるかは、困難であるが、解決されるべき課題である。

ていたというべきであろう。そのような少年調査票であれば、裁判員裁判においても、裁判官同様、一般市民である裁判員が閲読し、その内容を正確に理解することは可能であろう。

この場合、公判廷における朗読は必要か。後に閲読して理解可能であることを前提として、要旨の告知で足りるといえ、また、社会記録中に含まれた少年・関係者のプライバシーの保護、被調査者との信頼関係の維持、少年に対する精神的打撃の回避という要請に応えるべきことからすれば、全文朗読を避け、公開審理を実質的に担保する程度の、簡潔な要旨の告知にとどめるべきであろう[27]。

4. 社会記録作成者の証人尋問

(1) 社会記録の取調べと作成者の証人尋問

少年調査票および鑑別結果通知書について、刑訴法321条4項の準用によりその証拠能力を認めるための要件として、作成者は公判期日において証人として尋問を受け、その作成の真正を供述しなければならない。なお、社会記録の取調べに両当事者が同意した場合でも、作成者の証人尋問がなされるべきことについては、後述する。

この場合、鑑定書の場合と同様、作成名義の真正だけでなく、記載内容の真正および調査内容の正確性の供述が必要というべきである[28]。内容の真正についても、裁判官・裁判員および両当事者から尋問がなされることによって、社会記録が依拠した事実の正確さが確認されることになり、その分析・評価の適切さが保障されることになるであろう[29]。

社会記録については、本来、少年審判においても、それに含まれる調査内容の正確さを確認する機会を与え、少年の理解と参加を確保するために、少年および付添人は社会記録の開示を受けたうえで、作成者に対して直接質問する機会を保障されるべきである。それが、適正手続の要請である[30]。刑事裁判においても、被告人が社会記録の作成者に対して調査内容の正確性につい

---

[27] 加藤・注8論文492頁は、要旨告知にとどめるべきとしたうえで、必要に応じて休憩をとるなどして、裁判員および裁判官が社会記録を読み込む時間を確保すべきとする。
[28] 河上・注24書621頁[中山善房]。
[29] 渕野・注3論文567頁。
[30] 葛野尋之『少年司法における参加と修復』(日本評論社、2009年)319頁以下参照。

て確認するための尋問の機会を保障されることが、適正手続の保障に適う所以である*31。

　作成者の証人尋問は、社会記録の内容をより明確なものとし、裁判官・裁判員におけるその正確な理解を助けることにもなる。少年調査票および鑑別結果通知書を書証として取り調べるにせよ、それらの重要部分の内容について作成者が口頭で説明することにより、裁判官・裁判員の理解が高められる。さらに、作成者の口頭説明に対して質問することにより、説明への疑問も解消されるであろう。渕野貴生が指摘するように、社会記録については、直接主義・口頭主義に立った証拠調べを原則としながらも鑑定書の証拠能力を緩やかな要件で認めている刑訴法321条4項の趣旨をも考慮したとき、「証人尋問による口頭供述と書証の読み込みとを組み合わせた心証形成こそが、正確な事実認定に基づく心証形成という観点からも、もっともふさわしい」というべきであろう*32。

　作成者の内容説明が裁判官・裁判員における正確な内容理解を促すことからすれば、社会記録の取調べについて両当事者が同意している場合でも、作成者の証人尋問が行われるべきである。このときも、当事者の請求によるのではなく、裁判所の職権によるべきであろう。

　ところで、『司法研究』は、責任能力が争われ、精神鑑定が実施された場合には、鑑定人の意見は原則として口頭報告によるべきであって、尋問のさいに鑑定メモを必要に応じて補充的に利用すべきとする。このとき、鑑定書の取調べはなされないことになる*33。少年事件の裁判員裁判においても、情状鑑定を行った鑑定人が証人尋問によりその内容を報告したところ、鑑定書の内容がそれにより明らかにされ、鑑定書の取調べの必要性が消失したとして、弁護人が鑑定書の取調べ請求を撤回したという例がある。社会記録の作成者の証人尋問が行われ、社会記録の内容が口頭報告された場合について考えると、社会記録に含まれる少年の人格および生育環境に関する重要事実とその

---

*31　渕野・注3論文567頁。
*32　渕野・注3論文568頁。
*33　司法研修所・注10書44頁。司法研修所編『裁判員制度の下における大型否認事件の審理の在り方』(法曹会、2008年) 180頁も、鑑定人の証人尋問が必要となる場合、その口頭説明による立証を中心とし、書証はその証言を理解するための手助けとなりうる重要な写真、図面、結論部分などに限定した謄本を活用することを提案している。これに対して、最高検察庁「裁判員裁判における検察の基本方針」法律のひろば別冊『裁判員裁判の実務』(2009年) 77頁は、プレゼンテーション方式による鑑定人の証人尋問を提唱する一方、鑑定書自体の証拠調べも予定している。

分析・評価、それにもとづく意見が、作成者の証人尋問によってすべて明らかになることは通常想定できないであろう。そうであるならば、社会調査はすでに作成され、家裁において処遇決定の基本資料とされていること、社会記録の内容からすれば、口頭報告だけでなく、書面をも用いた方が、内容の正確な理解が促進されるであろうことからしても、社会記録については、作成者の証人尋問が行われた場合でも、書面として取調べをすべきということになろう。

(2) 証人尋問の方法

　裁判官・裁判員における社会記録の正確な内容理解の促進という観点からすれば、作成者の証人尋問は、通常の一問一答方式ないし尋問先行型ではなく、最初に作成者が内容説明を行う方式によるべきであろう。プレゼンテーション方式ないし解説先行型である。裁判員裁判においては、制度導入期より、精神鑑定、情状鑑定などについて、鑑定内容についての裁判員の理解を高めるために、「鑑定人が裁判官・裁判員に対して講義・講演するような形態で、自らが行った鑑定経過と結果をとりまとめた形で説明する尋問方式（プレゼンテーション方式）」を適宜採り入れるべきことが提案されており[34]、そのような実務が広がっている。少年事件の裁判員裁判においても、弁護人の申出に応えて裁判所が情状鑑定を命じた事件において、鑑定人の証人尋問をこの方式により行った例が報告されている[35]。プレゼンテーションの具体的方法については、工夫と注意が必要であるにせよ、社会記録の作成者の証人尋問を行う場合にも、プレゼンテーション方式によるべきであろう。

　民事訴訟においては、鑑定人が専門的経験則を提供する点において裁判官の補助者としての地位を有することから、鑑定人の尋問については、証人尋問のような交互尋問方式は採用されておらず、説明会方式による尋問が行われる（民訴法215条2項）。2003年民訴法改正において、このような尋問方式が採用されたのは、「専門家が法廷で、厳しい反対尋問、たとえば、自分の能力についての屈辱的な質問にさらされることに対する抵抗から、鑑定人とな

---

[34] 最高検察庁・注33文書81頁。ほかに、司法研修所・注10書45頁、上冨敏信＝花崎政之「裁判員裁判の下における鑑定結果の立証について」刑事法ジャーナル20号（2010年）41頁など。裁判員裁判における鑑定のあり方一般について、廣瀬健二「裁判員裁判と鑑定の在り方」刑事法ジャーナル20号（2010年）参照。

[35] 寺田有美子＝岩本朗「ケーススタディ⑥大阪事件──情状鑑定の活用」武内・注21書。

るのを拒むことがないようにするため」であり、また、「専門家には、Yes/Noの形で回答を求めるよりは、説明をする形で回答を求める方が、答えやすいから」だとされている。証人尋問の場合と異なり、裁判長から質問をはじめ、当事者が補充尋問をする形式とされているのも（民訴法215条の2第2項）、裁判官の補助者としての性格に由来する先のような考慮に基づくとされている[*36]。少年事件の刑事裁判において社会記録の作成者について証人尋問を行う場合にも、民事訴訟における鑑定人尋問についてのこのような考慮は多く妥当するというべきであろう。それゆえ、作成者の証人尋問については、プレゼンテーション方式がとられるべきであろう。

⑶ 社会記録作成者の証人適格と守秘義務

家裁調査官については、刑訴法144条に基づき証人適格を否定する見解が有力である。

同規定が、「公務員又は公務員であつた者が知り得た事実について、本人又は当該公務所から職務上の秘密に関するものであることを申し立てたときは、当該監督官庁の承諾がなければ証人としてこれを尋問することはできない。但し、当該監督官庁は、国の重大な利益を害する場合を除いては、承諾を拒むことができない」と定めているところ、「調査官は調査過程において知り得た少年の要保護性に関する事実については守秘義務があり、そのような事項について証人尋問を受けた場合には公務上の秘密を理由に証言を拒絶できる（刑訴144条）ものと解される」との理由からである[*37]。刑訴法144条ただし書に

[*36] 杉山悦子「鑑定・専門委員」法学セミナー695号（2012年）103頁。伊藤眞『民事訴訟法〔第4版〕』（有斐閣、2011年）395頁も、「争いの対象となる専門的知見に関する判断材料を裁判所に提供するという鑑定人の役割を考えたときに、鑑定人に対する尋問を証人尋問と同一の方法によって行わなければならない理由は認められず、むしろ体系性のある専門的知見について陳述する鑑定人の特性に応じた証拠調べの方法を採用することが望ましい」とし、鑑定人尋問に関する民訴法・民訴規則の現行規定は、そのような趣旨によるとする。伊藤眞「専門訴訟の行方」判例タイムズ1124号（2003年）21頁もあわせて参照。

[*37] 田宮裕＝廣瀬健二編『注釈少年法〔第3版〕』（有斐閣、2009年）462頁。それゆえにこそ、「少年の刑事事件では、公判段階の調査や調査官の関与が認められない点を補うためにも、社会記録の取寄・活用が図られるべきである」とする。加藤・注8論文492頁も、「調査官に対する証人尋問は、証人適格はあり、判断過程を口頭説明する意義はなくはないが、必然的に判断の前提になった事実についても証言を求められるところ、それらについては、調査官は、職務上の秘密として証言を拒絶せざるを得ないのだから（刑訴法144条）、結局、証人尋問の実効性がなく、証拠調べの必要性が認められない」とする。

いう「国の重大な利益を害する場合」とは、一般に、国の安全または外交上の利益への重大な支障、公安の維持への重大な支障、その他各種行政の運営上著しい支障を生じるおそれのある場合をいうとされ、その判断は、当該監督官庁に委ねられるとされている*38。社会記録の作成者の証人尋問に即して考えると、「当該少年に関する情報という形で限定するならば、その少年の社会調査の内容を尋問したところで、『国の重大な利益』を害するとまではいえないであろう」が、「およそ社会記録というものは情報提供者との信頼関係に基づいて提供されるものであり、証人尋問による供述は信頼関係を掘り崩し、情報源の枯渇を招くというように一般化するならば、『国の重大な利益』を害するといえなくもない」と指摘されている*39。

社会記録の内容に関する作成者の証人尋問が、「国の重大な利益を害する」ような「職務上の秘密」（刑訴法144条）を証言することにあたるかどうかについては、立場が分かれるであろうが、いま、かりに、そのような「職務上の秘密」の証言にあたるとの前提に立ったとしても、刑訴法144条を根拠にして、社会記録の作成者の証人尋問が許されないということになるかは疑問である。このような前提に立ったとしても、証人尋問は可能というべきである。

社会記録の作成者が証人として尋問され、その内容について口頭説明をし、それに関する質問に回答する場合、少年調査票または鑑別結果通知書が証拠として取り調べられる以上、作成者の監督官庁は、もはや裁判所に対して「国の重大な利益を害する」秘密であることを主張し、その証人尋問を拒絶することはできないというべきであろう*40。また、社会記録の作成者が、一般に、その内容に関する事項について守秘義務を負うべきことはたしかであるが、作成者が証人として尋問されることとなれば、「証言義務は通常の守秘義務に優先する」というべきであるから*41、もはや職務上の秘密であることを理由として証言を拒むこともできないであろう。

これに対して、社会記録の取調べについて、公判廷における要旨告知のうえで、裁判官・裁判員がそれを読み込むという方法によるべきとするとき、「裁

---

*38 松尾浩也監修『条解刑事訴訟法〔第4版〕』（弘文堂、2009年）214・259頁。
*39 斉藤・注10論文213頁。これに続けて、「具体的な解決方法としては、原則として証人適格を認めて証人尋問を許容しつつ、事項によっては証言を拒絶するという対応であろう」とする。
*40 葛野・注6「少年事件の処遇決定と裁判員裁判」183頁。
*41 河上・注24書137頁〔仲家暢彦〕、伊藤栄樹ほか編『注釈刑事訴訟法〔新版〕』（立花書房、1997年）335頁〔亀山継夫〕など。

判官・裁判員・検察官・弁護人以外に対しては、なお開示されていないのであるから、職務上の秘密にあたるというべきであろう」との見解がある[*42]。たしかに、社会記録の作成者の証人尋問を公開法廷において行うならば、傍聴人に対しても社会記録の内容にあたる事項が探知されることになる。この点において、公務上の秘密を主張することも可能であるかもしれない。

　しかし、少年事件における社会記録の取調べ、とくにその作成者の証人尋問については、少年・関係者のプライバシーを重大に侵害し、また、社会調査における被調査者の信頼を破壊しかねないという点において、公開審理を行うことが「公の秩序……を害する虞がある」（憲法82条2項）として公開停止を認め[*43]、あるいは公判期日外の証人尋問（刑訴法281条）を行うべきであろう。期日外尋問を行う場合、それを受命裁判官・受託裁判官に行わせることができるとする刑訴法163条にもかかわらず、直接主義・口頭主義を実質的に確保するため、期日外尋問は、裁判官・裁判員全員からなる裁判所によって行われるべきであり（裁判員法57条参照）、公判期日における尋問調書の取調べ（刑訴法303条）は、プライバシー保護に配慮して、要旨告知にとどめられるべきであろう（刑訴規則203条の2第1項）[*44]。作成者の証人尋問が公開法廷において行われないのであれば、裁判所および両当事者以外の者に社会記録の内容が探知されることはないから、もはや「職務上の秘密」を主張して、監督官庁が

[*42] 加藤・注8論文492頁。
[*43] 村山裕「少年逆送事件の問題」法律時報81巻1号（2009年）37頁、笹倉香奈「裁判員裁判と少年のプライバシー・情操保護」季刊刑事弁護57号（2009年）51頁。審理の非公開は、少年が萎縮することなく、手続に参加することを促進する点において、適正手続の実質化にも適うであろう（葛野・注6「少年事件の刑事裁判と公開原則」36頁）。ニュー・ヨーク州刑事裁判所においては、少年（16歳未満）や若年成人（18歳未満）に対して青少年犯罪者（youthful offender）の地位が適用されうる場合、量刑審理に関する特別手続が設けられている。すなわち、青少年犯罪者の事件を専門に扱う青少年部（youth part）の法廷において、処遇決定に関する審理は非公開とされ、プロベーション・オフィサー、社会福祉機関の職員などを交えつつ、青少年の被告人の理解と参加を促すような、和やかでインフォーマルな手続が進められる。その結果、青少年犯罪者については拘禁刑の言渡しが回避され、多くの少年事件が家裁に移送されている（Aaron Kupchik, Judging Juveniles: Prosecuting Adolescents an Adult and Juvenile Courts [2006]参照）。罪責認定と量刑の手続を二分したうえで、量刑についてこのような審理方式を採用することが、日本においても将来的課題となるであろう。他方、罪責認定手続については、公正な裁判を受ける権利（欧州人権条約6条1項）を保障するためには、少年である被告人の理解と参加を確保しなければならないとした欧州人権裁判所判決のもと、イングランド・ウェールズにおいては、2000年に、刑事法院における公開・対審の陪審裁判という基本構造を維持しつつも、少年に不必要な恐怖や怯えを生じさせることなく、その理解と参加が促進されるような特別措置を要求する首席裁判官の実務指令が発せられた（葛野尋之『少年司法の再構築』〔日本評論社、2003年〕428頁以下、同・注30書211頁以下参照）。

証人尋問を拒絶することはできないというべきであろう。

(4) 少年に対する精神的打撃の防止と作成者に対する尋問方法

　非公開の審理であっても、在廷する被告人である少年が社会記録の取調べ、とくに作成者の証人尋問を直接見聞きすることにより、出生、家族関係、自己または家族の身体的・精神的障害などに関する未知の事実に接し、大きな精神的打撃を受ける可能性は否定できない。作成者の証人尋問にあたっては、在廷する少年に対して不必要な精神的打撃が及ばないようにするために、裁判所および当事者間の事前協議により、そのような可能性のある事項については尋問を避け、証言が及ばないように努めるべきであろう[*45]。

　少年に対する重大な精神的打撃を防止するために、被告人の退廷措置が必要となる場合があろうが、それは立法的課題として検討されるべきである[*46]。立法的検討にあたっては、少年審判においては、少年の出席を要求しつつも（少年審判規則28条3項）、「裁判長は、少年の情操を害するものと認める状況が生じたときは、その状況の継続中、少年を退席させることができる」（少年審判規則31条2項）として、情操保護の目的による少年の一時退席を認めていることが、参照されるべきであろう。

　被告人の公判出席の権利は、公判手続への被告人の参加の基盤をなすもの

[*44]　葛野・注6「少年事件の刑事裁判と公開原則」35頁以下。斉藤・注10論文207頁は、刑訴法158条による裁判所外での所在尋問の活用を提起しているが、作成者を証人として裁判所に召喚し、裁判所において証言させることが不適当であって、裁判所外での証人尋問が適当とされる事情がとくに認められるのでない限り、刑訴法281条による裁判所内での期日外尋問によるべきであろう。作成者の年齢、職業、健康状態などからしても、通常、このような事情は認められないであろうし、期日外尋問が裁判所を構成する裁判官・裁判員全員によって行われるべきことからすれば、そのことも含めて、所在尋問の必要性・相当性が判断されるべきであろう。また、山口直也「少年刑事被告人の刑事裁判のあり方に関する一考察」立命館法学331号(2010年)213頁は、社会記録の取調べを含む、家裁移送に関する「決定」（少年法55条）のための審理が、刑訴法43条3項の「事実の取調」として、非公開の審理により行われるべきとする（団藤重光＝森田宗一『新版少年法〔第2版〕』〔有斐閣、1984年〕418頁参照）。しかし、少年法55条が「事実審理の結果」と規定していることに加え、家裁移送が認められない場合、刑事事件の公判手続が継続することになるので、家裁移送に関する判断と量刑とのあいだで多くの同じ証拠が取り調べられるべきことからすると、量刑証拠の取調べにおける予断の発生という困難な問題が生じる（田宮＝廣瀬・注36書473頁）。同じ証拠の取調べは、必要に応じて非公開の措置をとり、または期日外尋問を行ったうえで、公判審理において共通に取り調べられるべきであろう（斉藤・注10論文206頁）。

[*45]　斉藤・注10論文212頁。

[*46]　笹倉・注42論文51頁、葛野・注6「少年事件の処遇決定と裁判員裁判」184頁。

として、一般に、適正手続にとって本質的意義を有している。被告人の出頭義務が免除されるのは、被告人の「権利の保護のため重要でないと認めるとき」とされていることからすれば（刑訴法285条）、刑訴法は、基本的には、被告人の出廷を権利として性格づけているといえよう。被告人の在廷を開廷の要件とする刑訴法286条も、そのような趣旨において理解されるべきである。他方、刑訴法は、法人事件（刑訴法283条）および軽微事件（刑訴法284・285条）の場合を除いて、被告人の在廷を義務づけている（刑訴法288条）。被告人の在廷を権利として保障しつつ、同時に義務としても要求するという現行法のもとでは、少年の情操保護という目的のために、被告人の退廷を命じることはできないというべきであろう[*47]。

　また、公判期日における証人尋問のさいの被告人の退廷（刑訴法304条の2）、公判期日外における証人尋問のさいの被告人の退席（刑訴法218条の2）は、いずれも「証人が被告人の面前……においては圧迫を受け充分な供述をすることができない」ことを要件とするものであって、証人の側に配慮した規定であることからすれば、裁判所はこれらを準用して、被告人である少年に対する精神的打撃を回避するとの目的から被告人を退廷・退席させることはできないというべきである。

(5)　作成者の証人尋問と社会調査の専門性
　社会記録作成者に対する証人尋問を認めると、作成者が法廷において厳しい追及を受けることを警戒するあまり、社会調査または鑑別自体、あるいは少年調査票または鑑別結果報告書の記載において萎縮してしまうとする危惧が表明されている。その結果、結論を導出するうえで不都合な事実ないし結論と矛盾するような事実を記載しなくなり、あるいは外形的な非行事実に過度に依存した分析・評価が広がることになるのでないかというのである[*48]。

　法廷における厳しい追及への警戒は、2003年民訴法改正前の鑑定人をめぐる状況にも通じるところがある。「鑑定書提出後の尋問において、鑑定書の内容についての尋問ではなく、鑑定人の能力や適性を問題とし、人格を攻撃す

[*47]　山口・注44論文199頁は、裁判長が訴訟指揮権の行使により、少年法50条および刑訴規則277条の趣旨を全うするために、少年審判規則32条2項を準用して、必要最小限度において少年を一時退廷させることができるとするが、刑訴法が被告人の在廷をその権利としても、義務としても性格づけていることからすれば、このような現行法の解釈には疑問がある。
[*48]　守屋克彦「家庭裁判所は変わるか」季刊刑事弁護57号（2009年）83頁、藤原・注10論文86頁。

るような尋問が多く非常に不愉快な思いをする、……医学的に分かりやすく説明しようと心がけても、代理人から『聞かれたことにだけ答えよ』などと言われて口を封じられることがある」など、かつての鑑定人尋問に対して、鑑定人の側の不満は強かったというのである*49。上述のように、鑑定人の専門的意見をより正確に、分かり易く裁判官に伝達することとあわせ、このような不満が原因となって鑑定人が鑑定を拒むという事態を回避するために、2003年民訴法改正により、新しい鑑定人質問の方式が採用された。

　この法改正にともない、民訴規則も改正され、裁判長から始まり、鑑定申出をした当事者、他方当事者という鑑定人質問の順序が原則とされたほか（民訴規則132条の3第3項）、鑑定人質問の制限が定められた（同132条の4）。その制限規定によれば、「鑑定人に対する質問は、鑑定人の意見の内容を明瞭にし、又はその根拠を確認するために必要な事項について行うものとする」とされ（同条1項）、このような鑑定人質問の趣旨にしたがって、質問は具体的にすべきであるにせよ、個別的である必要はないとされ（同条2項）、誘導質問、重複質問のほかに、「鑑定人を侮辱し、又は困惑させる質問」、「鑑定人の意見の内容を明瞭にし、又はその根拠を確認する」という鑑定人質問の目的と関係のない質問をしてはならないこととされた（同条3項）*50。「鑑定人に対する質問は、鑑定書の内容を正確に把握することや疑問点の解消に向けられるべきであり（民訴規則132条の4）、規定の趣旨に鑑みると、鑑定人との論争にわたるような質問は相当では」なく、「そのような論争がなされる場合の実質は、

---

*49　佐々木茂美編著『最新民事訴訟運営の実務』（新日本法規出版、2003年）102頁。この書籍は、大阪地裁所属の裁判官の共同研究をまとめたものである。また、島田仁郎＝松浦繁「刑事鑑定制度の諸問題」司法研修所論集70号（1982年）67頁は、刑事訴訟における鑑定人尋問についても、類似の状況が存在したことを指摘している。すなわち、精神科医の指摘に基づき、「鑑定人の尋問に際し、主として鑑定結果に不満を抱く当事者から、場合によっては裁判官からさえ、基本的知識についての理解を欠く、あるいはそれをあえて無視する尋問、いやがらせ的なあげ足取りの尋問、出身校、経歴、肩書、鑑定経験等について侮辱的・懐疑的な尋問がなされることが少なくなく、それが多くの専門家をして鑑定の受任をちゅうちょさせる原因の一つとなっている」というのである。同論文は、鑑定が中立的・専門的性格を有すること、事前に詳細な鑑定書の提出があることからして、交互尋問方式によらず、「事項ごとにいわゆる物語方式による尋問方法」を採用すべきこと、先のような不適切な尋問がなされないよう、「あらかじめ当事者から裁判所に詳細な尋問事項書を提出させ（刑訴規則106条2項）、事前にそれを十分検討しておく必要があ」り、そのうえで、「いたずらに鑑定人を混乱に陥れたり挑発したりする行き過ぎの尋問や、関連性に乏しい尋問がなされたときには、裁判長は適切な訴訟指揮権の行使により、これを直ちにチェックする必要がある」と説いている。

*50　改正民訴法および民訴規則について、秋山幹男ほか『コンメンタール民事訴訟法（Ⅳ）』（日本評論社、2010年）325頁以下参照。

鑑定人が採用した経験則や専門的知見に基づく判断に向けられたものであることが多く、要するに鑑定に対する反論意見にすぎない」のであるから、「そうだとすると、必ずしも鑑定人に対する質問手続による必要はなく、意見書や文献の提出で足りる場合も多い」とされるのである[*51]。

　少年事件の裁判員裁判において社会記録の作成者に対する証人尋問を行う場合、その尋問方法を考えるうえでも、このような民訴法および民訴規則の立場は、有益な示唆を提供してくれるであろう。上述のように、作成者が社会記録の専門的内容を明確に、分かり易く説明することができるよう、プレゼンテーション方式の証人尋問が採用されるべきであり、そのうえで、裁判官・裁判員および両当事者からの社会記録の内容に関する尋問は、社会記録の内容を明確化し、またはその根拠となった事実および分析・評価を確認するために必要な事項について行うこととすべきであろう。もちろん、十分な尋問の機会が保障されるべきにしても、このような目的を超えて、社会記録に対する反対意見を作成者にぶつけ、論争することは避けるべきであろう。尋問事項と作成者の供述との関連性が曖昧になり、証人尋問が全体として焦点の定まらないものになるからである。裁判官・裁判員の判断に混乱を招くことになろう。当事者の反対意見は反対意見として、その根拠とともに、それに相応しい方法により法廷に顕出されるべきである。そのための方法として、私的鑑定としての精神鑑定・情状鑑定、専門家証人の取調べなどが、積極的に活用されるべきであろう。これらの方法によって当事者が反対意見を顕出する機会が保障されるならば、社会記録の作成者に対して、不適切な証人尋問が行われる可能性も実際上減少するであろう。侮辱的・困惑的尋問、重複尋問などが排除されるべきは当然である（刑訴規則199条の13・199条の6但書）。裁判長には、証人尋問により社会調査の内容を争う当事者の権利に十分配慮しつつ、作成者の証人尋問の目的を踏まえた、適切な訴訟指揮を行うことが期待される。

　作成者の証人尋問は、上述のように、審理の公開を制限し、または期日外尋問によって行うべきであるが、さらにこのような尋問方法がとられるならば、社会記録の作成者として証人尋問を受けるさい、家裁調査官または少年鑑別所職員が必要以上に厳しく追及され、そのために精神的苦痛を被るという事態も回避されるであろう。もちろん、作成者は、社会記録の内容を明確化し、またはその結論の根拠となった事実および分析・評価を確認するためになさ

[*51] 藤田広美『講義民事訴訟〔第2版〕』（東京大学出版会、2011年）316頁。

れた尋問に対しては、まさに専門家として、真摯に対応しなければならない。科学的専門性に立った調査を尽くし、それを踏まえて社会記録を適切に作成している限り、証人尋問には十分対応が可能なはずである。それにもかかわらず証人尋問を忌避し、社会調査および社会記録の質を低下させるようなことがあっては、科学的専門性を自ら放棄するに等しいといえよう。

5. 結語

　以上、本章は、少年事件の裁判員裁判における社会記録の取調べとその作成者の証人尋問について論じた。

　少年事件の刑事裁判においては、少年事件の特性に配慮した、それに相応しい充実した審理がなされなければならず、そのことは、裁判員裁判においても変わりがない。少年法50条が、要保護性に関する人間行動科学的調査の活用による科学主義に立った審理を求め、また、刑訴規則277条が、家裁の取り調べた証拠の取調べを求めているのはそれゆえである。少年法55条の家裁移送について判断するためには、保護処分による教育の必要性・有効性を基礎づけるものとして、少年の人格および生育環境に関する事情を具体的に検討する必要がある。少年法20条2項を「原則逆送」規定と理解した場合でも、狭義の犯情だけでなく、少年の人格および生育環境に関する事情をも含めて、保護処分相当性（少年法55条）の有無を判断しなければならない。これらの事情の考慮は、不定期刑（少年法52条）を中心とする刑の量定においても必要とされる。

　少年の人格および生育環境に関する証拠として最も重要なものが、家裁の審判過程において作成された社会記録である。社会記録中、少なくとも少年調査票および鑑別結果通知書については、取調べがなされなければならない。その取調べにあたっては、これらの証拠としての性格とともに、裁判員裁判の特有の要請をも考慮して、それらに適した取調べ方法が採用されなければならない。

　裁判員裁判においては直接主義・口頭主義の徹底が要請されるが、社会記録は書証であっても、少年の人格および生育環境に関する重要証拠として、少年事件の特性に配慮した、それに相応しい充実した審理のために必要とされ、また、書面による報告は正確さにおいて優れているから、例外的に書証の採用を認めるべきである。また、社会記録の証拠としての中立性からすれば、

当事者の同意を得たうえでの裁判所の職権による取調べを基本とすべきであり、少年調査票および鑑別結果通知書それぞれの全体を証拠採用すべきである。社会記録の取調べ方法としては、少年・関係者のプライバシー保護、被調査者の信頼の保持、少年に対する精神的打撃の回避に配慮して、要旨告知がとられるべきである。

当事者の同意が得られない場合には、鑑別結果通知書の場合と同様、少年調査票についても、鑑定書に関する刑訴法321条4項を準用し、作成者の真正性の供述を要件として、証拠能力を認めるべきである。もっとも、少年調査票中、家裁調査官がその本来の専門性を超えて、保護処分の社会的許容性についての調査に基づく部分については、鑑定類似の性質が認められないから、その部分を除外して、残りの部分についてのみ、刑訴法321条4項の準用を認めるべきである。

刑訴法321条4項を準用して、少年調査票および鑑別結果通知書を取り調べようとする場合、作成者が証人として尋問を受け、作成名義および記載内容の真正性、さらには調査内容の正確性を供述しなければならない。調査内容の正確性について尋問を受けることにより、社会記録が依拠した事実の正確さが確認され、その分析・評価の適切さが保障されることになる。このような尋問の機会の保障は、とくに被告人にとっては、適正手続からの要請でもある。また、作成者の証人尋問は、社会記録の内容をより明確なものとし、裁判官・裁判員におけるその正確な理解を助けることにもなる。少年調査票および鑑別結果通知書を書証として取り調べるにせよ、それらの重要部分の内容について作成者が口頭で説明することにより、裁判官・裁判員の理解が高められ、作成者の口頭説明に対して質問することにより、説明への疑問も解消されるであろう。このことからすれば、社会記録の取調べについて両当事者が同意している場合でも、作成者の証人尋問が行われるべきである。

裁判官・裁判員における社会記録の正確な内容理解の促進という観点からすれば、作成者の証人尋問は、最初に作成者が内容説明を行うプレゼンテーション方式によるべきであろう。また、少年事件における社会記録の取調べ、とくにその作成者の証人尋問については、少年・関係者のプライバシーを重大に侵害し、また、社会調査における被調査者の信頼を破壊しかねないという点において、公開審理を行うことが「公の秩序……を害する虞がある」(憲法82条2項)として公開停止を認め、あるいは公判期日外の証人尋問(刑訴法281条)を行うべきである。さらに、作成者の証人尋問にあたっては、在廷す

る少年に対して不必要な精神的打撃が及ばないようにするために、裁判所および当事者間の事前協議により、そのような可能性のある事項については尋問を避け、証言が及ばないように努めるべきである。少年の一時退廷措置を認める立法も検討されるべきであろう。社会記録の作成者については、プレゼンテーション方式の尋問方法を採用したうえで、裁判官・裁判員および両当事者からの社会記録の内容に関する尋問は、社会記録の内容を明確化し、またはその根拠となった事実および分析・評価を確認するために必要な事項について行われることとすべきである。当事者の反対意見は反対意見として、その根拠とともに、それに相応しい方法により法廷に顕出されるべきである。そのための方法として、私的鑑定としての精神鑑定・情状鑑定、専門家証人の取調べなどが、積極的に活用されるべきであろう。

　作成者の証人尋問を行っても、このような尋問方法をとるならば、少年・関係者のプライバシーが重大に侵害され、社会調査における被調査者の信頼が破壊されることもないであろう。また、社会記録の内容について「公務上の秘密」を主張して（刑訴144条）、監督官庁が証人尋問を拒絶することはできないというべきである。さらに、証人尋問によって作成者が不必要な精神的苦痛を被ることとなり、そのために調査・鑑別それ自体、社会記録の作成において萎縮してしまうことも回避されるであろう。

【付記】近年、少年事件の裁判員裁判においては、少年法55条の家裁移送のための保護処分相当性の判断においても、また、量刑においても、犯情中心の判断という傾向が強まっている。このなかで、被告人が少年であること、不遇な生育歴など、主観的事情が犯情を通じて、行為責任の枠の決定に影響を与える可能性が認められている。そのためには、当事者、実際問題としては弁護人が、どのような主観的事情がどのような犯情とどのように関連し、どのように影響を与えているのかを、説得的に主張・立証することが求められている（この点について、第2章の付記参照）。このとき、家裁における社会調査が純然たる要保護性の調査として行われた場合でも、少年の主観的事情に関する事実を明らかにしている限りにおいて、犯情に関する証拠となりうる可能性があろう。また、社会調査が保護処分の相当性ないし社会的許容性にまで及んでいる場合には、犯情に関する証拠としても高度の有用性を認められるであろう。

第4章 少年事件の刑事裁判と公開原則

1. 公開審理をめぐる問題

　少年事件の調査・審判は、少年や関係者の精神状態、性格、生活状況、交友関係など、そのプライバシーに深く及ぶものとならざるをえない。それゆえ、必要かつ十分な調査・審判が可能となるよう、審判は非公開とされ（少年法22条2項）、少年・関係者のプライバシー保護がはかられてきた。また、非公開審理は、少年の理解と参加を促すような「懇切」で「和やか」な審判手続（同条1項）のための前提でもある[*1]。

　これに対して、少年事件の刑事裁判が公開審理されることについては、つとに、その問題が指摘されてきた。第1に、プライバシーに関する問題である。健全育成の目的が刑事事件の取扱いをも支配することを明記した少年法1条を踏まえ、少年法50条は、少年の刑事事件の審理は少年の要保護性に関する人間行動科学的調査について定めた9条の趣旨に従って行われるべきとし、さらに、刑訴規則277条は、「少年事件の審理については、懇切を旨とし、且つ事案の真相を明らかにするため、家庭裁判所の取り調べた証拠は、つとめてこれを取り調べるようにしなければならない」と定めている。かくして、少年事件の審理は、必然的に少年・関係者のプライバシーに深く及ぶことが予定されている。プライバシー保護と公開審理とのあいだには厳しい緊張が生じる。また、社会記録が公開法廷で取り調べられ、その内容が明らかにされることになると、家裁調査官と被調査者のあいだの信頼関係が失われ、必要十分な社会調査の実施が困難になるから、被調査者の信頼確保のためにも、その内容が秘密にされなければならないともいわれた。

　第2に、対審構造の公開審理のなか、検察官の厳しい追及的質問や打撃的弁論も相俟って、少年は畏縮し、十分な理解もままならず、心を閉ざし、手続から疎外される例も少なくなかった[*2]。2007年刑訴法改正による被害者参加制度のもと、被告人の畏縮や疎外はますます深まるかにみえる。少年の手続参

[*1]　葛野尋之『少年司法の再構築』（日本評論社、2003年）411頁以下。

加の保障こそ、適正手続の本質的要素である。少年事件の刑事裁判は、手続参加の保障との鋭い矛盾の契機をはらんでいる[*3]。

　これまで、このような矛盾・緊張が顕在化・尖鋭化しないよう、実務上、さまざまな配慮と工夫がなされてきた。公開審理にともなう問題を緩和するために、人定質問において住所・氏名が特定されないようにした例、少年と傍聴席のあいだに遮蔽措置を講じた例、傍聴席から少年の表情がみえないよう着席させた例などがある。また、プライバシー保護と少年の精神的打撃・混乱の回避に配慮して、公判廷において社会記録を取り調べるさいには、朗読に代えて、ごく簡単な要旨告知にとどめることが通例であった。あるいは、当事者の同意のうえで要旨告知をも省略することがしばしばであった。

　しかし、運用上の配慮・工夫は問題の根本的解決をもたらすものではないだけに、それによる矛盾・緊張の顕在化・尖鋭化の回避にはやはり限界がある。しかも、重大事件の多くが裁判員裁判により審理されることとなり、問題はますます深刻となっている。裁判員裁判において、直接主義・口頭主義の徹底がはかられ、「目で見て耳で聞いて分かる審理」が強調されるなか、これまでのような配慮・工夫自体ができなくなるからである[*4]。

　このような問題状況を踏まえ、以下、本章は、少年・関係者のプライバシーを保護し、また、少年の手続参加を保障し、適正手続を実質化するために、少年事件の審理の公開を停止する可能性について検討する。そのうえで、公判期日外の証人尋問の可能性についても検討し、さらに、少年の被告人質問をビデオ・リンク方式で行うための立法を提案する。

2.　公開停止の可能性

　裁判の公開は、憲法の要請である（37条1項・82条）。適正な手続と公正な裁判のために、憲法は、裁判を公開し、市民の監視のもとにおいたのである。

[*2]　葛野尋之編『改正少年法を検証する』（日本評論社、2005年）所収のケース・スタディ、村山裕「少年の『刑事裁判』のもつ意味——板橋事件から考える」法と民主主義418号（2007年）など。審判手続のあり方について、渕野貴生「逆送後の刑事手続と少年の適正手続」葛野尋之編『少年司法改革の検証と展望』（日本評論社、2006年）参照。
[*3]　葛野・注1書428頁以下参照。
[*4]　葛野尋之「少年事件の裁判員裁判」季刊刑事弁護57号（2009年）、同「少年事件の処遇決定と裁判員裁判」『澤登俊雄先生卒寿祝賀論文集』（現代人文社、2010年）（本書第2章）参照。

これまで、刑事裁判の公開がほぼ絶対的なものとして要求されてきたのは、それゆえである。少年事件の場合でも、審理公開について特例は定められていない。しかし、少年事件の公開審理が、少年・関係者のプライバシー保護や、少年の手続参加の保障とのあいだに鋭い矛盾の契機をはらんでいることは、上述のとおりである。

　このようななか、少年事件の刑事裁判について、公開制限を比較的柔軟に認めていこうとする立場が現れている。笹倉香奈は、憲法・民訴法学において、訴訟当事者のプライバシーや営業秘密などを保護するために、民事裁判の公開原則を相対化する立場が有力化していることを踏まえ、憲法82条2項の「公の秩序」について、「実定法秩序が、ある利益を法律上の利益として保護している場合、……審理の公開によってその利益が害されることが定型的に予想されるときには、その法秩序が『公序』に当たりうる」とする。そのうえで、「現在では憲法上の権利とされ、さらには刑事裁判においては、成長発達権や健全育成などの利益にも裏打ちされる少年の権利の保護も、『公序』に当たる」とする。かくして、「少年の重要なプライバシーに関わる事項が問題となる際は、82条の要件に従い、裁判官の全員一致により、裁判の公開停止が決定されうる」とするのである[5]。

　少年事件の審理は、上述のように、少年審判の段階で作成された家裁調査官の少年調査票、少年鑑別所の報告書などの取調べを通じて（刑訴規則277条）、少年・関係者のプライバシーに深くかかわることを予定している。他方、少年・関係者のプライバシー保護は、それ自体としても、また、社会調査に対する被調査者の信頼確保のためにも、きわめて重要である。過去、「善良の風俗」を害するとの理由から、性犯罪被害者の証人尋問の公開停止がなされてきたこと、その実質は、被害者のプライバシー保護をも目的とするものであったことを考えるならば、少年・関係者の重大なプライバシーを保護するために、より制限的でない他の措置を尽くしてもなお必要なときは、憲法82条2項の「公の秩序……を害する虞がある」場合にあたるといえそうである。

---

[5]　笹倉香奈「裁判員裁判と少年のプライバシー・情操保護」季刊刑事弁護57号（2009年）51頁。同「刑事裁判の公開原則と被告人のプライバシーの権利（1）～（2・完）」一橋法学6巻1～2号（2007年）参照。角田正紀「少年刑事事件を巡る諸問題」家庭裁判月報58巻6号（2006年）23頁以下は、公開・対審の審理において、少年が「自分の言いたいことを述べ、自分のした行為（事件）と向きあって審理を受けること」の困難を指摘したうえで、少なくとも年少少年の事件の審理について、公開制限のための制度改革を検討すべきとしている。

いま一歩検討を進める必要があるであろう。憲法37条1項は、刑事被告人の権利として「公開裁判を受ける権利」を保障し、これとの関係において、憲法82条1項は、公正な裁判のための制度的保障として公開裁判を定めている。憲法において、37条1項による被告人の権利としての「公開裁判」のあり方を、82条が、その制限の要件・手続を含め規定しているといえる。かくして、憲法は、適正な手続と公正な裁判の保障に固く結びつけつつ、裁判の公開を要請している。82条2項が公開停止の要件・手続を厳格に定めているのは、それゆえである。このことからすれば、たとえ被告人の要求・同意がある場合でも、プライバシー保護という目的のみによって公開停止を正当化できるのかについては、疑問が生じる。適正手続の観点からの正当化も必要とされるであろう。かくして、公開停止は、少年・関係者の重大なプライバシーを保護するために、代替措置を尽くしてもなお必要とされる場合であって、非公開の審理のなかで被告人の適正手続が損なわれることなく、公正な裁判が害されることがないときに限り、許されることになる[*6]。

　また、公開審理が少年の手続参加を困難とし、適正手続の実質化をむしろ妨げるものとして機能し、両者のあいだに深い矛盾の契機があることからすれば、非公開の審理のなかでこそ、はじめて少年の手続参加が確保され、適正手続の保障が実質化すると認められるときは、憲法82条2項にいう「公の秩序を……害する虞がある」場合として、公開停止が正当化されるというべきであろう。

3. 公判期日外の証人尋問

　公開停止の要件・手続を厳格に定めている憲法82条2項のもと、性犯罪被害者の証人尋問について、公開審理にともなう問題を解消すべく利用されてきたのが、非公開の期日外尋問である（刑訴法281条）。これまで公開停止が決定された場合でも、証人尋問全体ではなく、具体的被害状況に関する供述の部分に限って非公開とされてきたのに対し、期日外尋問によるときは、その全体を非公開とすることも可能であった。

[*6] このことを担保するものとして、被告人の要求・同意が必要とされるであろう。また、公開停止がなされた場合でも、適正な手続と公正な裁判を監視するために、弁護士会推薦の弁護士の傍聴など、プライバシー保護にも配慮しつつ、一般公開に代わる措置がとられるべきであろう。

期日外尋問については、公開主義、公判中心主義、直接主義・口頭主義という基本原則とともに、被告人の証人審問権の保障という観点から、その可否が慎重に判断されるべきとされてきた。現在、公判廷における供述が困難な事情があっても、証人が公判期日に出廷可能ならば、期日外尋問によるべきではないとの見解に対して、尋問の一時中断、被告人（刑訴法304条の2）や傍聴人（刑訴規則202条）の退廷措置、公開停止の措置などをとったとしても、なお十分な供述ができない場合には、期日外尋問を行うこともやむをえないとの見解が有力である[7]。被害者証人の二次被害を回避するという観点から、実際に公判期日において尋問し、十分な供述が得られないことを確認した後でなくとも、具体的な必要性・相当性が認められ、弁護人の同意がある場合には、直接、期日外尋問を行うことができるとする見解もみられる[8]。

　少年事件についてはどうか。被害者証人の場合には、強度の畏怖心や羞恥心から公判期日の供述が困難であることが、期日外尋問を利用すべきとする理由であった[9]。少年事件の場合に問題となるのは、少年・関係者のプライバシー保護である。証人が公判期日において、少年・関係者の高度のプライバシーを明らかにするような証言をすることについて強い精神的圧迫を感じ、それゆえ十分な供述ができないような場合であって、期日外尋問において十分な供述を得ることができるのであれば、期日外尋問の利用が可能というべきであろう。この場合も、公判期日における十分な供述が顕著に困難であるという点において、強度の畏怖心や羞恥心による被害者証人の場合と同じである。そのような例として、少年の社会調査を担当した家裁調査官の尋問があるであろう。家裁調査官の期日外尋問は、社会調査に対する被調査者の信頼を確保することにも直結する[10]。

---

[7]　松尾浩也『刑事訴訟法（上）〔補正第3版〕』（弘文堂、2001年）287頁、三井誠『刑事手続法（III）』（有斐閣、2004年）315～316頁（検察官および被告人・弁護人の同意がない場合には事実上回避すべきとする）など。
[8]　野間禮二「被害者の証人尋問と刑訴法281条」松山大学論集4巻6号（1992年）38頁。
[9]　2000年刑訴法改正により証人保護の特別措置が定められ、これらを活用することによって、証人保護という観点からは、期日外尋問の必要性が低減したといわれる。とはいえ、これらの特別措置がとられたとしても、証人尋問が公判期日に行われる限り、証言される事実に含まれるプライバシー保護の問題はなお残存する。
[10]　とくに裁判員裁判において、少年調査票の内容について裁判官・裁判員の理解を助け、それに関する疑問を解消するために、家裁調査官の証人尋問を行う必要があり、また、証人適格も否定されず、公務上の秘密に関する守秘義務も問題にならないことについて、葛野・注4「少年事件の処遇決定と裁判員裁判」参照。

このとき、刑訴法163条は、期日外尋問を受命裁判官・受託裁判官に行わせることができるとしているものの、直接主義・口頭主義の趣旨からして、期日外尋問は、裁判官、裁判員全員からなる裁判所によって行われるべきであり（裁判員法57条参照）、公判期日における尋問調書の取調べ（刑訴法303条）は、プライバシー保護に配慮して、公開裁判の趣旨に反しない程度において、要旨告知にとどめられるべきであろう（刑訴規則203条の2第1項）。また、期日外尋問についても、被告人・弁護人はそれに立会い、証人に尋問する権利を有しているが（刑訴法157条）、被告人の証人審問権（憲法37条3項）の実質的制約を排除するため、裁判所は、期日外尋問の決定にあたっては、たんに被告人・弁護人の意見を聴くだけでなく、その同意を得るべきであり、また、たんに尋問の日時・場所を予め通知するだけでなく、実際に被告人・弁護人が立ち会うことのできる日時を設定すべきである。

4. ビデオ・リンクによる被告人質問

　包括的黙秘権を保障される被告人については（刑訴法311条1項。憲法38条1項も被疑者・被告人について包括的黙秘権を保障していると理解すべきである）、証人適格が認められていない。それゆえ、証人への付添（刑訴法157条の2）、遮蔽措置（刑訴法157条の3）、ビデオ・リンク方式の証人尋問（刑訴法157条の3）など、2000年刑訴法改正により導入された証人保護の特別措置の適用はない。

　しかし、少年・関係者のプライバシー保護の必要は、少年の被告人質問についても、証人尋問の場合と同じく認められるであろう。また、公開審理における少年の畏縮や疎外という現実にかんがみるとき、その十分な理解と参加を可能とするような手続環境が用意されなければならない。手続参加の保障こそが、適正手続を実質化するための要請である。刑訴規則277条が「懇切」な審理を要求していることの趣旨も、そのように理解することができる。実際これまでにも、少年が傍聴人の視線に曝されないよう、裁判所の訴訟指揮権に基づき、傍聴席とのあいだに遮蔽板をおいた例がしばしばあるのは、公開審理にともなうこのような問題を緩和しようとしてのことである。

　では、ビデオ・リンク方式の被告人質問を認める必要はないか。注目されるのが、イギリス法の展開である。1999年欧州人権裁判所は、イギリス刑事法院の公開陪審裁判において、謀殺罪について審理された11歳の被告人2人が、

衆人環視の厳めしい手続のなか、PTSDの影響もあって畏縮し、手続を理解し、手続に実効的に参加することができなかったとの理由から、欧州人権条約6条の公正な裁判を受ける権利が侵害されたとした。イギリスは、少年事件の刑事裁判のあり方を根本的に見直すよう迫られることとなった。判決直後には、刑事法院の審理手続において、少年が家族などの付添を受け、弁護人の傍らに着席し、集中力の低さに配慮して休憩を適宜挟みつつ、審理時間を短くし、裁判官や検察官、弁護人が法服や鬘を着用しないことなどを求める首席裁判官の実務指令が発せられた。また、刑事法院における少年裁判を止めにして、少年裁判所に特別部を設置し、非公開のよりインフォーマルな審理手続によるべきとの立法提案もなされたが、実現に至らなかった。2004年、再度、欧州人権裁判所は、11歳の少年の公開陪審裁判について、実務指令が命じるような特別措置が多くとられていたにもかかわらず、幼さと知的能力の低さのゆえに実効的な手続参加が不可能であり、公正な裁判を受ける権利が侵害されたとの判断を示した。かくして、手続改革が不可避となったが、特別少年裁判所の構想には、陪審裁判を受ける権利を奪うものとの強力な原則的批判があり、実現不可能とみられていた。

　このようななか、少年の被告人について、同時中継方式（live link）の証人尋問を認めるための立法提案がなされた。1999年少年司法・刑事証拠法は、脆弱・畏縮証人や17歳未満の子ども証人について、被告人とのあいだの遮蔽措置、同時中継尋問、公判廷での主尋問に代わる事前録画尋問、特定人の退廷措置など、証人保護のための特別措置を定めていた。日本の1999年刑訴法改正において、モデルとされたものである。1999年少年司法・刑事証拠法は、被告人が証人として尋問を受けるさいには（被告人の証人適格が肯定されている）、これらの特別措置が適用されないことを明記していた。しかし、欧州人権裁判所の2004年判決の後、これを認めるべきことを示唆する貴族院判決も与って、そのような立法提案が具体化し[*11]、2006年警察・司法法47条によって、一定の要件・手続のもと、被告人についての同時中継の証人尋問が認められることとなった（1999年少年司法・刑事証拠法33条Aの新設）。

　この33条Aによれば、裁判所は、被告人が18歳未満である場合、証人として手続に実効的に参加する可能性が、知的能力または社会的機能の低さのために減退しており、同時中継方式の証人尋問によって、その可能性が増進す

---

*11　以上について、葛野尋之『少年司法における参加と修復』（日本評論社、2009年）211頁以下参照。

るときであって、そのような証人尋問を行うことが司法の利益に適うと認めた場合には、被告人について同時中継尋問を行うよう命じることができる。この特別措置は、刑事法院のみならず、マジストレイト裁判所、少年裁判所にも適用され、罪責認定の審理手続だけでなく、量刑手続においてもとられうる。18歳以上の被告人の場合、同時中継尋問が認められるのは、精神障害、重大な知的障害または深刻な社会的機能障害のゆえに実効的参加の可能性が減退しているときに限られている。他方、18歳未満の被告人の場合には、それに比べかなり緩やかな要件が定められている。実際の適用範囲も、かなり広くなるものと予想されている。このことは、「少年の場合、成人の場合に比べより通常のこととして、知的能力や社会的機能の発達が不十分であるがゆえ、裁判手続において困難を経験することになるであろうとの認識によるものである」。とはいえ、少年一般について、臆病で、緊張しやすいことなどから、同時中継尋問が原則とされたわけではなく、「知的能力の低い少年や、社会的状況に対処するうえで顕著な問題を抱えている少年をとくに対象としたもの」である[12]。

日本においても、被告人が少年であるとき、公判廷において供述することから強い精神的圧迫が生じる場合には、それを軽減して、自由な供述の可能性を確保することが、少年の手続参加を保障し、適正手続を実質化するために必要とされるといえるであろう。もっとも、刑訴法上、被告人は公判出頭の権利を有するだけでなく、その義務を負うとされ(286条)、出頭義務が免除されるのは例外的場合にとどまる(283～285条)。それゆえ、被告人の要求・同意がある場合でも、裁判所の訴訟指揮権に基づき、ビデオ・リンク方式の被告人質問を行うことは許されないといわざるをえない。少年の手続参加を保障するという趣旨から、証人尋問の場合の要件・手続に準じて、ビデオ・リンク方式の被告人質問を認める立法が必要とされる。そのとき、被告人が公判出頭の権利を有することからすれば、被告人の要求・同意が要件とされなければならない[13]。

なお、公判期日外の被告人質問に関する規定はないが、合理的必要があれば、裁判所の訴訟指揮権に基づき、実施可能であるとの見解が有力である[14]。

---

[12] Explanatory Note to Police and Justice Act 2006, Section 47: Evidence of Vulnerable Accused.
[13] 葛野・注11書240～242頁。
[14] 平野龍一＝松尾浩也編『新実例刑事訴訟法(II)』(青林書院、1998年)263～265頁[出田孝一]など。

これまでは、実際上、被告人が高齢、病気などのため公判廷に出頭して供述することが困難な場合などに限られるであろうとされてきたが、少年・関係者のプライバシー保護、少年の手続参加の保障のためにやむをえず必要があるときは、公判期日外の被告人質問を認めることができるというべきであろう。この場合、上述のように、被告人は公判出頭の権利を有するから、被告人の要求・同意が要件とされなければならない。尋問調書の取調べは、公判期日外の証人尋問の場合に準じて行うことになるであろう。

5. 結語

　以上、本章は、少年事件の刑事裁判をめぐり、少年・関係者の高度なプライバシーを保護し、また、少年の手続参加を保障し、適正手続を実質化するために、公開停止の措置が認められるべきこと、証人尋問について期日外尋問を利用すべきこと、ビデオ・リンクによる被告人質問を認める立法がなされるべきことについて論じた。

　とはいえ、「懇切」で「和やかな」非公開手続によるべき少年審判に対して、公開・対審のフォーマルな審理手続による刑事裁判は、少年・関係者のプライバシーを脅かすものとなる。また、少年の手続参加の保障とのあいだに矛盾をはらんでいる。しかも、裁判員裁判において、さらには被害者参加制度のもと、このような矛盾・緊張はいっそう深まることになる。かくして、刑事処分のために少年事件を逆送することそれ自体を抑制するという課題が浮かび上がる。逆送決定が許されるのは、公開・対審の刑事裁判のなかでも、少年が畏縮し、疎外されることなく、手続を十分理解し、手続に参加することが可能であることが具体的に確認された場合に限られなければならない。少年の手続参加の可能性が確認されない限り、適正な手続が確保されないという意味において、刑事処分が「相当」(少年法20条)であるとはいえないのである。

第5章 公判前整理手続における被告人・弁護人の主張明示義務と自己に不利益な供述の強要

最判平25（2013）・3・18刑集67巻3号325頁をめぐって

1. 事実の概要と決定要旨

(1) 事実の概要

本件第一審判決[*1]によれば、被告人らは、福岡地裁において行われた別件公判の傍聴券交付およびこれに付随する警備等の業務に従事していた裁判所職員らに対し威力を用いてそれらの業務を妨害し、また、被告人らの一部が、同地裁所長から裁判所庁舎敷地外への退去を命じられたにもかかわらず、正当な理由なくしてこの命令に従わず、同庁舎内に滞留したとして、平成21（2009）年3月10日ないし同月31日、威力業務妨害および建造物不退去の事実について起訴された。

第一審の福岡地裁は、当事者からの意見聴取を経て、同年7月28日、本件を公判前整理手続に付す決定をした（刑訴法316条の2第1項）。弁護人らは、この決定に対して即時抗告を行い、その棄却決定に対して特別抗告を行ったところ、それらはすべて棄却された。弁護人らの一部は、その後、公判前整理手続に付する決定の取消請求を行い、その却下決定に対して特別抗告を行ったものの、それらもすべて棄却された。その後、公判手続を経て、福岡地裁は、被告人ら全員について威力業務妨害罪の有罪判決を、被告人らの一部について建造物不退去罪の有罪判決を言い渡した。

本件控訴審判決[*2]によれば、第一審判決に対して、被告人らは、本件を公判前整理手続に付したことは被告人らの黙秘権を侵害するなどと主張して、控訴した。

[*1] 福岡地判平23（2011）・3・9刑集67巻3号374頁。
[*2] 福岡高判平23（2011）・12・21刑集67巻3号405頁。

控訴審の福岡高裁は、「被告人は、そもそも、黙秘するのか、何らかの主張立証を行うのか、どのような訴訟対応をするのかについて、いずれかの時点ではその意思決定をしなければならないところ、公判前整理手続は、検察官が、その主張立証の全体像を示すとともに、その請求証拠の証明力を吟味するために重要な証拠も被告人側に開示することとした上で、被告人に対し、訴訟対応に関する意思決定の前倒しを求め、何らかの主張立証を行う場合には、その内容を明らかにするように求めているにすぎないのであって、何ら被告人の黙秘権を侵害することになるものではない」と判示し、また、公判前整理手続において、被告人側が主張の明示をせず、被告人質問を求めず、なんらの証拠調べ請求も行わなかった結果、第一審公判手続において、被告人側、検察官双方申請の証人2名の取調べを除き、「被告人らによる被告人質問を含めた反証が行われなかったのは、被告人らの意思決定と選択の結果と見るほかな」いから、第一審裁判所が「本件を公判前整理手続に付したことによって、被告人らの防御権が侵害されたものでないことは多言を要しない」と判示したうえで、控訴を棄却した。
　被告人らは、刑訴法316条の17が憲法38条1項に違反するなどと主張して、上告した。

⑵　決定要旨
　最高裁は、次のように判示して、憲法38条1項違反の主張を退け、また、裁判公開の原則（憲法82条・37条1項）に反し、証明責任の転換において適正手続（憲法31条）に違反するなどの主張も排斥したうえで、上告を棄却した。
　刑訴「法316条の17は、被告人又は弁護人において、公判期日においてする予定の主張がある場合に限り、公判期日に先立って、その主張を公判前整理手続で明らかにするとともに、証拠の取調べを請求するよう義務付けるものであって、被告人に対し自己が刑事上の責任を問われるおそれのある事項について認めるように義務付けるものではなく、また、公判期日において主張をするかどうかも被告人の判断に委ねられているのであって、主張をすること自体を強要するものでもない。
　そうすると、同法316条の17は、自己に不利益な供述を強要するものとはいえないから、憲法38条1項違反をいう所論は前提を欠き、刑訴法405条の上告理由に当たらない」。

2. 本決定の意義

　公判前整理手続は、2004年の刑訴法改正により新設された（2005年11月1日施行）。裁判所は、「充実した公判の審理を継続的、計画的かつ迅速に行うため必要があると認めるときは、……決定で、事件の争点及び証拠を整理するための公判準備として、事件を公判前整理手続に付することができる」ものとされた（刑訴法316条の2第1項）。同時期に制定された裁判員法により、裁判員裁判については、公判前整理手続の実施が必要的なものとされた（裁判員法49条）。

　公判前整理手続において、争点および証拠の整理を十分に行うためには、検察官の主張立証に対する反論として、被告人側の主張および取調べ請求証拠が明らかにされなければならないと考えられたことから、刑訴法316条の17は、被告人または弁護人は、検察官の証明予定事実記載書（同法316条の13第1項）の送付を受け、請求証拠開示（同法316条の14）および類型証拠開示（同法316条の15）を受けた後、「その証明予定事実その他の公判期日においてすることを予定している事実上及び法律上の主張があるときは、裁判所及び検察官に対し、これを明らかにしなければならない」とし（同条1項）、「証明予定事実があるときは、これを証明するために用いる証拠の取調べを請求しなければならない」とした（同条2項）。予定主張を明示したうえで、証明予定事実について証拠調べ請求することを義務づけたのである。これらの規定の目的は、本決定においても、上記判示に先行して確認されたところである。さらに、同法316条の32第1項は、「やむを得ない事由」によって公判前整理手続において請求できなかった場合を除き、同手続終了後の証拠調べ請求をすることができないとした。

　立法作業が進められていた時期より、公判前整理手続において、被告人・弁護人（以下、主張明示義務の主体としては、たんに被告人とする）に対して予定主張の明示を義務づけることについては、憲法38条1項の保障する自己負罪拒否特権ないし黙秘権に抵触するとの意見があった。憲法38条1項に違反しないとする高裁判例としては、本件控訴審判決のほかに、それと同旨判示した東京高裁の判決がある[3]。本決定は、最高裁として、この義務づけが憲法38条1項に違反しないことを明示したものであり、公判前整理手続に対して

---

[3]　東京高判平23（2011）・3・18高検速報（平23）号71頁。

憲法的正当性を付与した点において、大きな意義を有している。

3. 立法過程での説明と法令解説

　立法過程でも、司法制度改革推進本部の裁判員制度・刑事検討会において、被告人の主張明示義務と憲法上の自己負罪拒否特権ないし黙秘権、あるいは刑訴法上の黙秘権（刑訴法311条1項）との関係が問題とされたことから、立法を推進する立場から、これらに抵触しないとする説明がなされていた。それは、井上正仁座長の「『考えられる刑事裁判の充実・迅速化のための方策の概要について』の説明」（以下、「座長ペーパー」）において、予定主張の明示の義務づけは、「あくまで、検察官が公判で証明しようとする事実とその証明に用いる証拠が被告人側に示された上で、被告人側として自らの判断により公判で明らかにしようとする主張を、時期を前倒しして、あらかじめ準備手続で明らかにしてもらうよう求めるだけのものにすぎません。自己に不利なことを認めるよう求めるものではないばかりか（この準備手続において被告人側が何らかの防御上の主張をしなかったからといって、そのこと自体により、被告人側が公訴事実を認めたものと積極的に推認されることになるわけではなく、現行の公判において被告人側がそのような主張をしなかった場合と同様の状況になるに過ぎません。）、そもそも当の主張をするということ自体を強要するものではありませんので、憲法上の自己負罪拒否特権には抵触せず、刑事訴訟法上の黙秘権の趣旨にも反しないと考えております」とする見解としてまとめられた。本件控訴審判決は、この見解と同旨判示している[*4]。

　主張明示義務と刑訴法311条1項の供述拒否権との関係について、立案担当者による解説によれば、刑訴法316条の17第1項は、「公判期日においてする予定の主張がある場合に限って、その予定している主張を、時期を前倒しして公判前整理手続において明らかにするよう、被告人又は弁護人に義務づけているにすぎ」ず、「すなわち、本項は、被告人に不利なことを自認することを義務付けるものではないことはもとより、そもそも、公判期日においてその主張をするかどうかも被告人自らの判断によるものであって、当該主張をすることを強要するものでもない。換言すれば、被告人が公判期日において黙秘する予定である場合にまでなんらかの主張を明示することを義務付けて

[*4]　中島洋樹「判批」刑事法ジャーナル38号（2013年）110頁。

いるわけではなく、公判前整理手続において黙秘することも許される」のであるから、「本項は、第311条第1項に抵触するものではない」と説明されている*5。

4. 本決定の判断構造

　憲法38条1項が、「何人も、自己に不利益な供述を強要されない」と定めているところ、本決定は、被告人が明示を義務づけられる予定主張は、同規定にいう「不利益な供述」にあたらないと判示した部分と、予定主張の明示の義務づけが「強要」にはあたらないと判示した部分とから構成されている*6。

　本決定において、予定主張が「不利益な供述」にあたらないという判断の前提には、憲法38条1項にいう「不利益な供述」とは、「自己が刑事上の責任を問われるおそれのある事項」についての供述を意味するとの理解がある。学説においては、憲法38条1項の「不利益な供述」とは、被疑者・被告人については一切の供述を意味しており、同規定は被疑者・被告人に対して包括的黙秘権を保障しているとの理解も有力である*7。しかし、同規定の「不利益な供述」とは、被疑者・被告人の場合にも、証人の場合と同様、自己の刑事上の責任を問われるおそれのある事項についての供述を意味し、刑訴法による被疑者・被告人の包括的黙秘権の保障は、憲法の自己負罪拒否特権の保障を拡張したものだとする理解が多数を占めており、最高裁判例も、氏名が「不利益な供述」にあたらないと判示するにあたり、「いわゆる黙秘権を規定した憲法38条1項の……法意は、何人も自己が刑事上の責任を問われる虞ある事項について供述を強要されないことを保障したものと解すべきであることは、この制度発達の沿革に徴して明らかである」としており、同規定が包括的黙秘権ではなく、自己負罪拒否特権を保障したものだとしている*8。

　本決定は、このような先例を踏襲し、同規定にいう「不利益な供述」とは「自

---

*5　落合義和ほか『刑事訴訟法等の一部を改正する法律及び刑事訴訟規則等の一部を改正する規則の解説（新法解説叢書21）』（法曹会、2010年）157頁〔辻裕教〕。
*6　中島・注4評釈110頁、松田岳士「判批」ジュリスト臨時増刊1466号平成25年度重要判例解説（2014年）190頁、松倉治代「判批」新・判例解説Watch刑事訴訟法94号（2014年）2頁。
*7　田宮裕「被告人・被疑者の黙秘権」『刑事訴訟法講座（1）』（有斐閣、1963年）75頁、芦部信喜編『憲法Ⅲ・人権（2）』（有斐閣、1981年）210頁〔杉原泰雄〕、松尾浩也『刑事訴訟法（上）〔新版〕』（弘文堂、1999年）119頁など。
*8　最大判昭32（1957）・2・20刑集11巻2号802頁。

己が刑事上の責任を問われるおそれのある事項」に関する供述を意味すると解したうえで、刑訴法316条の17が明示を義務づける予定主張が「不利益な供述」にはあたらないと判断している。

　予定主張の明示義務が憲法38条1項に違反しないことを判示するためには、予定主張が「不利益な供述」にあたらないというのであれば、本来、さらに明示の義務づけが「強要」にあたらないことをいう必要はないはずであるが、本決定はこの「強要」性も否定している。「強要」性が否定される理由として、本決定は、「被告人又は弁護人において、公判期日においてする予定の主張がある場合に限り、公判期日に先立って」、公判前準備手続においてその予定主張を明示するよう義務づけているにすぎず、「公判期日において主張をするかどうかも被告人の判断に委ねられているのであって、主張をすること自体を強要するものでもない」と述べている。「前倒し」ではなく、「先立って」という表現が用いられているものの、上記の「座長ペーパー」において示された見解と相通じるものといえよう[*9]。

　本決定は、主張明示義務が憲法38条1項に抵触しないことを判示したものであって、刑訴法311条1項の包括的黙秘権を侵害しないかどうかについては、判断を明示していない。それは、弁護人が、上告理由として、刑訴法316条の17が憲法38条1項に違反することを主張しており、上告審たる最高裁としては、刑訴法316条の17が憲法に違反しないことを判示すれば足りるからである。とはいえ、憲法38条1項の「強要」性が否定されることになると、刑訴法311条1項の包括的黙秘権を侵害するような供述の強要もないということになりうるであろう。

5. 予定主張と「不利益な供述」

(1) 被告人陳述の証拠利用の可能性

　第1の問題は、刑訴法316条の17第1項により被告人に明示が義務づけられる予定主張が、憲法38条1項にいう「不利益な供述」にあたらないかということである。本決定は、刑訴法316条の17は、予定「主張がある場合に限り、公判期日に先立って、その主張を公判前整理手続で明らかにするとともに、証

[*9]　鈴木昭洋「判批」研修790号（2014年）26頁。この点について、中島・注4評釈110頁の見方は異なる。

102

拠の取調べを請求するよう義務付けるものであって、被告人に対し自己が刑事上の責任を問われるおそれのある事項について認めるように義務付けるものではな」いと判示している。

　この点について、主張の明示、より具体的には、検察官の主張のどこを認め、どこを争うかを明らかにすることにより、被告人が刑事責任を問われるおそれが生じることはないとする見解が有力である。刑訴法316条の17により「被告人は、自己が刑事責任を問われるおそれのある特定の事項について、それを認めることを義務付けられているわけではなく、あくまで、それを争うか否かを明らかにするよう義務付けられているにすぎない」というのである[*10]。

　この問題は、公判前整理手続において一方当事者の主張としてなされた被告人の陳述を、事実認定のための証拠として用いることができるかという問題と関連している。この点については、意見が分かれている。もちろん、公判前整理手続において証拠採否の決定のために事実の取調べ（刑訴法43条3項）がなされる場合があり、そのために被告人質問がなされたときは、被告人質問に対する応答としての供述がなされることになる。この供述は証拠となりうる。刑訴法316条の9第3項の規定する黙秘権の告知が、このようにして供述がなされる場合を対象としていることに疑問はない。

　問題は、刑訴法316条の10により裁判所が被告人に対して質問し、被告人がこれに応じて陳述した場合、その陳述を証拠として事実認定のために用いることができるかである。同規定による裁判所の質問が、もともと事実の存否に関する被告人の供述を求めるものではなく、被告人側の予定主張についての確認を目的とするものであることに疑いはない。しかるに、裁判所の質問に対して、被告人が「私は確かに彼を刺したけれども、正当防衛であった」という答え方をした場合のように、被告人が事実を語るかのような表現により陳述したとき、このような被告人の陳述を証拠として用いることができるかが問題となるのである[*11]。

[*10]　川出敏裕「新たな準備手続の創設」現代刑事法43号（2002年）4頁。
[*11]　この点について、後藤昭「公判前整理手続をめぐる二つの検討課題」自由と正義57巻9号（2006年）95頁。後藤昭＝白取祐司編『新コンメンタール・刑事訴訟法〔第2版〕』（日本評論社、2013年）770頁［渕野貴生］参照。

(2) 証拠利用の可能性と「不利益な供述」

　予定主張に関する陳述の証拠利用の可能性を肯定する見解がある。すなわち、刑訴法316条の31が公判前整理手続結果を公判手続に顕出するよう定めていること、同法316条の9第3項が黙秘権の告知について規定していることから、公判前整理手続における被告人の陳述を記載した公判前整理手続調書（同法316条の12第2項）を公判期日において証拠として取り調べることができるとするのである*12。

　予定主張に関する陳述の証拠利用の可能性を認めるということは、実質的にみれば、その陳述を証拠としての「供述」として扱うことにほかならない。そうであれば、陳述、すなわち「供述」の内容が被告人の刑事責任を問うことにつながるようなものである場合、その陳述はまさしく憲法38条1項にいう「自己に不利益な供述」となりうるというべきであろう。たとえば、「私は確かに彼を刺したけれども、正当防衛であった」という陳述が、構成要件該当事実を自認しつつ、正当防衛を主張する「供述」として証拠とされるのであれば、それが被告人にとって「不利益な供述」にあたることは明らかであろう。

　しかし、証拠利用の可能性を認めるべきではない。刑訴法316条の10による裁判所の質問は、あくまでも「争点整理のために被告人の意思を確認する問いであって、事実がどうであったかを問う問いではない」。それゆえ、被告人が事実を語るような表現により、その質問に答えるために陳述したとしても、「それを供述として扱うことは、争点整理という手続の目的と矛盾する」のであって、刑訴法316条の10による質問を、「事実審理のための被告人質問とみなすことにな」る。被告人の陳述が「供述のように見えても、供述として証拠にはでき」ず、そのことは、実質証拠か、弾劾証拠かを問わないというべきである*13。

　公判前整理手続において被告人に明示を義務づける予定主張が、憲法38条1項の「不利益な供述」にあたらないというためには、その前提として、予定主張に関する被告人の陳述を「供述」として証拠利用することは許されないとしなければならない。本決定はこの点を明言していないが、「被告人に対し自己が刑事上の責任を問われるおそれのある事項について認めるように義務付

---

*12　落合・注5書100頁[辻]、大島隆明「公判前整理手続に関する冊子の作成・配布について」判例タイムズ1192号（2006年）12頁。
*13　後藤・注11論文95頁。

けるものではな」いとする判示の前提には、予定主張に関する陳述の証拠利用の可能性の否定があるというべきである[*14]。逆に、予定主張に関する被告人の陳述の証拠利用をもし認めるのであれば、その陳述が「不利益な供述」にあたらないということはできず、したがって主張明示義務を定める刑訴法316条の17が憲法38条1項に違反しないとする判断は、その一つの根拠を失うことになる。

6. 主張明示の義務づけと「強要」

(1) いわゆる「前倒し論」

本決定は、刑訴「法316条の17は、被告人又は弁護人において、公判期日においてする予定の主張がある場合に限り、公判期日に先立って、その主張を公判前整理手続で明らかにするとともに、証拠の取調べを請求するよう義務付けるものであって、……公判期日において主張をするかどうかも被告人の判断に委ねられているのであって、主張をすること自体を強要するものでもない」と判示し、憲法38条1項における「強要」性を否定した。

主張明示義務の「強要」性については、従来、証明予定事実の証拠調べ請求義務（刑訴法316条の18）、さらには公判前整理手続後の証拠調べ請求の制限（同法316条の22）と関連させて、これを肯定する見解があった。すなわち、証拠調べ請求の制限という重大な不利益と結びつけつつ被告人側に証拠調べ請求義務を負わせ、その前提として主張明示義務を負わせることは、主張明示の「強要」にほかならないというのである[*15]。

これに対しては、立法段階からすでに、上述のような「前倒し」論が提起されていた。本決定は、「前倒し」ではなく、「先立って」という表現を用いているにせよ、それと同様の立場をとったといってよい。公判前整理手続において予定主張の明示を義務づけていることはたしかであるものの、「公判期日においてする予定の主張」を「公判期日に先だって」明示するよう義務づけるに

[*14] 中島・注4評釈110頁。中島・注4評釈111頁は、しかし、主張明示義務が証拠調べ請求の制限と結びつくことによって、予定主張に関する陳述が「供述として直接に証拠使用されることはなくても、実質的・結果的にはそれに類似する効果をもたらしている」とする。もっとも、この点については、後述する予定主張に関する陳述からの、「弁論の全趣旨」としての不利益推認の問題として論じるべきであろう。

[*15] 小坂井久「主張明示義務と黙秘権」季刊刑事弁護41号（2005年）78頁。

すぎず、「公判期日において主張をするかどうかも被告人の判断に委ねられているのであ」るから、「主張をすること自体を強要するもので」はないというのである。

(2) 供述時期決定の自由の保障と防御権

公判期日に先だって主張明示を義務づけることは、憲法38条1項に抵触しないのか。この点について、いわゆる「前倒し」論を敷衍する形で、被告人は公判において行う予定の主張を義務づけられているにすぎず、この義務づけがなかったとしても、「公判審理終了までのいずれかの時点で、その内容が明らかにされる必要がある」のであって、それゆえ、「準備手続の段階で主張や反証を行うか否かの決断を迫られることに伴う心理的負担はあるにせよ、その点の決断をし主張・反証の内容を明らかにすることは、被告人の自らの判断に基づく選択にほかならない」ことから、「強要」性は否定されるとする見解が示されている[*16]。

これに対しては、憲法38条1項は、「いつ」供述するか、しないかの自由、すなわち供述時期決定の自由をも保障するものであるとして、公判期日に先立つ主張明示の義務づけは同規定に違反するとする見解がある[*17]。この見解は、憲法38条1項が包括的黙秘権を保障するものであり、主張明示が供述にあたるという前提に立っているといえよう。たしかに、これらの前提に立つならば、黙秘権が供述を強制されない自由だけでなく、手続全体にわたる防御の観点から、どのような点についてどのように供述するか、それともしないかを決定する自由をも保障することからして（黙秘権の防御権的側面）[*18]、供述時期の決定も憲法38条1項の保障に含まれ、そうであるならば公判前整理手続における主張明示の義務づけは、このような黙秘権に抵触することになるといえよう。しかし、本決定は、憲法38条1項について、先のような2つの前提に立ったうえで供述時期決定の自由をも保障しているとする立場をとらなかった。

[*16] 大澤裕「『新たな準備手続』と証拠開示」刑法雑誌43巻3号（2004年）69頁。
[*17] 渕野貴生「裁判員制度と刑事手続改革」法律時報76巻10号（2004年）34頁、小坂井・注15論文78頁。渕野・注17論文34頁は、公判前整理手続において被告人が主張を明示した後、検察官がそれに対応して自己の主張立証の弱点を克服し、あるいは他の主張立証により補強しようとすることによって、被告人側に防御上の現実的不利益が生じることを指摘している。
[*18] 葛野尋之『未決拘禁法と人権』（現代人文社、2012年）193頁参照。

本決定は、憲法38条1項適合性を判断したものであって、憲法31条による適正手続ないし防御権の保障との抵触については判断していない。しかし、争点・証拠の整理という目的からすれば、被告人に明示が義務づけられる主張はある程度具体的なものである必要があるとされるところ、公判期日に先立ち、公判前整理手続においてそのような主張を明示する義務を負わせることは、被告人の防御権の保障との関係においても問題を孕む。この点について、検察官が予定する立証に一見して明白な誤りがある場合、あるいは被告人側が確実な無罪証拠を入手しているような場合を除いて、公判前整理手続の時点において、検察官の主張立証に対して被告人が予め実効的な反論を行うことは実際上不可能であって、公判手続を経ないうちに、被告人側に検察官の主張立証に対して具体的弾劾を行うよう要求し、その弾劾に基づいて自己の主張を明示するよう迫ることは、被告人に不可能を強いるものであるとする見解が示されている[*19]。

　立案担当者の法令解説によれば、被告人に主張明示義務を負わせたとしても、それが検察官の証明予定事実が提示され、検察官の請求証拠および類型証拠の開示が終わった後であれば（刑訴法316条の13〜316条の15）、被告人の防御権を侵害するものはないとされていた[*20]。本件控訴審判決も、「公判前整理手続は、検察官が、その主張立証の全体像を示すとともに、その請求証拠の証明力を吟味するために重要な証拠も被告人側に開示することとした上で、被告人に対し、訴訟対応に関する意思決定の前倒しを求め、何らかの主張立証を行う場合には、その内容を明らかにするように求めているにすぎない」としていた。これらの前提には、「検察官から、証明予定事実が明らかにされ（316条の13）、これを立証する証拠の内容が、証人の証言予定内容まで含めて開示されただけでなく（316条の14）、検察官請求証拠の証明力評価に重要な証拠の開示を受ければ（316条の15）、被告人側は、検察官が明らかにした立証構造を前提に、これに対してどのような反証活動を行うかを検討し、防御計画を立てることが可能になる」[*21]との理解があるといえよう。

　そうであるならば、被告人の主張明示に先行する検察官の証拠開示、すなわち請求証拠開示および類型証拠開示によって、被告人側が防御を準備し、検

[*19] 伊藤睦「対質権と強制手続請求権を貫く基本理念」法学69巻5号（2006年）156頁。
[*20] 落合・注5書150頁［辻］。
[*21] 河上和雄ほか編『大コンメンタール・刑事訴訟法（7）〔第2版〕』（青林書院、2012年）134頁［小坂敏幸］。

察官の主張立証に対する反論の主張をすることが十分可能になっていなければならない[*22]。このような防御の準備のために必要とされるのは、検察官側にある証拠を、被告人側が検察官と共有することができたという程度の、十分な証拠開示である[*23]。このような十分な証拠開示とそれに基づく防御の準備の可能性がない限り、被告人に主張明示を義務づけることは、被告人の防御権を不当に制約することになり、適正手続の保障(憲法31条)の趣旨に反するというべきであろう。さらに、憲法38条1項との関係においても、公判において明らかにしようとする主張の時期のたんなる「前倒し」にすぎないとする合憲論(いわゆる「前倒し」論)の前提が失われることになるであろう。

7. 実質的意味の黙秘権と主張明示義務

(1) 実質的意味の黙秘権との抵触

　刑事訴訟における黙秘権の確立に関する歴史研究に依拠しながら、黙秘権の実質的意味は、被告人が自己の任意の選択によらずして証拠方法としての地位を強制されないこと、すなわち自ら証拠方法となることなく、それでもなお積極的な防御を行うことの自由の保障にあるとしたうえで、そのような立場から、主張明示義務と結びつけられた証拠調べ請求の制限によって、被告人は自ら弁明することを余儀なくされる地位に立たされるおそれがあり、この点において、公判前整理手続において主張明示義務を負わせることは実質的意味における黙秘権の保障に抵触するとする見解がある[*24]。

　さらに、被告人に主張明示義務がある以上、検察官が義務違反の事実を指摘することは許され、裁判所が証拠評価においてその事実を考慮することも否定されないとする見解[*25]に対して、黙秘権の実質的意味についての先のような理解に立って、たとえば被告人がアリバイについて公判における主張に比べ具体的主張をしなかったことを主張明示義務違反として捉え、その事実をもって、公判における主張の信用性を低く評価しうるとすることは、主張明

[*22] 後藤＝白取・注11書800頁[渕野]。
[*23] 鼎談「刑事司法制度改革の現状と問題点」現代刑事法43号(2002年)24頁[後藤昭]。
[*24] 石田倫識「被告人の主張明示義務に関する批判的考察——被告人の黙秘権に関する一試論」九大法学91号(2005年)。
[*25] 川出敏裕「公判前整理手続」ジュリスト1268号(2004年)80頁。主張明示義務に反した被告人の主張の制限は認められていないものの、これらが主張明示義務の担保措置として機能するとする。

示義務違反について、イギリス法における「黙秘権制限」と同様の効果を認めることにほかならず、実質的意味の黙秘権に抵触するとする見解がある。イギリス法における「黙秘の不利益推認」の実質は、告発前の警察取調べにおいて防御に関する主張を提示しなかったことを、一定の条件のもと、公判における被告人の主張の信用性を減殺する事実として考慮することを許すというものであって、先のような見解においては、主張明示義務違反をそれと同じように扱うことになるとするのである[*26]。

(2) 予定主張に関する陳述からの不利益推認

　主張明示義務と実質的意味の黙秘権との抵触は、無罪推定法理とも関連させて、予定主張に関する陳述からの不利益推認による被告人の証拠方法化の強制という観点から、さらに敷衍されている。以下のようにである。

　予定主張に関する被告人の陳述を証拠たる「供述」として扱わなかったとしても、公判前整理手続において一定の主張をしたこと、またはしなかったことを、「弁論の全趣旨」の一部として、公判における主張の信用性を評価するための補助証拠としうるとする見解がある[*27]。これに対して、刑事訴訟において「弁論の全趣旨」を事実認定の基礎とすることは、包括的黙秘権の保障および無罪推定法理に反し、許されないとする見解が提起されている[*28]。すなわち、無罪推定法理と包括的黙秘権の保障のもと、被告人が「主張、立証責任を負わない訴訟主体」として、「自らが選択した場合にだけ、情報の発信源としての証拠方法となること」、すなわち「被疑者・被告人は任意に供述するという選択をした場合に限って、証拠方法となる」ことが保障されているところ、被告人の「主張の出し方」を弁論の全趣旨として、公判における被告人の主張の信用性判断において考慮することは、被告人の意思にかかわらず、「被告人の訴訟行動全体を事実に関する情報源として利用すること、すなわち実質的な意味で被告人を証拠方法とすることを意味する」ものであって、黙秘権の保障および無罪推定法理に反するというのである。

　この見解によれば、公判前整理手続において被告人がなにも主張しなかったことから不利益な推認をすることが、黙秘からの不利益推認として、黙秘

[*26] 石田・注24論文24頁。
[*27] 落合・注5書196頁［辻］。川出・注25論文80頁は、弁論の全趣旨という概念に触れることなく、ほぼ同様の効果を認めている。
[*28] 後藤・注11論文97頁。後藤＝白取・注11書804頁［渕野］参照。

権の保障に抵触するのはもちろんのこと、被告人がなんらかの予定主張に関する陳述をした、またはしなかった場合でも、そのことから「被告人に不利益な推認をするのは、黙秘から不利益な推認をするのと同じであって、許されない」とされる。公判前整理手続における予定主張に関する被告人の陳述のいかんが、「弁論の全趣旨」として不利な証拠となるというのであれば、「この場合被告人が義務づけられるのは、単にある事実を争う予定かどうかを明らかにすることではな」く、被告人は「それを超えて、自身の選択にかかわらず、自らを情報の発信源としての証拠方法とすることを強制される」ことになるのであって、それは黙秘権の保障に反するというのである[*29]。

(3) 不利益推認と自己負罪拒否特権

公判前整理手続における予定主張に関する被告人の陳述からの「弁論の全趣旨」として不利益な推認をすることは許されないとする見解は、無罪推定法理とも関連させつつ、包括的黙秘権の保障から導かれる実質的意味の黙秘権との抵触を問題にしていたようである。

しかし、公判における主張の信用性について不利益な推認がなされるのであれば、不利益推認の根拠となる予定主張に関して被告人がどのように供述したか、あるいはしなかったかが、実質的にみて、犯罪事実それ自体に関連するものではないにせよ、自己の刑事責任に関する事項に関連する証拠として扱われているのであって、そうである以上、予定主張に関する被告人の供述は、「不利益な供述」としての性格を認められるべきものといえるであろう。

また、公判前整理手続における陳述が不利益推認の根拠とされ、この意味において実質的には「不利益な供述」として扱われるのであれば、そのような予定主張の明示を義務づけることは、公判においてその主張をすることから生じうるものとは別個の、新たな不利益を強制することになる。たんに公判における主張の「前倒し」を義務づけるにすぎず、主張するかどうかは被告人の意思にゆだねられているということではすまされない。それを超える別個の、新たな不利益の強制なのである。

これらからすると、憲法38条1項の保障について、自己の刑事責任に関する事実の供述を強要されないという意味における自己負罪拒否特権の保障として理解した場合であっても、予定主張に関する被告人の陳述からの、「弁論

[*29] 後藤・注11論文98頁。

の全趣旨」としての不利益推認は、「不利益な供述」の「強要」にあたるものとして、同規定に違反するというべきであろう。

8. 結語

　本決定は、簡明に、公判前整理手続における被告人の主張明示義務が、憲法38条1項にいう「不利益な供述」にあたらず、その「強要」にもあたらないことを判示した。
　しかし、以上検討してきたことからすれば、この合憲判断の前提には、予定主張に関する被告人の陳述を証拠たる「供述」として扱ってはならないこと、さらにその陳述から、「弁論の全趣旨」として不利益な推認を行い、公判における被告人の主張の信用性を判断してはならないことがあるというべきである。また、防御権の保障との関係においても、公判前整理手続において被告人側が防御を準備し、検察官の主張立証に対する反論の主張をすることが十分可能な程度にまで証拠開示がなされなければならない。これらの前提が崩れるならば、本決定の合憲判断は、その基盤を失うことになる。

【付記1】脱稿後、井上和治「公判前整理手続における被告人・弁護人の主張明示義務及び証拠調べ請求義務と自己に不利益な供述の強要」論究ジュリスト12号249頁（2015年）に接した。本決定を緻密に分析した評釈である。同評釈は、本決定が、刑訴法318条の17により明示される主張は「自己に不利益な供述」（憲法38条1項）には該当するものの、公判期日においてすることを予定する主張を「前倒し」して明示するよう義務づけているにすぎないから、憲法の同規定にいう「強要」には当たらない旨判示したものとして理解すべきとする。このような理解を前提としつつ、本決定の判示は、公判前整理手続において明示を義務づけられる主張が「自己に不利益な供述」に当たらないことを前提としているとする本章が示したような理解は、「規範的な議論としては別論、本決定の内在的な理解としては、いささか無理がある」としている。
　しかし、やはり、本決定は、刑訴法318条の17により明示を義務づけられる主張は「自己に不利益な供述」には当たらないことを前提としているというべきである。この点において、本決定は、これまで多くの注釈が表明してきた理解とは異なる理解に立っているというべきである。
　本決定は、主張明示の義務づけが「自己に不利益な供述」の「強要」に当たら

ないとする理由として、①「被告人に対し自己が刑事上の責任を問われるおそれのある事項について認めるように義務付けるものではなく」、「また」、②「公判期日において主張をするかどうかも被告人の判断に委ねられているのであって、主張をすること自体を強要するものでもない」と判示している。①と②とが「また」という接続詞によって繋がれていることからすれば、①と②は、それぞれ独立した理由を判示しているものと理解すべきであろう。

　本決定の判示の構造をみたとき、①にいう「義務付けるものではな」いとの判断は、②において示された判断を理由にしているといえよう。すなわち、②にいうように、公判期日において主張するかどうかは被告人の判断によるものであり、主張自体を強要するものではないことから、①にいうように、「義務付けるものではな」いと判断しているのである。そうであれば、「自己に不利益な供述」の「強要」ではないことの理由として、①の判示が②と区別された独自の意味を有するとするためには、①の判示が、刑訴法318条の17により明示を義務づけられる主張が「被告人に対し自己が刑事上の責任を問われるおそれのある事項」、すなわち「自己に不利益な供述」には当たらないということを含意していると理解しなければならないといえよう。そのように理解しなければ、①、②はいずれも、明示を義務づけられる主張が「自己に不利益な供述」であっても、刑訴法318条の17はそのような「供述」を「強要」しているわけではないということを意味していることになってしまい、①と②がそれぞれ別個の理由を判示しているという本決定の判示の構造に適合しないことになる。

【付記2】脱稿後さらに、細谷泰暢「刑訴法316条の17と自己に不利益な供述の強要」法曹時報67巻6号（2015年）に接した。同解説は、本決定における「自己の不利益な供述の強要」の該当性の判断について、「強要」該当性を否定していることは明らかだとする一方、「不利益な供述」該当性については、これ「を否定したものであるかは必ずしも明らかではない」とし、「これを否定した趣旨であるとすれば、公判前整理手続における主張明示義務は、争点を特定するために、被告人に自己の主張を明らかにすることを求めているにすぎないと解されることを根拠に、『不利益な供述』には当たらないものとしたと考えられる」としている。ここにおいて「不利益な供述」該当性を否定する根拠としてあげられた点は、明示を義務づけられる主張が証拠たる「供述」として扱われることはないということと同義であろう。

第6章 高齢者犯罪と刑事手続

1. 問題の所在

　本章は、万引き、無銭飲食など軽微な犯罪を行うことにより刑事司法にますます広く、また、それらを繰り返すことによりますます深く取り込まれている高齢者に注目し、その犯罪の背景には貧困と社会的孤立があり、それゆえ高度な福祉的支援のニーズがあること、したがって福祉的支援につなぐために刑事司法からの早期離脱が必要とされることを確認する。さらに、本章は、そのためにどのような手段が可能か、また、刑事手続の原理・基本構造からみて妥当かを検討する。
　本章は、早期離脱の手段として起訴猶予への期待が高まることを認めつつも、福祉的支援を起訴猶予の実質的「条件」として位置づけ、起訴猶予に保護観察を付し、あるいは事件再起を積極化することによって、支援の実効性を確保しようとする提案には、刑事手続の原理・基本構造との整合性において問題があることを指摘する。

2. 高齢者犯罪と刑事手続

(1) 刑事手続のなかの高齢者

　刑事手続のあらゆる段階において、65歳以上の高齢者は、実数、人口比、総数に対する占有比のいずれにおいても顕著に増加している。『犯罪白書・平成20年版』によれば、2007年までの20年間に、一般社会の高齢者人口の増加は2.0倍であったのに、検挙人員は4.9倍、起訴人員は7.4倍、新規受刑者数は6.1倍に増加している。軽微な財産犯による検挙の割合が高いことが特徴である。
　もう一つの特徴は、再犯の状況についてみられる。『犯罪白書・平成19年版』によれば、1犯目のときの年齢が65歳以上の高齢者の場合、47.0％が1年以内に、75.5％が2年以内に再犯をしている。これは他の年齢層に比べ際立って高い。また、平成17年度における犯歴10犯以上の多数回高齢犯罪者（全体の20.3％）について、罪名をみると、窃盗が51.4％を占め、続く詐欺の10.5％を

合わせると、61.9％に達していた。このような再犯状況を反映して、刑務所を出所した高齢者、とくに満期釈放者の多くが早期に再入所をしている。

刑事手続の運用状況に目を向けると、警察資料に基づく太田達也の研究によれば、高齢者による財産犯の背景には貧困とともに、社会的孤立があり、また、検挙された高齢者の微罪処分率、起訴猶予率は一般に高い。他方、執行猶予率は相対的に低く、多数を占める窃盗、詐欺において顕著に低くなっている[1]。

(2) 高齢犯罪者の福祉的支援のニーズ

高齢者犯罪の増加の背景に関する犯罪白書の分析に、浜井浩一の研究[2]などをあわせ考えれば、次のようにいえるであろう。すなわち、貧困で、家族・親族の支えもない孤立した高齢者は、それらによって生じる福祉的支援のニーズを有しているが、そのニーズが満たされないなかで、万引き、無銭飲食など軽微な犯罪を行い、刑事司法と接触する。刑事司法から解放された後も、多くの場合、生活状態に改善はみられず、再犯へと至る。高齢者について微罪処分率、起訴猶予率は一般に高いとはいえ、軽微であっても再犯であり、とくに貧困と社会的孤立のなかにあるがために、微罪処分も、起訴猶予も受けにくくなり、何度目かに正式起訴をされる。正式起訴された場合、刑法の再犯加重規定（刑法56条～59条）や執行猶予の適用制限（同法25条2項）も与って、執行猶予を受けにくくなる。ついに実刑を科されると、刑事司法内部での福祉的支援の限界、あるいは刑事司法と福祉の連携の不十分さのゆえに、釈放後、生活状態はいっそう悪化し、福祉的支援のニーズがますます高まる一方、かえって支援を受けにくくなるというジレンマに陥る。こうして釈放後も再犯を繰り返し、刑務所への出入りを繰り返す。福祉的支援はますます遠ざかっていく。まさに刑事司法を通じての社会的排除のスパイラルである[3]。

---

[1] 太田達也「高齢者犯罪の実態と対策」ジュリスト1359号（2008年）、同「高齢犯罪者の実態と対策」警察政策11号（2009年）。
[2] 浜井浩一『実証的刑事政策論』（岩波書店、2011年）82頁以下、同「触法高齢・障がい者の支援における刑事司法の問題点と社会福祉の役割」社会福祉研究114号（2011年）など。
[3] 葛野尋之「新自由主義、社会的排除と刑事司法――日本の場合」『斉藤豊治先生古稀祝賀論文集』（成文堂、2012年）参照。

3. 福祉的支援と刑事手続からの離脱

(1) 刑事司法内での福祉的支援ニーズの充足

現在、矯正および更生保護において、高齢犯罪者の福祉的支援のニーズに応えようとする動きが広がっている。2009年以降、法務省と厚生労働省の連携のもと、地域生活定着支援センターを核として、矯正施設から出所した高齢者・障碍者に対する特別な社会復帰支援が展開している。高齢者・障碍者を地域社会のなかでの福祉的支援につなごうとするものである。

しかし、刑事司法のなかでの福祉的支援には限界があることもたしかである。施設・設備、予算、専門性のある人的リソース、経験の不備・不足があるからである。また、刑事司法を支配する応報原理および犯罪抑止目的が、刑事手続の各段階における処分を方向づけることになるため、必然的に福祉的支援ニーズの充足が制約される。福祉におけるノーマライゼーションの理念と、刑事司法の原理・目的、とりわけ未決・既決の刑事拘禁とのあいだには、やはり本質的矛盾がある。

(2) 刑事手続からの早期離脱と福祉的支援

そうであるならば、高度な福祉的支援のニーズを有する高齢者については、刑事司法において、その原理・目的から要求される処分・措置が終了した後にではなく、早期に刑事司法から離脱させ、福祉的支援へとつないでいく可能性が追求されるべきであろう。高度な福祉的支援のニーズに応えるための刑事司法からの早期離脱である。

このような方向は、刑事司法の原理・目的とも調和しうるであろう。すなわち、高齢者の福祉的支援のニーズを満たすことにより、その再犯をよりよく防止することができる。近年の高齢者犯罪の状況が示唆しているように、貧困と社会的孤立のなかで軽微な犯罪を繰り返す高齢者に対して、刑罰の威嚇効果を十分期待することはできない。また、再犯とはいえ、犯罪自体が軽微であって、さらに犯罪の背景にそのような事情があるのであれば、適法行為の自由の余地は実質的には狭められており、犯罪行為についての有責性も高いとはいえないであろう。かくして、福祉的支援のための早期離脱は、刑罰の最終手段性を実質化することになるのである。

問題は、刑事司法からの早期離脱のために、どのような手段がとられるべきかである。

4. 日本の先進的実践

(1) 「新長崎モデル」とその広がり

　注目されるのは、犯罪に関与した高齢者、知的障碍者などを刑事司法から早期に離脱させ、福祉的支援につなげようとする先進的実践が始まっていることである。

　社会福祉法人・南高愛隣会が中心となって進めている「新長崎モデル」は、おおむね次のようなものである。保健・医療・福祉の学識経験者および実務経験者から構成される「障がい者審査委員会」が、刑事事件の弁護人の相談・依頼に応じて、①犯罪の背景・要因、②福祉による更生支援の必要性・妥当性、③福祉による更生支援にあたって配慮すべき点、を調査のうえ審査し、審査結果報告書および更生支援計画書を作成する。弁護人はこれらの報告書をもとに、福祉的支援のニーズが高く、その提供の具体的見通しがあることを示しながら、検察官に対して起訴猶予を要求し、起訴猶予とされた場合、長崎県地域生活定着支援センターの調整により、福祉事業所、医療機関などが猶予者を受け入れ、必要な支援を提供する。起訴された場合には、弁護人はこれらの報告書をもとに、執行猶予を要求し、執行猶予となったときは、同様の仕方で支援へとつないでいく。執行猶予に保護観察が付された場合、あるいは更生緊急保護が適用された場合には、保護観察所が支援の提供に向けた調整に関与することになる。

　2009年に開始された「長崎モデル」が、地域生活定着支援センターの調整により、帰住先がないままに刑務所を出所した高齢者・障碍者を福祉的支援へとつなぐものであるのに対して、このような「新長崎モデル」は、刑事司法から高齢者・障碍者を早期に離脱させ、福祉的支援へとつなげようとするものである[*4]。前者の「出口支援」に対して、後者は「入口支援」と呼ばれている。同様の取組みが、滋賀県、宮城県においても始まっているという。

(2) 刑事弁護人と社会福祉士の連携・協働

　ほかにも、各地において、刑事事件の弁護人と社会福祉士の協働による福祉

---

*4　長崎新聞社取材班『居場所を探して——累犯障害者たち』(長崎新聞社、2012年)参照。現在、南高愛隣会は、被疑者・被告人支援を担当する機関として、「高齢・障がい者司法福祉支援センター」の設置を提案している。

的支援のための早期離脱の実践が始まっている。社会福祉士が弁護人の依頼に基づき、被疑者・被告人および関連事実を調査したうえで、福祉による更生支援の可能性を具体的に示した更生支援計画書を作成し、弁護人がこの報告書を踏まえて、検察官に起訴猶予を要求し、起訴された場合には執行猶予などを求めるのである[*5]。

これらの先進的実践は、未だ限られた地域、限られた事件についてのものにとどまるが、福祉的支援のニーズが高い高齢者を刑事司法から早期に離脱させ、支援へとつないでいく積極的取組みとして注目すべきである。

(3) 起訴猶予の積極活用提案

これらの実践から、いくつかの問題が浮かび上がっており、そのなかで、福祉的支援の実効性を確保するための積極的手段として、起訴猶予を活用すべきとの提案が現れている。

第1に、保護観察付起訴猶予の提案である。刑事司法からの離脱後、福祉的支援につないだとしても、本人が支援を受けることにすこぶる消極的であって、実効性のある支援が提供できない場合がある。本人に必要な支援を確実に提供し、その生活状態を改善するためにも、また、確実な支援を予定して刑事司法からの早期離脱を促進するためにも、支援の実効性を確保するための措置が必要とされる。執行猶予の場合、必要に応じて保護観察を付すことができるのに対して、現行法上、起訴猶予に保護観察を付すことは認められていない。更生緊急保護による支援は、釈放後6月以内に限られ、本人の「意思に反しない場合」にのみ許される（更生保護法85条）。必要な場合には、起訴猶予にも保護観察を付すことができるようにし、福祉的支援を受けることを遵守事項として定めることによって、支援の実効性を確保すべきであるというのである。

第2に、事件再起の積極化の提案である。検察官のなかには、福祉的支援を受けることを条件として起訴猶予とした場合において、猶予者が福祉機関の指導に従わず、入所した福祉施設から逃走したときなどは、起訴猶予とした事件を再起すべきとの意見がみられる。このような起訴猶予はあくまでも再犯防止を目的とするものであるから、「更生が期待できなくなった場合には、

[*5] 内田扶喜子ほか『罪を犯した知的障がいのある人の弁護と支援』（現代人文社、2011年）、大石剛一郎ほか『障害者弁護ガイドブック』（現代人文社、2012年）、「（特別企画）障がい者を刑務所に入れないための弁護」季刊刑事弁護70号（2012年）など参照。

原則に戻った措置をとる必要があるし、また、このような毅然とした態度を取ることが、結局、更生の実効性を高める」ことになるというのである[*6]。

たしかに、このような形で起訴猶予を積極活用することは、福祉的支援の実効性を高め、再犯防止を促進するかもしれない。福祉的支援を起訴猶予の実質的「条件」として位置づけるならば、支援の実効性を確保するための積極的措置を講じようとすることは自然である。問題は、刑事手続の原理・基本構造からみて許容されるかである。後に検討する。

5. 福祉的支援と起訴猶予のあり方

(1) 微罪処分および執行猶予をめぐる問題

貧困と社会的孤立のなかで軽微な犯罪を繰り返す高齢者を早期に刑事司法から離脱させ、福祉的支援へとつなげる手段として、どのようなものが可能であり、妥当なのか。

微罪処分および執行猶予は、一般に、早期離脱の手段として、実際にも大きな役割を果たしてきた。しかし、貧困と社会的孤立を背景として軽微な犯罪を繰り返す高齢者については、いずれも適用において限界を有している。

微罪処分は、刑事司法の冒頭段階での離脱を可能とする手段であり、一般に、高齢者の微罪処分率は高い。しかし、軽微な犯罪であっても、偶発的犯行とはいえず、再犯の可能性がある場合には、その適用が排除される。これは、微罪処分が、事件処理の効率化とともに、軽微な事件を起こしたものの再犯のおそれのない者の更生の促進を主目的としているからである。

執行猶予はどうか。実刑は、高齢者の福祉的支援のニーズをいっそう高める結果をもたらす反面、受刑者および釈放者を現実の支援から遠ざけることにもなる。執行猶予は、このような実刑を回避する有効な手段である。しかし、刑法における再犯加重や執行猶予の適用制限の規定も与って、軽微な犯罪を繰り返す高齢者への適用は限定される。

もともと執行猶予は、取消の場合に執行されるべき刑を予め宣告するとい

[*6] 原山和高「長崎地検における罪を犯した知的障がい者の再犯防止に関する取組について」研修779号（2013年）82頁。鈴木亨「起訴猶予相当事案を繰り返す者に係る事案の処理について」研修730号（2009年）35頁は、いったん起訴猶予とした後、猶予者やその家族、被害者などと連絡を取り合って処分後の経過を観察し、再犯のおそれが払拭できない状況にあれば、事件再起により起訴することを検討すべきとしている。

う点において、社会復帰を促進するための手段とすることとの矛盾の契機をはらんでいる。さらに、実刑は回避されるものの、有罪認定および刑の宣告にともなう社会的烙印の効果は無視できない。

　執行猶予には保護観察を付することができる（刑法25条の2第1項）。これにより、実刑の回避とともに、保護観察を通じて再犯防止のための措置の実効性を確保することも可能になる。しかし、現在の運用は必ずしも積極的ではない。それは、保護観察付執行猶予の再度の適用が禁止されていることから（同法25条2項但）、保護観察を付すことは被告人にとって不利益性のより高い処分を課すこととなり、それゆえ慎重な適用が要求されているからである。とくに福祉的支援のニーズが高い被告人の場合、1回目の言渡の後にその生活状態が劇的に改善することは稀であるため、保護観察付執行猶予が言い渡されると、後の再犯による実刑の可能性が現実的に高まることになる。それゆえ、弁護人もその適用には消極的立場をとることになる。

(2) 起訴猶予と福祉的支援

　微罪処分および執行猶予にこのような限界がある以上、刑事司法からの早期離脱を可能にする柔軟な制度として、起訴猶予への期待が高まることは当然である。

　公訴提起の権限を独占する検察官の広汎な訴追裁量を許容する起訴便宜主義のもと（刑訴法248条）、起訴猶予は、一般に、実務上大きな役割を果たしている。2011年には、一般刑法犯の起訴猶予率は46.5％（起訴猶予以外の不起訴を含めた全体の36.4％）に達していた。活発な起訴猶予は、有罪の「確信」とされる高度な嫌疑基準と相俟って、公訴提起を厳選し、それによって公訴提起にともなう甚大な負担から被告人を解放するとともに、刑事手続全体の効率性を高めてきたとされる。公訴提起の厳選が、日本型「精密司法」を支えてきたのである[7]。

　先進的実践としての「新長崎モデル」も、起訴猶予を主要な目標に設定していた。そのうえで、福祉的支援の実効性を確保するとの目的から、保護観察付起訴猶予や事件再起の積極化が提案されていた。

---

[7] 葛野尋之「刑事手続の構造改革——その理念と課題」法律時報85巻8号（2013年）9〜10頁、同「裁判員制度と刑事司法改革」法社会学79号（2013年）（本章序章）49頁以下参照。

(3) かつての保護観察付起訴猶予(「横浜方式」)

　ここにおいて注目すべきは、かつて、起訴猶予に実質的に保護観察を付すという実務が存在したことである。これは、正式な法制度ではなく、限られた地域における法運用上の実践にとどまる。しかし、組織的に行われた、相当長期にわたる継続的実践である。

　旧刑訴法(1922年)は、それ以前の法運用上の実践を制度化する形で、正式に起訴猶予に関する明文規定をおいたが、直後より運用はいっそう活発化し、同時に起訴猶予は再犯防止のための積極的な処遇としての機能を強め、猶予者に対する更生保護団体の保護観察も開始された。起訴猶予の歴史的展開について精緻な分析を行った三井誠によれば、1930年代、起訴猶予はますます拡大し、そのなかで「訴追裁量は実質上『裁判官の裁判』と同視され、猶予者に対する保護措置は強化された」。しかし、現行刑訴法のもと、保護観察付起訴猶予は廃止された[*8]。

　その後、1961年より、横浜地検を中心に、数地検において、一定の猶予者に対して6か月間保護観察的措置を講じるとする「横浜方式」が実施された。これは、起訴猶予にともない再犯防止のための積極的処遇を提供しようとするものであり、旧刑訴下の保護観察付起訴猶予を事実上復活させる試みであった。

　この「横浜方式」について詳細に調査し、批判的検討を加えたのが三井誠である[*9]。その研究によれば、起訴猶予にともなう保護観察的措置は、再犯防止を目的として、起訴猶予とされた若年成人に対して、更生緊急保護を用いつつ、積極的な環境の調整、就職の斡旋など、保護観察的措置を講じようとするものであった。更生緊急保護を活用するため、本人・保護者の申出書の提出が要件とされた。保護観察所と少年鑑別所の助力を得て、家庭環境、心理特性、生育史について詳細な調査を行い、その他詳密な情状調査のための取調べを行ったうえで、検察官が起訴猶予を決定し、原則6月間、保護観察的措置を講じた。その期間を通じて本人の行状が良好であれば、起訴猶予が「確定」的なものとされた。この期間は「考査期間」としての性格を与えられていた。

　しかし、この横浜方式は、重大な問題をはらむものであった。三井誠によ

[*8] 三井誠『刑事手続法(II)』(有斐閣、2003年)24頁以下。
[*9] 三井誠「検察官の起訴猶予裁量(5・完)」法学協会雑誌94巻6号(1977年)121頁以下。「横浜方式」について、齋藤欣子『横浜地検における起訴猶予者に対する更生保護事件について』(法務総合研究所、1965年)参照。

れば、第1に、法的根拠が曖昧である。猶予者の「申出」については、実質的にみて任意性に疑問があり、法的根拠を不明確にしたまま、実質的な強制的措置を行うことは、適正手続に反している。第2に、正式に有罪が認定されるまでに積極的な処遇を行い、そのために人格および生活環境に関する調査を行うことは、無罪推定の法理に抵触し、プライバシーへの過剰な介入となる。第3に、詳密な情状調査のための取調べを行うことは、捜査・取調べの肥大化を招き、刑訴法が予定する公判中心の手続構造と矛盾する。第4に、積極的な処遇決定の担い手として検察官を位置づけることの問題である。すなわち、保護観察的措置を付した起訴猶予の決定は、実質的な検察官による犯罪事実の認定と、それを前提とした検察官の処遇決定だといえるが、そのことは検察官の「準司法官的地位」を承認することにほかならず、刑訴法の想定する刑事訴訟の当事者としての検察官の地位・役割に適合しない。このような本質的な問題をはらむものであったがゆえに、「横浜方式」はその後衰退し、消滅した。

(4) 福祉的支援の実効性確保と起訴猶予

現在、先進的実践のなかから浮上している、福祉的支援の実効性を確保するための手段として起訴猶予を積極活用すべきとする提案については、どのように評価すべきであろうか。

保護観察付起訴猶予の提案は、未だ具体的に提示されているわけではないが、「新長崎モデル」の実践を基礎にするものであるから、検察官から組織的に独立した福祉、保健、医療などの専門家による福祉的支援ニーズの調査と具体的支援計画の作成が予定されているのであろう。

しかし、そうとはいえなお、起訴猶予の決定権限が検察官にある以上、その判断にあたっては、捜査機関による再犯防止の観点からの詳密な情状取調べの可能性は残るであろう。検察官が実質的に犯罪事実を認定したうえで、それらに基づいて保護観察の必要性・有効性を判断し、起訴猶予の決定を行うことになるのである。そうであるならば、無罪推定・適正手続との抵触、捜査・取調べの肥大化と公判中心主義の後退、検察官の裁判官的役割という点において、かつての「横浜方式」と同様の問題をはらむ可能性がある。田宮裕が指摘したように、起訴猶予は、本来、「犯人」の再犯防止という刑事政策目的による「司法処分」ではなく、刑事訴訟の当事者たる検察官による、迅速裁判の理念に立った被訴追者の人権保障のための公訴の回避、そのための被疑者に対する公判請求の放棄として性格づけられるべきなのである[*10]。また、現行

法下においては、「横浜方式」と同じく更生緊急保護を活用するにせよ、確たる法的根拠に欠けるというべきである。

事件再起の積極化の提案も、限定された事件についてのものとはいえ、事実上「起訴放棄」として定着してきた起訴猶予の性格を大きく転換させるものである。起訴猶予後は福祉機関による支援のみが予定されているにせよ、事件再起の威嚇のもと、起訴猶予に対して再犯防止のための積極的手段としての性格を与えようとすることは、起訴猶予を「司法処分」化させる点において、保護観察付起訴猶予の提案と通じるものである。また同じく、無罪推定・適正手続との抵触という疑義も残る。さらには、再犯防止の積極的手段として性格づけられるとなると、起訴猶予の決定において再犯可能性が重視されることになり、詳密な情状調査がなされることも予想される。

福祉的支援を起訴猶予の実質的「条件」と位置づけるならば、支援の成否を追跡し、支援が失敗したときは「制裁」として事件を再起することにより、支援の実効性を確保しようという方向に進むであろう。保護観察付起訴猶予、積極的事件再起という提案は、このような文脈に位置している。福祉的支援を起訴猶予の「条件」とすることには、刑事手続の原理・基本構造からみて、重大な問題があるといわざるをえない。

6. 刑事手続からの離脱と福祉的支援の課題

(1) 早期離脱促進の課題

貧困と社会的孤立を背景として軽微な犯罪を繰り返す高齢者について、必要な福祉的支援につなぐために刑事司法からの早期離脱を促進するうえで、どのような課題があるのか。

まず、現行手続構造のもとで単純離脱を積極化するための課題としては、微罪処分について、被疑者の年齢などを考慮して再犯の除外を緩和すること、起訴猶予について、再犯防止のための積極的な処遇としてではなく、単純な「微罪処分」型起訴猶予に転換することがあげられる。犯罪捜査と並行して、刑事司法から独立した機関が専門的調査を実施し、被疑者の福祉的支援のニーズが高いことを認めた場合には、このような微罪処分、起訴猶予の後、支援へとつないでいくことになる。このような仕方によるのであれば、福祉的支援に

---

*10　田宮裕『日本の刑事訴追』(有斐閣、1998年) 97頁。

つなぐための早期離脱を積極化したとしても、刑事手続の原理・基本構造との抵触は生じにくいであろう。

次に、刑事手続のより大規模な構造改革と結合させるのであれば、福祉的支援につなぐための、公判段階での手続打切による単純離脱を可能にするような手続構造を構築することが課題となろう。そのためには、罪責認定と量刑手続の二分、無条件の手続打切、刑の宣告猶予、さらには福祉的支援のニーズを科学的に解明するための判決前調査の制度化が課題となる[*11]。

もちろん公判手続に付されることは、それ自体、被告人にとって負担となる。しかし、それを回避するために検察官の実質的な有罪認定・処遇決定としての性格を有する起訴猶予を積極化するというのではなく、起訴猶予の「微罪処分」化、捜査・取調べのスリム化、起訴前・起訴後の身体拘束の回避、起訴後の手続打切の活用などにより、起訴にともなう公判手続の負担を軽減する方向を追求すべきであろう。また、起訴にともなう烙印効果も、公判段階の手続打切が広がり、有罪認定と刑の言渡に至らない事件が増加することによって、軽減されるであろう。それでもなお、被告人一人に注目するならば、起訴された方が、起訴されないよりも負担が大きいことはたしかである。しかし、起訴にともなう手続的負担と烙印効果を軽減することにより、現在に比べ、起訴されること自体の不利益性が軽減されることになるであろう。また、起訴された場合、起訴されなかった場合を合わせた被疑者・被告人の不利益の総和は、現在よりも相当軽減されるはずである。

(2) 刑事司法と福祉の連携と相互の独立性

福祉的支援ニーズの調査と支援の提供をめぐっては、どのような課題があるであろうか。まず確認すべきことは、刑事司法と福祉が良好な連携をとるべきであるにせよ、相互の独立性もまた重要だということである。相互の独立性が失われるならば、福祉的支援のニーズが特別予防の必要のなかに解消され、福祉的支援が再犯防止のための処遇に転化する可能性がある。本人の福祉が刑事司法の目的に従属するのである。他方、刑事司法が「福祉」化することにより、介入が拡大・深化し、それに対する制約が曖昧化するおそれがある。

福祉的支援が福祉としての自律性を確保しつつ、刑事司法が先のような意

[*11] これらの課題について、平野龍一「執行猶予と宣告猶予」、「判決前調査」同『犯罪者処遇法の諸問題〔増補版〕』(有斐閣、1982年) は示唆に富む。

味での「福祉」化を回避するために、両者の連携においては相互の独立性が求められる。福祉的支援を起訴猶予の実質的「条件」として位置づけ、起訴猶予に保護観察を付す、事件再起を積極化するなどして、支援の実効性の確保のための積極的措置を講じることは、この独立性を害することになる。

また、調査と支援においては、被疑者・被告人の十分な理解に基づく真摯な同意が不可欠である。それが、本人の動機づけをも高め、支援の有効性の確保に向上するであろう。調査と支援の過程においても、弁護人の援助が重要である。弁護人の援助は、手続の公正さを確保し、過剰な福祉的介入を抑制することになると同時に、弁護人からの情報提供、弁護人への情報開示と弁護人の意見の斟酌を通じて、調査・判断の客観性・透明性を高めることになる。

7. 結語

以上、本章は、貧困と社会的孤立を背景にして軽微な犯罪を繰り返す高齢者について、福祉的支援につなぐための刑事司法からの早期離脱が必要なこと、福祉的支援を起訴猶予の実質的「条件」と位置づけたうえで、起訴猶予に保護観察を付し、あるいは事件再起を積極化するなどして、支援の実効性の確保のための積極的措置を講じることには、刑事手続の原理・基本構造との整合性からみて問題があること、将来的には起訴猶予を「微罪処分」化するとともに、起訴後の手続打切を制度化し、活用することなどによって、早期離脱を積極化すべきこと、そのうえで刑事司法と福祉とが相互に独立性を維持した形で、良好な連携を形成すべきことなどを指摘した。

【付記】新長崎モデルのほかにも、「入口」支援の取組みが行われている（石川正興編著『司法システムらか福祉システムへのダイバージョン・プログラムの現状と課題』〔成文堂、2014年〕、「課題研究・刑事司法と福祉の連携の在り方——犯罪行為者の社会復帰支援の現状と課題」犯罪社会学研究39号〔2014年〕、「特集・高齢者・障害者の犯罪——裁判〜処遇〜社会復帰」法律のひろば67巻12号〔2014年〕など参照。また、社会福祉士などと連携して、福祉的支援に向けて起訴猶予を目指す刑事弁護人の積極的取組みも注目される）。

東京地検は、2013年4月、社会復帰支援室を開設し、社会福祉士を配置し、身体を拘束された被疑者について起訴猶予の決定後、猶予者の福祉的支援の調整を行わせている。同種の取組みが、仙台地検および札幌地検においても

行われている。また、2013年9月より、保護観察所7庁が検察庁と連携して、起訴猶予後に更生緊急保護が見込まれる勾留中の被疑者について、十分な調査と福祉的支援の実効性を確保するために、検察庁の依頼により、保護観察所があらかじめ福祉的支援のニーズを調査したうえで、住居確保、福祉サービス受給などの環境調整を実施し、検察官は保護観察所の調査・環境調整を踏まえて起訴・不起訴に関する処分決定を行うという実践も開始された（更生緊急保護事前調整モデル）。2014年4月からは、保護観察所20庁において実施されている。

　これらについても、起訴猶予と福祉的支援の関係性が問題となる。福祉的支援を起訴猶予の実質的「条件」とすることになると、福祉的支援のニーズに関する調査と支援の受入に対する同意の任意性が希薄化し、また、支援の実効性を確保するためとして、その成否が追跡され、「失敗」の場合には事件再起による起訴が積極化される可能性がある。その場合には、「横浜方式」と同様、刑事手続の原理・基本構造との不整合という問題が生じるであろう。

第7章 袴田事件第二次再審請求における静岡地裁開始決定の意義

刑事司法改革とも関連させて

1. 袴田事件の経緯と本章の課題

　袴田事件とは、1966年、静岡県旧清水市において味噌会社専務家族4人が殺害された強盗殺人放火事件である。元被告人の袴田巖氏（以下、袴田氏とする。引用判例中も同じく袴田氏とする）は、味噌会社に勤務しており、近隣の味噌工場2階の従業員寮に居住していた。袴田氏が被疑者として逮捕されたのは、事件発生から約1か月半後のことであった。袴田氏は、逮捕後、否認を続けていたものの、勾留満期3日前になって自白するに至り、その後起訴された。起訴後、犯行を全面否認した。自白においては、犯行着衣はすべてパジャマとされていたものの、事件発生から1年2か月後、第一審の審理中に、工場の味噌醸造タンク内から、麻袋に入り血液の付着した5点の衣類が発見された。その12日後、警察官らが袴田氏の自宅を捜索したところ、タンス内に5点衣類中のズボンの端布を発見し、それを押収した。その翌日、検察官は冒頭陳述の主張を変更し、犯行着衣はパジャマではなく、これら5点の衣類だとした。

　1968年、第一審の静岡地裁は、被害者らの各血液型と一致する多量の人血が付着していたことなどから、5点の衣類が犯行着衣であり、また、袴田氏の実家からズボンの端布が発見され、袴田氏のものとの疑いが濃厚な緑色パンツが含まれていたことなどから、5点の衣類は袴田氏のものだと認めたうえで、被告人を有罪とし、死刑を言い渡した。1976年、東京高裁は被告人の控訴を棄却し、1980年、最高裁は上告を棄却した[*1]。死刑判決が確定した。1981年、袴田氏は再審を請求した（第一次請求）。しかし、1994年、静岡地裁は請求を棄却した[*2]。その後、2004年、東京高裁が即時抗告を棄却し[*3]、2008年、最高

[*1] 最判昭55（1980）・11・19集刑220号83頁。
[*2] 静岡地決平6（1994）・8・8判時1522号40頁。

裁が特別抗告を棄却した[*4]。

その1か月後、袴田氏の姉を請求人として、第二次再審請求がなされた。そして、2014年3月27日、静岡地裁は、再審の開始を決定し、あわせて死刑および拘置の執行を停止した[*5]。検察官が、拘置の執行停止決定について抗告したところ、翌3月28日、東京高裁は、この抗告を棄却した[*6]。その後3月31日、検察官は、静岡地裁の再審開始決定について即時抗告を申し立てた。事件は現在、東京高裁に係属している。

袴田事件について再審開始が確定すれば、それは、死刑確定事件について5件目のものとなる。また、再審開始決定にともない、死刑の執行停止のみならず、拘置の執行停止が決定されたのは初めてのことである。

本章は、再審判例における再審開始要件たる明白性判断の手法を確認した後、構成、証拠構造分析、明白性判断の手順、死刑・拘置の執行停止決定の内容について、静岡地裁の開始決定を概観したうえで、DNA鑑定と証拠評価における「疑わしいときは被告人の利益に」原則の具体化、証拠開示、拘置の執行停止について、その特色と意義を明らかにする。続いて、本開始決定が、被疑者取調べの録音・録画制度、通常手続および再審請求手続における証拠開示をめぐって、現在進行中の刑事司法改革に対して、さらには死刑制度の存廃論に対してどのような示唆を与えるかについて検討する。

2. 再審開始要件としての証拠の明白性

(1) 再審判例における明白性判断

ノヴァ型再審の開始要件たる新証拠の明白性（刑訴法435条6号）について、1975年、最高裁の白鳥決定[*7]は、「疑わしいときは被告人の利益に」原則に従って、確定判決の有罪認定に合理的疑いが生じることをもって明白性が認められるとし、その判断は新旧全証拠の総合評価によりなされるべきだとした。翌年、財田川決定[*8]は、この判示を敷衍したうえで、有罪認定に合理的疑いが

[*3] 東京高決平16(2004)・8・26判時1879号3頁。
[*4] 最決平20(2008)・3・24集刑293号747頁。
[*5] 静岡地決平26(2014)・3・27判時2235号113頁。
[*6] 東京高決平26(2014)・3・28判時2235号137頁。
[*7] 最決昭50(1975)・5・20刑集29巻5号177頁。
[*8] 最決昭51(1976)・10・12刑集30巻9号1673頁。

あると認め、再審請求を棄却した請求審およびこれを是認した即時抗告審の決定を審理不尽があるとして取り消し、事件を請求審に差し戻した。

明白性判断の方法については、白鳥・財田川決定の後にも、確定有罪判決の確定力を尊重し、再審の「非常」救済手続としての性格を強調する立場から、いわゆる限定的再評価説が提起された。この見解がとる前提については、無辜の救済という制度目的からして疑問がある。また、最高裁白鳥・財田川決定が、旧証拠の再評価を新証拠の立証命題と関連する範囲に限定しようとしていなかったことは、その判示内容からみて明らかだといえよう。限定的再評価説に立ったとされる最高裁決定も、実のところ、全面的再評価をともなう新旧証拠の総合評価を行っていたとみることができよう[*9]。

学説においては、確定判決の有罪認定を支える旧証拠の有機的連関としての証拠構造が動揺・崩壊するかどうかによって明白性が判断されるべきとする見解が有力である[*10]。たしかに、この証拠構造論は、再審請求における弾劾対象を明確化することによって、判断の可視性・透明性を高め、それにともない請求人の関与を実質化させ、また、利益再審制度の基礎にある二重の危険禁止の趣旨にも適うものといえよう。しかし、白鳥・財田川決定においても、証拠の明白性とは「確定判決における事実認定の正当性」についての疑いであって、それは確定判決において「犯罪の証明が十分でないこと」（財田川決定）、すなわちその有罪認定自体に合理的疑いが認められることを意味していたと理解すべきであろうし、その後の再審判例においても、このような立場がとられてきたとみるべきであろう[*11]。

再審判例において、新旧証拠の総合評価による合理的疑いの有無の判断としての明白性判断は、有罪認定の証拠構造、新証拠の証拠構造上の位置など、

[*9] 中川孝博『刑事裁判・少年審判における事実認定』（現代人文社、2008年）278頁以下。再審請求審による明白性判断がこのようになされることについては、①「無辜の救済」理念を貫徹していない、②二重の危険禁止の趣旨に悖る、③直接主義・口頭主義、証人審問権などの保障のない再審請求手続において、新たな事実認定をすることは許されるべきでない、④当事者主義構造が採用されておらず、訴因変更手続も、争点明確化手続もないなかでの新たな事実認定は、不意打ち認定の危険を内在し、防御権の侵害をともなう、という重大な問題がある（中川・同書283頁）。③については、松宮孝明「再審請求と『事実の認定』」竹澤哲夫古稀『誤判の防止と救済』（現代人文社、1998年）523頁参照。

[*10] 川崎英明『刑事再審と証拠構造論の展開』（日本評論社、2003年）87頁以下。また、水谷規男「再審法理論の展望」村井敏邦＝川崎英明＝白取祐司編『刑事司法改革と刑事訴訟法（下）』（日本評論社、2007年）参照。

[*11] 村崎啓一「再審判例にみる明白性の判断方法」自由と正義56巻12号（2005年）11頁以下。あわせて、同「明白性判断の構造」、「（座談会）再審の展望と誤判救済」法律時報75巻11号（2003年）参照。

事案の特性に応じてなされてきたといってよい。このとき、情況証拠による有罪認定が問題となる事案においては、新証拠がその立証命題に関連する旧証拠の証明力を減殺するか否か（弾劾効）を判断し、そのうえで犯罪事実の存在の推論を支える上位の間接事実への波及効の有無を判断し、さらに新旧全証拠の最終的総合評価により犯罪事実の存否を判断するという手順がとられてきたといえよう。証拠構造の分析も、このような新旧証拠の総合評価の手順のなかで行われてきた[*12]。総合評価において限定的再評価が先行してなされてきたことの理由のひとつは、明白性ありとするためには、新証拠によって確定判決の事実認定の一部が崩れるだけでは足りず、それを超えて、最終的に犯罪事実の存在そのものに合理的疑いが認められなければならないことを明示するためであろう[*13]。他方、新証拠の弾劾効が認められない場合でも、明白性判断が限定的再評価で終わるわけではなく、新旧全証拠の総合評価へと進み、そのうえで合理的疑いの有無を判断しているとみるべきであろう[*14]。そうでなければ、犯罪事実の存在そのものに合理的疑いが生じるか否かを、新旧全証拠の総合評価によって判断することはできないからである。

(2) 袴田事件第一次再審請求における最高裁決定

袴田事件第一次再審請求における最高裁の特別抗告棄却決定は、「この点に関する新旧全証拠を総合しても」という一節を含んでおり、そのことから、一見、限定的再評価説に立っているようでもあった。

しかし、この一節は、5点の衣類が犯行着衣であり、袴田氏のものであるという点に関する新証拠については、「これらを旧証拠と総合評価することにより、確定判決の認定に合理的な疑いが生じると認められるならば、『無罪を言

[*12] 村岡・注11論文「再審判例にみる明白性の判断方法」17頁以下。新旧全証拠の総合評価による合理的疑いの有無の判断だとしつつも、限定的再評価において弾劾効が認められたときにはじめて総合評価に進むとする二段階説が提起されている（佐藤博史『刑事弁護の技術と倫理』〔有斐閣、2007年〕339頁以下）。
[*13] 中川孝博「（コメント）明白性の意義」葛野尋之＝中川孝博＝渕野貴生編『判例学習・刑事訴訟法』（法律文化社、2010年）330頁、斎藤司「判批」法律時報82巻7号（2010年）106頁。
[*14] 狭山事件第2次請求決定（最決平17〔2005〕・3・16判時1887号15頁）が、新証拠の弾劾効をすべて否定した後に、「再審請求以降において新たに得られた証拠を含む他の全証拠を総合的に評価しても」犯罪事実の存在に合理的疑いは生じないとしていることが、その例証である。尾田事件決定（最決平10〔1998〕・10・27刑集52巻7号363頁）、名張事件第6次請求審決定（最決平14〔2002〕・4・8判時1781号160頁）も、限定的再評価説に立つとはいえないことについて、中川・注9書280〜281頁。

い渡すべき明らかな証拠』に当たるということになろう」という判示に続くものであって、このような判示は、5点の衣類が犯行着衣であり、袴田氏のものであるという間接事実がいくつかの情況証拠から推認され、犯罪事実の中枢部分たる犯人性の認定がその間接事実から決定的ともいえるほどに強く推認されるという証拠構造の顕著な特色のゆえになされたものというべきであろう。そうであるからこそ、最高裁決定は、「この点に関する新旧全証拠を総合しても、申立人の犯人性を認定する旧証拠の証明力が減殺されたり、情況証拠による犯人性の推認が妨げられるものとは認められない」と判示したのである。

加えて、最高裁決定は、その最終段階において、5点の衣類に関する情況証拠だけでなく、申立人の左手中指の切創、申立人パジャマへの血痕および混合油の付着、アリバイの不存在など、新証拠の立証命題とは関連しないそれ以外の情況証拠をも参照しつつ、申立人の自白には「無知」の暴露が含まれるとする供述心理学鑑定書などの新証拠は「前記1(2)のとおりの本件における客観証拠による強固な犯人性の推認を妨げる事情とはなり得ない」と判示しており、最高裁決定が新旧全証拠の総合評価のうえで、合理的疑いが認められないとの結論に達したことが示されている。

このようにしてみると、最高裁決定は、限定的再評価説に立ったものではなく、有罪認定の証拠構造の特性を反映させて、各局面に応じた新旧証拠の総合評価により、まず新証拠の弾劾効を判断し、さらにその波及効の判断を経て、合理的疑いの有無の最終判断を行うという手順により、明白性判断を行っていたことが分かるであろう。

3. 静岡地裁開始決定

(1) 開始決定の構成と証拠構造分析

開始決定は、確定判決における有罪認定の証拠構造を確認し、第一次再審請求の経過を整理したうえで、再審開始決定および死刑・拘置の執行停止決定の判断理由を述べている。判断理由は、①新証拠等の整理、②判断の枠組みと結論、③弁護人提出証拠の明白性、④結論、から成っている。中心となる③は、(i)DNA鑑定関係の証拠、(ii)5点の衣類の色に関する証拠、(iii)5点の衣類に関する新証拠の総合評価、(iv)5点の衣類に関する新旧証拠の総合評価、(v)5点の衣類以外の新旧証拠の総合評価、(vi)結論、から構成されている。

開始決定は、確定判決における有罪認定の証拠構造を分析し、その結果、「袴

田氏の犯人性を肯定するについて、5点の衣類が犯行に用いられた着衣であり、かつ、袴田氏のものであると認められることを証拠上最大の根拠とし、その他複数の客観的状況も併せると、袴田氏が犯人であると断定することができるとして」おり、自白調書は「犯人性を肯定するのに補充的に使われているにすぎない」と指摘した。5点の衣類による犯人性の認定という点にこそ、証拠構造の顕著な特色がみられるのである。

(2)　新証拠についての明白性判断

　証拠構造の分析に続き、開始決定は、DNA鑑定、各味噌漬け実験など5点の衣類の色に関する証拠（以下、味噌漬け実験証拠）のそれぞれについて、それ自体の証明力を確認し、さらにそれらの立証命題に関連する旧証拠の証明力を減殺し、結果として犯人性の認定に合理的疑いを生じさせるまでの高い弾劾効を認めた。

　開始決定は、DNA鑑定については、H鑑定の検査手法を詳しく検討したうえで、Y鑑定とも対比しつつ、また、検察官が提示した専門家の批判にも配慮し、批判に一定の合理性があると認めた場合にはその批判を受け入れた前提に立って、その信用性を吟味した。その結果、開始決定は、「これだけをとっても、5点の衣類が犯行着衣であり、袴田氏が着用していたものであるという確定判決の認定に相当程度疑いを生じさせるものであり、特に袴田氏の犯人性については、大きな疑問を抱かせるものである」とした。

　また、開始決定は、衣類および付着した血痕の状態について、検察官が主張する味噌漬け条件の違いの可能性にも配慮しつつ、各味噌漬け実験の結果と、鑑定書添付の写真、さらには第二次請求審において新たに開示された写真30枚とを慎重に比較検討した。その結果、「5点の衣類の色は、長期間味噌の中に入れられたことをうかがわせるものではなく、むしろ、赤味噌として製造されていた味噌の色を反映していない可能性が高いうえ、血痕の赤みも強すぎ、血液が付着した後1年以上の間、1号タンクの中に隠匿されていたにしては、不自然なものとなっている」とした。

　かくして、開始決定は、5点の衣類に関する新証拠の総合評価として、「DNA鑑定という科学的な証拠によって、袴田氏の着衣でない蓋然性が高く、犯行着衣でもない可能性が十分あること」、「各味噌漬け実験の結果、1年以上味噌に漬かっていたとするには不自然で、かえって極く短時間でも、発見された当時と同じ状況になる可能性が」あることが判明したとして、5点の衣

類による犯人性の認定に「合理的な疑い」が生じるべきことを認めた。開始決定は、袴田氏の犯人性を裏づける最有力証拠が、袴田氏の着用したものでも、犯行着衣でもなく、事件から相当期間経過後に味噌漬けにされた可能性があると指摘したうえで、「この事実の意味するところは、極めて重い」とし、「このような証拠が、事件と関係なく事後に作成されたとすれば、証拠が後日ねつ造されたと考えるのが最も合理的であり、現実的には他に考えようがない」とした。

　次いで、開始決定は、①発見経過、②ズボンのサイズ、③白半袖シャツの損傷、スポーツシャツの損傷および袴田氏の右上腕の傷の関係、④ズボンの端布、⑤緑色パンツに関する公判供述について、新証拠の弾劾効を踏まえ、それにより必然的に生じる５点の衣類のねつ造可能性を考慮に入れつつ、５点の衣類による犯人性の認定に対して新証拠を起点として生じる波及効を検討した。開始決定は、新証拠の存在を前提にして、あらためて新旧証拠の総合評価を行った結果、「５点の衣類が犯行着衣及び袴田氏のものであることを裏付ける決定的な証拠がないばかりでなく、むしろねつ造されたものであることを示唆する証拠が複数存在することになり、DNA鑑定等の新証拠によって生じた疑いが払拭されるどころか、むしろ補強されたことになる。そうすると、５点の衣類が犯行着衣でも袴田氏のものでもないとの疑いが合理的なものであることは明らかであり、到底、排斥することができない」とした。

　最後に、開始決定は、「念のため」として、①パジャマの混合油と血液、②元同僚に渡したとされる紙幣、③袴田氏の左手中指の切創など、④自白調書について、５点の衣類以外の証拠から犯人性の認定ができるかどうかを検討した。その結果、これらの証拠が「袴田氏の犯人性を推認させる力がもともと限定的又は弱いものしかなく、しかも、DNA鑑定等の新証拠の影響によりその証拠価値がほとんど失われるものもあり、自白調書について念のために検討しても、それ自体証明力が弱く、その他の証拠を総合しても袴田氏が犯人であると認定できるものでは全くないことが明らかになった」とし、最終的に新証拠に明白性を認め、再審開始を決定した。

　以上のように、開始決定が、５点の衣類に関する新証拠とその立証命題に関連する旧証拠および新開示証拠との総合評価から新証拠の弾劾効を判断し、続けて５点の衣類に関する新旧証拠の総合評価によりそれを起点とする波及効を判断するという手順をふんだのは、犯人性の認定が５点の衣類が犯行着衣であり、袴田氏のものであるという間接事実に決定的といえるほどに強く

依拠しているという有罪認定の証拠構造の顕著な特色を反映したものであろう。この間接事実の存在に合理的疑いが生じたならば、証拠構造からして、それは犯人性の認定についての合理的疑いに直結するのである。また、それでもなお開始決定が最後に5点の衣類以外の新旧証拠の総合評価を行い、合理的疑いの残存を「念のため」に確認しているのは、合理的疑いの存否は「当の証拠と他の全証拠と総合的に評価して判断すべき」(白鳥決定)とする白鳥・財田川決定の判示に対応したものであろうし、確定判決の有罪認定において証拠の標目にはあげられなかったものの、重要な直接証拠たる自白が存在し、動機、殺害順序などの認定は自白に依拠していたことから、自白の信用性を検討し、それを否定しておく必要があると考えたためであろう。

(3) 死刑・拘置の執行停止

再審開始の決定に続き、開始決定は、「死刑が執行され取り返しのつかない事態が生じるのを防止するため」として、死刑の執行を停止し、あわせて拘置の執行も停止した。開始決定によれば、死刑執行までの拘置(刑法11条2項)は、「死刑の執行行為に必然的に付随する前置手続であることは間違いないから、その意味では、死刑執行の一環であり、拘置及び絞首が全体として、刑事訴訟法448条2項の『刑』に含まれると解釈することが可能であ」って、含まれないと解釈すると、懲役刑、通常公判手続の無罪言渡しの場合とのあいだに看過しがたい不均衡が生じる。これらのことから、開始決定は、裁判所の裁量により(刑訴法448条2項)、死刑のみならず、拘置の執行も停止できるとされた。

そのうえで、開始決定は、第1に、DNA鑑定の結果から、確定判決が最も重視した5点の衣類が犯人性を基礎づけるものでないことが明らかになったばかりか、そのねつ造の疑いまでもが生じ、さらに味噌漬け実験証拠、5点の衣類の発見経緯などにおいて、これを補強する証拠や事情が複数存在することからすれば、再審の審判において、無罪判決が出される相当程度の蓋然性があること、第2に、袴田氏が逮捕後48年間、死刑確定後33年間という極めて長期間、死刑の恐怖のもとで身体を拘束されてきたこと、第3に、5点の衣類をはじめとする有罪証拠が捜査機関によってねつ造された疑いがあり、自白調書のほとんども任意性を否定されるなど、「捜査機関の違法、不当な捜査が存在し、又は疑われる。国家機関が無実の個人を陥れ、45年以上にわたり身体を拘束し続けたことになり、刑事司法の理念からは到底耐え難いこととい

わなければならない」ことを指摘し、他方、袴田氏の年齢、精神状態などからすれば、実効的手段による逃走のおそれは相当低いことをあげた。かくして、開始決定は、これ以上の拘置の継続は、「耐え難いほど正義に反する状況にあると言わざるを得」ず、「一刻も早く袴田氏の身柄を解放すべきである」として、死刑の執行停止とともに、拘置の執行停止を決定した。

4. 静岡地裁開始決定の特色と意義

(1) DNA鑑定と「疑わしいときは被告人の利益に」原則

　近時、足利事件、東電女性社員殺害事件と、DNA鑑定が決定的な新証拠となり、再審開始が決定された例が続いた。本開始決定もそうであった。本開始決定におけるDNA鑑定は、前二者の例と異なり、DNA型の不一致という鑑定結果から別の真犯人の具体的存在が強く推認されるというものではなかった。しかし、開始決定において、DNA鑑定は、味噌漬け実験証拠と相俟って、関連する旧証拠の証明力を大きく減殺し、5点の衣類による犯人性の認定に合理的疑いを生じさせるまでの高度の弾劾効を有しているとされ、それを起点にした波及効の判断、新旧証拠の最終的総合評価を経て、有罪認定に合理的疑いを提起する新証拠として認められた。

　一般に、新証拠がどのような弾劾効を有し、それを起点としてどのような波及効が生じ、さらに最終的な合理的疑いにどのように結びつくかは、それらの判断が各局面での新旧証拠の総合評価によるものである以上、新証拠それ自体の証明力のみならず、確定判決における有罪認定の証拠構造の強靭さ、新証拠の立証命題が有罪認定の証拠構造のどの位置にあるかによって決まる[*15]。

　開始決定は、DNAの不一致を示すDNA鑑定の証明力を認め、さらに味噌漬け実験証拠と相俟って、犯人性の認定に合理的疑いを生じさせる高い弾劾効を肯定した。このとき、DNA鑑定の証拠評価において、開始決定は、「疑わしい

---

*15　村岡・注11論文「再審判例にみる明白性の判断方法」19頁は、過去の再審判例を分析した結果、「再審開始決定に結びついているのは、当該再審事件の有罪判決の『決め手』となっている旧証拠の弾劾に成功し、『逆転』のありうる『総合評価』をも突破して『合理的な疑い』を帰結した新証拠の質、換言すれば、新証拠の重要性ということになる」としている。ここにいう新証拠の「重要性」が、新証拠自体の証明力、有罪認定の証拠構造の強靭さ、新証拠の証拠構造上の位置によって決まるということであろう。

ときは被告人の利益に」原則を堅持していたといえよう。再審制度が無辜の救済を目的とする以上、白鳥・財田川決定が判示したように、新証拠の明白性判断においては、「疑わしいときは被告人の利益に」原則が妥当する。このことは、新旧全証拠の最終的総合評価の場面だけでなく、それに先行する新証拠の弾劾効、波及効を判断する場面においても、これらの判断が各局面での新旧証拠の総合判断によるものである以上、いえることである。これらの判断において、「疑わしいときは被告人の利益に」原則は、有罪認定を維持する事実の存在の可能性ではなく、有罪認定に合理的疑いを生じさせる事実の存在の可能性はないかという視点に立った証拠評価という形で具体化する[*16]。

このような視点からすれば、試料のDNAと袴田氏または被害者のDNAとの不一致が確実に示されるまでの必要はなく、不一致の可能性が科学的根拠により具体的に示されたならば、それにより合理的疑いの発生を認めうることになる。5点の衣類に付着した血液が汚染劣化試料であることを踏まえて、開始決定がH鑑定について外来DNAによる汚染の可能性がたとえあったとしても、高くはないとして、その信用性の肯定へとつなげた点、H鑑定について検察官の主張に応え、たとえ再現性がなくとも、鑑定結果の有効性を認めることが可能であるとした点、STR型鑑定においてH鑑定とY鑑定とのあいだに一致しないところがあっても、一概に判定不能とすべきではなく、また、Y鑑定が鑑定不能としたからといって、ただちにH鑑定の結果の信用性が失われるわけではないとした点、白半袖シャツ右肩試料についてのYのミトコンドリア型鑑定の結果については、外来DNAによる汚染の可能性があるにせ

[*16] このような視点に立った証拠評価は、味噌漬け実験証拠の評価をめぐっても、完全な「再現」でなくとも、合理的疑いが発生しないかを判断する目的のためには証明力を認めうるとしたこと、肉眼による色の違いは主観性をともなうにせよ、色合いの違いは誰が見ても明らかであって、「犯人性に直結する事情に関する重要な証拠である以上、このような違いを看過することは許されない」としたことなどにおいて具体化している。逆に、無辜の救済ではなく、確定判決を重視する立場からは、有罪認定を維持する事実の存在の可能性はないかという方向の証拠評価に傾き、その結果、「疑わしいときは被告人の利益に」原則から乖離することになるであろう。その最たる例の一つは、第一次請求において提出された新証拠たる被服学専門家の鑑定が血液浸透等の実験結果およびズボンとステテコとの血液付着状態からすれば、ズボンのうえにステテコをはくという通常の着用状態で血液が外側から浸透し、付着したものではないと指摘したことに対して、東京高裁の即時抗告棄却決定が、これを排斥するうえで、5点の衣類はまとめて麻袋に入れられていたのだから、着用時とは異なる衣類同士が接触して血液が付着した可能性もあると指摘し、また、「厳密にいえば」と断りつつも、「確定判決は、犯人が犯行時において5点の衣類全部を終始通常の方法で着用していたと断定しているわけではなく、例えば、犯行の途中でズボンを脱いだなどという可能性も否定できないのである」としたことであろう。

よ、血液に由来する可能性も一定程度は認められ、この型と袴田氏のDNA型との不一致は、血痕が袴田氏のものではないという事実と整合するとした点などにおいて、このような視点に立った証拠評価が現れているといえよう。

　開始決定は、5点の衣類に関するDNA鑑定、さらには味噌漬け実験証拠という新証拠の弾劾効を高く評価し、その必然的帰結としてねつ造の疑いを指摘した。ねつ造の疑いを前提とした再評価の結果、確定判決において犯人性の認定を強固に支えていたかにみえる各情況証拠の証明力が一気に消極的に見直されることとなった。たとえば、5点の衣類の発見経過について、確定控訴審判決は確定第一審判決を維持し、「不自然ではない」と評価していたのに対し、開始決定は、「まったくあり得ない訳ではないという意味なら理解できるが、通常の用語としては、やはり不自然と判断するのが相当である」と評価を改めたうえで、5点の衣類のねつ造を前提としたときは、「捜索や味噌の仕込みの際に発見されなかったのは、至極当然ということになって、全く証拠上の矛盾がない」と指摘した。また、袴田氏の実家においてズボンの端布が発見・押収されたことについては、5点の衣類が袴田さんのものであるという「確定判決の認定を支える極めて重要な事実」とされたが、これについても、「5点の衣類といわばセットの証拠といえるから、ねつ造の疑いをも視野に入れて検討せざるを得ない」とし、「その収集過程等に生じる疑いを払拭できないのであれば、端布についてのねつ造の疑いも強まったと判断すべき」だとした。そして、端布の存在も「5点の衣類が袴田氏の衣類ではないという疑いを払拭するほどに証明力の強い証拠ではなく、むしろ、この端布自体もねつ造された証拠である疑いが強まった」との評価に至った。このような旧証拠の消極的再評価が、新証拠の弾劾効が高く評価されたこと、新証拠が犯人性を認定する証拠構造の核心を突くものであったことと相俟って、5点の衣類に関する新旧証拠の総合評価によって、犯人性の認定についての合理的疑いを確かなものとして残存させるような波及効を生み、さらには最終的総合評価による合理的疑いの存在という結論を導いたのである。

(2)　証拠開示の意義

　布川事件、東電女性社員殺害事件、福井事件、東住吉事件などの再審開始決定において、請求手続のなかで検察官が新たに開示した証拠が重要な役割を果たした。本開始決定においては、新開示証拠が合理的疑いの出発点たる新証拠とされたわけではないものの、5点の衣類に関する新証拠たるDNA鑑定お

よび味噌漬け実験証拠の弾劾効・波及効を判断するにあたり、重要な役割を果たした[*17]。

　開始決定が味噌漬け実験証拠の弾劾効を判断するにあたり重要な役割を果たしたのが、第二次請求審において新たに開示されたカラー写真30点である。発見時の5点の衣類の色については、旧証拠たる鑑定書添付の写真に新開示証拠たる写真を加えて、それらから「白ステテコや白半袖シャツは、どちらかというと白に近い色調のようにみえる」と認定し、その認定を発見者の証言、発見直後の実況見分などの旧証拠によって補強した。この認定を踏まえ、味噌漬け実験の結果と対比しつつ、他の関連旧証拠もあわせ考慮し、これら衣類の「色は、1号タンク内の味噌の色と比較して相当程度薄かった可能性が高く、1年以上もの間1号タンク内に入れられていたものとしては不自然との印象が強い」との認定に至った。

　血痕の色についても、開始決定は、味噌漬け実験証拠からは「黒色又は黒褐色に変色していて、赤、又は赤みを帯びた色とは評価できない」と認められるとしたのに対して、新開示写真を含む「5点の衣類の写真を検討すると、ネズミ色スポーツシャツ以外の5点の衣類に付着した血痕は、いずれも赤みを帯びていると認められ」るとし、その認定を発見直後の実況見分調書によって補強した。これを踏まえ、開始決定は、検察官の主張を検討したうえで、血痕が1年以上経過したものとしては「赤みが強すぎ、不自然であると言わざるを得ず、むしろ……血痕付着から1か月程度しか経過していない可能性が十分認められる」とした。

　開始決定が5点の衣類に関する新旧証拠の総合評価によって新証拠を起点とする波及効を判断するにあたっても、新開示証拠たるズボンのサイズに関する供述が重要な役割を果たした。すなわち、確定控訴審は、寸法札の記載からズボンのサイズを「B体」だと認定し、袴田氏が事件当時はズボンをはくことができたとして、確定第一審判決を維持していたところ、開始決定は、新たに開示されたズボン製造会社役員の供述調書などから、「寸法札『B』という記載は、色を示すものであってサイズを示すものではなく、鉄紺色ズボンの

[*17] 第二次請求手続における証拠開示の経緯について、小川秀世「袴田事件——再審請求事件における証拠開示」季刊刑事弁護74号（2013年）参照。この報告によれば、2010年9月以降、検察官が5点の衣類に関する証拠の任意開示を開始し、その後、裁判所が、検察官に対して弁護人の開示請求した証拠が存在するかどうかについて釈明を求め、検察官が存在すると回答した証拠については、すべて開示勧告を行ったことにより、広範囲の証拠開示がなされたという。

サイズは、『Y体4号』であることは明らか」であって、それゆえ確定控訴審の認定は「明らかに誤り」だと断じた。そのうえで、開始決定は、サイズが「Y体4号」であることを前提にして、袴田氏の当時の体型について検討を加え、「ズボンのサイズは、それが袴田氏のものではなかったとの疑いに整合する」と認めた。

このように、開始決定が味噌漬け実験証拠の弾劾効を確認し、さらにそれを起点とする波及効を判断するにあたり、新開示証拠たるカラー写真、ズボンのサイズに関する供述調書などが、それぞれにおいて重要な役割を果たし、5点の衣類による犯人性の認定について合理的疑いを提起し、そのねつ造の疑いを発生させることに寄与した。

(3) 死刑の執行停止にともなう拘置の執行停止

静岡地裁が再審開始の決定にともない、死刑の執行停止のみならず、拘置の執行停止も決定したことは画期的であった。

これまで、再審開始決定にともなう死刑・拘置の執行停止をめぐっては、複雑な問題があった[*18]。実務における支配的見解は、再審の判決(刑訴法451条1項)が確定したときに原確定判決が失効するというものであり、そのことを前提としつつ、再審開始を決定した裁判所が、その裁量によって刑の執行を停止することができるようにするために同法448条2項が設けられたと理解されてきた。このような理解を共有する立場のなかでも、同規定による死刑確定者の拘置の執行停止については、深刻な見解の対立があった。

免田事件の再審請求手続においては、即時抗告審の福岡高裁が開始決定にさいして死刑の執行を停止したものの、刑法11条2項による拘置はなお継続していたため、再審公判の開始後、弁護人が死刑の執行停止には拘置の執行停止が含まれるとして、再審裁判所に対して、刑訴法448条2項の準用による拘置の執行停止を求めた。熊本地裁八代支部は、再審判決の確定により原確定判決が失効するとの立場を確認したうえで、刑法11条において死刑の執行とは絞首を意味し、同条2項による拘置は「刑の執行」に含まれず、また、拘置の執行停止についてはなんら規定がないから、原確定判決の効力がなお存続す

[*18] 河上和雄ほか編『大コンメンタール・刑事訴訟法(10)〔第2版〕』(青林書院、2013年)150頁以下[髙田昭正]参照。同書161頁以下は、ノヴァ型再審の場合、開始決定の確定により原確定判決は失効すると理解すべきとするが、正当な見解といえよう。この点について、水谷規男「再審開始決定に伴う刑の執行停止決定について」阪大法学62巻3＝4号(2012年)96〜98頁参照。

る以上、死刑の執行が停止された後も拘置は継続されるとの見解を示し、弁護人の請求を排斥した[*19]。拘置の執行停止はなしえないとしたのである。

　他方、同旨の請求に対して、松山事件の再審裁判所である仙台地裁は、死刑の執行停止が拘置の執行停止をともなうものではないにせよ、拘置は死刑（絞首）の前置手続として広義の死刑執行の一環をなすこと、再審無罪判決がある場合について明らかなように、再審判決の確定まで拘置の執行停止ができないとすると、あまりに不当な結果となって、刑訴法448条2項が刑の執行停止を認めた趣旨に反することを指摘し、同規定により死刑の執行停止のほか、拘置の執行停止も可能であるとの見解を示した[*20]。

　本開始決定は、この仙台地裁見解に依拠しつつ、死刑の執行停止と同時に、拘置の執行も停止した。開始決定が、再審無罪判決の相当程度の蓋然性があること、死刑確定者として長期間拘束されてきたこと、捜査の違法・不当が疑われることをあげたうえで、「耐え難いほど正義に反する状況」にあるとまで厳しく指摘して、死刑の執行とともに拘置の執行を停止したのは、もちろん、5点の衣類のねつ造、自白強要などの違法・不当な捜査が疑われ、それが真実だとすれば、「国家機関が無実の個人を陥れ、45年以上にわたり身体を拘束し続けたことにな」るという袴田事件に特有な事情を考慮したものであろうが、同時にまた、もともと刑訴法448条2項による刑の執行停止が、開始決定の確定があっても確定判決の効力は持続することを前提としつつ、開始決定後の執行の継続が「正義に反する場合がありうる」ことにかんがみ、確定者を「救済するという理念に立つもの」（仙台地裁見解）だと理解されてきたことによるものといえよう。このように性格づけられた同規定によって「刑」の執行停止を決定することから、本開始決定としては、執行の継続が「正義に反する」ことを明示する必要があったのである。

　そうであるならば、5点の衣類のねつ造、自白強要その他捜査の違法・不当の強い疑いなどによって、「耐え難いほど正義に反する状況（傍点引用者）」がなければ、再審開始を決定した裁判所は、拘置の執行停止をすることができないというわけではあるまい。本開始決定における「耐え難いほど（傍点引用

[*19]　熊本地八代支見解昭56（1981）・6・5刑月13巻6＝7号482頁。その後、検察官は、刑訴法442条但書により、再審開始が確定した後でも再審判決確定時までは裁量的な刑の執行停止の権限が与えられているとして、再審無罪判決の言渡し前に拘置の執行を停止した。
[*20]　仙台地見解昭59（1984）・3・6刑月16巻3＝4号341頁。仙台地決昭59（1984）・7・11判時1127号79頁は、再審無罪判決と同日、刑訴法448条2項の準用により、拘置の執行を停止した。

者)」の不正義の指摘は、あくまでも袴田事件に特有の事情によるものであって、死刑確定事件について再審開始が決定されたときは、明白性判断の現在の基準によれば、再審無罪判決が高度な蓋然性をもって見込まれ、また、時間の長短によらず、死刑確定者としての拘束は甚大な身体的・精神的苦痛をもたらしうることからすれば、釈放による逃亡の現実的可能性がとくに認められない限り、再審開始を決定した裁判所は、開始決定後の拘置の継続は「正義に反する」ものとして、その執行を停止することが可能であり、また、そうすべきであるといえよう。

　静岡地裁の決定に対して、検察官は拘置の執行を停止すべきでないとして、その取消を求め、抗告を申し立てた。開始決定や請求棄却決定に対して即時抗告がなしうることが明記されているのに対して（刑訴法450条）、刑の執行停止決定については、即時抗告が認められていないことなどから、刑の執行停止決定には刑訴法419条の一般抗告は認められないとする見解も有力である[21]。しかし、最高裁は、2012年、刑の執行停止決定は「終局裁判をするため、その前提としてなす個々の決定の一つではないから、『訴訟手続に関し判決前にした決定』又はこれに準ずる決定に当たら」ず、また、不服申立を許さないとする特別規定もないことから、刑訴法419条の一般抗告の対象となると判示した[22]。この最高裁決定を受けて、静岡地裁の拘置の執行停止決定に対する検察官の抗告についても、東京高裁はその適法性を前提として、執行停止決定の当否を検討した。そして、静岡地裁の開始決定は「その前提事実の認定や推論の過程に明らかに不合理な点は見当たらず、論理則、経験則等に照らして、ひとまず、首肯できるものであ」って、再審無罪判決の蓋然性が相当に高い反面、身柄拘束の必要性はとくに高くないと認めたうえで、拘置の執行停止を決定した判断は「裁量の範囲を逸脱したものということはできない」とし、さらに検察官の主張する点を考慮しても、「袴田氏の年齢、精神の状態等に鑑みれば、その身柄を確保する現実的な必要性が高いということはできず」、「原決定の裁量判断に誤りがあるとはいえない」として、抗告を棄却した。

---

[21]　水谷・注18論文98頁以下など。
[22]　最決平24(2012)・9・18刑集66巻9号963頁。これに対する批判的評釈として、水谷規男「判批」新・判例解説Watch13号(2013年)、川崎英明「判批」法律時報86巻3号(2014年)。

5. 刑事司法改革への示唆

(1) 被疑者取調べの録音・録画

「取調べ及び供述調書に過度に依存した捜査・公判の在り方の見直し」を主題とする法制審・新時代の刑事司法制度特別部会の審議が、2011年6月より行われた。特別部会は、2013年1月29日の第19回会議において、中間総括として「基本構想」を取り纏めた後[*23]、具体的制度化のための検討を続け、2014年4月30日の第26回会議においては、「事務当局試案」が提示され、さらに7月9日の第28回会議においては、最終案として、「新たな刑事司法制度の構築についての調査審議の結果」(以下、「調査審議の結果」)が承認された。特別部会において検討された論点は多岐にわたり、また、「調査審議の結果」においても、さまざまな改革が提案された。

法制審に対する法務大臣諮問にも示されていたように、今回の改革論議の焦点は、被疑者取調べの録音・録画の制度化にあった[*24]。特別部会および作業分科会の審議においては、取調べ全過程の録音・録画を義務化すべきとする立場と、広く捜査機関の裁量に委ねるべきとする立場の対立が続いた。「調査審議の結果」においては、義務化案が採用されたものの、裁判員裁判対象事件および検察独自捜査事件に義務化対象を限定したこと、「十分な供述」獲得の必要を理由とする広汎かつ限界の曖昧な例外事由を設定したこと、取調べ請求された不利益供述調書を作成した取調べに検察官の任意性立証の制限による義務担保措置を限定したことなどのなかに、裁量論の主張が色濃く反映していた。もしこのまま制度化されたならば、確実かつ迅速な任意性判断という点でも、取調べの適正確保の点でも、その実効性に限界があるようにみえる。

袴田氏は、逮捕から20日後、はじめて自白し、起訴までの3日間に29通の自白調書が作成された(起訴後、さらに16通作成された)[*25]。袴田事件の確定第一審は、検察官調書1通についてのみ任意性を認め、それ以外の自白調書に

[*23] 「特集・刑事手続の構造改革」法律時報85巻8号(2013年)、同特集のなかの葛野尋之「刑事手続の構造改革——その理念と課題」、同「裁判員制度と刑事司法改革」法社会学79号(2013年)(本書序章)参照。

[*24] 「小特集・被疑者取調べの適正化の現在」法律時報85巻9号(2013年)、同小特集のなかの葛野尋之「被疑者取調べ適正化の現在——その位置と課題」、同「取調べの録音・録画制度」法律時報86巻9号(2014年)参照。あわせて、川出敏裕「取調べの「可視化」」ジュリスト増刊『刑事訴訟法の争点〔第4版〕』(有斐閣、2013年)、田淵浩二「取調べの録音・録画制度」犯罪と刑罰23号(2013年)など参照。

ついてはすべて証拠能力を否定した。しかも、任意性を認めた1通についても、証拠の標目にはあげなかった。しかし、確定第一審・控訴審ともに、自白調書の信用性について詳細な検討を行っていた。本開始決定は、自白調書において犯行着衣がパジャマとされていたことに着目し、「重要な部分で客観的な事実との食い違いが明らかになった以上、他の部分についても、同様の危険が存在するはずであり、他の部分が単に外形的客観的な事実と合致していたことをもって信用性を安易に肯定することはやはり問題である」としたうえで、自白の補強事実を検討し、その信用性を否定した。

　5点の衣類による犯人性の認定について明確な疑問が提起され、そのねつ造の疑いまでもが指摘されていることを考慮に入れたとき、袴田氏が現に自白していたという事実は、死刑判決が予想されるきわめて重大な事件においてさえ、無実の人が虚偽の自白をするという可能性、虚偽自白を生み出す自白追及的な取調べの可能性をリアルに浮かび上がらせる。開始決定も、警察が「袴田氏を逮捕した後、連日、深夜にまで及ぶ長期間にわたる取調べを行って自白を獲得して」いたことを指摘し、「そこには、人権を顧みることなく、袴田氏を犯人として厳しく追及する姿勢が顕著である」としている。虚偽自白を生むような過度に威圧的・誘導的な取調べを防止し、取調べの適正さを確保するためには、全過程の録音・録画が必要であって、「十分な供述」獲得の必要を理

---

*25　浜田寿美男『自白が無実を証明する——袴田事件、その自白の心理学的供述分析』(北大路書房、2006年) 参照。袴田氏の取調べから自白に至る経過については、同書29〜69頁に詳しい。同書は、第一次請求手続において弁護人が提出した供述心理学鑑定をベースにしており、①嘘分析、②「無知の暴露」分析、③誘導可能性分析によって袴田氏の全供述調書の内容の変遷を分析した結果、自白は虚偽のものであるとしている。同鑑定について、第一次再審請求における請求審決定は、「鑑定人がるる述べる内容は、つまるところ、請求人の供述調書やその周辺の証拠に対する評価や意見にとどまる」と断じ、また、即時抗告審決定は、同鑑定は「請求人の自白供述を……自白以外の他の証拠との関係にも留意しつつ、詳細に分析したものではあるが、自白以外の証拠の分析・検討については、その専門性を主張し得るとは思われず、その作業は、結局のところ、全証拠を総合しての自白の信用性判断と実質において異ならない」ものであるから、同「鑑定は、本来、裁判官の自由な判断に委ねられるべき領域 (刑訴法318条参照) に正面から立ち入るものであって、……そもそもその『証拠』性にも疑問がある」としたうえで、あえて嘘を交えた真犯人の自白と、犯罪体験のない無実の者の供述とを明確に区別しうるとする点において、「現実にそぐわないものであって、首肯し難い」とし、ともにその弾劾効を否定している。供述心理分析の証拠能力・証拠価値については、その科学性の正しい評価に立って再考する必要がある。この点について、中川孝博「判批」法学セミナー603号 (2005年) 参照。秋山賢三「袴田事件——予断・偏見と無罪心証との相克」季刊刑事弁護10号 (1997年) 113頁は、第一審の静岡地裁判決が有罪を認め、死刑を言い渡す一方で、被告人の自白調書45通中44通の証拠能力を否定するにあたり、自白採取に至る連日10時間を超える取調べを厳しく批判していることを指摘している。

由にしてその例外を認めることは、録音・録画されていない取調べのなかで、従前と同様、自白追及的な取調べがなされる危険を残存させるといわざるをえない。

また、検察官調書1通にせよ、袴田氏の自白に任意性が肯定されたという事実は、取調べ状況を直接記録した客観的証拠がないなかでの任意性の判断が不確実なものとなる可能性を示唆しているといえよう。このとき、取調べの適正確保の前提が揺らぐことになる。取調べ状況に関する最良証拠は、その直接的・客観的な記録である。録音・録画による記録媒体が、まさにそれである。例外なく全過程を録音・録画することによって、この最良証拠を用いて、正確な任意性判断がなされるよう保障すべきである。

そして、取調べの適正確保と確実な自白の任意性判断という要請は、当然のことながら、裁判員裁判対象事件および検察独自捜査事件以外の事件についても及ぶ。そのための重要な手段である録音・録画の義務化を、これらの事件に限定することには、重大な疑問が残る。

(2) 通常手続における証拠開示

特別部会「調査審議の結果」のなかで、通常手続において証拠開示については、公判前・期日間整理手続において争点・証拠を整理する過程での開示制度という枠組みを前提として、検察官保管証拠の一覧表の交付および類型開示証拠の対象拡大が、当事者における整理手続の請求権とともに提案された[26]。

静岡地裁の開始決定においては、上述のように、新証拠の明白性を判断するにあたり、5点の衣類のカラー写真、ズボンのサイズに関する製造会社役員の供述調書など、再審請求審において新たに開示された証拠が重要な役割を果たした。このことは、もし通常審の手続において十分な証拠開示がなされていたならば、5点の衣類による犯人性の認定という検察官の主張に対して、被告人側はより効果的な防御が可能であったはずであり、結果として判決の結論は違うものになっていたのではないかという可能性を浮かび上がらせる。

たしかに、現行の公判前・期日間整理手続においても、5点の衣類がすでに証拠調べ請求されていたとすれば、5点の衣類に関するカラー写真は、「証拠

---

[26] 田淵浩二＝岡慎一＝白取祐司「連続鼎談・『新時代の刑事司法制度』を問う（2）──証拠開示」法律時報85巻12号（2013年）、齋藤司「証拠開示制度の見直し」犯罪と刑罰23号（2013年）、「特集・証拠開示の理論と実務」刑法雑誌53巻3号（2014年）など参照。

物」（刑訴法316条の15第1項1号）として、また、ズボンのサイズに関する供述調書は、検察官の証明事実に関する供述録取書（同項6号）として、類型証拠としての開示対象となろう。これらが類型証拠として開示されなかったとしても、主張関連証拠として開示対象となりうることに疑いはない（刑訴法316条の20）。

　しかし、そうであるにせよ、袴田事件の再審請求手続においては、これらの証拠が実際に開示されるまで、弁護人はその存在を確実には認識できていなかったという事実に注意しなければならない。検察官の手許に、あるいは容易に入手可能なものとして、どのような証拠が存在するのかを被告人側が確実に認識することができるようにしなければ、「証拠を識別するに足りる事項」を明らかにしたうえでの請求による開示という現行制度のもとでは、被告人側は、自己の防御にとって決定的に重要な証拠の開示を請求することができず、結局、不開示のままに終わるという可能性が残る。この点について、特別部会の審議においても指摘されていたように、現行制度には限界がある。現行制度の枠組みのなかでも、検察官が手持ちの、あるいは容易に入手可能なものとしてどのような証拠が存在するのかを、被告人側が確実に認識することのできるような手続を構築すべきである。現在提案されている「一覧表」の交付については、制度的具体化において、このことを踏まえなければならない。作成される「一覧表」は、検察官が保管する、あるいは容易に入所可能な証拠の存在を、被告人側が確実に認識するために必要十分な情報を含むものでなければならない。

(3) 再審請求手続における証拠開示

　他方、再審請求手続における証拠開示については、「基本構想」においては、通常審と再審請求審との手続構造の違いなどから慎重な検討が必要だとされながらも、なお検討課題として残されていた。しかし、これに関する提案は、「調査審議の結果」の要綱（骨子）のなかには盛り込まれなかった。「調査審議の結果」においては、公判前整理手続における証拠開示に準じる形での証拠開示について賛否両論が示されたうえで、「今後の課題」の一つとして言及がなされたにとどまる。

　近時、再審請求手続における証拠開示について、拡大の傾向が確認されている。その要因として、通常手続における証拠開示の制度化により、その重要性が再認識されたことが指摘されている[*27]。公判前整理手続における証拠開

示制度は、デュー・プロセスの観点から当事者間の格差を是正し、裁判の公正を図り、冤罪を防止することを目的としているとしたうえで、再審請求手続においても、もしその事件において公判審理の段階で公判前・期日間整理手続が行われ、証拠開示がなされていたとすれば、類型証拠、主張関連証拠として開示されていたであろう証拠については、新証拠の直接の立証命題と関連しないものであっても、開示がなされるべきとする見解が示されている[*28]。再審請求手続においても、裁判所は訴訟指揮権に基づき、検察官に対して開示を勧告することができ[*29]、その開示勧告も、通常審の整理手続における開示勧告と同じ対象・範囲においてなされるべきとするのである[*30]。

しかし、検察官はこのような立場に与しないようであり、裁判所のなかにも、裁判所の訴訟指揮権に基づく開示勧告に関する最高裁判例[*31]や通常審の整理手続における開示制度は、通常の第一審訴訟手続に関するものであって、再審請求手続にその射的は及ばないとする地裁決定がある[*32]。このようななかで、再審請求における新証拠の明白性判断の手順と関連させて、新証拠が旧証拠の証明力を減殺する可能性が示されれば、新証拠と関連性のある証拠の開示の必要性が認められ、さらに新証拠が旧証拠の証明力を減殺する可能性が強まれば、「新旧全証拠による総合評価」のために、新証拠と関連性のない未開示証拠の開示の必要性も、新証拠と関連性のない旧証拠の証明力を判断するために必要だとして認められる、との見解が示されている[*33]。

もっとも、再審請求はすでに確定した判決に対して再審を請求するものであり、また、請求にあたり請求人はその主張する再審理由を基礎づけるべき

[*27] 佐藤博史「(ワークショップ報告)再審における証拠開示」刑法雑誌53巻3号(2014年)456頁。なお、袴田事件第二次再審請求審における証拠開示については、小川・注17報告参照。
[*28] 門野博「証拠開示に関する最近の最高裁判例と今後の課題——デュープロセスの観点から」原田國男退官『新しい時代の刑事裁判』(判例タイムズ社、2010年)159頁以下。
[*29] 斎藤司「刑事再審における証拠開示の現状分析と理論的検討」季刊刑事弁護72号(2012年)126～128頁。請求人は開示請求権を有し、裁判所の開示勧告を受けた検察官は、それに従う義務を負うとする。
[*30] 指宿信『証拠開示と公正な裁判』(現代人文社、2012年)201～202頁。
[*31] 最決昭44(1969)・4・25刑集23巻4号24頁。
[*32] さいたま地決平21(2009)・11・2判例集未掲載。再審請求手続においては、実務において弁護人に証拠開示の申立権が認められているわけではないので、裁判所が「決定」により開示勧告の職権発動をしないことを示す必要はなかったといえよう。
[*33] 佐藤・注27報告128頁。これは、明白性判断に関する二段解説(佐藤・注12書339頁以下)に対応しているとされる。

証拠の提出が義務づけられており（刑訴規則283条）、裁判所はその証拠に基づき請求に理由があるかどうかを審理することになるという「再審請求手続の構造」を理由にして、「裁判所が、請求人による新な証拠の発見に資するべく、訴訟指揮権に基づいて、検察官に対し弁護人への証拠開示を命ずることは、現行法上、許容されていない」とする立場もあることから[*34]、証拠開示の必要性について、新証拠が旧証拠の証明力を減殺する可能性ではなく、現に弾劾効を有していると認められるに至って、はじめて必要性が肯定されるとする見解もありうるであろう。

　この点について、静岡地裁の開始決定は重要な教訓を提供する。上述のように、開始決定においては、新証拠たる味噌漬け実験証拠の弾劾効を判断するにあたり、新たに開示された発見時の5点の衣類のカラー写真が重要な役割を発揮した。この新開示証拠がなかったならば、新証拠の弾劾効についての評価は異なるものとなっていた可能性がある。もともと、新証拠の弾劾効の判断が、新証拠とその立証命題に関連する旧証拠との総合評価によるものである以上、再審請求審が旧証拠を再評価したうえで新証拠の弾劾効を正確に判断するためには、それに関連する証拠の開示が必要とされるというべきである。関連証拠が開示されなければ、請求審は新証拠の弾劾効自体の判断を誤るおそれがある。本開始決定は、新証拠の弾劾効を正確に判断するために関連証拠の開示が必要であることを例証したといえよう。

　以上からすると、新証拠の明白性判断と結びつけていうならば、「新」証拠が提出されたときは、それに関連する証拠は開示されるべきであり、そうでないとすれば少なくとも、新証拠の明白性についての請求人の主張において、新証拠が関連する旧証拠の証明力を減殺する弾劾効を有し、さらにはそれを起点とする波及効を経て、最終的に有罪認定に合理的疑いを生じさせうることが一応の説得力をもって示されている場合には、まず新証拠の弾劾効を判断するために、その立証命題に関連する証拠が開示され、さらに新証拠を起点とする波及効を判断し、新旧全証拠の最終的総合評価を行うために、請求人の主張に関連する証拠の開示がなされるべきであろう。このような場合、検察官が任意の開示に消極的なときは、裁判所は訴訟指揮権に基づいて開示を勧告すべきであり、また、検察官はその勧告に従うべきである。

[*34]　さいたま地決平21（2009）・11・2判例集未掲載。

6. 結語

　以上、本章は、静岡地裁の開始決定をめぐって、その構造と内容、意義、刑事司法改革に対する示唆を検討してきた。開始決定に対して検察官が即時抗告をしたため、現在なお、再審開始は確定していない。

　主体に限定のない刑訴法450条などの文言からして、開始決定に対する検察官の不服申立が当然に許されるものとされてきた。しかし、憲法39条の二重の危険禁止のもと、再審は利益再審であって、その目的は無辜の救済であること[*35]、再審請求手続における検察官の役割は、通常手続の場合と異なり、政策的要求として請求手続の職権化を回避し、請求人の関与を実質化させるためのものでしかなく、したがってその役割は限定されていること[*36]からすると、開始決定に対する検察官の不服申立の権限については、再考の余地があるというべきである。検察官は、本来、憲法31条の適正手続主義のもとで誤判救済の義務を負うというべきであるから、請求審裁判所の開始決定によって合理的疑いが承認された以上、無辜の救済に向けてこそ、必要かつ十分な権限の行使をしなければならない。そのことが、有罪の獲得やより重い処分の獲得が自己目的化することを戒めた「検察の理念」にも適う所以であろう。

　誤判可能性は、生命の特別な回復不可能性と相俟って、死刑廃止論の最大の論拠の一つであった[*37]。静岡地裁の開始決定は、死刑事件における誤判可能性が現実のものであることをあらためて示した。また、死刑・拘置の執行停止決定により即日釈放された袴田氏の姿は、死刑が奪う生命の回復不可能性が自由・財産の回復不可能性とは質の違う、特別な意味を有するものであることを、リアルに印象づけた。死刑廃止について具体的検討を進めるべきときである。死刑廃止までのあいだは、罪責認定の誤りを防ぐための十分な手続保障とともに、死刑判決の可能性のある通常手続において、死刑適用の誤りを極力排除するために、徹底した事実調査を含む特別高度な水準の弁護の保障、被告

[*35] 水谷・注18論文94頁。検察官の役割は無辜の救済による公益の保護であるとしたうえで、開始決定により有罪認定に合理的疑いが生じたとされた場合、検察官はこの合理的疑いについて再審公判で争うことができることから、検察官には開始決定に対する上訴の利益が常に認められるわけではないとする。
[*36] 河上・注18書173〜175頁［高田昭正］。
[*37] 団藤重光『死刑廃止論〔第6版〕』（有斐閣、2000年）3頁以下・159頁以下、三島聡「誤判・冤罪と死刑」法学セミナー669号（2010年）、本庄武「死刑存廃論議における誤判冤罪問題の位相」福井厚古稀『改革期の刑事法理論』（法律文化社、2013年）など参照。

人の主張する減軽事由の十分な検討*38、被告人の人格、生育環境、行為選択などに関する科学的調査、全員一致による判断、死刑判決に対する必要的上訴制度、無罪判決に対する検察官の上訴制限など、生命を回復不可能な形で奪うという死刑の特殊な性格に相応しい、特別手厚い手続保障、すなわちスーパー・デュー・プロセスが用意されなければならない*39。

【付記1】本章は、2014年4月14日、日弁連主催の「袴田事件・再審開始決定報告集会」(於・弁護士会館クレオ)において私が行った基調報告をベースにしている。

【付記2】静岡地裁の再審開始決定に対して検察官が即時抗告した。2015年10月16日朝日新聞によると、即時抗告審の東京高裁は、検察官の意見に沿った方法によりDNA型鑑定(H鑑定)の手法を検証するための再現実験を行うとの立場を表明したという。これに対して、弁護人は反対しているという。

---

*38　最高裁は、永山事件(最判昭58〔1983〕・7・8刑集37巻6号609頁)において、「犯行の罪質、動機、態様ことに殺害の手段方法の執拗性・残虐性、結果の重大性ことに殺害された被害者の数、遺族の被害感情、社会的影響、犯人の年齢、前科、犯行後の情状等各般の情状を併せ考察したとき、その罪責が誠に重大であって、罪刑の均衡の見地からも一般予防の見地からも極刑がやむをえないと認められる場合には、死刑の選択も許される」と判示し、死刑適用の基準を示したとされる。この永山基準は、死刑は生命を剥奪する「冷厳な極刑」であり、「誠にやむをえない場合における窮極の刑罰」であるから、その適用は「死刑を選択するにつきほとんど異論の余地がない程度に極めて情状が悪い場合」に限定されるべきとの立場から、罪刑均衡や一般予防の見地から極刑がやむをえない場合でも、被告人の更生可能性を考慮してなお死刑を回避しうるとする謙抑的姿勢を示し、被告人に不利な事情とともに、家庭環境、生育歴、精神的成熟度など主観的事情も含め、被告人に有利な事情も広く考慮しようとするものであった(本庄武「判批」速報判例解説1号〔2007年〕209～210頁)。最高裁の「永山基準」のもとでは、本来、被告人に有利な事情は広く検討されなければならないといえよう。

*39　岩田太『陪審と死刑——アメリカ陪審制度の現代的役割』(信山社、2009年)144頁以下、本庄武「裁判員時代における死刑事件のデュー・プロセス」季刊刑事弁護64号(2010年)参照。日本における死刑事件の量刑手続をめぐる問題について、デイビッド・T・ジョンソン=田鎖麻衣子『孤立する日本の死刑』(現代人文社、2012年)124頁以下〔ジョンソン〕・166頁以下〔田鎖〕、四宮啓「日本における死刑量刑手続について」『曽根威彦先生・田口守一先生古稀祝賀論文集(下)』(成文堂、2014年)参照。葛野尋之「死刑事件の裁判員裁判」法学セミナー678号(2011年)36～37頁は、最高裁の示した永山基準のもとで、死刑相当性をめぐる具体的争点を明確化し、それに関する主張・立証をうまくかみ合わせることによって、審理を充実させ、ひいては判断の誤りを回避するために、また、被告人が死刑回避のための防御を尽くすことができるようにするために、公判前整理手続において検察官は死刑求刑の予定を明示すべきだとする。

第8章 被疑者取調べ適正化の現在
その位置と課題

1. 被疑者取調べ適正化と法制審特別部会

　刑事手続改革の焦点とされてきたのが、被疑者取調べの適正化、なかんずく録音・録画である。志布志選挙違反事件、氷見事件などの冤罪事件をめぐって、虚偽自白とそれを生み出した取調べに批判が高まる一方、裁判員裁判において、自白の任意性を効果的・効率的に立証する必要があるとされたことから、2006年8月以降、検察庁は取調べの一部録音・録画の試行を始めていた。その後、足利再審無罪事件、厚労省元局長無罪事件などを契機に、警察取調べも含め、試行の範囲は拡大していった。2011年3月、検察の在り方検討会議『提言』は、知的障害のある被疑者などの事件を含め、試行拡大を勧告した。かくして、対象は裁判員裁判事件以外にも広がり、録音・録画方式もレビュー方式から、通常の取調べをそのまま録音・録画するライブ方式へと変わっていった[*1]。

　このようななか、「近年の刑事手続をめぐる諸事情に鑑み、時代に即した新たな刑事司法制度を構築するため、取調べ及び供述調書に過度に依存した捜査・公判の在り方の見直しや、被疑者の取調べ状況を録音・録画の方法により記録する制度の導入など、刑事の実体法及び手続法の整備の在り方について御意見を承りたい」とする2011年5月18日の法務大臣諮問を受けて、法制審内に新時代の刑事司法制度特別部会（以下、特別部会）が設置された。審議においては、全事件・全過程の録音・録画の制度化を求める立場と、取調べの「真相解明」機能を大きく損なうとしてそれに反対する立場とが対立した。録音・録画の対象事件、方法などが問題となり、録音・録画記録の証拠としての取扱いも議論された。

[*1] 正木祐史「被疑者取調べの『可視化』」法律時報84巻9号（2012年）10頁以下。

2. 法制審特別部会「基本構想」

　特別部会は、審議の中間総括として、2013年1月29日の第19回会議において、「時代に即した新たな刑事司法制度の基本構想」（以下、「基本構想」）を取り纏めた。その後、2つの作業分科会が、「基本構想」に沿って具体的検討を進めている[*2]。

　「基本構想」は、その総論部分において、「捜査機関は、被疑者及び事件関係者の取調べを通じて、事案を綿密に解明することを目指し、詳細な供述を収集してこれを供述調書に録取し、それが公判における有力な証拠として活用されてきた」という刑事手続の固定的運用を指摘し、それが「事案の真相究明と真犯人の適正な処罰を求める国民」の支持・信頼を集めてきたとする一方、「それに伴うひずみ」も明らかになったとした。「基本構想」によれば、その「ひずみ」とは、「取調べ及び供述調書への過度の依存」であって、それが「本来公判廷で事実が明らかにされるべき刑事司法の姿を変容させ、取調べを通じて作成された供述調書がそのまま公判廷でも主要な証拠として重視される状況を現出させ、刑事裁判の帰すうが事実上捜査段階で決着する事態となっているとも指摘される」とされた。しかも、「取調べ及び供述調書に余りにも多くを依存してきた結果」、取調官による無理な取調べが行われ、その結果得られた虚偽の自白調書が誤判の原因となり、また、「捜査段階において真相解明という目的が絶対視されるあまり」、手続の適正さが弛緩し、無理な取調べが許される「構造」となっているとの指摘もあるとされた。

　「基本構想」が指摘した「取調べによる徹底的な事案の解明と綿密な証拠収集及び立証を追求する姿勢」こそ、精密司法にほかならない。精密司法は、「真相解明」に深く傾斜し、それを安定的・効率的に実現しうるシステムとして確立したが、反面、手続の適正を後退させ、直接主義・口頭主義に立った公判中心主義を形骸化させた。「基本構想」は、この精密司法に内在する、その構造的問題として、「取調べ及び供述調書への過度の依存」、さらにはそれに起因する虚偽自白と誤判、手続の適正さの弛緩を指摘したのである。

[*2] 「特集・刑事手続の構造改革」法律時報85巻8号（2013年）所収の各論攷参照。

3. 取調べ適正化と取調べ強度依存からの脱却

「基本構想」は、刑事手続の「ひずみ」として、「取調べ及び供述調書への過度の依存」を指摘したが、それが公判中心主義の後退と捜査の裁判支配をもたらすとする一方、手続の適正さを弛緩させ、虚偽自白と誤判を招いてきたとして、強度依存の問題と不適正取調べの問題とを接合したことに注目すべきである。たしかに、精密司法のもと、これらは取調べをめぐる問題の表裏というべきである。精密司法が、取調べとその結果採取された供述調書に強く依存しつつ、「真相解明」に傾斜するとき、取調べは、取調官が自己の抱く嫌疑を前提として、自己の期待に沿うような供述を被疑者から引きだそうとする追及的・誘導的なものとなり易い。ここにおいて、自白強要の危険が生じる。このような取調べの結果、虚偽自白が採取されたならば、それは誤判に直結する。

取調べへの強度の依存がその適正さを弛緩させ、過度に追及的・誘導的な取調べを惹起するのであれば、強度依存からの脱却こそ、取調べの適正さを確保するための前提条件であって、この意味において、これらの課題は表裏の関係にある。両者の結びつきは、取調べの適正化を進めるならば被疑者からの供述獲得が困難になるから、取調べ以外の供述獲得手段や供述以外の証拠獲得手段を強化しなければならず、その結果として取調べ依存が軽減することになる、というようなものではない。

そして、「取調べ及び供述調書への過度の依存」が精密司法に内在する構造的問題である以上、これら表裏の課題は、精密司法の克服に向けた刑事手続の構造改革のなかでこそ、ともに解決されるはずのものである。「基本構想」は、取調べと供述調書への強度の依存から脱却するために、証拠収集手段を多様化するための方策や、公判廷での供述の真正性の確保など公判審理を充実させるための方策を提起したが、本来、これらは録音・録画制度、身体拘束の制限とそれにともなう供述圧力の除去など、取調べ適正化の具体的方策とまさに表裏一体のものとして、精密司法の克服という方向において、具体化されるべきものなのである。

4. 取調べ適正化の基軸

取調べへの強度依存から脱却し、その適正確保のための具体的方策を講じるためには、憲法の適正手続主義へと立ち返る必要がある。精密司法が「真相

解明」に強く傾斜し、それを安定的・効率的に達成しうるシステムとして確立したものだからである。

ところが、「基本構想」においては、録音・録画の制度化について、なお「真相解明」に束縛され、それをさして害しない限りにおいて制度化を認めるという立場が有力であった。弁護人の立会、取調べに先立つ弁護人との接見機会の保障は、「真相解明」をさらに大きく損なうとして、簡単に退けられた。「真相解明」によって適正手続を相対化し、その保障水準を引き下げるという思考枠組みをとり続ける限り、精密司法を克服することはできず、取調べの適正確保と強度依存からの脱却という表裏の課題を一体的に解決することもできない。取調べ適正化において不十分なまま、証拠収集手段の多様化や公判供述の真正性確保のための方策を具体化したのでは、「真相解明」のための追及的・誘導的取調べを温存しつつ、捜査・訴追権限を強化することにしかならない。それでは、むしろ精密司法の補強である。

取調べの適正化において、憲法の適正手続主義の基軸とされるべきは、黙秘権の保障である[*3]。黙秘権は、取調べとの関係において、供述強要からの保護という保護的権利としての性格のみならず、被疑者に効果的防御を可能にするための手続的権利として防御権的性格をも有している。このような黙秘権は、被疑者の自由な意思決定を内容とするものであるから、その権利がただ認められていればよいというのではなく、被疑者の自由な意思決定を確保するための手続保障を構築すること自体が、黙秘権の保障の内実から求められることになろう。黙秘権の保障基盤として、取調べという「場」をどのように形成するかという問題である。このとき、弁護人の援助による黙秘権の確保という視点が決定的に重要である[*4]。また、少年、知的障碍のある被疑者などについては、福祉的性格を有する支援の提供も必要とされる[*5]。黙秘権を基軸とすることにより、精密司法を克服し、憲法的権利の確固たる基盤のうえに取調べの適正化方策を具体化する現実的契機が得られるであろう。

[*3] 渕野貴生「黙秘権保障と自白法則」法律時報85巻4号（2013年）、同「取調べ可視化の権利性と可視化論の現段階」法律時報85巻9号（2013年）、同「黙秘する被疑者・被告人の黙秘権保障」季刊刑事弁護79号（2014年）参照。
[*4] 葛野尋之『未決拘禁法と人権』（現代人文社、2012年）193頁以下参照。
[*5] 京明『要支援被疑者の供述の自由』（関西学院大学出版会、2013年）参照。

第9章 被疑者取調べの録音・録画制度

1. 問題の所在と本章の目的

　取調べの録音・録画の制度化は、「新時代の刑事司法」改革の焦点である。そのことは、法制審・新時代の刑事司法特別部会（以下、特別部会）の設置を基礎づけた法務大臣諮問92号が、「新たな刑事司法制度」構築の課題として、「取調べ及び供述調書に過度に依存した捜査・公判の在り方の見直し」とともに、「被疑者の取調べ状況を録音・録画の方法により記録する制度の導入」を掲げていたことからも分かる。

　特別部会は、第30回会議（2014年7月9日）において、「新たな刑事司法制度の構築についての調査審議の結果」（以下、「調査審議の結果」）を承認した。「調査審議の結果」の要綱（骨子）は、「1・取調べの録音・録画制度の導入」として、①逮捕・勾留されている被疑者を、捜査機関が裁判員裁判対象事件または検察独自捜査事件について取り調べるときは（弁解録取を含む）、その全過程の被疑者の供述およびその状況を録音・録画により記録しなければならず（一5）、また、②検察官が、取調べ等にさいして作成された被告人の不利益供述を内容とする書面（刑訴法322条1項）の取調べを請求するときは、その書面が作成された取調べ等の開始から終了までの被疑者の供述およびその状況を録音・録画した記録媒体の取調べを請求しなければならないとし（一1）、③記録媒体の取調べ請求がなければ、裁判所は、その書面の取調べ請求を却下しなければならないとした（一3）。ただし、④機器の故障などにより困難なとき、録音・録画により「被疑者が十分な供述をすることができない」とき、事件が暴力団対策法に基づく指定暴力団の構成員によるものであるときは、録音・録画義務が免除されることとし（一5）、その場合、記録媒体の取調べ請求義務も生じないこととした（一3）。

　特別部会の審議は、全事件・全過程の録音・録画を義務づけるべきとする立場（義務化論）と、義務づけの範囲を限定したうえで、録音・録画を広く捜査機関の裁量に委ねるべきとする立場（裁量論）との対立を軸にして展開されてきた。要綱（骨子）が、対象事件を狭く限定しながらも、捜査機関に対して全過

程の録音・録画を義務づけ、立法による制度化の道筋を示したことの意義は大きい。反面、自白の任意性立証の制限による義務担保措置の対象限定、録音・録画義務の例外設定において、裁量論の主張を反映させている[*1]。

　本章は、要綱（骨子）をめぐって、①全過程の録音・録画を義務づけながらも、義務担保措置の対象限定により、裁判所による確実な自白の任意性判断が困難になり、その結果、取調べ適正化における有効性にも限界が生じるのではないか、②「十分な供述」獲得を理由とする広汎かつ曖昧な除外事由の設定によって、録音・録画の義務づけという原則が空洞化し、捜査機関の不確実な該当性判断を通じて、録音・録画されないなかでの不適正な取調べの危険が生じ、さらには義務履行の確保が困難化するのではないかについて検討する。

2. 録音・録画の目的と義務担保措置

(1) 取調べ適正化と自白の任意性立証

　被疑者取調べの録音・録画については、取調べの適正確保と確実かつ効率的な自白の任意性立証という2つの目的があり、前者からすると、全過程の録音・録画による監視が求められるのに対して、後者からすれば、自白調書が作成された取調べの状況こそが重要であるから、全過程の録音・録画が望ましいとはいえ、それが当然に必要とされるわけではないとされ、制度化をめぐる最近の議論は、両者が混在する形で展開してきたとされる[*2]。

　たしかに、特別部会においても、義務化論が、取調べの適正化手段としての面を強調しつつ、確実かつ効率的な任意性立証にとっても有効だとしていたのに対し、裁量論は、任意性立証の手段としての性格を強調し、任意性の証明責任が検察官にあることから、対象事件および範囲を捜査機関の裁量に広く委ねつつ、義務づけは任意性立証にとってとくに重要とされる供述調書が作成された取調べなどに限定すべきだとしてきた。

[*1] 要綱（骨子）が対象事件を狭く限定したことも、裁量論の主張の反映といえよう。義務化論は、全事件の録音・録画を求めていた。対象事件の限定は、取調べの適正化においても、確実かつ効率的な自白の任意性判断においても、全過程の録音・録画の義務づけが与える効果を狭く枠づけることになる。しかし、録音・録画制度が実施されるなかで、全過程の録音・録画がこれら両面において有効であるとの認識が共有されることになれば、対象事件の拡大が実務から内発的に求められることになろう。

[*2] 川出敏裕「取調べの『可視化』」ジュリスト増刊『刑事訴訟法の争点〔第4版〕』（有斐閣、2013年）30頁。また、田口守一「取調べの適正化」法学教室335号（2008年）も参照。

要綱（骨子）は、弁解録取を含む取調べ全過程の録音・録画を義務づけた。これは、義務化論の主張に沿うものであって、録音・録画の目的についての先の理解からすれば、適正化を強調する立場につながる。他方、検察官の任意性立証の制限による義務担保措置の対象を被告人の不利益供述書面を作成した取調べに限定したのは、担保措置は任意性立証に強く関連する取調べについての録音・録画義務違反に対応するもので足り、それ以上に対象を広げると、過剰な立証制限、ひいては自白の証拠能力の過剰な制限を招くとの理由からであった。これは、任意性立証の手段としての性格を強調するものであり、裁量論の主張を反映させている。義務担保措置の対象限定については、「調査審議の結果（案）」が検討された特別部会第26回会議（2014年4月30日）においても、幾人かの委員から、取調べ適正化の目的には整合しないのではないかとの指摘がなされていた。

　しかし、翻って考えるならば、録音・録画が取調べの適正さを担保するとされたのも、不適正な取調べが行われ、その結果採取された自白の任意性に疑いを生じさせるときに、取調べ状況の正確な認定を通じて、そのような自白の任意性が確実に否定され、もって不適正な取調べが抑制されるからのことである[3]。このとき、確実かつ効率的な任意性立証とは、たんに検察官が確実かつ効率的に証明責任を果たすことが可能になるだけではなく、検察官の立証を受けて、裁判所が確実に、かつ効率的に任意性を判断し、その有無を認定できるようになることをも意味しているというべきである。そうである以上、検察官の確実かつ効果的な任意性立証、したがって裁判所の確実かつ効率的な任意性判断が、取調べの適正化において録音・録画が有効に機能するための不可欠の前提であるといえる。両者は2つの異なる目的というよりも、同じ目的を異なる側面から表現したものというべきなのである。

(2) 確実かつ効率的な任意性判断

　両者の関係をこのように捉えたとき、義務担保措置の対象限定は、裁判所による確実かつ効率的な任意性判断を困難にし、その結果、取調べの適正化における有効性をも限定することになろう。

　捜査機関による被疑者取調べは、各回連続性をもって行われる。このことは警察、検察それぞれの取調べのあいだだけでなく、程度の差はあれ、警察

---

[3] 田淵浩二「取調べの可視化と捜査構造の転換」法律時報83巻2号（2011年）8頁。

取調べと検察取調べのあいだにもいえる。それゆえ、先行取調べの影響は、後の取調べにも及びうる。反復自白の任意性判断に関する判例の蓄積は、そのことを明らかにしており、先行取調べの心理的強制を遮断する措置がとくに要求されてきたのも、それゆえである[*4]。このとき、遮断措置の有効性は、どのような措置がとられたかだけではなく、遮断すべき心理的強制の強度がどの程度のものであったかによって左右される。それゆえ、有形力行使、約束、偽計、威圧的言動、誘導など、先行取調べについて心理的強制を生じさせる事実が主張された場合、裁判所が任意性を判断するためには、自白調書が作成された取調べの状況のみならず、先行取調べの状況をも認定しなければならない。

　裁判所が先行取調べの状況を認定しようとするとき、最良証拠は、その録音・録画媒体である。取調べ状況を直接かつ客観的に記録した証拠だからである。裁判所が自白の任意性判断を確実なものとして行うためには、この最良証拠によって先行取調べの状況を認定したうえで、自白調書作成時の取調べにおいてとられた遮断措置、先行取調べと自白調書作成との間隔、被疑者の身体的・精神的状態などの認定と合わせて、遮断措置の有効性を判断すべきことになる。

　もちろん、このような場合、要綱（骨子）によっても、捜査機関は先行取調べの状況の録音・録画を義務づけられており、それゆえ被告人側が検察官からその記録媒体の開示を受け、自己の主張を立証するための証拠として取調べ請求することは可能であろう。そのことから、検察官の任意性立証を制限するのは、自白調書の作成された取調べについて録音・録画義務の違反があった場合のみで足りるといわれた。

　しかし、もし捜査機関が義務に違反して先行取調べの録音・録画を行っていなかったとしたら、先行取調べの状況を記録した媒体が取り調べられる可能性はない。それにもかかわらず、この義務違反を理由としては検察官の任意性立証が制限されないのであれば、裁判所は先行取調べの状況についての直接的・客観的証拠なしでの任意性判断を余儀なくされることになる。このとき、判断の確実性は低下する。確実な任意性判断のためには、捜査機関が先行取調べの録音・録画義務を履行するよう確保しなければならず、そのためには、①検察官が不利益供述書面の取調べを請求するときは、書面を作成した取

[*4]　三井誠「反復自白の証拠能力」法学教室249号（2001年）参照。

調べのみならず、②心理的強制を生じさせる事実を指摘された先行取調べの状況を録音・録画した記録媒体の取調べをも請求しなければならならず、③記録媒体の取調べ請求がなければ、裁判所は書面の取調べ請求を却下しなければならないとすべきである。

(3) 義務担保措置としての均衡性

特別部会においては、それでは義務担保措置として過剰だとの意見が繰り返された。しかし、裁判所が任意性判断を確実に行うためには、遮断措置の有効性、そのために心理的強制を生じさせる事実を指摘された先行取調べの状況を正確に認定する必要があり、その最良証拠が録音・録画媒体であることからすれば、検察官の任意性立証の制限による義務担保措置は、録音・録画義務の重要性に均衡した相当なものであって、決して過剰とはいえない。

過剰な義務担保措置だとする意見は、録音・録画媒体がなくとも、他の証拠により先行取調べの状況を認定しうるとの前提に立っているといえよう。そのため、先行取調べについての録音・録画義務の重要性を低く評価しているのである。たしかに、裁判所はこれまで、捜査官の証言、捜査官作成の取調べ状況報告書や被疑者留置記録（犯罪捜査規範182条の2）、あるいは調書記載の供述などから、取調べ状況を認定してきた。もちろん、認定可能な場合もあろう。しかし、認定可能であればよいというわけではない。問題は、取調べ状況を直接かつ客観的に録音・録画した記録媒体を用いることなく、他の証拠のみによって取調べ状況を認定せざるをえないとき、その認定の確実性が低下することである。確実な任意性判断を保障するために、取調べ状況に関する最良証拠たるその記録媒体の取調べが確実になされるよう、先行取調べにも録音・録画義務の担保措置を及ぼすべきである。そのことが、黙秘権を担保するために不任意自白の排除を定めた憲法38条2項の趣旨に適うところであろう。

特別部会の第25回（2014年3月7日）・第26回会議において、現職裁判官の委員により、録音・録画の記録媒体が任意性判断の最良証拠であることが確認され、そのうえで自白の任意性が争われた場合、従来のような取調官の証人尋問を中心としたものではなく、取調べ状況の記録媒体を中心とした証拠調べがなされるようになり、その結果、検察官は自白の任意性について現在よりも実質的に重い証明責任を負担するという実務が現出するであろうこと、したがって取調べ状況の記録媒体の取調べがなされない場合、任意性が否定される可能性が高まるであろうことが指摘されていた。このような指摘から

しても、捜査機関に録音・録画義務の履行を確保させることの重要性は高い。心理的強制を生じさせる事実が主張された場合、任意性立証の制限による義務担保措置を先行取調べにも及ぼすことは、義務の重要性に見合ったものというべきであろう。

　さらに、録音・録画媒体による立証は、任意性の判断を効率化し、迅速化する。記録媒体が直接性・客観性の高い、したがって証拠価値の高い証拠だからである。裁判員裁判においては、効率的で迅速な任意性判断がとりわけ強く要請される。この点からも、先行取調べを録音・録画義務の担保措置の対象とすることが求められる。

3. 録音・録画義務の原則とその例外

(1) 録音・録画義務の除外事由

　取調べの録音・録画は憲法38条1項の黙秘権から直接要請されるとする見解も近時有力化しているが、特別部会においては、憲法の直接的要請ではなく、取調べの適正化および任意性立証・判断の確実化・効率化のための政策的制度であるとの前提のうえに議論が展開された。このことから、録音・録画の必要性とそれがもたらす弊害とを比較衡量し、それによって具体的制度を構想するとの枠組みが作られた[*5]。

　あげられた弊害のうち最も重要なものは、録音・録画によって被疑者から「十分な供述」が得られなくなるという点である。これを理由にして、録音・録画義務の例外が設定された。要綱（骨子）をみると、一5㈡・㈢において、「記録をしたならば被疑者が十分な供述をすることができないと認めるとき」が広汎に除外事由とされており、同㈣において、指定暴力団構成員の犯罪の場合が除外されたのも、録音・録画により「十分な供述」が得られない可能性があるからである。「十分な供述」獲得に支障が生じるならば、その可能性がある場合も含め、ただちに例外にするという構成である。しかし、政策的制度との前提に立ち、必要性と弊害の比較衡量という枠組みをとるとしても、以下のように、このような例外設定は過度に広汎であり、除外事由として不明確に過ぎる。

[*5] 川出・注2論文31〜33頁。

⑵　「十分な供述」獲得のための例外設定

　特別部会においては、取調べの供述獲得機能を強調する立場から、録音・録画を義務づけるにしても、その機能が害される場合にはその例外とすべきであり、このような例外設定が適切にできないのであれば、義務化をやめて、裁量による録音・録画とすべきであるとの意見が主張されていた。

　とはいえ、当初は、取調べの供述獲得機能に些かでも支障が生じれば例外とすべきだと考えられていたわけではなかった。第19回会議（2013年1月29日）において取り纏められた「基本構想」は、録音・録画によって捜査・取調べの機能に「大きな支障の生じることのないような制度設計」が必要だとしたうえで、義務化案について、これらの機能に「深刻な支障が生じる事態を避けるという観点から」、適切な例外設定が必要だとしていた。たんなる支障ではない、「大きな」ないし「深刻な」支障が例外を根拠づけるとしていたのである。

　しかし、第20回（2013年6月14日）・第21回会議（同年11月7日）において示された「分科会における検討⑴・⑵」は、制度構想のなかで、録音・録画により被疑者が「十分な供述をすることができないおそれがある」ときを除外事由として提示し、第23回会議（2014年2月14日）における「制度設計に関するたたき台」も、「おそれ」を削除したうえで、同様の除外事由を提示していた。その後、第26回・28回会議（同年6月28日）において示された「事務当局試案」および同改訂版は、第30回会議において承認された要綱（骨子）と同じ規定によって、「十分な供述」が獲得できないことを理由とする除外事由を定めていた。

　このように、当初、録音・録画義務の例外としては、取調べの機能に「深刻な」支障が生じる場合が想定されていたにもかかわらず、制度構想が進展するなかで、被疑者から「十分な供述」が獲得できない場合についての例外が設定されることとなった。供述獲得に「十分な」が付加されていることからすると、録音・録画によって取調べの供述獲得機能に些かでも支障が生じたならば、その「弊害」は録音・録画の必要性を凌駕するものとして評価すべきであり、それゆえただちに例外とすべきということなのであろう。たとえ供述獲得機能の制限を弊害として考慮するにしても、このような比較衡量に基づく例外設定は、取調べの供述獲得機能にあまりにも傾斜した、したがって録音・録画の必要性をあまりにも軽視したものといえよう。録音・録画の義務づけを原則としたことに整合しない。義務づけが原則であることからすれば、例外設定は、録音・録画により取調べの機能に「深刻な」支障が生じる場合に限定したうえで、そのような場合を具体化した除外事由によらなければならない。

(3) 除外事由の曖昧さと該当性判断の不確実性

　被疑者取調べにおいて、往々にして、捜査機関は自己の抱いた嫌疑を被疑者の供述によって確認し、裏づけるために、被疑者に対して、その描いたストーリーを、できるだけ詳細に語らせようとしてきたといわれる。被疑者にその知るところの事実をありのままに語らせ、それに傾聴しようとする中立的態度に欠けているのである*6。被疑者を逮捕・勾留している場合には、それらの理由となるだけの犯罪の嫌疑の存在が前提となるため、このような取調べ姿勢はいっそう強くなるであろう。このような取調べ姿勢が、少なくともしばらくのあいだは残存するとすれば、被疑者が任意に一定の供述をしていても、捜査機関がその期待する供述を完全に獲得できていない限り、なお「十分な供述」は得られていないと判断する可能性がある。この点において、要綱（骨子）の定める除外事由は曖昧である。

　要綱（骨子）の除外事由5㈡は、被疑者の拒否その他の言動により、「記録をしたならば被疑者が十分な供述をすることができないと認めるとき」としており、それは、被疑者の言動から判断して、「十分な供述」を得られないことが録音・録画に起因すること、すなわち録音・録画をしなければ「十分な供述」を得られるであろうことを意味すると説明されていた。被疑者が録音・録画がなされていれば供述しないが、録音・録画をしなければ供述すると言語により明確に意思表示した場合であれば、録音・録画と「十分な供述」をしないこととのあいだの因果関係が強く推認されることになろう。被疑者が取調室に入室したときからの録音・録画の開始が予定されているから、このような被疑者の言語的意思表示も直接かつ客観的に記録されることになる。

　問題は、被疑者の明確な言語的意思表示による拒絶がない場合でも、なお除外事由の該当性が認められる余地があることである。その場合、捜査機関は被疑者の萎縮、躊躇、逡巡、羞恥などを示す言動から、録音・録画のゆえに「十分な供述」をしないのであって、録音・録画をしなければ「十分な供述」をするであろうと推認し、除外事由の該当性を判断することになる。しかし、被疑者の明確な言語的意思表示がある場合と異なり、このような他の言動からの推認による判断は不確実なものとならざるをえない。たとえ推認の根拠と

---

*6　村木厚子『私は負けない』（中央公論新社、2013年）が、検察官のそのような取調べ姿勢を鮮明に描き出している。

なった被疑者の言動が録音・録画され、事後検証に付されうるにしても、捜査機関の判断の不確実性は明らかに高まる。捜査機関による判断であるだけに、その不確実性は、除外事由の該当性を肯定する方向に傾斜していくことになろう。犯罪の重大性、捜査の進捗状況、被疑者の自白の必要性・重要性などの事情から、捜査機関が被疑者からの「十分な供述」獲得を強く希求すればするほど、その傾斜は深まるであろう。同様の不確実性は、いくらか程度の差があるにせよ、除外事由5(三)についても生じよう。

(4) 除外事由の限定と手続保障

　捜査機関の不確実な該当性判断の結果、被疑者が録音・録画のない取調べにおいて任意に供述するという意思を有してはいない場合にも、除外事由の該当性が認められるおそれがある。これが認められたときは、録音・録画のない、したがって直接的・客観的記録のなされていない取調べのなかで、捜査機関の期待する「十分な供述」を引き出すための取調べが継続されることになる。このような取調べに、任意に供述する意思のない被疑者をさらすときにこそ、「十分な供述」獲得を求めるあまりの不適正な取調べの危険が生じる。不適正な取調べの危険を招く捜査機関の不確実な判断を排除するためには、「十分な供述」を獲得できないことを理由とする例外設定を認めるとしても、被疑者の明確な言語的意思表示があって、それにより録音・録画と被疑者が供述しないこととの因果関係を確実に推認できる場合に限定すべきである。捜査機関の不確実な判断を必然的に招く不明確な除外事由をおくことは、先のような形で不適正な取調べの危険を生むだけでなく、除外事由該当性をめぐる事後的争いをも誘発するであろう。

　また、被疑者の明確な言語的意思表示がある場合に限定するとしても、被疑者が取調べの実際、録音・録画の意義・効果などを十分理解しないまま拒絶の意思表示をしないようにするための手続保障が要求される。最も重要なのは弁護人の援助である。被疑者は弁護人と接見し、相談したうえでなければ、有効な意思表示をなしえないこととすべきであろう。被疑者が私選・国選の弁護人を有しない場合には、当番弁護士との接見が必要だとすべきである。さらに、後述するイギリスの例にならい、録音・録画しない場合には、取調べ状況を可能な限り正確に記録した書面が作成されるべきであろう。捜査官の発問および被疑者の供述は逐語的に記録されるべきである。弁護人としては、接見、被疑者ノートの記載などを通じて、取調べ状況の情報収集に努めるべ

きことになろう。

(5) 録音・録画義務の履行確保

　除外事由が曖昧であって、捜査機関によるその該当性判断に不確実性がともなうことは、取調べの全過程にわたり、録音・録画義務の履行確保を困難にする。除外事由は、取調べ請求される被疑者の不利益供述書面が作成された取調べにも及ぶとされているから、不確実な該当性判断の結果、その取調べ状況の録音・録画義務さえ正しく履行されない可能性がある。この場合、捜査機関は除外事由に当たらないことを認識しつつ録音・録画しなかったのではなく、それに該当するものと誤信したのであろうから、その誤信が一応の根拠に基づくものである限り、事後に裁判所が該当性を否定し、そのため検察官の任意性立証が制限されることになったとしても、その義務担保措置の効果は限定されたものとならざるをえない。ましてや、義務担保措置の対象とされないそれ以外の取調べについては、履行確保がいっそう困難となろう。

　イギリスにおいては、1984年警察刑事証拠法のもと、実務規範E（1988年施行）、同F（2001年施行）に基づき、略式起訴犯罪を除く犯罪について警察署において被疑者が取調べを受ける場合、その全過程の録音・録画が義務づけられている。その例外は、①機器の故障、設備のある取調室の利用不可能などの場合、②告発されないことが明らかな場合、③被疑者が取調室への入室・滞留を拒否し、かつ遅延が許されないため、居室内で取調べを行う場合、④被疑者が拒否した場合、とされている。ただし、録音・録画をしない場合には、正確な書面記録が、原則として逐語的に、取調べと同時に作成されなければならない。また、被疑者が被疑事件に直接関連しない事実について説明するさいの録音・録画を拒否したときは、録音・録画される取調べの終了後にその説明を行わせることができる[*7]。録音・録画義務に違反して取調べがなされた場合には、その結果採取された自白は、圧力による自白または信用性を失わせるような捜査官の言動による自白と認定されたならば排除され（1984年法76条）、また、不公正な自白として排除される可能性もある（同法78条）。義務違反が自白排除に直結するわけではない。

[*7] 指定暴力団構成員の犯罪の場合の例外（除外事由5四）との関係において、被疑事件と直接関連しない事実についての被疑者の説明を「取調べ」と区別して扱うことの可能性は、将来の検討課題である。

興味深いことは、実務規範ＥないしＦの違反を理由にして自白排除が問題となった判例が、皆無といってよいことである。録音開始がほんの僅か遅れたことを認定したものの、些細な違反に過ぎないから自白排除の理由とはならないとごく簡単に判示した控訴院判決が、１件あるだけである[*8]。これは、録音・録画義務の対象となる取調べについて、義務違反が実際にないからであり、さらにその理由は、義務の限界が明確に設定されているからである。録音・録画義務の履行を確保するためには、除外事由の明確化により、義務の限界を明確に設定することがいかに重要であるかが示唆されている。

4.　結語──さらなる取調べ改革の起点

　以上、本章は、要綱（骨子）をめぐり、①全過程の録音・録画を義務づけながらも、義務担保措置の対象限定によって、自白の確実な任意性判断が困難になり、その結果取調べ適正化における有効性も限定されること、②広汎かつ曖昧な除外事由を定めることによって、録音・録画義務の原則が空洞化し、捜査機関による該当性判断の不確実性を通じて、不適正な取調べの危険が生じ、義務履行の確保も困難化することを論じた。

　このような問題をはらみながらも、全過程の録音・録画を制度化し、実施することは、さらなる取調べ改革を促す力となりうる。さまざまな具体的課題があろうが、とくに取調べの具体的準則の策定について指摘しておきたい。これまで「密室」であった取調室において、実際にどのような取調べが行われ、被疑者がそれにどのように対応するのか、被疑者の供述がどのように調書に録取されていくのかなど、取調べ状況が直接かつ客観的に記録され、それが事後検証に付されることになると、そのことを通じて、具体的にどのような取調べが被疑者において心理的強制を生み、あるいは被疑者の黙秘権を侵害するのか、また、どのような取調べがそれらの危険をはらむのかについての解明が進むことになろう。イギリス警察刑事証拠法の実務規範Ｃが、立法前の冤罪事件についての徹底した原因調査を基礎にして、詳細な取調べ準則を規定したのと同じように、この解明が集積されたならば、取調べにおいて遵守

[*8]　R v Blackwell, [1995] 2 Cr. App. R 625. Peter Mirfield, Silence, Confessions and Improperrly Obtained Evidence 165 (1997)も、この１件しかないとする。他方、被疑者を警察署の取調室ではなく、留置区画、自宅、現場周辺などにおいて取り調べ、そのさいに実務規範Ｃにより要請される「正確な」逐語的記録書面の作成をめぐって、自白の許容性が争われた事件は少なくない。

すべき具体的準則を策定することが可能となろう。そのような取調べ準則は、被疑者の黙秘権侵害を未然に回避するための予防的ルールとして機能することになろうし、イギリス法における不公正自白の裁量的排除の場合と同じように、準則違反の取調べを理由とする自白排除の可能性も生むであろう。

【付記１】法制審・新時代の刑事司法特別部会の承認した「調査審議の結果」を踏まえ、政府は、刑訴法等の改正案を作成し、2015年３月13日、第189回通常国会に提出した。改正案において、被告人の署名・押印のある供述録取書など刑訴法322条１項書面の取調べ請求にさいして、被告人・弁護人が任意性を争った場合において検察官が取調べ請求を義務づけられた録音・録画の記録媒体は、「調査審議の結果」に付された要綱（骨子）のとおり、「当該書面が作成された取調べ又は弁解の機会の開始から終了に至るまでの間における被告人の供述及びその状況」を録音・録画した記録媒体とされ（刑訴法改正案301条の２第１項）、また、捜査機関の録音・録画義務の例外も、同じく、「一　記録に必要な機器の故障その他のやむを得ない事情により、記録をすることができないとき。／二　被疑者が記録を拒んだことその他の被疑者の言動により、記録をしたならば被疑者が十分な供述をすることができないと認めるとき。／三　当該事件が暴力団員による不当な行為の防止等に関する法律（平成３年法律第77号）第３条の規定により都道府県公安委員会の指定を受けた暴力団の構成員による犯罪に係るものであると認めるとき」とされた（同条４項）。改正案は、国会審議の過程で一部修正を施されたうえで、同年８月７日、衆議院において可決された後、同年９月25日、審議未了のまま、参議院法務委員会において継続審議に付された。録音・録画制度に関する規定案については、修正はなされなかった。

【付記２】録音・録画媒体を実質証拠として利用しうるとの意見が有力化するなかで、検察官が実質証拠として証拠請求をする例が現れている（安部祥太「被疑者取調べの録音・録画と記録媒体の証拠法的取扱い」青山ローフォーラム３巻１号〔2014年〕、青木孝之「取調を録音・録画した記録媒体の実質証拠利用」慶應法学31号〔2015年〕参照）。検察庁においては、最近、実質証拠としての証拠請求を積極化する方針がとられたという（日本経済新聞2015年２月21日によれば、最高検は、2015年２月12日、実質証拠としての積極活用を求める通達を発したという）。

最決2005（平17）・9・27刑集59巻7号753頁は、供述としての性格を有する犯行・被害再現の状況を撮影した「写真については、撮影、現像等の記録の過程が機械的操作によってなされることから、……再現者の署名押印は不要」であると判示している。これからすると、たしかに、供述を録音・録画した記録媒体についても、322条1項の許容要件を準用するにあたり、被疑者の署名・押印またはその代替措置は不要であるといえそうである（大阪高判2005〔平17〕・6・28判タ1192号186頁は、これらを不要とした。青木・前掲論文は、被告人の供述調書の証拠利用を認める現行法と被告人の署名・押印を供述録取の正確性の担保手段としてとらえる最高裁判例のもとでは、録音・録画媒体の実質証拠利用を否定することはできないとする）。

　しかし、刑訴法198条5項が被疑者に対して調書への署名・押印を拒絶する機会を与えていることは、供述証拠の提供を拒む機会を保障するものであるとの理解が、以前より存在した（神山啓史＝後藤昭「黙秘権の確立を目指す弁護活動」季刊刑事弁護2号〔1995年〕130頁など）。また、正木祐史「被疑者取調べの『可視化』」法律時報84巻9号（2012年）16頁、伊藤睦「取調べ可視化と証拠法」法律時報85巻9号（2013年）73頁は、被疑者による供述調書への署名・押印を黙秘権の保障と関連させて捉えたうえで、署名・押印には自己の供述を証拠とするかどうかを選択する機会を付与するという意義があるとして、自己の供述の証拠化への同意について署名・押印に代わる手続保障がない場合における記録媒体の実質証拠化には消極的立場をとる。たしかに、同規定は、被疑者が供述録取の正確性を確認したときでも、署名・押印をするかどうかの選択を認めているのであるから、記録媒体についても、証拠化の選択の自由が保障されていると理解する方が、同規定の趣旨に即しているように思われる。

　また、黙秘権が供述の強要からの保護という保護的権利の性格だけでなく、防御権的性格があることからすれば、効果的な防御という視点から被疑者がどのような質問に対して、いつ、どのように供述するか、しないかの選択の自由が保障されなければならない（葛野尋之『未決拘禁法と人権』〔現代人文社、2012年〕193頁以下）。歴史的にみたときも、公判における被告人の黙秘権は、自ら証人として供述するかどうかを被告人の自由な選択に委ねるという被告人の証人適格の承認と一体のものとして制度的確立に至った（堀江慎司「被告人の証人適格論」法律時報86巻10号〔2014年〕54頁は、「自ら自己の証人尋問を請求しない限り被告人が供述を求められることはないという制度を採

用すれば、被告人の「供述しない」という意思決定〔黙秘権行使〕は手続上明確な形で尊重されうることになろう」と指摘している。もっとも、日本の現行手続のなかで、被告人の証人適格を認めるべきかどうかは別問題である。被告人の証人適格を承認するためには、とくに、捜査段階において被疑者の黙秘権が実質的に確保されていることが不可欠の前提となる。ラングバインの歴史研究〔Langbein, The Privilege and Common Law Criminal Procedure: The Sixteenth to the Eighteenth Centuries, in R. H. Helmholz et al., The Privilege Against Self-Incrimination: Its Origins and Development (1997)〕は、被告人が公判前に供述を余儀なくされることが、公判における弁護人の援助の不在や証人審問権の欠如と相俟って、公判において被告人が供述することを避けられないという「被告人弁明型」裁判をもたらしたことを指摘したが、このことを想起すべきであろう。堀江・前掲論文57頁も、自白調書の使用条件の厳格化または捜査段階での黙秘権保障の強化が前提として必要になると指摘している。渕野貴生「取調べ依存からの脱却と公判中心主義の徹底——被告人の証人適格制度を素材にして」刑法雑誌55巻1号〔2015年〕は、現行手続の構造と運用のもとで被告人の証人適格を承認することに批判的である。黙秘権と証人適格との関係に関する歴史研究として、Smith, The Modern Privilege: Its Nineteenth-Century Origins', in R. H. Helmholz et al., op. cit.参照。スミスは、被告人の証人適格を認めたイギリスの1989年刑事証拠法が、被告人は自らの請求によることなく証人とされることはないと規定したのは、黙秘権の保障を含意していたとする〔p.179〕。三島聡「公判手続における被告人の地位——被告人の公判供述をめぐって」村井敏邦古稀『人権の刑事法学』〔日本評論社、2011年〕は、被告人の証人適格を認めない日本の現行法のもとで被告人の主体性をどのようにして確保すべきかを論じるなかで、これらの歴史研究に検討を加えたうえで、証人としての供述義務を課され、訴追側の反対尋問にさらされるという「証人適格肯定のマイナス面を補うために黙秘権保障の措置が必要になるということであって、証人適格肯定が黙秘権保障に積極的に役立つわけではない」と論じている〔548頁〕。たしかに、証人適格が認められない限り黙秘権の保障はないとはいえないにせよ、黙秘権の歴史的展開において、証人適格の承認にともない、被告人は証言台において供述するか、証言台に立つことなく沈黙を保つかの選択の機会を保障されたということができ、この点において、被告人の黙秘権が制度的に確立したとみることができよう。黙秘権と被告人の証人適格について、松尾浩也「被告人

には証人適格があるか」松尾浩也＝田宮裕『刑事訴訟法の基礎知識』〔有斐閣、1966年〕も参照）。

　これらのことからすれば、黙秘権は、その内実において、自己の供述を証拠化するかどうかの自由な選択の保障を含むというべきであろう。そうであるならば、本来は、供述の有無、その時期の選択とともに、被疑者が供述した場合でも、自己の供述を証拠化するかどうかの選択の機会も保障されることが、黙秘権の保障の趣旨に適うということになる。先の最高裁判例との関係においては、この点について、明確な立法が必要となろう。

　他方、丸山和大「取調べDVDの実質証拠化」季刊刑事弁護82号（2015年）54頁は、韓国の実務を参照しつつ（安部・前掲論文143頁以下参照）、記録媒体の実質証拠化を認めたならば、記録された供述の任意性・信用性をめぐる争いが審理の中心となり、「法廷がビデオ上映会と化し」、公判中心主義や直接主義の後退を招くとして、実質証拠化に反対している（青木・前掲論文78頁以下も、実質証拠としての許容性は否定できないとする一方、実質証拠化を無限定に認めると、「記録媒体が従来の供述調書にとって代わるだけのことであり、取調べ及び供述調書に過度に依存した刑事司法運営を改め、公判中心主義を実現することなどおぼつかない」との危惧を表明している。なお、「（座談会）足利・村木事件の教訓と刑事訴訟法学の課題」法律時報83巻9＝10号〔2012年〕参照）。これらの点は、証拠採否の決定にあたって（刑訴規則190条1項）、証拠調べの必要性を否定する事情として働くというべきであろう。

第10章 被疑者・被告人の否認・黙秘と罪証隠滅の可能性
否認・黙秘からの推認の合理性と許容性

1. 問題の所在

(1) 法制審特別部会における不一致

　逮捕・勾留という身体拘束処分は、被疑者・被告人の身体の自由を奪う重大な法益制約処分である。身体を拘束されることによって、被疑者・被告人は社会生活から隔離される不利益を被るだけでなく、防御活動においても事実上の制約を受ける。さらに、被疑者の場合、捜査実務においては、勾留後も警察留置施設に収容され続けることが常態化しており、また、受忍義務（刑訴法198条1項但書参照）によって取調べが強制される。ここにおいて、身体拘束と取調べの結合がもたらされ、捜査機関の期待する供述、すなわち自白への不可視の圧力が生じる。身体拘束の改革は、「新時代の刑事司法」改革の中心課題の1つのはずであった。

　法制審議会・新時代の刑事司法制度特別部会（以下、特別部会）は、2014年7月9日の第30回会議において、「新たな刑事司法制度の構築についての調査審議の結果」（以下、「調査審議の結果」）を法制審総会に報告することを決定した。これに付された「要綱（骨子）」は、結局、「身柄拘束に関する判断の在り方についての規定の新設」として、「裁量保釈の判断に当たっての考慮事情を明記する」とするにとどまった。しかも、「調査審議の結果」は、この「規定の新設」について、「現在の運用についての特定の事実認識を前提とするものではなく、あくまで現行法上確立している解釈の確認的な規定として掲げているものであり、現在の運用を変更する必要があるとする趣旨のものではないことに留意する必要がある」との説明を付している。

　特別部会においては、さまざまな改革案が提案され、それをめぐって賛否両論が繰り広げられた。2013年1月29日の第19回会議において取りまとめられた「時代に即した新たな刑事司法制度の基本構想」（以下、「基本構想」）は、問題を限定して、「勾留と在宅の間の中間的な処分を設ける」、「被疑者・被告

人の身柄拘束に関する適正な運用を担保するため、その指針となるべき規定を設ける」という2点について、「指摘される懸念をも踏まえ、その採否も含めた具体的な検討を行う」としていた。「要綱（骨子）」が「基本構想」からも大きく後退したのは、意見の対立の深さを反映しており、それにより、これら2点に限っても改革案の具体化が難航し、意見の一致に至らなかったことの結果である[*1]。

　このような意見の不一致の理由として、「調査審議の結果」は、「現在の運用についての認識が大きく相違し、共通の認識を得るには至らなかった」ことを指摘している。ここにいわれる認識の相違は多岐に及ぶものの、「取調べ及び供述調書への過度の依存」からの脱却という「新時代の刑事司法」改革の基本課題との関連において、そのなかでも本質的な点は、否認・黙秘と身体拘束処分との関係をめぐる認識の相違であろう。すなわち、特別部会においては、否認・黙秘していれば勾留され、あるいは保釈が不許可とされやすいがために、身体拘束が自白への圧力として作用しているとの認識が示される一方で、否認・黙秘のゆえに身体拘束がなされるなどという運用はないとの認識も示されたのである。

　このような認識の相違はさらに、身体拘束処分の根拠とされる罪証隠滅の可能性を判断するうえで、否認・黙秘をどのように考慮することができるか、また、考慮することが許されるかという理論的問題についての見解の相違に結びついている。特別部会においては、身体拘束が自白への圧力として作用することのないよう、被疑者・被告人の否認・黙秘から罪証隠滅の可能性を推認することを禁止し、その旨の規定をおくべきとする提案がなされた。しかし、これに対しては、否認・黙秘という供述態度から罪証隠滅の意図を推認することは合理的であり、また、禁止されるべきでもないとの反対意見が表明された。このような見解の相違が、現状認識の相違へとつながり、ついには現状変革を意味する「改革」の具体化を不可能にしたのである。

(2)　最高裁二決定と本章の課題

　折しも、2014年11月16日、17日には、最高裁（第一小法廷）が、被疑者・被

[*1] 被疑者・被告人の身体拘束をめぐる特別部会の審議経過や審議結果、その問題点について、葛野尋之「被疑者・被告人の身体拘束の在り方」法と民主主義477号（2013年）、豊崎七絵「被疑者・被告人の身体拘束の在り方」川崎英明=三島聡編著『刑事司法改革とは何か』（現代人文社、2014年）、緑大輔「被疑者・被告人の身体拘束」法律時報86巻10号（2014年）など参照。

第10章　被疑者・被告人の否認・黙秘と罪証隠滅の可能性　　169

告人の身体拘束処分に関する決定を相次いで示した[*2]。いずれの事件においても、被疑者・被告人は被疑事実・公訴事実を否認していたところ、その罪証隠滅の可能性を認めることによって、準抗告審の決定が被疑者の勾留請求却下の裁判を取り消し、あるいは抗告審の決定が被告人の保釈許可の決定を取り消していた。最高裁は、これら準抗告審、抗告審の決定を取り消したのである。最高裁二決定は、被疑者・被告人が否認している場合において、罪証隠滅の可能性がどのように判断されるべきかについて、重要な意義を有している。

　以下、本章は、被疑者・被告人の否認・黙秘と罪証隠滅の可能性の判断との関係について検討し、第1に、最高裁二決定の含意は、罪証隠滅の可能性は、具体的事情によって根拠づけられた、身体の自由を奪う処分を正当化するに足りる高度な、現実的可能性として示されなければならないというものであったこと、第2に、消極的否認・黙秘をしている被疑者・被告人の不利益な取扱いは、自白している場合に比べて相対的に不利な取り扱いを受けることになるという限りにおいてのみ認められ、それを超えて、否認・黙秘という供述態度から罪証隠滅の意図を推認することは合理的でなく、また、黙秘権侵害として許容されないこと、第3に、被疑者・被告人の積極的否認からの不利益推認について合理性・許容性が認められるのは、否認が「虚偽の弁解」であって、犯罪行為の責任追及から免れようとする意思の発現であることが慎重に確認され、そのように認められた場合に限られることなどを明らかにする。そのうえで、被疑者・被告人の防御権の保障を強化し、もって身体拘束要件を厳格に認定し、不必要・不相当な身体拘束を抑制するために、身体拘束の裁判手続を対審化し、弁護人の立会・援助、重要証拠の事前開示を認めるべきことを提起する。

　なお、否認には、検察官の主張を排斥するという意味の消極的否認と、積極的に虚偽の弁解をするという意味の積極的否認があるが、以下、消極的否認の場合を想定して論を進め、最後に虚偽の弁解の場合について検討する。

2. 罪証隠滅の可能性の判断構造

(1) 具体的事情に根拠づけられた高度な現実的可能性

　罪証隠滅の可能性は、勾留理由とされ（刑訴法60条1項2号）、勾留の必要

[*2] 最決平26（2014）・11・17裁時1616号17頁、最決平26（2014）・11・18裁時1616号18頁。

性の実質的根拠とされるとともに、権利保釈の除外事由（同法89条4号）ともされている。「否認事件は、自白事件に比較して勾留率が高く、保釈率が低いことは、実務の経験上顕著な事実であり、その多くの理由は罪証隠滅のおそれにある」[*3]との指摘は、以前よりなされてきた。この罪証隠滅の可能性については、対象、行為態様、客観的可能性・実効性、意図（主観的可能性）の4要素を具体的事案に即して検討したうえで、総合的に判断すべきものとされている[*4]。意図以外の要素が、罪証隠滅の可能性を基礎づける客観的要素であり、これら客観的要素による可能性を、広義の客観的可能性ということができる。

　罪証隠滅の可能性は、旧刑訴法の規定（90条1項・87条1項2号）の文言に倣って、「おそれ」と表現されることが通例であるが、その実体は、「具体的蓋然性」[*5]ないし「具体的な資料に裏付けられたかなり高度の可能性」[*6]を意味するものとされている。ある下級審判例によれば、「罪証隠滅の単なる抽象的な可能性では足りず、罪証を隠滅することが、何らかの具体的な事実によって蓋然的に推測される場合でなければならない」[*7]とされており、この意味において、具体的事情によって根拠づけられた高度な現実的可能性でなければならないとされるのである。このことは、罪証隠滅の可能性が、身体の自由の剥奪という重大な法益制約処分を正当化する事由であることからすれば、当然であるといえようが、正当な理解である。

[*3] 萩原静夫「否認（黙秘）と『罪証隠滅のおそれ』」司法研修所論集79号（1987年）331頁。
[*4] 増尾崇「罪証を隠滅すると疑うに足りる相当な理由」別冊判例タイムズ34号『令状に関する理論と実務（I）』（2014年）108頁、安藤範樹「勾留請求に対する判断の在り方について」刑事法ジャーナル40号（2014年）14頁など。ところで、罪証隠滅の対象が問題となる。罪証隠滅の可能性を身体拘束の根拠とすることは、被疑者・被告人の防御権の行使を抑制する可能性があり、この点において、被疑者・被告人を防御主体として位置づける当事者主義的手続構造と矛盾する契機を内包していることから、罪証隠滅の可能性をできるだけ厳格に判断すべきとして、その対象は、原則として犯罪の成否に関する事実に限定され、たんなる情状に関する事実を含まないと理解すべきとの立場がある。刑事裁判の基本的任務は有罪・無罪の決定にこそあり、また、情状に関する事実を含むとすると、限界が広がり、厳格な判断の要請に反するとするのである（村井敏邦「保釈と罪証隠滅のおそれ」村井敏邦＝後藤昭編著『現代令状実務25講』〔日本評論社、1993年〕135頁）。実務においては、起訴・不起訴の決定や量刑に影響を及ぼす重要な情状に関する事実も含まれるとされている（村瀬均「勾留――裁判の立場から」三井誠ほか編『新刑事手続（I）』〔悠々社、2002年〕247頁、増尾・注4論文108頁、安藤・注4論文14頁など）。しかし、ここにいう重要性の判断に曖昧さが残ることは否定できず、罪証隠滅の可能性の判断が拡散する危険があるといわなければならない。
[*5] 増尾・注4論文108頁。
[*6] 熊谷弘ほか編『捜査法大系（II）――勾留・保釈』（日本評論社、1972年）35頁［松本時夫］。
[*7] 大阪地決昭38（1963）・4・27下刑集5巻3＝4号444頁。

もっとも、罪証隠滅の可能性が、「過去又は現在の諸事情を資料に将来の見込みを判断する、予測的蓋然的判断である」ことに起因して、それに関する判断は、「勾留の各要件中、最も判断困難なもの」とされている。この困難性は、手続初期段階にある被疑者勾留の判断においてひときわ高くなる*8。

(2)　最高裁二決定とその含意

　罪証隠滅の可能性が、具体的事情により根拠づけられた高度な現実的可能性として認定されるべきことが標榜されながらも、その判断の困難性が指摘され、また、弁護士などからは、実際には、被疑者・被告人が否認・黙秘している場合、具体的事情により根拠づけられることなく、あるいは抽象的な「おそれ」として、罪証隠滅の可能性が認められることが多いとも指摘されてきた*9。近時、勾留請求却下率、保釈許可率がともに上昇傾向にあるところ、この傾向は、身体拘束の裁判実務の硬直化を見直し、罪証隠滅の可能性の判断を具体化・実質化したことによるものだと指摘されている*10。

　このようななかで、上記最高裁二決定は、否認事件における罪証隠滅の可能性がどのように判断されるべきかについて、重要な意義を有している。11月17日決定は、迷惑条例違反事件の被疑者の勾留請求却下をめぐるものであった。原々審の裁判官が勾留の必要性がないとして勾留請求を却下したところ、原審たる準抗告審は、「被疑者と被害少女の供述が真っ向から対立しており、被害少女の被害状況についての供述内容が極めて重要であること、被害少女に対する現実的な働きかけの可能性もあることからすると、被疑者が被害少女に働きかけるなどして、罪体について罪証を隠滅すると疑うに足りる相当な理由があると認められる」として、勾留の必要性を肯定した。これに対して、最高裁は、「被疑者が被害少女に接触する可能性が高いことを示すような具体的な事情がうかがわれない」ことからすると、勾留の必要性を否定した裁判官

---

*8　増尾・注4論文108頁。
*9　村岡啓一「国際人権法の利用の仕方」季刊刑事弁護24号（2004年）70頁は、「捜査機関の主観的危惧感に由来する『抽象的なおそれ』」と表現している。
*10　三好幹夫「保釈の運用」別冊判例タイムズ35号『令状に関する理論と実務(II)』(2014年)、安藤・注4論文14頁。前田裕司「被疑者・被告人の身体拘束をいかに回避するか」後藤昭＝高野隆＝岡慎一『実務体系・現代の刑事弁護(2)——刑事弁護の現代的課題』(第一法規、2013年) 3頁も、2000年代末期以降の実務の変化を指摘している。松本芳希「裁判員裁判と保釈の運用について」ジュリスト1312号（2006年）が、裁判員制度の導入を前にして、保釈率の低下に対して、罪証隠滅の可能性の判断を具体化・実質化すべきことを説いていた。

の判断が不合理とはいえないところ、準抗告審の決定においては、「被害少女に対する現実的な働きかけの可能性もあるというのみで、その可能性の程度について原々審と異なる判断をした理由が何ら示されていない」と指摘したうえで、勾留の必要性を否定した裁判を取り消して勾留を認めた準抗告審の決定を取り消した。

11月18日決定は、詐欺事件の被告人の保釈許可に関するものであった。最高裁決定によれば、原々決定は、個別事案の具体的事情から、被告人が事件関係者に対して「実効性のある罪証隠滅行為に及ぶ現実的可能性は高いとはいえ」ないこと、被告人の事件関与の程度は低く、すでに勾留が相当長期間に及んでおり、「現実的でない罪証隠滅のおそれを理由にこれ以上身柄拘束を継続することは不相当であること」などを考慮して、保釈を許可したところ、原決定たる抗告審は、「被告人は、共謀も欺罔行為も争っているのであるから、共犯者らと通謀し、あるいは関係者らに働き掛けるなどして、罪証隠滅に出る可能性は決して低いものではない」と認めたうえで、権利保釈の除外事由があり、また、「罪証隠滅のおそれが相当に強度であること」からすれば、多数の証人予定者が残存するなかで裁量保釈が認められるべきではなかったとして、原々決定を取り消した。これに対して、最高裁は、「抗告審は、原決定の当否を事後的に審査するものであ」るから、保釈許可の裁量を与えられている「受訴裁判所の判断を覆す場合には、その判断が不合理であることを具体的に示す必要がある」と判示したうえで、「原決定は、これまでの公判審理の経過及び罪証隠滅のおそれの程度を勘案してなされたとみられる原々審の判断が不合理であることを具体的に示して」おらず、本件の審理経過などからみると、原々審の判断が不合理なものとはいえないとして、保釈を許可した原々決定を取り消した抗告審の原決定を取り消したのである。

このように、最高裁は、罪証隠滅の現実的可能性を示す「具体的な事情」がないにもかかわらず、理由を示すことなくその可能性を認め、勾留請求の却下決定を取り消した準抗告審決定を取り消し（11月17日決定）、また、「実効性のある罪証隠滅行為に及ぶ現実的可能性は高いとはいえ」ないとして保釈を許可した決定を、その不合理性を「具体的に示す」ことなく、「罪証隠滅のおそれが相当に強度」であると認めて取り消した抗告審決定を取り消したのである（11月18日決定）。最高裁二決定は、いずれも、否認事件についてのものであった。罪証隠滅の可能性の判断についての二決定の含意は、被疑者・被告人が否認しているからといって、そのことを重視して、根拠となる具体的事情

を示すことなく、罪証隠滅の可能性を認めることはできないということであり、その前提として、罪証隠滅の可能性は身体拘束処分を正当化するに足りる高度な、「現実的」可能性であって、そのような可能性が具体的事情によって根拠づけられなければならないということであろう。罪証隠滅の可能性がこのようなものとして認められるべきことは、準抗告審・抗告審の裁判に限ったことではなく、勾留請求に関する裁判、保釈の許否を判断する裁判についても妥当するというべきであろう。

3. 否認・黙秘からの推認の合理性

(1) 推認の合理性と許容性

被疑者・被告人の否認・黙秘と罪証隠滅の可能性の判断との関係については、第1に、否認・黙秘という供述態度から、罪証隠滅の可能性をどのように推認することができるか、そのような推認は合理的かが問題となり、第2に、推認の合理性を前提としたときに、被疑者・被告人の黙秘権ないし防御権の保障という観点から、そのような推認が許されるかが問題となる。これまで、これら2つの問題が明確に区別されないまま議論が行われることがあり、そのことが議論の混乱を招いたきらいがある。

推認の合理性が認められないならば、本来、許容性を論じるまでもなく、否認・黙秘から罪証隠滅の可能性を推認することはできない。また、推認の合理性が認められたとしても、被疑者・被告人の黙秘権ないし防御権を侵害することになれば、推認は許されないことになる。

(2) 自白した場合との対比

否認・黙秘と罪証隠滅の可能性の判断との関係においては、まず、否認・黙秘がその客観的可能性を拡大させる事情となりうることが指摘されている。すなわち、被疑者・被告人が自白している場合、自白によって事案の解明や捜査の進行が促され、もって犯罪の成否や重要な情状事実についての罪証隠滅の客観的可能性をも減少させる方向で働く事情となりうるのに対して、被疑者・被告人が否認しているときは、それが消極的否認であっても、自白している場合に比べて事案の解明が遅れ、捜査範囲が拡大することによって、証拠収集が遅れる結果、罪証隠滅の客観的可能性を高める方向に働く事情となりうる。黙秘している場合も、自白している場合に比べて捜査対象が広がらざ

をえないから、罪証隠滅の客観的可能性は高まるというのである[*11]。とはいえ、客観的可能性が高まるとしても、そのことが、自白した場合に比べて捜査対象が拡大し、証拠収集が遅れることに起因するものであれば、否認・黙秘自体からの不利益推認の結果とはいえないであろう。

　罪証隠滅の意図についても、被疑者・被告人が自白している場合と対比して、反射的に不利な立場におかれることになると指摘されている。すなわち、自白していることは罪証隠滅の意図を否定することを示す一事情となりうる一方、被疑者・被告人が否認・黙秘しているならば、自白した場合と同様に取り扱われることがないという意味において、相対的に不利な取り扱いを受けることになるというのである[*12]。これも、否認・黙秘自体からの不利益推認というわけではない。

　このように、罪証隠滅の客観的・主観的可能性の判断において、被疑者・被告人が否認・黙秘をしている場合には、自白している場合に比べて相対的に不利な取り扱いを受けることは否定できないが、これは、否認・黙秘からの不利益推認によるものとはいえない。もっとも、この場合にも、罪証隠滅の高度な現実的可能性が、具体的事情によって根拠づけられなければならないことはもちろんでああって、否認・黙秘によって、この認定が緩められてよいわけではない。

(3)　否認・黙秘からの不利益推認

　罪証隠滅の客観的要素においてその可能性が認められることは、罪証隠滅の意図を推認させる事情となりうることはたしかである。しかし、客観的要素において可能性が認められるからといって、そのことのみから直ちに罪証隠滅の意図を認定することはできないはずであるから、意図の存在を根拠づける固有の事情が必要とされる[*13]。問題は、被疑者・被告人の否認・黙秘から、罪証隠滅の意図を推認することができるか、そのような推認は合理的かという点である。

　否認・黙秘という供述態度から、直ちに罪証隠滅の意図が認められるという関係にはないことが、一般に承認されている[*14]。「予想される罪証隠滅行為

[*11]　吉丸真「刑訴法第60条1項2号の『罪証隠滅のおそれ』」司法研修所報28号(1961年)61頁、村瀬・注4論文248頁、安藤・注4論文15頁。
[*12]　吉丸・注11論文61頁、村瀬・注4論文248頁、安藤・注4論文15頁。

の態様を考え、被告人がそのような行為に出る現実的具体的可能性があるか、そのような罪証隠滅行為に出たとして実効性があるのかどうか、具体的に検討すべきであって、否認又は黙秘の態度から直ちに罪証隠滅のおそれを肯定するようなことをしてはならない」*15とされるのである。ここにいわれる「現実的具体的可能性」とは、客観的可能性とともに主観的可能性、すなわち罪証隠滅の意図とを含むものである。

　もっとも、最高裁二決定が取り消した準抗告審・抗告審の決定においてのように、被疑者・被告人が否認している場合において、根拠となる具体的事情が十分示されることなく罪証隠滅の可能性が認定されるときは、その可能性は高度な現実的可能性としてではなく、抽象的な「おそれ」として認められるにすぎないであろうし、また、自白しないこと、すなわち否認・黙秘から直ちに、少なくとも安易に罪証隠滅の「おそれ」を認定したと受け止められることにもなるであろう。最高裁二決定は、罪証隠滅の可能性について、このような認定がなされることのないよう戒めたのである。

　他方、否認・黙秘という供述態度を、罪証隠滅の意図を推認させる一事情として考慮することについては、肯定する見解が有力である*16。「黙秘は、捜査に協力しないという態度であるから、他の客観的事情と相俟って、罪証隠滅の主観的意図を判断する資料となり得るとする考え方」にとくに不合理性はないとされるのである*17。このような見解からすれば、否認も同じく「捜査に協力しないという態度」として、罪証隠滅の意図を推認させる一事情となりうることになろう。

　問題は、「捜査に協力しない」という供述態度から、どのようにして罪証隠滅の意図を推認することができるのかである。黙秘からの犯罪事実の不利益

---

*13　川崎英明「否認と保釈」村井＝後藤・注4書126頁は、ドイツ法においては、客観的可能性から安易に意図を推認してはならず、意図を根拠づける固有の事実が認定されなければならないとされ、さらに、消極的否認・黙秘は正当な権利の行使であるから、このような固有の事実に当たることはないとされていると指摘している。ドイツ法について、光藤景皎『刑事訴訟行為論』（有斐閣、1974年）196頁以下参照。ドイツの実務における罪証隠滅の可能性の厳格な判断は、実務家からも、かなり前より注目されていた（中島卓司『勾留及び保釈に関する諸問題の研究』〔司法研究報告書8輯9号〕〔1957年〕167頁）。
*14　吉丸・注11論文61頁、萩原・注3論文334頁、村瀬・注4論文248頁。
*15　松本・注10論文146頁。
*16　村瀬・注4論文248頁、安藤・注4論文15頁。豊田健「黙秘権の行使と勾留の理由、必要性」判例タイムズ296号（1973年）154頁は、これが「実務上の一般的見解だと理解してよい」とする。
*17　萩原・注3論文336頁。

推認の問題と関連させつつ、検討してみたい。

　犯罪事実の認定について、黙秘からの不利益推認の合理性を肯定する立場からは、「不応答には後ろめたいことがあるからだろうというのは、素朴な合理的な経験論である」[18]とされる。このような立場において、黙秘が自己の犯罪行為についての「後ろめたさ」の発現であるとするならば、「後ろめたさ」を覚える行為については隠匿しがちであるとの「素朴な」経験則を媒介にして、黙秘から自己の犯罪行為の罪証を隠滅する意図があるとの推論を働かせることもできよう。また、身体拘束の裁判において罪証隠滅の可能性が判断されるときは、犯罪の相当な嫌疑の存在が前提とされるから、相当な嫌疑があるにもかかわらず否認するというのは、犯罪行為の責任追及から免れようとする意思の現れだと評価されることになり、そうだとすると、否認から罪証隠滅の意図を推認することも合理的だとされることになろう。

　しかし、現在、黙秘から犯罪事実の存在を推認することの合理性については、疑問が提起されている。もちろん、黙秘のみから認定することではなく、黙秘を一資料として、犯罪事実の存在を推認することの合理性についての疑問である。すなわち、自己の潔白を証するために真実を語ることに辛さや恥ずかしさを感じる、自ら弁明するよりも、別の方法で無罪が証明されることを希望する、十分に自己の潔白を説明することに自信がもてない、説明すれば説明するほど自らに疑惑を招くと判断し、あえて説明しないことを選択するなど、黙秘にはさまざまな動機・理由がありえるから、「被告人が自ら何も語らないのは、やましいからであるとか、ましてや検察官が主張するとおりの犯行を行ったからであると決めつけることは大変危険なこと」であって、事実認定を誤らせる危険があり[19]、「黙秘の態度を被告人に不利益に推認することは、自由心証主義の問題として考えたとしても、必ずしも合理的な心証形成とはいえない場合も少なくない」[20]とされるのである。

　黙秘からの犯罪事実の推認の合理性に疑問が呈され、黙秘が「後ろめたさ」

---

[18]　田宮裕「被疑者・被告人の黙秘権」日本刑法学会編『刑事訴訟法講座(I)』（有斐閣、1963年）82頁。その後、田宮『刑事訴訟法』（有斐閣、1992年）331頁は、黙秘からの不利益推認は黙秘権の侵害に当たるとした。
[19]　門野博「黙秘権の行使と事実認定〔第2版〕」木谷明編著『刑事事実認定の基本問題』（成文堂、2010年）235頁。
[20]　遠藤邦彦「黙秘権」松尾浩也＝岩瀬徹編『実例刑事訴訟法(III)──証拠・裁判・上訴』（青林書院、2012年）213頁。

の発現とは必ずしもいえないということになれば、先のような過程を辿って、黙秘から罪証隠滅の意図を推認することにも疑問が生じるであろう。「素朴な」経験則に依拠して、黙秘から罪証隠滅の意図を推認することはできないというべきである。また、犯罪の相当な嫌疑が認められる場合でも、否認が積極的な虚偽の弁解ではなく、検察官の主張の排斥という意味の消極的否認である限り、黙秘の動機・理由がさまざまありえるのと同様、被疑者・被告人が否認する動機・理由もさまざまありえようから、否認をもって責任追及から免れようとする意思の発現だと即断することはできないであろう。このように考えると、否認・黙秘からの推認の合理性には疑問が残るといわざるをえない[21]。

4. 否認・黙秘からの推認の許容性

(1) 黙秘からの不利益推認

　罪証隠滅の可能性の判断において、被疑者・被告人が否認している場合、自白している場合との対比において相対的に不利な取扱いを受けることとなる。この限りにおいては、不利な取扱いをしたとしても、否認・黙秘自体から罪証隠滅の意図を推認しているわけではないので、自白強要の結果を生じさせることにはならず、黙秘権の侵害には当たらない[22]。被告人が否認・黙秘している場合、量刑判断において、自白している場合に比べて相対的に不利な取扱いをされたとしても、それが黙秘権侵害に当たることはないとされる[23]のと同様である。

　では、否認・黙秘からの不利益推認は許容されるのか。犯罪事実の認定につ

---

[21] かりに、何らかの他の事情から、被疑者・被告人の黙秘が「後ろめたさ」の発現であり、否認が犯罪行為の責任追及から免れようとする意思の現れであると確認されたとすれば、たしかに、その場合には、否認・黙秘から罪証隠滅の意図を推認することについては合理性が認められるかもしれない。しかし、被疑者・被告人が黙秘することは、その動機・理由のいかんを問わず、自己の黙秘権の正当な行使である。また、否認も、少なくとも消極的否認である限り、正当な防御権の行使である。このような否認・黙秘について、その動機・理由を確認したうえで、そこから不利益な推認を働かせることは、正当な権利行使を不可能ないしひどく困難にすることになるから、黙秘権ないし防御権の侵害に当たるというべきであって、たとえ推認の合理性が認められたとしても、許容されない。
[22] 吉丸・注11論文61頁。
[23] 門野・注19論文244頁。遠藤・注20論文220頁は、さらに、否認・黙秘の場合、自白した場合に比べて量刑上不利に取り扱われたとしても、自白強要の効果が生じないことも指摘している。

いて、黙秘からの不利益推認は供述を強要することになるから、黙秘権の効果として禁止されるということに、現在、異論はない。罪証隠滅の意図についても、黙秘から直ちにそれを推認することは、黙秘権の侵害に当たるとする立場が一般的である。他方、黙秘を一事情として、他の事情とあわせて考慮したうえで、黙秘から罪証隠滅の意図を推認するのであれば、黙秘権の保障とは抵触しないとする理解が有力である[*24]。黙秘を一事情として罪証隠滅の意図を推認することは合理的であるとする先の見解は、このような理解と結びついている。いま、黙秘からの不利益推認が合理的であるとの前提に立ったとき、なぜ、一事情としてならば、このような推認が許されるというのか。

　この点について、被疑者・被告人の支配内に属するところの証拠物の存在、盗品等の処分、凶器の入手経路、共犯者・重要参考人などについての黙秘は、秘匿の意思がそこに認められる限り、「罪証隠滅の意思の具体的な表れ」として評価せざるをえず、これは、黙秘という消極的態様に付与された効果ではなく、「作為（→妨害）の意思の発現という、積極的態様に付された効果」であるから、黙秘権の侵害には当たらないとする見解がある[*25]。この見解は、このような推認であれば、不利益推認には当たらないとするのであろうか。

　しかし、黙秘をもって「作為（→妨害）の意思の発現」と評価すること自体、黙秘からの不利益推認だというべきであろう[*26]。犯罪事実の認定の場合、黙秘の不利益推認が許されないとする見解は、黙秘のみから犯罪事実を認定することを禁止するだけではなく——そもそも、黙秘のみから犯罪事実が「合理的な疑いを超える」程度に証明されたとすることは不可能であろう——、黙秘を一事情として、他の証拠とあわせ考慮し、そこから犯罪事実の存在を推認することを許していないはずである。このことからすれば、罪証隠滅の意図を認定する場合においても、たとえ他の事情とあわせての一事情としてであったとしても、黙秘からの推認を許すのであれば、それは不利益推認を許容することにほかならないというべきではなかろうか。

(2)　**不利益推認と供述強要**

　黙秘からの不利益推認を許すとなると、身体の自由を剥奪する重大な法益

[*24]　萩原・注3論文337頁参照。
[*25]　豊田・注16論文154頁。
[*26]　萩原・注3論文338頁。

制約処分により、供述が強要されることになり、それは有罪認定と刑罰による強要に匹敵することから、黙秘権の侵害に当たり、また、黙秘権は、被疑者・被告人を供述義務から解放し、黙秘、否認、自白の選択の自由を保障するものであって、否認もまた黙秘権の行使というべきであるから、否認からの不利益推認も許されないとする見解がある[*27]。過去の虚偽自白の事例をみても、勾留され、勾留が延長され、あるいは保釈が許可されないなど、身体拘束処分の不利益は、たしかに有罪認定と刑罰の不利益に匹敵する場合がある。犯罪事実の認定について黙秘からの不利益推認を許さない以上、罪証隠滅の意図についても、黙秘、さらには否認からの不利益推認を許さないとするのが、黙秘権の保障にとって一貫した立場だといえよう。

　一事情としての考慮も不利益推認であることを認めつつも、不利益推認による供述強要の効果を実質的に判断すべきとする見解がある。すなわち、否認・黙秘から直ちに罪証隠滅の可能性を推認し、勾留することになれば、勾留という制裁をもって供述強要の結果を招来することとなり、黙秘権を侵害することになるのに対して、罪証隠滅の客観的可能性が認められている場合において、その主観的意図の判断のための一資料として否認・黙秘という供述態度が加味されたとしても、これをもって直ちに供述強要の結果を招来したとはいえないときは、黙秘権の侵害にはならないというべきであって、「前者は『自白しなければ勾留する』という図式になるから黙秘権の侵害になるが、後者の場合は、『罪証隠滅のおそれ』が他の要素の存否によって左右され、黙秘していても『罪証隠滅のおそれ』が肯定されないことがあるから、供述の強要という性格が希薄になって、黙秘権侵害の問題から後退する」というのである。もっとも、後者の場合にも、黙秘権侵害の問題が一切生じないというわけではなく、「不利益推認が供述を強要する結果を招来するかどうかの観点から実質的検討」がなされなければならず、その検討によって、供述強要の結果を招くと判断される場合には、そのような不利益推認は黙秘権侵害に当たるとする[*28]。

　しかしながら、否認・黙秘が罪証隠滅の可能性の認定を左右する度合いはさまざまであるにせよ、否認・黙秘を考慮に入れなければ罪証隠滅の意図を認定できない場合である限り、やはり否認・黙秘のゆえの勾留ということになり、

[*27]　川崎・注13論文128頁。
[*28]　萩原・注3論文339頁。

「不利益推認が供述を強要する結果を招来する」と判断されるべきことになるといわなければならない[*29]。たしかに、否認・黙秘を一事情として考慮する場合には、それら以外の事情のもつ推認力が高いほど、被疑者・被告人を供述、すなわち自白へと追い込む圧力が低下することになろう。とはいえ、否認・黙秘からの不利益推認によってはじめて罪証隠滅の意図が認定できるのであれば、そのような不利益推認は供述強要の結果を招来するというべきであろう。犯罪事実の認定の場合には、黙秘以外の事実からどの程度認定できるか、逆に言うならば、黙秘からの推認が犯罪事実の認定にどの程度寄与したかを問うことなく、黙秘からの不利益推認が供述強要の結果を招来し、黙秘権を侵害することになるとされている。このこととの対比からしても、罪証隠滅の意図の認定の場合にも、不利益推認が供述強要を招くということを認めるべきであろう。

　ところで、否認からの不利益推認の場合には、黙秘権の侵害ではなく、少なくとも消極的否認である限り、自由な否認が不可能ないしひどく困難になるという点において、防御権の侵害として構成すべきとの考えもあろう。たしかに、「自己の意思に反して供述をする必要がない」権利（刑訴法198条2項）、「終始沈黙し、又は個々の質問に対し、供述を拒む」権利（同法311条1項）という規定の文言からすると、被疑者・被告人が自己の自由な意思により否認している場合であれば、それからの推論により不利益事実を認定したとしても、これらの権利の侵害があったとはいいにくいかもしれない。しかし、否認・黙秘からの不利益推認が、否認も、黙秘もできない状態に被疑者・被告人を追い込み、結局、自白を強要する結果を招くということに着目するならば、いずれの場合にも、黙秘権侵害として構成することもできよう。

5. 虚偽弁解からの推認の合理性と許容性

(1) 推認の合理性

　以上、否認については、検察官の主張の排斥という意味の消極的否認の場合を想定して、論を進めてきた。それでは、被疑者・被告人が積極的に虚偽の弁解をする場合はどうか。

　虚偽弁解から罪証隠滅の意図を推認することの合理性を認める立場が有力

[*29] 川崎・注13論文129頁。

である[*30]。すなわち、「虚偽の弁解をし、またはことさら供述を変転させるなどして積極的に否認していることは、罪証隠滅の意図の存在を強める方向に働く１つの事情というべき」だとされるのである[*31]。

　たしかに、被疑者・被告人の否認が消極的否認を超えて、積極的な虚偽の弁解となっている場合であれば、それは犯罪行為の責任追及から免れようとする意思の発現だと評価することも可能であり、それゆえ罪証隠滅の意図を推認する一事情とすることも合理的だといいうるであろう。

　とはいえ、注意すべき点がある。消極的否認についても指摘したところであるが、身体拘束の裁判において罪証隠滅の可能性が判断される場合、犯罪の相当な嫌疑の存在が前提となることから、被疑者・被告人の否認は「虚偽の弁解」であるとか、「不合理な」否認であると評価されやすい。しかし、有罪認定前の捜査・公判の過程においては、「相当な嫌疑」はあくまでもその時点での「嫌疑」にすぎず、確定した犯罪事実がすでに存在しているわけではない[*32]。それゆえ、被疑者の否認を積極的な「虚偽の弁解」だと評価することには、十分な慎重さが必要とされる。否認からの推認については、否認という「供述態度よりも、その供述内容の具体性、その供述と他の証拠の符合の程度、他の証拠に対する隠滅行為の余地の有無（客観的裏付けの有無）、虚偽弁解や供述の変転が内容的に隠滅行為に結びつくものであるかどうか等について、その供述内容を他の証拠と対照しつつ、具体的に検討することが重要」だと指摘されているところであるが[*33]、犯罪の相当な嫌疑があるというだけで、否認を「虚偽の弁解」だと断定することは厳に避けなければならない。

　被疑者・被告人の否認がたしかに虚偽の弁解であって、犯罪行為の責任追及から免れようとする意思の発現であるかを慎重に確認し、そのように認めることができたときに、はじめて、そのような否認から罪証隠滅の意図を推認することができるというべきである。この確認は、被疑者・被告人の否認の内容を踏まえて再検討してもなお、犯罪の嫌疑が身体拘束処分を正当化するに足りる高度の嫌疑として、具体的事情によって根拠づけられているかどうかの確認、この意味における嫌疑の相当性の再確認と結びつく。このように理解することが、「刑事上の罪に問われているすべての者は、法律に基づいて

[*30]　熊谷・注６書35頁［松本］、安藤・注４論文15頁など。
[*31]　村瀬・注４論文248頁。
[*32]　川崎・注13論文130頁。
[*33]　村瀬・注４論文248頁。

有罪とされるまでは、無罪と推定される権利を有する」(国際自由権規約14条2項)とする無罪推定法理の趣旨にも適うところであろう。

(2) 推認の許容性

　一般に、黙秘権は、積極的に虚偽の弁解をする権利までをも保障しているわけではないと理解されている[*34]。また、積極的に虚偽の弁解をすることは、正当な防御権の行使ともいえないという理解が一般的である。そうであるならば、虚偽弁解から罪証隠滅の意図を推認することは、黙秘権侵害、あるいは防御権侵害の問題を生じさせないということになる。

　これに対して、黙秘権は、積極的な虚偽供述の権利を認めるものではないことを承認しつつも、虚偽供述かどうかは判決によって事後的に確定されるものであって、身体拘束の裁判の段階では、被疑者・被告人の否認を虚偽の弁解と断定することはできないから、その段階では、いかなる積極的な弁解も消極的否認と同じように扱わざるをえず、否認を虚偽の弁解だと評価したうえで、それからの推論によって不利益事実を認定することは、黙秘権を侵害することになるとする見解が提起されている[*35]。被疑者・被告人の黙秘権の保障にきわめて手厚い見解だといえよう。

　しかし、訴訟手続に関する判断は、それぞれの時点で形成された心証に基づきなされるべきものであり、そうならざるをえないことからすれば、虚偽の弁解であるかが慎重に確認され、そのように認められた場合であっても、それからの不利益推認がなお許されないとすることには疑問が残る。慎重な確認の結果、被疑者・被告人の否認が虚偽の弁解であって、犯罪行為の責任追及から免れようとする意思の発現であることが認められたならば、他の事情とあわせて、それを一事情として考慮し、罪証隠滅の意図を推認したとしても、黙秘権侵害には当たらないというべきではなかろうか。

6. 終章——身体拘束裁判手続の対審化

　以上、本章は、否認・黙秘と罪証隠滅の可能性の判断との関係について論じた。

[*34] 門野・注19論文245頁、遠藤・注20論文214頁。
[*35] 川崎・注13論文130頁。

それによれば、第1に、罪証隠滅の可能性は、具体的事情によって根拠づけられた、身体の自由を奪う重大な法益制約処分を正当化するに足りる高度な、現実的可能性として示されなければならない。被疑者・被告人が否認・黙秘している場合でも、このように罪証隠滅の可能性を認定することなくして、身体拘束処分を認める裁判を行うことは許されない。2014年11月の最高裁二決定も、そのことを含意している。

第2に、罪証隠滅の可能性の判断において、被疑者・被告人が消極的否認・黙秘をしている場合に不利益な取扱いが認められるのは、自白している場合に比べて相対的に不利な取り扱いを受けることになるという限りにおいてであり、それを超えて、否認・黙秘という供述態度から罪証隠滅の意図を推認することには、合理性がないというべきである。

第3に、このような消極的否認・黙秘からの推認は、被疑者・被告人に供述、すなわち自白を強要する結果を招くことから、黙秘権侵害となり許されない。なお、消極的否認の場合には、正当な防御権行使の侵害として構成することもできよう。

第4に、被疑者・被告人の否認からの不利益推認が合理的とされるのは、否認が積極的な虚偽の弁解であって、犯罪行為の責任追及から免れようとする意思の発現であることが慎重に確認され、そのように認められた場合に限られ、この場合においては、不利益推認が黙秘権侵害に当たることはない。

第5に、かりに、消極的否認・黙秘は、他の事情と相俟って、罪証隠滅の意図を推認させる一事情となりうるという多くの裁判官が依拠する立場をとったとしても、この推認が合理的だとされるのは、罪証隠滅の客観的可能性が十分認められる場合に限られる。しかし、不利益推認が合理的とされるときでも、否認・黙秘を考慮に入れなければ罪証隠滅の意図が認定できないというのであれば、否認・黙秘からの推認は供述、すなわち自白を強要する結果を招来するものとして黙秘権侵害に当たり、許容されないというべきである。

かつて指摘したように、勾留質問、勾留延長の裁判、勾留理由開示、勾留取消請求に対する判断、保釈許否の決定など、身体拘束の裁判手続においては、身体の自由を奪うという重大な法益制約処分の適法性を実質的に争うことができるように、被疑者・被告人の防御権が保障されなければならない。そのためには、弁護人の立会・援助が保障される必要があり、弁護人の援助を実効化するために、事前の重要証拠の開示もなされなければならない。身体拘束処分を求める立場にある検察官も立ち会ったうえで、裁判官・裁判所は、被疑

者・被告人と弁護人、検察官双方の主張・立証、意見陳述を踏まえて、身体拘束処分に関する判断を行うべきである[*36]。

このような裁判手続の対審化のなかでこそ、被疑者・被告人の防御権が実質的に保障され、それにともない身体拘束要件の厳格な認定も確保され、不必要・不相当な身体拘束が抑制されることになろう。もともと罪証隠滅の可能性は、予測的蓋然性判断であり、不安定なものとなりがちであった。最高裁二決定は、否認事件において、罪証隠滅の可能性が厳格に認定されるべきことを求めるものであり、その可能性が具体的事情によって根拠づけられた高度な現実的可能性として認定されなければならないことを含意していた。本章が論じたように、被疑者・被告人の消極的否認・黙秘から罪証隠滅の意図を推認することは合理的とはいえず、また、黙秘権を侵害するものとして許されない。虚偽弁解からの不利益推認についても、合理性・許容性が認められるのは、否認がたしかに虚偽の弁解であって、犯罪行為の責任追及から免れようとする意思の発現であることが慎重に確認され、そのように認められた場合に限られる。手続の対審化、そのなかでの被疑者・被告人の防御権の強化は、罪証隠滅の可能性がこのように判断されることを保障することになる。手続改革も、身体拘束をめぐる重要課題の一つなのである。

[*36] 葛野尋之『未決拘禁法と人権』(現代人文社、2012年)31頁。国際自由権規約9条3項・4項のもと、重要証拠の事前開示、弁護人の立会を含む、身体拘束の裁判手続の「対審化」が要請されている(同書43頁以下)。勾留質問における弁護人の立会・援助の実効性を確保するためには、逮捕直後からの公的弁護の保障が整備されなければならない(この問題について、葛野・注36書209頁)。ところで、国際自由権規約9条3項の文言からしても、保釈を受ける権利は、逮捕後、被疑者が裁判官の面前に連れて行かれて、身体拘束が司法的コントロール下におかれたとき、すなわち勾留質問の時点から保障されていると理解すべきであるところ、勾留裁判を対審化することによって、裁判所・裁判官が被疑者・被告人を勾留するか、保釈するか、無条件に釈放するかを同時に判断することが可能になる。このとき、保釈が、勾留を前提としつつも、現実の身体拘束を経ることのない勾留「代替」措置として位置づけられうることになる(葛野・注36書54頁)。前田・注10論文20頁も、身体拘束の裁判手続の対審化を提案している。

第11章 被疑者取調べにおける接見内容の聴取と秘密交通権

福岡高判平23（2011）・7・1判時2127号9頁をめぐって

1. 事実の概要と判決要旨

(1) 事実の概要

　本件被疑者は、業務上過失傷害および道路交通法違反の被疑事件により逮捕・勾留された後、引き続き関連する殺人未遂の被疑事件について逮捕・勾留されたが、両事件について原告と別の弁護士の2人を弁護人に選任した。被疑者は、業過傷害等被疑事件による逮捕当日、殺意を否認する供述をしていたものの、翌日から殺意を認める供述を始め、殺人未遂被疑事件の逮捕後の弁解録取および勾留質問時にも殺意を認めた。被疑者は業務上過失傷害などによる逮捕後に殺意を認めたとの報道がなされていたため、原告の相弁護人である弁護士が、接見時にこの報道内容が真実であるのか確認すると、被疑者は殺意を否認した。この弁護士は報道機関の質問に対しその旨コメントしたところ、そのことが複数紙上で報道された。

　担当検察官は、この新聞記事を読み、被疑者の供述の信用性をより慎重に判断する必要があるとして取り調べたところ、被疑者はその後も殺意を認める供述を維持した。そこで検察官は被疑者に対し、新聞報道にあるように弁護人に殺意を否認したのか確認すると（質問①）、被疑者はこれを認めた。検察官がその理由を質問すると（質問②）、被疑者は罪が重くなると思ったため虚偽の説明をしたと答えた。さらに検察官は罪が重くなるとは弁護人から言われたのか、もともと知っていたのかと質問すると（質問③）、被疑者は弁護人からも聞いたが、もともと知っていた旨答えた。検察官が殺意の否認が虚偽である旨弁護人にも伝えたのかと確認すると（質問④）、被疑者は後に本当のことを話したと答えた。検察官はこれらの取調べ結果を供述調書として作成し、被疑者に確認させたうえ、末尾に署名・指印させた。殺人未遂事件の起訴後、検察官はこれら供述調書の取調べを請求した。

　原告である弁護士は、担当検察官による接見内容の聴取、その結果の調書化、

それら調書の取調べ請求によって秘密交通権が侵害されたと主張し、国に対して国賠法に基づく損害賠償を請求した。被告の国は、秘密交通権も捜査の必要との合理的調整に服すものであって、本件被疑者が自発的に供述し、また、相弁護人の弁護士が記者に対する発表により秘密性を放棄していたことから、内容聴取は適法であり、続く調書化、取調べ請求も適法であると主張した。原審・佐賀地裁[*1]は、「被疑者の供述の変遷の有無及びその動機の解明」という「接見内容の聴取の目的の正当性、聴取の必要性、聴取した接見内容の範囲及び聴取態様に照らして」、本件検察官による内容聴取（質問①〜④）に違法性は認められないとして、請求を棄却した。原告が控訴した。

(2) 判決要旨

福岡高裁は以下のような判断を示したうえで、原判決を変更し、原告の請求を一部認容した。

「刑訴法39条1項所定の秘密交通権は、憲法34条の保障に由来するものであり、同条にいう『立会人なくして』との文言は、接見に際して捜査機関が立ち会ってはならないということを意味するにとどまらず、弁護人等の固有権として、接見終了後においても、接見内容を知られない権利を保障したものである」。「他方で、憲法が刑罰権の発動ないし刑罰権発動のための捜査権の行使が国家の権能であることを当然の前提としていることに照らし、被疑者等と弁護人等との接見交通権は、刑罰権ないし捜査権に絶対的に優先するような性質のものとはいえない」。「しかしながら、捜査機関は、刑訴法39条1項の趣旨を尊重し、被疑者等が有効かつ適切な弁護人等の援助を受ける機会を確保するという同項の趣旨を損なうような接見内容の聴取を控えるべき注意義務を負っているといえ、捜査機関がこれに反して接見内容の聴取を行った場合、捜査機関の接見内容の聴取行為は国賠法上違法となると解すべきである」。「また、起訴後も、検察官は、公判において、証拠調べ請求や被告人質問等の職務行為をするに当たり、被疑者等が有効かつ適切な弁護人等の援助を受ける機会を確保するという同項の趣旨を損なわないようにすべき注意義務を負っており、これに違反して職務行為を行った場合に、当該職務行為は、国賠法上違法となると解すべきである」。

被疑者が供述を変遷させ、その合理的理由が認められない場合などにおい

[*1] 佐賀地判平22（2010）・12・17訟月57巻11号2425頁。

て、取調べにあたる捜査官が被疑者等に対し供述を変遷させた理由等について聞き出そうとするさいに、「被疑者等の供述が弁護人等との接見内容に及ぶことはままあることであって、その限度において、捜査権の行使が秘密交通権の保障と抵触する」ことがある。「そのような場合に、被疑者等が有効かつ適切な弁護人等の援助を受ける機会を確保するという刑訴法39条1項の趣旨を損なうことにならない限りにおいて、捜査機関が被疑者等から接見内容に係る供述を聴取したことが、直ちに国賠法上違法となる」わけではない。

もとより接見交通権の重要性からすれば、「捜査権の行使と秘密交通権の保障とを調整するに際しては、秘密交通権の保障を最大限尊重すべきであり、被疑者等と弁護人等との自由な意思疎通ないし情報伝達に萎縮的効果を及ぼすことのないよう留意することが肝要であって、刑訴法39条1項の趣旨を損なうことになるか否かについても、かかる観点から慎重に判断すべき」である。また、「取調べの際に被疑者等が自発的に接見内容を供述したとしても、……弁護人固有の秘密交通権を保護する必要性が低減したということはできない」から、そのような場合、「捜査機関は……漫然と接見内容の供述を聞き続けたり、さらに関連する接見内容について質問したりすることは、……原則として差し控えるべきであって」、接見内容を話す必要がないことを告知するなどして、秘密交通権に配慮すべき法的義務を負っている。「被疑者等の供述の信用性を判断するに当たって、当該被疑者の捜査機関以外の者に対する供述が判断材料になることは、一般に承認されており、当該供述が弁護人等との接見の際になされたものであっても例外ではないが、……捜査機関は、刑訴法39条1項の趣旨を損なうような接見内容の聴取を控えるべき法的義務を負っているから、原則として、……聴取することは禁止されている」。

本件において、別の弁護士が被疑者の供述の一部を報道機関に発表したからといって、供述過程を含む秘密交通権が放棄されたとは認められない。しかし、被疑者が「被疑者が死んだと思い放置した」と供述した事実それ自体については、この記者発表により秘密性が消失したから、供述した事実の有無を確認した点は（質問①）、「接見交通権に萎縮的効果をもたらすおそれはな」い。また、弁護人に対し捜査機関への供述と異なる供述をした理由を尋ねた点も（質問②）、「被疑者が接見内容に関わる回答をする可能性はあるものの、……意思疎通の内容を尋ねたわけではなく、その意味では接見内容と無関係に供述が変遷した理由を尋ねたにすぎない」。それゆえ、これらについては「直ちに刑訴法39条1項の趣旨を損なうとまではいえない」。

他方、質問③・④は、「未だ秘密性が消失していない本件被疑者と弁護人との間の情報交換の内容を尋ねるものであり、本件被疑者と弁護人との意思疎通の過程を聴取したものにほかならず、……自由な意思疎通ないし情報伝達に萎縮的効果を及ぼすおそれがある」から、国賠法上違法である。

接見内容の調書化により接見内容の秘密が新たに侵害されることはないから、これは聴取行為と一体のものとして違法となる。また、検察官が「弁護人にも嘘をついたこと」までも立証趣旨として供述調書の取調べ請求をしたことは、弁護人と被疑者との「信頼関係を破壊するおそれ」があり、公判審理の準備のために「秘密交通権を行使する機会をもつことについて、心理的な萎縮的効果を生じさせたもの」であるから、聴取行為とは別個に違法である。

なお、その後、本判決は、最高裁の上告棄却および上告受理申立不受理決定により確定した[*2]。

2. 本判決の意義と背景

刑訴法39条3項の接見指定制度について、1999年3月24日の最高裁大法廷判決は、指定要件および指定方法について限定解釈をしたうえで合憲と判断するにあたり、憲法34条の弁護権は、「被疑者に対し、弁護人を選任した上で、弁護人に相談し、その助言を受けるなど弁護人から援助を受ける機会を持つことを実質的に保障している」ものであって、刑訴法39条1項の保障する被疑者・被告人と弁護人との接見交通権は、憲法のこの「趣旨にのっとり、身体の拘束を受けている被疑者が弁護人等と相談し、その助言を受けるなど弁護人等から援助を受ける機会を確保する目的で設けられたものであり、その意味で、刑訴法の右規定は、憲法の保障に由来するものである」と判示した[*3]。また、1978年7月10日の最高裁判決は、「接見交通権は、身体を拘束された被疑者が弁護人の授助を受けることができるための刑事手続上最も重要な基本的権利に属するものであるとともに、弁護人からいえばその固有権の最も重要なものの一つであることはいうまでもない」としていた[*4]。このような意義を有するものであるからこそ、被疑者・被告人（以下、被疑者等）と弁護人と

[*2] 最決平25（2013）・12・19 LEX/DB25502950。
[*3] 最大判平11（1999）・3・24民集53巻3号514頁。
[*4] 最判昭53（1978）・7・10民集32巻5号820頁。

の接見交通権は、弁護権と捜査・取調べとが鋭く対抗する場面となる。先の大法廷判決後、2008年5月、警察、検察がそれぞれ、取調べ中でなければ直ちに、取調べ中であってもできるだけ早期に接見機会を与えるべきとする新通達を発したこともあり、従来主要なものであった接見指定をめぐる争いが後景に退いた感がある[*5]。

これに対して、近年、秘密交通権の侵害をめぐる争いが増加している。刑訴法39条1項は「立会人なくして」接見することができると規定しており、これは、秘密交通権の保障を定めたものとして理解されている。この秘密交通権を制約する処分の適法性が、いくつかの国賠請求訴訟において争われてきたのである。

これらの国賠請求訴訟において争われてきた秘密交通権の制約は、一方で、刑訴法39条2項に基づく拘禁目的の達成を理由とするものであった。2005年1月25日の大阪高裁判決は、弁護人が証拠のビデオテープを接見時に再生し、被告人に見せたいと申し出たところ、拘置所職員が、事前の内容検査をさせない限り接見を認めることはできないとしたが、ビデオテープの再生・検査をするならば、「被告人等と弁護人との間のコミュニケーションに極めて大きな萎縮的効果が生じることは明白」であるとして、これを違法とした[*6]。また、書類の授受をめぐり、2000年5月25日の大阪地裁判決は、拘置所職員が、旧監獄法のもと、弁護人と被疑者・被告人との間の信書の内容要旨を記録したうえ、さらに検察官の照会に応じ、その内容を回答したことを違法とした[*7]。

他方、捜査機関が取調べにおいて接見内容を聴取した事案については、捜査目的による秘密交通権の侵害が争われた。これまで地裁レベルでは、2008年3月24日の鹿児島地裁判決が、警察官および検察官による接見内容の聴取

[*5] 平成20（2008）年5月1日最高検察庁通達「取調べの適正を確保するための逮捕・勾留中の被疑者と弁護人等との間の接見に対する一層の配慮について（依命通達）」は、弁護人の接見申出があった時点で「現に取調べ中でない場合には、直ちに接見……の機会を与えるよう配慮」すべきとされ、「現に取調べの場合であっても、できる限り早期に接見の機会を与えるようにし、遅くとも、直近の食事又は休憩の際に接見の機会を与えるよう配慮」すべきこととした（同名の平成20〔2008〕年5月8日警察庁通達も、現に取調べ中の場合について同旨）。

[*6] 大阪高判平17（2005）・1・25訟月52巻10号3069頁。最決平19（2007）・4・13の上告不受理決定により確定。

[*7] 大阪地判平12（2000）・5・25判時1754号10頁。これに対して、最判平15（2003）・9・5判時1850号61頁は、被拘禁者の信書発受の制限を定めた旧監獄法および同施行規則の規定を合憲としたうえで、勾留中の被告人と弁護人とのあいだの信書の検閲を適法とした浦和地判平8（1996）・3・22判時1754号102頁を支持した。

とその調書化が秘密交通権の侵害にあたると認めたのに対し[*8]、2010年3月24日の京都地裁判決は、警察官の内容聴取は秘密交通権の侵害にあたらないとし[*9]、本件原審も、検察官による内容聴取に違法性はないとした。

このように判断が分かれるなか、本判決は、弁護人が記者発表した事実およびその理由についての聴取（質問①・②）については、前者は記者発表により秘密性が消失しており、後者は接見内容の聴取ではないとの理由から、適法だと認める一方、それ以外の接見内容の聴取（質問③・④）は秘密交通権の侵害にあたり違法だとした。本判決は、捜査機関による接見内容の聴取の違法性を認めた初めての高裁判決であり、秘密交通権の意義を高く評価していることとあわせ、重要な意義を有している。

3. 刑訴法39条1項と接見内容の事後的聴取

(1) 秘密交通権の意義

秘密交通権の意義について、本件原審は、「刑訴法39条1項が被疑者等が弁護人等と立会人なくして接見することができると規定しているのは、被疑者等が弁護人等から有効かつ適切な援助を受けるためには、被疑者等が弁護人等に必要かつ十分な情報を提供し、弁護人等から被疑者等に適切な助言をするなど、被疑者等と弁護人等の間の自由な意思疎通を確保することが必要不可欠であるところ、上記意思疎通の過程が捜査機関に知られることになれば、これを慮って、被疑者等と弁護人等の自由な情報伝達が差し控えられるという萎縮的効果が生じ、被疑者等が弁護人等から有効かつ適切な援助を受けられなくなるおそれがあることから、被疑者等と弁護人等との接見内容の秘密を確保しようとしたためである」と判示した。

このような理解は、上記2005年1月25日の大阪高裁判決、その原審である2004年3月9日の大阪地裁判決[*10]、接見内容の聴取を違法とした2008年3月9日の鹿児島地裁判決、それを適法とした2010年3月24日の京都地裁判決においても、同じく示されていたところであり、下級審レベルでは、判例上定着しつつあるといってよい。本判決自体は、秘密交通権の一般的意義に関す

[*8] 鹿児島地判平20 (2008)・3・24判時2008号3頁。
[*9] 京都地判平22 (2010)・3・24判時2078号77頁。
[*10] 大阪地判平16 (2004)・3・9判時1858号79頁。

る原審の判示をとくに引用はしていないものの、それに続く部分を引用しており、そのことからすると、原審のような理解を前提にして、その後の判断を行ったといえるであろう。

　自由なコミュニケーションに対する「萎縮的効果」の排除をもって秘密交通権の意義を理解しようとする見解は、内容探知された具体的コミュニケーションに含まれる助言・相談の限りにおいて有効な弁護の提供が阻害されることを問題にしているのではない。むしろ、コミュニケーションの秘密性を保護することにより、その自由を確保し、それによって有効な弁護の構造的基盤を形成しようとするものである。自由なコミュニケーションを通じての有効な弁護の制度的保障として、秘密交通権の意義が理解されているのである。

(2)　接見内容の事後的探知の禁止・制限

　本件原審は、先の判示に続けて、「刑訴法39条1項の『立会人なくして』とは、接見に際して捜査機関が立ち会ってはならないということを意味するにとどまらず、弁護人等の固有権として、接見終了後においても、接見内容を知られない権利、すなわち秘密交通権を保障したものであると解するのが相当である」としており、本判決も、この判示を引用している。秘密交通権が接見終了後における接見内容の秘密性の保護をも包含するという理解が、接見内容の事後的聴取を禁止ないし制限することの基礎になっている。

　これに対して、「立会人なくして」からは、文言上、接見内容の事後的聴取の禁止・制限を導くことはできず、また、供述者には供述を拒否し、供述内容を選択する自由がある以上、捜査機関に与える情報コントロールの可能性の点で、接見時の立会聴取と事後的聴取とのあいだには大きな違いがあるとして、刑訴法39条1項の秘密交通権を、事後的聴取を禁止・制限することの根拠とすることはできないとの見解がある[*11]。

　しかし、「萎縮的効果」に着目しつつ、秘密交通権によって接見内容の事後的聴取が禁止・制限されるという理解は、秘密交通権の侵害が争われた先の諸判決もこぞってとるところであって、これまでの下級審判例において、それを否定する趣旨の判示はなされていない。

　実質的に考えても、もし刑訴法39条1項によって接見時の立会聴取および

[*11]　加藤俊治「刑事判例研究・検察官が被疑者取調べにおいて弁護人とする接見の内容を聴取したこと等が違法と判断された事例」警察学論集64巻10号（2011年）187〜189頁。

それと同視しうる行為のみが禁止・制限され、事後的聴取は禁止・制限されていないとするならば、前記諸判決が指摘するように、自由なコミュニケーションに対する「萎縮的効果」が生じ、有効な弁護の提供が阻害されることとなる。これは、憲法34条の趣旨に反する。たしかに、供述の自由の保障のもと、情報コントロールの可能性においては違いがあるであろう。しかし、この相違から、事後的聴取の禁止・制限がなくてもよいとする結論を導くことは、取調べにおいて供述者、すなわち被疑者等の任意供述により、弁護人の固有権でもある秘密交通権の要保護性が消失ないし低減するという理解を前提としているのであって、後述するように、このような理解には疑問がある。

4. 被疑者・被告人の任意供述と秘密交通権

(1) 被疑者等の任意供述と秘密交通権の要保護性

取調べにおいて被疑者等が任意に、あるいは自発的に弁護人との接見の内容を供述したとき、その秘密性を保護する必要は消失ないし低減するのか。

過去の判例をみると、2008年3月24日鹿児島地裁判決は、たとえ被疑者が自発的・任意に供述した場合でも、秘密交通権の放棄は弁護人の固有権については問題にならないから、「直ちに接見内容を捜査機関が聴取できるとはいえない」としていた。他方、2010年3月24日京都地裁判決は、接見交通権が弁護人の「固有権の最も重要なものの一つであ」って、接見内容の事後的聴取は「萎縮的効果」によって「実質的に接見交通権を侵害するものとして、原則的に許されない」としながらも、「接見交通権は……究極的には被疑者の権利を守るためのものであるから、被疑者が被疑者自身の接見交通の秘密を侵されない権利を放棄して、接見内容を捜査機関に告げることは必ずしも否定されるべきではなく、それにより捜査機関が接見内容を知ることが直ちに違法となるものではない」と判示していた。

本件原審は、「秘密交通権が究極的には被疑者等の防御の利益を保障するものであることからすると、秘密接見におけるコミュニケーションの一方当事者である被疑者等が、真に自由な意思で接見内容を供述した場合には、もはや秘密性保護の必要性は低減したといえ、その態様によっては接見内容を聴取することが許容される」こともあると判示し、それゆえ、このような場合に、「直ちに被疑者等の供述を遮ったり、弁護人等との接見内容については話す必要がないと告知することまで」は要請されないとした。

接見交通権は被疑者等の権利であるだけでなく、弁護人の固有権でもあることが、接見指定の適法性が争われた国賠請求訴訟に関する一連の最高裁判例において認められてきた。それゆえ、接見交通権の侵害は、被疑者等の権利の侵害だけでなく、弁護人固有の権利の侵害ともなりうる。しかし、「接見交通権は、……究極的には被疑者・被告人の防御の利益のために認められた権利であるから、被疑者・被告人が接見内容の秘匿の法的意味を十分理解した上で、捜査機関に対し、真摯かつ積極的に接見内容を供述した場合には、弁護人の同意がなくとも、秘密性保護の要請は低減すると考えられ、聴取の必要性や態様等によっては」、接見内容の聴取も許されることがあるとする見解が示されており[*12]、本件原審は、このような見解を採用したものであろう。
　これに対して、本判決は、一般に法的知識に乏しく、刑事手続についての正確な理解に劣る被疑者等に対し「唯一の後ろ盾といってよい弁護人の援助を受ける機会を実質的に確保する目的で、秘密交通権を弁護人の固有権と位置づけている」としたうえで、取調べにおいて被疑者が自発的に供述したとしても、「弁護人固有の秘密交通権を保護する必要性が低減したということはできない」と判示し、このような場合でも、捜査機関は秘密交通権に配慮する高度の義務を負うべきだとした。被疑者の任意供述により秘密交通権の要保護性が低減するとした原審判決に対して、弁護人の固有権性の実質的意義を指摘しつつ、それを否定した点が注目される。

(2)　「弁護人の固有権」と秘密交通権の要保護性
　弁護人の固有権性を承認する限り、被疑者等の任意供述によって、接見内容の秘密性を保護する必要性がすべて消失するとはいえないであろうが、やはり防御の主体は被疑者等であって、弁護人はあくまでもその援助者というべきである以上、秘密交通権は被疑者等の防御を究極目的としているのであって、その任意の供述によって秘密交通権の要保護性が低減するともいえそうである。
　他方、弁護人の固有権性を強調し、防御上の秘密保護においては弁護人の専門的判断が重視されるべきとする立場からは、疑問が提示されている。取調べ中の弁護人の立会いが認められていない現状において、被疑者等が真に自発的または任意に接見内容を供述することを担保する手段が欠けており、ま

[*12]　中桐圭一「弁護人との接見時のやりとりに関する尋問」判例タイムズ1322号(2010年)42～43頁。

た、法的知識に乏しい被疑者に対しては、放棄に先立ち弁護人の専門的教示・助言を提供する必要があることから、被疑者等の単独による秘密交通権の放棄は認められるべきでないとされるのである[*13]。このような見解に対しては、被疑者等による秘密交通権放棄の有効性は事実問題である以上、個別事案の具体的事実に即し、厳格に判断することにより対処すべきだとの批判がなされている[*14]。たしかに、放棄の有効性が純然たる事実問題であるとするならば、そういえるであろう。

しかし、被疑者等が単独で秘密交通権を放棄しうるとすることには、疑問がある。接見内容の秘密性は一度失われたら回復不可能であり、事後に放棄が無効とされても、取り返しのつかない防御上の不利益が生じる。たとえ被疑者等の有効な放棄があるならば秘密交通権の要保護性は消失・低減するとの前提に立ったとしても、そのような防御上決定的に重要な判断を、身体拘束下の取調べという特別な状況のなか、被疑者等が弁護人の具体的援助を受けることなく単独で行うことが可能だとすべきではない。弁護人の専門的助言を得て、弁護人と相談したうえで判断したときこそ、被疑者等の放棄は十分な理解に基づく、理性的判断として、有効性を認められるというべきである。弁護人の固有権性の承認は、被疑者等の単独の判断によっては弁護人の固有権でもある秘密交通権を放棄できないとする点において、実質的には、弁護人のこのような具体的援助を欠いた被疑者の放棄等を無効とするという手続保障を含意していたといえよう。そうであれば、たとえ秘密交通権が被疑者の防御を究極目的とするものだとしても、その任意の供述をもって直ちに有効な放棄とは認められず、それゆえ秘密交通権の要保護性が消失・低減することもないはずである。

もともと、秘密交通権の意義を理解するにおいて、接見内容の探知による「萎縮的効果」を強調する見解は、自由なコミュニケーションを通じて、有効な弁護を制度的に保障しようとするものであった。かりに被疑者等の任意供述によって接見内容の事後的聴取が許される可能性を認めるとすれば、弁護人としては、将来、接見内容が探知される可能性があることに配慮して、被疑者等に対して必要十分な助言・相談の提供を差し控えてしまうという、まさに「萎

[*13] 渡辺修「『防御の秘密』と被疑者取調べの限界」『鈴木茂嗣先生古稀祝賀論文集』(成文堂、2007年) 239頁、丹治初彦「接見交通権の残された課題」季刊刑事弁護51号 (2007年) 17〜18頁。
[*14] 中桐・注12論文42頁。

縮的効果」が生じることになる。このような自由なコミュニケーションに対する「萎縮的効果」を排除するためには、たとえ被疑者等の任意供述があっても、なお接見内容の聴取は許されることなく、その秘密性が確保されることとしなければならない。

　本判決が、秘密交通権が弁護人の固有権ともされているのは、被疑者等にとって「唯一の後ろ盾」ともいえる「弁護人の援助を受ける機会を実質的に確保する目的」からであるとし、被疑者等の任意供述によって、このような弁護人固有の秘密交通権の要保護性が低減することはないと判示したのも、このような理解と同一線上に立っているといえよう。

5. 取調べと秘密交通権の相対化

(1) 取調べと秘密交通権

　本件原審は、接見内容の聴取の適法性を判断するにあたり、取調べの必要性と秘密交通権の要保護性とを比較衡量し、両者を「調整」することができるとする立場を前提としていた。原審判決によれば、憲法は刑罰権の発動ないしそのための捜査権の行使が国家の権能であることを当然の前提としているから、接見交通権が「憲法の保障に由来」するからといって、これが刑罰権ないし捜査権に「絶対的に優先する」わけではない。「接見交通権の一内容である秘密交通権の保障は、捜査機関による取調べの内容の制限を必然的に伴うものであるから、被疑者等の取調べが……刑罰権の適正な発動のために必要不可欠であることに鑑みると、被疑者等の取調べに絶対的に優先するとまではいえない」のであって、このような「法の趣旨に鑑みると、捜査機関は、刑訴法39条1項の趣旨を尊重し、被疑者等が有効かつ適切な弁護人等の援助を受ける機会を確保するという同項の趣旨を損なうような接見内容の聴取を控えるべき注意義務を負っている」のであり、捜査機関がこれに違反して接見内容の聴取を行った場合、それは国賠法上違法となる。そして、「捜査機関が上記義務に違反して接見内容の聴取を行ったか否かは、聴取の目的の正当性、聴取の必要性、聴取した接見内容の範囲、聴取態様等諸般の事情を考慮して決すべき」ことになる。原審は、このように判示していた[*15]。

　本判決も、接見交通権が捜査権に絶対的に優先するものではなく、「捜査権の行使が秘密交通権の保障と抵触する」ことがあるとしたうえで、そのような場合には両者の「調整の余地」があるとして、「刑訴法39条1項の趣旨」を損な

わない限り、接見内容の聴取も許容されるとした。この判示からすれば、一見すると、本判決は、原審判決と同様、両者の比較衡量による実質的調整を認めているかのようである。しかし、内容聴取の適法性の具体的判断をみると、実はそうでないことが分かる。このことは、控訴審判決が原審判決に比べ、秘密交通権の重要性を高く評価していることの現れである。

原審判決は、被疑者の任意供述による秘密交通権の要保護性の低減を認める一方、自白の信用性を担保するための内容聴取の必要性を積極的に肯定したうえで、両者の比較衡量の結果、内容聴取の相当性を認めそれを適法としていた*16。

これに対して、本判決は内容聴取を一部適法としたものの、それは原審判決のような比較衡量による実質的調整の結果ではない。公表事実の秘密性が消失したこと(質問①)、接見内容の聴取ではなかったこと(質問②)が理由である。本判決は、秘密性を保護されるべき事実の聴取を適法とはしていない。むしろ、秘密性が消失していない事実の聴取については(質問③・④)、「自由な意思疎通ないし情報伝達に萎縮的効果を及ぼすおそれがある」として、実質的衡量をすることなく、直ちに違法と断じている。このことからすると、本判決のいう「原則として」内容聴取は違法だということは、聴取事実の秘密性が消失していない限りは違法だという意味に理解すべきであろう。

(2) 最高裁判例と実質的調整

本件原審は、秘密交通権が取調べの必要性により相対化され、個別具体的事情に基づく両者の比較衡量によりその制約の可否・限界が確定されるとの判断基準を、1999年3月24日最高裁大法廷判決の判示から導き出していた。たしかに、この大法廷判決は、憲法に由来する接見交通権も刑罰権・捜査権に「絶対的に優先」するものではなく、両者の行使のあいだに「合理的な調整」が必要であるとしていた。

---

*15 鹿児島地判平20(2008)・3・24判時2008号3頁は、このような一般論を示していないものの、内容聴取の適法性を個別判断するにあたり、取調べの必要性と秘密交通権の要保護性との比較衡量という枠組みによっていた。この点について、緑大輔「刑事訴訟法判例研究(17)」法律時報81巻11号(2009年)128頁参照。
*16 自白の信用性立証・評価の客観化という観点からすれば、後の否認供述がある場合でも、被疑者自身の供述によってその自白の信用性を担保しようとすることには十分慎重であるべきことについて、葛野尋之『未決拘禁法と人権』(現代人文社、2012年)333〜334頁参照。

しかし、同大法廷判決の判示をもって、秘密交通権の相対化を正当化することには疑問がある。この判示は、接見指定の合憲性を認める前提としてなされたものである。同じく接見交通権の制約であるにせよ、接見内容の聴取による秘密交通権の制約と接見指定とのあいだには本質的相違があるからである。

　第1に、接見指定は法律の根拠に基づく制約であるのに対し、捜査・取調べ目的による秘密交通権の制約を許容する規定はない。秘密交通権が接見交通権、ひいては憲法の弁護権の重要な構成要素である以上、その制約を法律の規定によることなく許容すべきではない。一般に、刑訴法39条1項の接見交通権が内在的制約に服すことを認めるにせよ、その内容と限界はすでに、正当な拘禁目的による同条2項、「捜査のため(の)必要」による同条3項において規定されている。これら以外にさらに内在的制約を認めたならば、これらがその内容・限界をあえて規定したことが無意味となってしまう[17]。捜査・取調べによる秘密交通権の制約を許す規定をおいていない以上、それを許さないというのが刑訴法の立場だとみるべきであろう。

　接見設備のない検察庁舎内での接見申出に対する検察官の接見拒否の適法性が争われた事案において、1999年11月17日の広島高裁判決は、具体的な根拠規定を欠く接見拒否を適法と認めるにあたり、それを刑訴法39条1項の接見交通権の「内在的制約」であるとした[18]。しかし、その上告審において、2005年4月19日の最高裁判決は、接見拒否を適法としたものの、それを「内在的制約」であるとは認めていない[19]。刑訴法39条2項にいう「法令」の具体的根拠がないにもかかわらず、接見拒否を適法としたことには疑問が残るが[20]、あえて説明するとすれば、最高裁は、まったく根拠規定のない「内在的制約」としてではなく、同規定の掲げる拘禁目的による必要かつ合理的制限であることから、「法令」の根拠がない場合でも、同規定を直接の根拠とすることにより、接見拒否の適法性を認めたということであろう。

---

[17]　刑事手続における身体の自由等の制約について、憲法31条以下の諸規定がすでに「内在的制約」の内容・限界を具体化しているのであって、憲法上、これらを超える自由制約をさらに「内在的制約」として認めることはできず、それを認めることは憲法の諸規定が「内在的制約」を具体化していることを無意味にすると論じるものとして、杉原泰雄『基本的人権と刑事手続』(学陽書房、1980年) 52～53、101～102頁。
[18]　広島高判平11(1999)・11・17民集59巻6号641頁。
[19]　最判平17(2005)・4・19民集59巻3号563頁。
[20]　葛野・注16書323～324頁。

第2に、接見内容の聴取と1999年3月24日最高裁大法廷判決が許容する接見指定とのあいだには、接見交通権の制約として、質的違いがある。接見内容の聴取による秘密交通権の制約は、本件原審も指摘している「萎縮的効果」を考えたとき、自由なコミュニケーションを阻害するものであって、捜査・取調べ目的による接見交通権の実質的制約にほかならない。本判決は、秘密交通権と捜査・取調べの必要との「調整」においては、「被疑者等が有効かつ適切な弁護人等の援助を受ける機会を確保するという刑訴法39条1項の趣旨を損なうことにならない限りにおいて、捜査機関が被疑者等から接見内容に係る供述を聴取したことが、直ちに国賠法上違法となる」わけではないと判示し、この「調整」にあたっては、「被疑者等と弁護人等との自由な意思疎通ないし情報伝達に萎縮的効果を及ぼすことのないよう留意することが肝要であって、刑訴法39条1項の趣旨を損なうことになるか否かについても、かかる観点から慎重に判断すべき」だとしていたところ、接見内容の事後的聴取は必然的に「萎縮的効果」を生み、もって秘密交通権を保障する「刑訴法39条1項の趣旨を損なうことにな」るというべきであろう。他方、同大法廷判決のいう「合理的な調整」としての接見指定は、被疑者の身体の利用における競合を前提として、憲法34条による有効な弁護の保障を実質的に制限しない範囲において、接見の日時・場所・時間について被疑者の身体の利用をめぐる時間的・場所的調整として許されるにすぎない。この大法廷判決は、接見指定をこのような時間的・場所的調整に限定することによって、捜査・取調べ目的による接見交通権の、それを超えるような実質的制約を排除したのである[*21]。同大法廷判決のこのような趣旨からすれば、内容聴取により秘密交通権を実質的に制約することは許されないというべきであろう。

6. 接見内容の記者発表と秘密交通権

(1) 秘密保護の必要性の消失可能性

　本件に特有な事情として、相弁護人が被疑者供述の一部を記者発表し、その内容が報道されていたということがある。この記者発表によって、弁護人の固有権としての秘密交通権も放棄されたとの理解もありうるかもしれない。

　原審は、秘密交通権の保護の核心部分は「接見において被疑者等と弁護人等

---

*21　葛野・注16書309〜310頁。

がどのように情報の交換または交渉をしたかという過程であって、……接見における被疑者等と弁護人等とのコミュニケーション全体が秘密交通権の対象となる」と判示し、被疑者供述の記者発表によって秘密交通権の放棄があったとは認められないとしていた。ところが、内容聴取の相当性を判断するにあたり、原審は、弁護人に対する被疑者の供述は新聞報道によりすでに検察官の知るところとなっていたから、検察官が「被疑者が弁護人との間でそのような供述をしていること自体に高度の秘匿性はないと判断してもやむを得ない状況にあった」のであり、この「被疑者の供述と関連のない接見内容を直接的に質問したものではない」と指摘し、聴取態様には相当性があると認めていた。

　他方、本判決は、相弁護人が被疑者供述の一部を記者発表したからといって、「秘密交通権保障の趣旨は、接見内容が捜査機関に知られることによって、被疑者等と弁護人等との自由な意思疎通が萎縮し、被疑者等が有効かつ適切な助言を得られなくなることがないようにするためであり、被疑者等と弁護人等との意思疎通の過程全体が秘密交通権の対象となるというべきであるから、……供述過程を含む秘密交通権が放棄されたとは到底認めることができない」とした。しかし、これに続けて、記者発表した事実それ自体については、記者発表をもって、「秘密性が消失したものといわざるを得ない」として、公表事実についての聴取（質問①）を適法と認めたのである。

　本判決が、秘密交通権の保障は被疑者と弁護人との「意思疎通の過程全体」に及び、それゆえ、一部事実の公表をもって、弁護人固有の秘密交通権の放棄と認めることはできないとした点は正当であろう。そうでなければ、本判決も指摘するように、両者間の自由なコミュニケーションが阻害され、有効な弁護の確保ができなくなるからである。しかし、弁護人の記者発表によって公表事実の秘密性の消失を認め、直ちにその聴取を適法とすることには疑問がある。

(2)　弁護人が記者発表した事実の聴取と萎縮的効果

　弁護人の発表した事実について聴取を許すことには、それが萎縮的効果を生じさせ、被疑者等と弁護人との自由なコミュニケーションを阻害することから、疑問がある。ここにいう萎縮的効果は、本判決を含め、秘密交通権の侵害が争われた事案に関する諸判決が繰り返し指摘してきた「萎縮的効果」とは、異なる意味を有するものである。

本判決などにいう「萎縮的効果」とは、接見内容の秘密性が侵害されることにより、自由なコミュニケーションが差し控えられ、その結果、被疑者等が弁護人等から有効・適切な援助を受けられないおそれがあるということである。本判決は、質問③・④はこのような意味の「萎縮的効果」を生じさせるから違法だとする一方、相弁護人が記者発表した事実の秘密性はすでに消失しているので、質問①は「萎縮的効果」を生じさせることはなく、それゆえ適法であるとした。本判決のような「萎縮的効果」の理解からすれば、たしかにそういえるであろう。

　従来、萎縮的効果が問題とされたのは、表現の自由など精神的自由に対する規制の合憲性判断においてであった。表現の自由に対する規制法規が不明確であるならば、本来規制されるべきでない合憲的な表現行為をも差し控えさせてしまう萎縮的効果を及ぼすことから、合理的解釈によって不明確性が除去されない限り、かりにその規制法規の合憲的適用の範囲内にあるとされる行為が争われるケースでも、原則として法規それ自体が違憲無効となるという法理である[*22]。本判決にいう「萎縮的効果」とは意味合いが異なっている。

　しかし、従来の萎縮効果論の枠組は、秘密交通権の保障の場面にも適用しうるであろう。すなわち、もし内容聴取の対象となる範囲が不明確ならば、聴取が許容されるべきでない事実にまで聴取が及ぶのでないかとおそれ、そのような事実に関するコミュニケーションを差し控えてしまう。このような萎縮的効果は、憲法上の弁護権に由来する接見交通権の重要性からすれば厳に避けられるべきである。それゆえ、それ自体のみとってみれば聴取が許容されるであろう事実についての聴取であっても、その範囲に不明確さがある以上、接見交通権の保障、ひいては有効な弁護の憲法的保障を確実なものとするために、許容すべきでない。このような限界の不明確さを根拠とする内容聴取の禁止である。

　弁護人が記者発表した事実の聴取は、このような意味の萎縮効果をともなう。たしかに、公表事実の範囲それ自体は不明確といえないかもしれない。しかし、公表事実の聴取を許容したならば、その範囲を超えて聴取が広がる危険が生じ、結果として内容聴取の限界は不明確とならざるをえない。取調べは捜査官と被疑者とのあいだの口頭の双方向的コミュニケーションであって、予想外の範囲に展開する可能性をはらんでいる。そのような取調べであ

[*22]　芦部信喜（高橋和之補訂）『憲法〔第4版〕』（岩波書店、2007年）191頁。

れば、聴取が公表事実を超えて、本来聴取の許されない事実にまで及ぶ危険をはらんでいる。身体拘束下の取調べという場面において、被疑者等の防御能力は高くない。どのように対応することが自己の防御にとって有効かを十分合理的に判断するのは難しい。このような被疑者等の特性を考えたとき、公表事実を超えて聴取が展開する現実的危険は低くない。

実際本件において、公表事実に関する質問①から始まった聴取は、質問②を介して、質問③・④へと展開している。たしかに本判決によれば、公表事実以外の事実の聴取は許されず、被疑者が接見内容を自発的に供述した場合でも、捜査官が漫然と聞き続けてはならないとされている。しかし、取調べのこのような展開は、その流動的・発展的性格からすればむしろ自然なことであって、質問①から②へと続いた後、質問③・④に至ることなく内容聴取が打ち切られることを期待するのは、実際上困難であろう。

しかも、聴取が本来許容されない事実にまで及び、その秘密性が探知されることになると、その不可逆性のゆえに、被疑者等の防御にとって回復不可能な不利益が生じる。このように、公表事実から始まった聴取が本来許容されない事実にまで及ぶ危険があり、それによって回復不可能な防御上の不利益が生じるのであれば、公表事実の聴取を許容することは、被疑者と弁護人において、本来聴取が許容されない事実に関するコミュニケーションを差し控えるという萎縮的効果を生むことになる。これこそまさに、接見交通権の実質的制約であり、有効な弁護の保障という憲法の趣旨からすれば厳に避けられるべき事態である。それゆえ、たとえ秘密性の消失があったとしても、公表事実の聴取は、それにともなう萎縮的効果のゆえに禁止されるべきである。

なお、本判決は、質問①が許容されることを前提として、質問②は公表事実を供述した理由の聴取にすぎず、それ自体接見内容の聴取ではないから許されるとした。しかし、公表事実の聴取は禁止されるべきであるから、公表事実の聴取を前提としたその理由の聴取が許されることもない。

(3) 弁護人の記者発表と公表事実の聴取

本判決は、弁護人の記者発表により公表事実の秘密性が消失するとしたうえで、「このように解すると、弁護人等が被疑者等の供述を報道機関に開示することにつき、萎縮的効果が生じることも考えられるが、報道機関への事実公表は、法律の専門家である弁護人等において、その方法や範囲を慎重に取捨

選択することができるのであるから、報道機関への事実公表が防御権行使の一環であるとしても、被疑者等の防御権保障の根幹をなす接見交通権と同様の保障が及ぶものではない」としている。しかし、捜査機関の情報提供に基づく先行報道がある場合の、それらに対抗するための弁護人の記者発表という重要な弁護方法を強く抑制することからも、公表事実の聴取が許されるべきではない。

　本判決によれば、弁護人の記者発表があるとき許されるのは、公表事実の聴取（質問①）と理由の聴取（質問②）である。しかし捜査官に対して自白した被疑者等が否認に転じたことの理由の説明を求められることは、被疑者等にとって重大な負担となりうる。過去の実例が示すように、この負担が否認の撤回をもたらすことも多い。本判決がいうように、弁護人が「方法や範囲を慎重に取捨選択」したとしても、このような被疑者等の負担を解消ないし大幅に緩和することは不可能であろう。それゆえ、公表事実と理由の聴取が許されるとすれば、弁護人にとって、弁護方法として記者発表を選択することは事実上困難になる。

　たしかに、本判決がいうように、防御上の不利益の重大さにおいて、弁護方法として記者発表を選択することの困難性が、接見交通権の実質的制約に優るとはいえないかもしれない。しかし、捜査機関の情報に基づく自白報道など、被疑者等の犯人性を肯定する報道がすでにある場合、その先行報道に対抗するための記者発表は重要な弁護方法の一つであって、実際上その放棄を余儀なくされることは、それ自体、弁護権の実質的制約として重大である。それゆえ、有効な弁護の保障という憲法の趣旨からすれば、公表事実と理由の聴取は許されるべきではない。

　弁護人の記者発表について、弁護人は「誠実義務を内容とする代理人的地位と、被告人に対し公正な裁判を保障する倫理的法的義務を内容とする公的地位」とを併有することから、事実認定者に対して「予断を生じさせる『合理的可能性』のある情報を報道機関に流す行為に関与することは許されない」とする見解が注目される[23]。論者によれば、とくに裁判員裁判対象事件においては、一方当事者による情報提供であるか、両当事者各方からの情報提供であるかは、「予断防止の要請からすれば本質的な問題ではない」から、いずれに

---

[23]　金子章「刑事手続における公正な裁判の保障について」法学論叢163巻6号（2008年）121〜123頁。

ついても、報道規制による情報の遮断さえも必要だとされる[*24]。

　問題は、捜査機関の発表情報に基づき、自白報道など、被疑者・被告人に不利な先行報道がなされている場合において、弁護人が対抗的な記者発表を行ったとき、それも予断を生じさせる「合理的可能性」がある限りは許されないということになるのかである。犯罪報道の構造的特徴を踏まえたとき、公正な裁判の保障を実質的・現実的に捉えるならば、弁護人の対抗的な記者発表が、その実現を妨げることはないというべきであろう。

　日本の犯罪報道については、その構造的特徴として、個別事件の捜査報道の質・量が多いことが指摘されている。捜査報道の大部分は、捜査機関が提供した情報に基づいている。このような犯罪報道は、実名報道原則と相俟って、読者に対して被疑者が真犯人であるとの印象を強く与えてきた[*25]。犯人視の社会的雰囲気は、手続関与者の予断を媒介として、被疑者・被告人の公正な裁判を受ける権利（憲法32条）を阻害する危険をはらんでいる[*26]。裁判員裁判のもと、その危険はいっそう現実的なものとなりうる。

　このようななか弁護方法としてとられてきたのが、対抗的な記者発表である。とくに被疑者等が身体拘束下にあり、捜査機関の提供情報に基づく自白報道がすでにあるにもかかわらず、接見のさいに否認した場合、弁護人は報道機関に否認の事実を発表し、報道させることによって、先行する自白報道に対抗して、犯人視の社会的雰囲気を防止・緩和し、事実認定者における予断の形成を防止しようとしてきたのである。このような対抗的な記者発表は、すでに存在する予断を放置することなく、それを打ち消そうとするものであるから、公正な裁判の保障を実質的・現実的に捉えるならば、その実現に寄与するものであっても、阻害するものではありえない[*27]。このように重要な弁護方法の選択に「萎縮的効果」が生じないよう、公表事実とその理由の聴取は禁止されるべきなのである。

【付記】最高裁は、2013年12月19日、一審原告、一審被告双方の上告を棄却し、

[*24] 金子・注23論文108〜111頁。
[*25] 五十嵐二葉『刑事司法改革はじめの一歩』（現代人文社、2002年）40頁。
[*26] 渕野貴生『適正な刑事手続の保障とマスメディア』（現代人文社、2007年）216頁以下。
[*27] 渕野・注26書276頁以下参照。ABA（全米法曹協会）専門家行動模範規則3.6(c)も、予断を生じさせるような他者の発言が先行する場合、対抗的発言が有害な影響を緩和しうるという理由から、「直近の偏見をもたらす報道の影響を減少させるために必要な情報」の提供を認めている。

上告受理申立を不受理とすることを決定した（最決平25〔2013〕・12・19LEX/DB25502950）。被疑者取調べにおける接見内容の聴取と秘密交通権の保障について、関正晴「秘密交通権と被疑者の取調べ」日本大学政経研究49巻3号（2013年）、徳永光「秘密交通権をめぐる議論状況」川﨑英明＝白取祐司編著『刑事訴訟法理論の探求』（日本評論社、2015年）参照。

第12章 身体拘束中の被疑者・被告人との接見、書類・物の授受

1. 問題設定

　刑訴法39条は、秘密交通権を保障する1項に続き、2項において、「前項の接見又は授受については、法令（裁判所の規則を含む。以下同じ。）で、被告人又は被疑者の逃亡、罪証の隠滅又は戒護に支障のある物の授受を防ぐため必要な措置を規定することができる」と定め、法令に基づく拘禁目的からの接見と書類・物の授受（以下、接見交通）の制限を許している。刑事収容施設（刑事施設、警察留置施設、海上保安留置施設）に収容された「未決拘禁者」[*1]である被疑者・被告人と弁護人との接見交通に対しては、刑事被収容者処遇法の規定により、あるいは同法に関連する訓令・通達類に基づき、さまざまな制限が課されている。その制限は、両者のコミュニケーションの秘密性を奪うなど、接見交通権の実質的制約に及ぶものも含んでいる。

　接見交通権の意義を踏まえるとき、拘禁目的による接見交通の制限は、どのような原則により、どのような限界において認められるのか。現在のさまざまな制限は、はたして許容されるのか。これについて本章は、以下、接見交通権の実質的制約が問題となる重要場面として、被疑者・被告人から弁護人に宛てた信書の内容検査、接見状況を記録するための弁護人による写真撮影・ビデオ録画をとりあげ、具体的検討を行う[*2]。最近、弁護人が接見状況を写真撮影またはビデオ録画したことについて、拘置所側が撮影・録画を禁止する規則に違反するとして、弁護士の懲戒を請求した例が続いている。他方、弁護士会

[*1]　刑事被収容者処遇法のもと、逮捕・勾留された被疑者・被告人は、刑事収容施設（刑事施設、留置施設および海上保安留置施設。1条）に収容されるとき、未決拘禁者としての地位を与えられる（2条8号）。

[*2]　これらの問題について、本章が省略した部分も含め、葛野尋之『未決拘禁法と人権』（現代人文社、2012年）358～363・364～370頁、同「弁護人接見の電子的記録と接見時の電子通信機器の使用」季刊刑事弁護72号（2012年）、同「接見禁止と弁護人宛信書の内容検査」石塚伸一ほか編『足立昌勝先生古稀祝賀論文集』（社会評論社、2014年）（本書第13章）参照。

は、接見室内での撮影・録画の制限を批判する見解を明らかにしている[*3]。接見交通権の侵害を主張し、いくつかの国家賠償請求訴訟が提起されている。警察留置場に勾留された被疑者が弁護人に対して宅下げした書類についての内容検査と差止をめぐる国家賠償請求訴訟もある。対立は尖鋭化している。

　本章は、弁護人宛信書の内容検査は許されず、また、接見状況記録のための撮影・録画は、刑訴法39条1項にいう「接見」として秘密交通権の保障のもとにおかれるべきことを論じる。そのうえで本章は、被疑者・被告人と弁護人との接見交通に直接関係するわけではないものの、それに関連する弁護士倫理上の問題について検討する。弁護人が内容を確認することなく、未決拘禁者からの自身宛信書を第三者に交付することは、未決拘禁者における弁護人以外の者との外部交通に関する法的制限の潜脱に荷担することとなり、許されない。刑訴法81条の接見禁止がある場合には、接見禁止の潜脱に荷担することにもなる。また、逮捕・勾留に関する刑訴法の規定および未決拘禁者の取扱いに関する刑事被収容者処遇法の規定の趣旨からすれば、弁護人自身、逃亡、罪証隠滅など拘禁目的を阻害する行為に関与しないよう要請されているといえるから、弁護人は信書や撮影・録画記録の内容を確認した結果、その専門的判断において、拘禁目的を阻害する危険性のある情報を含んでいることを認識したときは、第三者に信書や撮影・録画記録を交付することは許されない。内容を確認することなく、あるいは危険情報を含むことを認識しつつ、信書や撮影・録画記録を交付することは、違法・不正な行為を助長・利用し、偽証・虚偽陳述をそそのかすことを禁止する弁護士倫理に違反し（弁護士職務基本規程14条・75条）、たとえ被疑者・被告人がそのように要求した場合でも、誠実義務の限界を超えるものとして許されないのである。しかし、このような場合でない限り、弁護人が被疑者・被告人の要求に応じて、弁護人宛信書を第三者に交付し、あるいは接見状況を撮影・録画したうえで、その記録を第三者に交付したとしても、それにより弁護士倫理上の問題が生じることはない。

[*3] 日本弁護士連合会「面会室内における写真撮影（録画を含む）及び録音についての意見書」2011年1月20日、日本弁護士連合会会長、関東弁護士会連合会会長および東京三弁護会会長連名による法務大臣・東京拘置所長への「申入書」2012年7月31日。

2. 弁護人宛信書の秘密保護

(1) 秘密交通権と弁護人宛信書の内容検査

　有効な弁護の保障のためには、被疑者・被告人と弁護人との意思疎通および情報の発信・取得としてのコミュニケーションの自由が不可欠であり、さらに自由なコミュニケーションを確保するためにはその秘密性が保障されるべきことからすれば、接見以外の手段についても、最大限、秘密性が認められるべきである[*4]。たとえ刑訴法39条1項の「立会人なくして」が「接見」のみにかかるとしても、接見以外の手段について、その秘密性を無制限に剥奪してよいというわけではない。秘密性の剥奪によって、有効な弁護の憲法的保障を実質的に制約することは許されないというべきである。弁護に関するコミュニケーション手段としての信書は固定性・正確性においてすぐれており、接見による口頭のコミュニケーションによっては代替し尽くされない固有の重要性を有している[*5]。それゆえ、信書の内容検査による秘密性の剥奪は、たんなるコミュニケーションの手段・方法の規制ではなく、その実質的制限にあたるというべきである。

[*4]　大阪地判平12（2000）・5・25判時1754号102頁（高見・岡本国賠事件）がこのような立場を明確に示した。他方、浦和地判平8（1996）・3・22判時1616号111頁（高野国賠事件）は、「立会人なくして」は「接見し」のみにかかり、信書の発受は書類・物の授受に含まれるとしつつ、信書の発受については、接見の場合のような秘密保護が要請されることはないとした。この判決は、刑訴法39条1項の意味をこのように理解したうえで、旧監獄法、旧監獄法施行規則による被疑者・被告人と弁護人とのあいだの信書の検閲は、刑訴法39条1項の趣旨に反するものではなく、刑訴法39条2項のいう「法令」に基づく措置として認められるとし、逃亡・罪証隠滅の防止、刑事施設の規律・秩序の維持という拘禁目的のためには、信書を検閲し、その内容を探知する必要がある一方、このような制限はコミュニケーションそのものの規制ではなく、その「手段又は方法を規制する効果を有するにすぎない」から、必要かつ合理的な制限として憲法違反ではないと判示した。最判平15（2003）・9・5判時1850号61頁は、旧監獄法と同法施行規則における信書発受の制限が憲法21条・34条・37条3項に違反しないことは先例の趣旨に徴して明らかとするだけであったものの、第一審の浦和地裁判決を支持した。もっとも、高野国賠事件は、被告人の刑事事件の審理を行う裁判所の法廷内において、被勾留者として拘置所に収容中の被告人から、弁護人がその信書を受け取ったという事案に関するものであって、このような事案についての判断を、未決拘禁者として刑事収容施設に収容されている被疑者・被告人と弁護人とのあいだの信書の発受一般に及ぼしてよいかについては、慎重な検討が必要とされる。また、なによりも、この判断は旧監獄法下の事件についてのものであって、弁護人が未決拘禁者に発した信書については、そのような信書であることの確認にとどめることにしたのをはじめ（135条2項1・222条3項1イ・270条3項1イ）、現行の刑事収容者処遇法が関連規定の重要な改正を含むものであったことからすれば、現行法下でもその判断が妥当すると即断することはできないというべきである。

しかし、刑事被収容者処遇法は、弁護人から未決拘禁者に宛てられた信書については、その旨確認する限度で検査を行うことを原則とする一方、未決拘禁者からの弁護人宛信書については、刑事施設においては内容検査を原則実施することとし（135条）、警察留置施設と海上保安留置施設においては、それを必要的なものとしている（222条・270条）*6。「被収容者の外部交通に関する訓令の運用について（依命通達）」（平成19〔2007〕・5・30矯成3350矯正局長依命通達）は、未決拘禁者の発受する信書の差止に関する手続等が、受刑者の場合に準じて行われるべきとしたうえで、「未決拘禁者の発受する信書の差止め等に当たっては、防御権にも配慮した慎重な対応が必要であることに加え、発信する相手方が被疑者等を含む刑事事件の関係者である場合には、脅迫等のほか、証人等威迫罪（刑法第105条の2）にも該当する可能性があるところ、未決拘禁者の発受する信書がこれらの刑罰法令に触れることとなるかどうか、あるいは罪証隠滅の結果を生ずるおそれの有無について、刑事施設において的確な判断が困難な場合は、必要に応じ、検察官に対し適切に情報提供し、執るべき措置等も含めて相談すること」としている（11(8)）。

　問題は、このような内容検査が、秘密交通権の保障からみて*7、さらには有効な弁護の憲法的保障の趣旨からして許されるのかということである。本来、刑訴法39条1項のもと、身体を拘束された被疑者・被告人と弁護人とのあいだの信書については、弁護に関するコミュニケーション手段として、接見の場合と同様、完全な秘密性が保障されていると理解すべきであり、そうである以上、刑事被収容者処遇法においても、未決拘禁者からの弁護人宛信書については、弁護人からの未決拘禁者宛信書に関する規定を準用し、信書が弁護

---

*5 高野国賠事件最高裁判決の梶谷・滝井裁判官反対意見は、「弁護人が被勾留者と接見する場合、受付時間及び接見可能時間についての制限があるだけでなく、接見までの手続にかなりの待ち時間を要することもあって、これのみで、被勾留者との情報の交換、助言の伝達等によるコミュニケーションを十分に行えないことが少なくないのが実情である。また、弁護人等が信書によって被勾留者に求めるものや被勾留者から得たい情報を予め被勾留者に知らせ、被勾留者においてそれらの点について整理しておくことを求めて効果的に接見を行い、その後、接見を通じて十分に行えなかったことを追加して伝達したいと考えたことを信書によって伝えるなど、信書のもつ正確性、固定性など固有の特質を活用することによって、口頭による接見を補完することができる」と指摘している。
*6 同法136条・224条・271条は、内容検査を前提として、信書内容による差止・削除・抹消という制限を予定している。
*7 秘密交通権の侵害が争われた事件において、下級審判例はこぞって、萎縮的効果と関連づけて秘密交通権の意義を説いている（葛野尋之「検察官による弁護人と被疑者との接見内容の聴取が秘密交通権の侵害にあたるとされた事例」判例評論641号〔2012年〕154〜155頁〔本書第11章〕）。

人宛のものであることを確認する限りにおいて検査を許すべきである。とはいえ、いまかりに、このような理解に立たないとしても、実質的にみたとき、弁護人宛信書の内容検査が許されるかは疑問である。

(2)　拘禁目的阻害の危険情報の社会的流通

　刑事被収容者処遇法制定に先立ち、未決拘禁者の処遇等に関する有識者会議『提言』*8は、「未決拘禁者が弁護人に発する信書については、罪証隠滅のための工作を依頼するなど勾留目的を阻害するような不当な内容のものも現に認められ、また、今後も十分に想定されるところ、受領した弁護人からそれ以外の者に転々流通した場合には、未決拘禁者とこれ以外の者との間で直接信書の発受がなされたのと同じ効果を生ずることになるのであって、これによる罪証隠滅等を防ぐためにも、内容の検査を行い、不適当なものの発信を禁止・制限することが必要」であるとの意見が多数を占めたとしていた。同法案の国会審議においても、このような根拠から、弁護人宛信書の内容検査が原則とされたことが確認されている*9。

　まず確認すべきことは、たとえ弁護人宛信書が拘禁目的を阻害する危険性のある情報を含んでとしても、それが弁護人の手許にとどまる限り、弁護人が自ら、逃亡、罪証隠滅など拘禁目的を阻害する行為に及ぶという可能性は問題にすべきでないことである。弁護人は厳格な職業倫理に拘束され、また、弁護士会内の懲戒処分や刑事制裁の可能性もあるからである。もともと秘密交通権は、弁護人が自ら違法行為に及ぶことはないという信頼を前提として存在しているといってよい*10。

　問題は、危険情報を含む信書が弁護人から第三者に交付され、社会内を転々流通した場合である。このような場合について、裁判所・裁判官による接見禁止（刑訴法81条）の実質的趣旨は、「逃走や罪証隠滅を防止するため、被疑者と一般人との間の意思・情報の伝達を遮断することにある」として、「書類等の授受については、意思・情報伝達の主体が弁護人以外のものである限り」、たとえ「書類等が防御に関連すると認められる場合であっても」、接見禁止決定

---

*8　〈http://www.moj.go.jp/KYOUSEI/SYOGU/teigen.pdf〉。
*9　第164回国会衆議院法務委員会議録（平成18〔2006〕年4月12日）、民主党・枝野幸男衆議院議員の質問に対する杉浦正健法務大臣の答弁。
*10　弁護人による「罪証隠滅」の危険を理由とする接見交通の制限が許されないことについて、田宮裕『捜査の構造』（有斐閣、1971年）404～405頁参照。

に違反するとの見解が有力である[*11]。このような立場からは、「意思・情報伝達の主体が弁護人以外のものである」信書が発信されていないことを確認するために、弁護人宛信書の内容検査が認められることになろう。

　しかし、未決拘禁者が弁護人の手から第三者に交付されることを予定して作成し、弁護人にそのように要求した信書を弁護人に対して発する場合について、接見禁止の潜脱を理由として、未決拘禁者がそのような信書を発信することを禁止したうえで、そのような信書の発信がないことを確認するためとして、弁護人宛信書の内容検査をすることは許されない。後述するように、弁護人が未決拘禁者から受け取った信書の内容を確認することなく、信書を第三者に交付することは、未決拘禁者における一般人との外部交通に関する法的制限の潜脱に荷担することとなり、刑訴法81条による接見禁止が付されている場合には、その潜脱に荷担することにもなる。このような行為は、違法・不正な行為の助長・利用を禁止する弁護士職務基本規程14条に違反する。それゆえ、弁護人が未決拘禁者から信書を受け取った場合、第三者に信書を交付するにあたっては、その内容を確認することが確実に予定されているというべきである。

　そうである以上、先のような場合、信書を通じてのコミュニケーション過程に、弁護人は一方の主体として関与しているというべきであって、未決拘禁者から弁護人への信書の発受は、刑訴法39条1項における両者間の接見交通にほかならない。刑訴法81条は、「裁判所は、逃亡し又は罪証を隠滅すると疑うに足りる相当な理由があるときは、検察官の請求により又は職権で、勾留されている被告人と第39条第1項に規定する者以外の者との接見を禁じ、又はこれと授受すべき書類その他の物を検閲し、その授受を禁じ、若しくはこれを差し押えることができる」と定めており（同法207条1項により被疑者の勾留に準用）、接見禁止が被疑者・被告人と弁護人以外の者との接見交通を対象としていることを明記している。接見禁止を潜脱するとの理由から、未決拘禁者が先のような信書を弁護人に発することを禁止し、そのような信書の発信がないことを確認するためとして、弁護人宛信書の内容を検査することは、接見禁止の効果を、その本来及ぶべき範囲を超えて、被疑者・被告人と弁護人との接見交通に及ぼすこととなるのである。

[*11]　尾崎道明「弁護人と被疑者の物の授受」平野龍一＝松尾浩也編『新実例刑事訴訟法（Ⅰ）』（青林書院、1998年）189～190頁。

(3) 弁護人による危険情報の選別・遮断

　弁護人宛信書の内容検査について、その実質的根拠としてあげられてきたのが、信書を通じて逃亡、罪証隠滅など拘禁目的を阻害する危険性をはらんだ情報が社会内に流出する可能性があるということである。しかし、たとえ弁護人宛信書のなかに拘禁目的阻害の危険情報が含まれていたとしても、弁護人がそのような信書を第三者に交付するにあたり、その選別・遮断機能が働くことによって、危険情報が第三者に伝達され、社会内を流通することは効果的に阻止されるというべきである。

　一般に、接見時に聞いた未決拘禁者からの伝言をその後外部の第三者に伝え、あるいは第三者からの伝言を接見時に未決拘禁者に伝えるなど、未決拘禁者と第三者とのあいだの間接的コミュニケーションを援助することは、それが起訴・不起訴の判断や罪責認定、量刑における被疑者・被告人に有利な具体的主張・立証と関連しており、狭い意味での防御のために必要な場合はもちろんのこと、そうでなくとも、社会的繋がりの維持と精神的安定を通じて、身体拘束下にある被疑者・被告人の防御主体としての地位の確保につながるものであるから、正当な弁護活動の範囲に含まれると認められる[*12]。弁護人が受け取った未決拘禁者の信書を第三者に交付することも、このような間接的コミュニケーションの援助となりうる。

　しかし、無制限に許されるわけではない。後述するように、弁護人は未決拘禁者の弁護人宛信書を、その内容を確認することなく第三者に交付することは許されない。また、弁護人が信書内容を確認した結果、拘禁目的阻害の危険情報を含んでいることを認識したならば、信書を第三者に交付することは許されない。違法・不正な行為を助長・利用し、偽証・虚偽陳述をそそのかしてはならないとする弁護士倫理（弁護士職務基本規程14条・75条）に違反するからである。

　弁護人の高度の専門的能力と職業倫理からすれば、このような弁護人の選別・遮断プロセスを通過することによって、危険情報を含む信書が社会内に流通する可能性はきわめて低いというべきである。たしかに、危険情報が弁

[*12] 川崎英明「刑事弁護の自由と接見交通権」『小田中聰樹先生古稀祝賀論文集（上）』（日本評論社、2005年）16〜17頁、村岡啓一「接見禁止決定下の第三者通信をめぐる刑事弁護人の行為規範」同書所収46頁など。

護人の選別・遮断プロセスをかい潜り、社会内に流出する可能性も皆無とはいえないかもしれない。しかし、その可能性はきわめて低いというべきであろう。危険情報の社会的流通によって拘禁目的が阻害される現実的危険性は、僅少なのである*13。

　拘禁目的阻害の現実的危険性が僅少であるにもかかわらず、それを根拠にして弁護人宛信書の内容検査を行うことは許されない。内容検査は信書の秘密性を奪うものであって、萎縮的効果を媒介として、弁護に関するコミュニケーションの自由を重大に抑制する。それゆえ、弁護人宛信書の内容検査は、拘禁目的を達成するための制限として比例性を欠き、秘密交通権の過剰な制約となるからである。

3. 接見状況の写真撮影・ビデオ録画

(1) 撮影・録画禁止の論理

　弁護人が接見にさいし、接見状況を写真撮影し、またはビデオ録画することは認められるか。

　「被収容者の外部交通に関する訓令の運用について（依命通達）」（平成19〔2007〕・5・30矯成3350矯正局長依命通達）は、7(2)において、「未決拘禁者との面会を申し出る弁護人等に対しては、次の事項を周知すること」として、「カメラ、ビデオカメラ、携帯電話を使用しないこと」をあげている。接見状況の撮影・録画を禁止するとの趣旨である。接見のさい証拠保全の目的から写真撮影を行った弁護人について懲戒請求を行った例において、拘置所側は、①撮影・録画が刑訴法39条1項の「接見」にはあたらず、②未決拘禁者のプライバシー保護の必要があり、③面会室等の設備状況に関する画像情報が外部に

---

*13　アメリカ法もこのような認識に立っているといってよい。連邦下級審の判例によれば、弁護士宛の信書であって、弁護士が受け手となる以上、他の者に宛てた信書の場合と異なり、被拘禁者が逃走を計画し、あるいは他の違法行為を遂行するためにその信書を利用する現実的な危険性が認められないことから、弁護士宛信書の内容を検査することは許されないとされている (Washington v James, 782 E 2d 1134 [2nd Sir., 1986]など)。Michael Mushlin, Rights of Prisoners [vol. 2], 48-49 [2nd ed., 1993]参照)。また、弁護人は高度な専門的能力と職業倫理を兼ね備え、また、事件の内容と被疑者・被告人に関する事情をよく知る立場にあることから、弁護人の危険情報選別能力が、施設職員の選別能力に比べ一般に劣るとはいえ、それゆえそれが一般に劣ることを理由にして、収容施設が弁護人に対して発した被疑者・被告人の信書の内容検査を行うことを正当化することはできない（葛野・注2「接見禁止と弁護人宛信書の内容検査」参照）。

流出すると、保安・警備上重大な支障が生じることから、面会室内での撮影・録画を禁止すべきとしており、そのことを前提として、④庁舎管理権に基づき、面会室への撮影・録画機器の持込みを禁止しうるとしている。あるいは、これらと合わせて、弁護人宛信書の内容検査についてと同様、⑤接見状況のビデオ録画を許すとすれば、拘禁目的を阻害する危険をはらむ情報が未決拘禁者の言動のなかに含まれている場合、その危険情報が弁護人を介して第三者に伝達される可能性があるので、その可能性を排除するために録画を禁止すべきとの考えがあるのかもしれない。

しかし、弁護人が、被疑者・被告人の表情、所作、その身体の状態など、接見時の状況を撮影・録画するとき、そのような撮影・録画はそれ自体、刑訴法39条1項の「接見」にあたるものとして、秘密交通権の保障のもとにおかれるべきである。このことは、接見状況の録音の場合と同様である[*14]。

(2) 「接見」としての撮影・録画

　刑訴法39条1項にいう「接見」は、たしかに身体を拘束された被疑者・被告人と弁護人とのあいだの口頭でのコミュニケーションを中核とするものであろう。しかし、決してそれに限られるわけではない。後藤国賠事件の大阪地裁判決[*15]は、同規定の「接見」は、「口頭での打合せに付随する証拠書類等の提示をも含む打合せ」を意味すると判示し、口頭でのコミュニケーション以外のものを含む、接見時に行われる広い意味でのコミュニケーションが「接見」となりうることを示唆していた。人間のあいだの意思疎通および情報発信・取得としてのコミュニケーションは口頭によるほか、さまざまな手段・方法によりなされるものであるから、同規定にいう「接見」について、コミュニケーションの手段・方法の面から限定することはできないというべきであろう。同規定において、「接見」は、信書発受などの手段を含む「書類若しくは物の授受」と区別されているから、これらを除いたうえで、被疑者・被告人と弁護人とのあいだで接見時に行われる意思疎通および情報発信・取得としてのコミュニケーションを広く意味し、あらゆる手段・方法によるものを含むと理解することができる。

[*14] 葛野・注2書358〜359頁、葛野・注2「弁護人接見の電子的記録と接見時の電子通信機器の使用」76〜77頁。
[*15] 大阪地判平16(2004)・3・9判時1858号79頁。

接見状況の写真撮影・ビデオ録画は、接見時の被疑者・被告人に関する情報の取得行為にほかならず、その点において、弁護人が被疑者・被告人の口頭での陳述を聞き取り、その内容を筆記すること、あるいは接見時に知覚した被疑者・被告人の外観上の特徴を筆記することと同じである[*16]。また、接見状況を撮影・録画するにあたっては、その行為をめぐって、弁護人から被疑者・被告人に対する意思の伝達も行われる。結局、接見状況の撮影・録画は、被疑者・被告人と弁護人とのあいだで接見時になされるコミュニケーションなのであって、それゆえ、刑訴法39条1項にいう「接見」にあたるのである[*17]。

　録音・録画による接見状況の記録が「接見」にあたるとすべきことは、「接見」が被疑者・被告人と弁護人とのあいだの、防御手段としてのコミュニケーションであることからも根拠づけられる。弁護人にとって、被疑者・被告人とのコミュニケーションを防御のために活用するためには、接見にさいし知覚した情報を記録することが不可欠である。記録することなく、たんに知覚した情報を記憶しただけでは、被疑者・被告人とのコミュニケーションを有効な防御手段とすることが困難となる[*18]。記憶は失われたり、不正確なものとなる可能性があるからである。かくして、「接見」が防御のためのコミュニケーションである以上、接見時に知覚した情報の記録も、それ自体、防御のためのコミュニケーションを構成する要素として、「接見」に含まれるとすべきなのである。

(3) 刑訴法39条2項の「法令」と庁舎管理権

　弁護人の写真撮影・ビデオ録画については、制限根拠となるべき刑訴法39条2項にいう「法令」は存在せず、したがって、上記依命通達による禁止には

[*16] 掛樋美佐保「起訴前勾留中の被疑者の受傷事実の保存方法」季刊刑事弁護60号（2009年）174頁。
[*17] 高野隆＝趙誠峰「『接見ビデオ』を裁判員法廷で上映して心神喪失を主張」季刊刑事弁護65号（2011年）25頁も、接見室でなされる両者間のコミュニケーションであるとする。なお、かりに弁護人の撮影・録画が「接見」にあたらないとの前提に立ったとしても、接見状況の撮影・録画は証拠保全のための正当な弁護活動であって、その禁止は弁護権行使の過剰な制約となるから、適正手続（憲法31条）と弁護権（憲法34条・37条3項）の保障の趣旨に反し、許されないというべきである。証拠保全の緊急の必要が認められる場合には、収容施設に対する証拠保全措置の申入れや、裁判官に対する証拠保全としての検証請求（刑訴法179条）によるべき必要はないというべきである（葛野・注2書362〜363頁、葛野・注2「弁護人接見の電子的記録と接見時の電子通信機器の使用」79〜80頁参照）。
[*18] このことは、本来、被疑者・被告人についてもいえることであるから、本来、弁護人だけでなく、被疑者・被告人も、適切な方法で接見状況を記録することが認められるべきであろう。

法的根拠がない。

　撮影・録画が刑訴法39条1項の「接見」にあたるのであれば、同条3項の接見指定による場合を除いて、その制限は、同条2項によってのみ許容される。この規定は、「法令」に基づく接見または物の授受の制限のみが可能であることを明記しており、法令上の根拠がない限り、同条1項による接見交通のいかなる制限も許していない。刑事被収容者処遇法118条1項ないし4項は、未決拘禁者と弁護人との面会に関する制限を定めているものの、同規定があげているのは、日・時間帯（1項）、相手方の人数（2項）、これらの制限に適合しない面会申出の原則許可（3項）、面会場所（4項）である。弁護人による撮影・録音の禁止を根拠づける規定は存在しない。

　拘置所側は、面会室への撮影・録画機器の持込みを禁止する根拠として庁舎管理権をあげている。刑事被収容者処遇法31条が、未決拘禁者の処遇の原則として、「防御権の尊重」とともに、「逃走及び罪証隠滅の防止……に特に留意しなければならない」としていることからすれば、庁舎管理権は、この規定の趣旨に沿って行使されるべきであり、したがって、撮影・録画が保安・警備上重大な支障を生じさせるものである以上、そのための機器の持込みを庁舎管理権に基づいて禁止することができるというのである。

　しかし、刑事被収容者処遇法31条は、もとより処遇の原則を定めたものであって、刑訴法39条1項の接見を制限する要件・方法・手続を具体的に定めたものではない。また、庁舎管理権も、施設管理者の有する一般的権限にすぎない。それゆえ、庁舎管理権を媒介させたところで、刑事被収容者処遇法31条を根拠にして、接見を制限することは許されない。施設管理権を媒介させれば、それ自体としては接見の制限について具体的に定めたものでなくとも、刑訴法39条2項にいう「法令」として制限の根拠規定とすることができるというのであれば、この規定が接見の制限には「法令」の根拠が必要だと明記したことの意味が失われることになろう。刑事被収容者処遇法が撮影・録画の制限を具体的に定めていない以上、同法において、制限根拠となる「法令」は存在しないといわなければならない。

(4) 撮影・録画禁止の不必要性

　かりに、接見状況の撮影・録画が刑訴法39条1項の「接見」にあたるにせよ、同条2項にいう「法令」によることなく、刑事被収容者処遇法独自の制限が可能であるとの前提に立ったとしても、撮影・録画を禁止すべき必要性は認め

られない。
　第1に、弁護人の撮影・録画記録のなかに含まれる面会室等の設備状況に関する画像情報が社会内に流通したとしても、それをもって保安・警備上重大な支障が生じることになるかは疑問である。このような画像情報は、報道、広報、調査・研究などによって、すでに相当程度、社会内に流通しているといってよい。それらが保安・警備上重大な支障を生じさせているという現実はない。それらと同等の画像情報が接見にさいし弁護人の撮影・録画した記録のなかに含まれていたとしても、その社会的流通によって保安・警備上重大な支障が生じるというのは杞憂にすぎないであろう。他方、接見状況の撮影・録画はそれ自体として「接見」に含まれ、その禁止は接見交通権の重大な制約にあたる。このような非現実的な危険性を根拠にして撮影・録画を禁止することは、接見交通権の過剰な制約といわざるをえない。
　第2に、逃亡、罪証隠滅など拘禁目的を阻害する危険性をはらむ情報の社会的流通を排除するとの根拠からも、撮影・録画の禁止は正当化されない。弁護士宛信書の内容検査が許されないのと同様、刑訴法81条の接見禁止がある場合でも、その効力として弁護人による撮影・録画を禁止することはできず、また、撮影・録画記録が弁護人から第三者に交付される場合には、弁護人の選別・遮断プロセスを通過すべきことから、たとえ危険情報を含んでいたとしても、その社会的流通によって拘禁目的が阻害される現実的危険は、たとえ皆無でないとしても、僅少だからである。
　第3に、撮影・録画の対象となる被疑者・被告人が同意している限り、そのプライバシーの侵害が、撮影・録画を禁止する実質的根拠とはなりえないはずである。

4. 接見交通と弁護士倫理

(1) 誠実義務の限界
　以上のように、拘禁目的阻害の危険性を根拠にして、逮捕・勾留された被疑者・被告人である未決拘禁者からの弁護人宛信書の内容を検査し、あるいは弁護人による接見状況の写真撮影・ビデオ録画を禁止することは許されない。したがって、弁護人が未決拘禁者からどのような信書を受け取ろうとも、また、接見状況を撮影・録画したとしても、そのこと自体から弁護士倫理上のいかなる問題も生じることはない。

ところで、未決拘禁者が信書を発し、弁護人がそれを受信するプロセス、あるいは弁護人が接見状況を撮影・録画することは、未決拘禁者である被疑者・被告人と弁護人とのコミュニケーションにほかならず、刑訴法39条1項による接見交通権の保障のもとにおかれる。これに対して、弁護人が受け取った信書や接見状況を撮影・録画した記録を第三者に交付することは、弁護人と第三者とのコミュニケーションである。未決拘禁者がコミュニケーションの直接当事者ではないので、刑事被収容者処遇法の制限の射程は及ばない。刑訴法81条による接見禁止の効力が及ばないのも、そのためであった。

　このような弁護人と第三者とのコミュニケーションのあり方をめぐって、弁護士倫理上の問題が生じることがある。最重要の問題は、弁護人が未決拘禁者の要求に応えて、受け取った信書や撮影・録画記録の内容を確認することなく、あるいは内容を確認した結果、逃亡、罪証隠滅など拘禁目的阻害の危険情報を含んでいることを認識したときに、そのまま第三者に交付することは許されるかということである。弁護人の誠実義務を徹底したならば、被疑者・被告人の要求に応えて第三者に交付することは、誠実義務に適った弁護活動であって、それゆえ正当なものであるかにみえる。

　しかし、弁護人が未決拘禁者の要求に応えて、信書や撮影・録画記録の内容を確認することなく、それらを第三者に交付することは許されない。また、弁護人が内容確認を行った結果、拘禁目的阻害の危険情報を含むことを認識したならば、信書や撮影・録画記録を第三者に交付してはならない。いずれも違法・不正な行為を助長・利用し、偽証・虚偽陳述をそそのかしてはならないとする弁護士倫理（弁護士職務基本規程14条・75条）に違反するものであって、被疑者・被告人の要求があったとしても、誠実義務の限界を超えているからである。

(2)　信書の内容確認

　弁護人が未決拘禁者から受け取った信書、あるいは自ら撮影・録画した接見状況の記録を、その内容を確認することなく第三者に交付することは許されるか。撮影・録画記録を第三者に交付する場合であれば、弁護人が撮影・録画する限り、撮影・録画と同時にその内容確認を行っているといえるであろう。弁護人が接見時に未決拘禁者から第三者への口頭の伝言を依頼された場合、口頭の伝言が必然的に弁護人の内容確認を経ることになるのと同様である[*19]。それでは、信書の場合はどうか。たとえ被疑者・被告人がそのように要求して

いたとしても、未決拘禁者における弁護人以外の者との外部交通に関する法的制限を潜脱する行為に荷担することとなり、また、刑訴法81条の接見禁止が付されている場合には、接見禁止の潜脱行為に荷担することとなって、違法・不正な行為の助長・利用を禁止する弁護士職務基本規程14条に違反するというべきである。

　弁護人が内容確認することなく、自身宛の信書を第三者に交付するとき、形のうえでは、未決拘禁者と弁護人とのコミュニケーション、弁護人と第三者とのコミュニケーションの両者が連続するプロセスであるかのようにみえる。しかし、弁護人が内容確認することなく、そのまま第三者に交付するのであれば、実質的にみたとき、このコミュニケーションのプロセスに当事者として関与しているとはいいにくい。信書は弁護人の許を素通りして第三者に交付されるのであるから、未決拘禁者と第三者とのあいだのコミュニケーション手段としての実質を有しているというべきであろう。

　刑訴法は、身体を拘束された被疑者・被告人の接見交通について、弁護人との接見交通（39条）と、家族、友人など弁護人以外の者とのもの（80条）とを区別し、後者については、「法令の範囲内で、接見し、又は書類若しくは物の授受をすることができる」として、「法令の範囲内」での接見交通を認めたうえで、前者に比べ、より厳格な制限を許容している（81条）。刑訴法80条の規定を受けて、刑事被収容者処遇法も、未決拘禁者の外部交通について、相手方が刑事事件の弁護人か、家族、友人などそれ以外の者かによって、許可条件、実施上の制限などを区別している。このような現行法のあり方を前提とする限り、弁護人が未決拘禁者の要求に応えて、内容を確認することなく、自身宛の信書を第三者に交付することは、未決拘禁者における弁護人以外の者との外部交

---

*19　それゆえ、危険情報を含むことを認識したうえでの第三者への撮影・録画記録の交付や伝言が、後述のように弁護士倫理違反となりうることは別として、内容確認なくしての交付や伝言ということではないから、被拘禁者における弁護人以外の者との外部交通に関する法的制限の潜脱への関与が問題となることはないというべきである。村岡啓一「刑事弁護人の役割論の現状評価」自由と正義63巻10号（2012年）22頁は、拘置所側が接見状況の撮影・録画を全面禁止したうえで、その規則に従うことなく撮影・録画した弁護士の懲戒を請求したことの背景には、刑事施設収容法が「『施設の規律及び規律秩序』の観点から一般私人の外部交通に規制を加えている以上、その一般面会に関する制限を弁護人等も尊重し、それを無にするような行為をしてはならない」との考えがあり、さらにそのような考えは、「刑事弁護人も司法機関の一部であるから、検察官、裁判官と同様に一般私人に対する規制の効果を尊重しなければならないという……公益的地位を強調する立場と通底している」と指摘し、そのような考えが、「信頼関係を損なったという理由だけで、被疑者・被告人の利益擁護に最大限の努力をしようとするhired gun的な」弁護活動を抑制する結果となるとしている。

通に関する法的制限の潜脱に自ら関与することになるのである。また、実質的にみて、弁護人がコミュニケーションの主体として関与することなく、未決拘禁者と第三者とのあいだのコミュニケーションが行われることになるのであるから、接見禁止がある場合には、弁護人は未決拘禁者における接見禁止の潜脱行為に荷担することにもなる。このような行為は、違法・不正な行為を助長・利用してはならないとする弁護士職務基本規程14条に反するものであって、「非行」として懲戒の対象となりうるというべきであろう（弁護士法56条1項）。それゆえ、被疑者・被告人の要求がある場合でも、誠実義務の限界を超えている[*20]。

　もっとも、法的制限の潜脱への関与、あるいは接見禁止の潜脱への関与は、弁護人が内容確認することなく、自身宛の信書を第三者に交付することにより生じる結果であるから、たとえ未決拘禁者がそのように要求していた場合でも、弁護人がそれらを実際に交付しない限り、その信書を受け取ること自体により、弁護士倫理上の問題は生じることはない。もちろん、未決拘禁者がそのように要求したことを、施設側に通知する必要もない。

(3)　危険情報の社会的流通の阻止

　刑訴法39条2項が、身体を拘束された被疑者・被告人と弁護人との接見交通について、「法令」に基づき、「逃亡、罪証の隠滅又は戒護に支障のある物の授受を防ぐため必要な措置」をとることができると規定していることに示されるように、逮捕・勾留に関する刑訴法の規定、さらには未決拘禁者の取扱いについて定める刑事被収容者処遇法の規定の趣旨からすれば、弁護人自身、逃亡、罪証隠滅など拘禁目的を阻害する危険を生じさせる行為に関与しないよう要

[*20]　未決拘禁者が携帯電話などを使用して、外部の第三者と直接通話するのを弁護人が補助することも、内容を確認することなく、自身宛の信書を第三者に交付することと同様に扱うことができるであろう。もっとも、弁護人が関与する形で通話がなされるとき、それは防御手段となりえるから、防御上の必要性があり、かつ、通話状況の具体的設定、通話時のモニタリングなどにおいて、通話に対して弁護人の実質的コントロールが及んでおり、その選別・遮断機能が働くことによって、被疑者・被告人と第三者とのあいだで拘禁目的阻害の危険情報が交換される可能性が僅少である場合であれば、例外的に許容されるべきであろう（葛野尋之「接見時の携帯電話使用と弁護士倫理」季刊刑事弁護74号〔2013年〕〔本書第14章〕）。他方、弁護人が接見にさいし、接見において有効な助言・相談を提供するために電子機器を使用することは、刑訴法39条1項の「接見」の補助手段として、また、弁護人自身が有効な弁護を提供するために使用することは、「接見」と密接に関連する正当な弁護手段として、禁止されるべきではない。これらについて、葛野・注2「弁護人接見の電子的記録と接見時の電子通信機器の使用」80〜81頁。

求されているといえる。それゆえ、弁護人が受け取った信書について、あるいは接見状況の撮影・録画を行うなかで、その内容を確認した結果、拘禁目的阻害の危険情報を含んでいることを認識したならば、たとえ被疑者・被告人が要求している場合でも、信書や撮影・録画記録を第三者に交付することは許されない。危険情報を認識しながら、あえて第三者に交付することは、違法・不正な行為を助長・利用し、偽証・虚偽陳述をそそのかしてはならないとする弁護士倫理（弁護士職務基本規程14条・75条）に違反するものであって、「非行」として懲戒の対象となりえるからである（弁護士法56条1項）。被疑者・被告人が要求していたとしても、誠実義務の限界を超えている。これらのことは、接見時に被疑者・被告人から依頼された口頭の伝言のなかに危険情報が含まれていることを弁護人が認識した場合と同様である[21]。

　弁護人は信書や撮影・録画記録の内容を確認するにあたり、違法・不正な行為を助長・利用し、偽証・虚偽陳述をそそのかしてはならないという弁護士倫理上の義務を果たすために、拘禁目的阻害の危険情報を選別し、その社会的流通を遮断する機能を働かせることになる。これまで、弁護人のスクリーニング機能と呼ばれてきたものである。

　弁護士のなかには、「秘密交通権という『特権』を享受することの見返り（秘密交通権の内在的制約）として、弁護士は、接見禁止下において被疑者と第三者との間の情報の取次ぎをする場合には、その情報の選別を行う義務がある」との意見も有力である[22]。しかし、弁護人が内容確認にあたり、拘禁目的阻害の危険情報を選別・遮断する機能を働かせるのは、違法・不正な行為の助長・利用や偽証・虚偽陳述のそそのかしを禁止する弁護士倫理上の義務（弁護士職務基本規程14条・75条）を果たすためだというべきである。このことは、接見禁止の有無にかかわらない。秘密交通権の「内在的制約」だというと、被疑者・被告人と弁護人とのコミュニケーションの局面において主要な問題があるかのような理解を招くおそれがある。しかし、問題はむしろ、弁護人と第三者とのコミュニケーションのあり方、それをめぐる弁護士倫理上の制約の根拠・限界に関するものというべきであろう。また、秘密交通権の「内在的制約」としてスクリーニング義務を認めることは、弁護人が、違法・不正な行

---

[21] 村岡・注12論文46頁。
[22] 高野隆「（ワークショップ報告）刑事弁護の倫理」刑法雑誌45巻2号（2006年）351～352頁。森下弘「接見室内での電子機器の使用について」季刊刑事弁護72号（2012年）74頁が、この立場をとる。

や偽証・虚偽陳述への関与を回避する義務を超えて、より積極的に、被疑者・被告人による拘禁目的阻害の危険を防止し、または除去すべき義務、このような形において刑事司法の公正さの確保に協力する義務を担っているとする理解と基盤を共通にするものであろう。このような弁護人の公的義務の承認に由来するスクリーニング義務は、弁護人の誠実義務を相対化し、被疑者・被告人の権利・利益を擁護するための弁護活動を抑制するおそれもあろう[*23]。

弁護人の選別・遮断機能について、逮捕・勾留に関する刑訴法の規定および未決拘禁者の取扱いに関する処遇法の規定の趣旨によれば、弁護人自身、逃亡、罪証隠滅など拘禁目的を阻害する行為に関与してはならないことを前提として、弁護人が違法・不正な行為や偽証・虚偽陳述への自身の関与を禁止する弁護士倫理上の義務を果たす過程において働く機能として、その性格を理解するならば、誠実義務の限界を明確化することができ、結果として、その範囲内において、被疑者・被告人の権利・利益を擁護するための自由闊達な弁護活動が保障されることになるであろう。

(4) 弁護人における危険情報の認識

第三者に対する信書や撮影・録画記録の交付が許されないのは、弁護人がそれらの内容を確認した結果、拘禁目的阻害の危険情報を含むことを認識した場合である。危険情報の認識があってこそ、弁護人は弁護士倫理上の禁止規範に直面するのであり、禁止規範に違反したことについて弁護士倫理上の非難も可能になるからである。「虚偽と知りながら（傍点は引用者）」という弁護士職務基本規程75条の文言からも、そのように理解されるであろう。このことも、接見時に被疑者・被告人から第三者への口頭の伝言を要求された場合と同様である[*24]。

弁護人のスクリーニング機能については、逃亡・罪証隠滅などの危険が「明白かつ重大」な場合にのみ、弁護人はスクリーニング機能を働かせるべきであり、そうでない場合にはスクリーニングをしてはならないという見解（消極的「弁護人スクリーニング」論）と、逃亡・罪証隠滅の「疑い」がある場合には、スクリーニングをしなければならないという見解（積極的「弁護人スクリーニング」論）があるとされる[*25]。前者からすると、弁護人が内容確認をした結果、

[*23] 村岡・注12論文33～37頁、村岡・注19論文22頁参照。
[*24] 村岡・注12論文36～37頁。

危険情報を含むことを認識していても、その危険が「明白かつ重大」とはいえない場合には、信書や撮影・録画記録を第三者に交付することも許されるということになるのであろうか。もしそうであるならば、弁護人が違法・不正な行為や偽証・虚偽陳述への関与を禁止する弁護士倫理上の義務を果たしたといえるかどうか疑問である。このような弁護士倫理の要請としては、危険情報を含んでいることを認識した以上、弁護人はその社会的流通を阻止しなければならないというべきであろう。

　他方、弁護人は拘禁目的阻害の危険情報を含む「疑い」を抱いたというだけで、危険情報の社会的流通を阻止しなければならないともいえないであろう[26]。弁護人の行為が弁護士倫理に違反するのは、弁護士が違反行為であることを「認識」していた場合に限られるからである。弁護人の公的性格を強調する国においては、弁護人において「疑い」が生じたときは、その「疑い」が解消されるかどうか調査を義務づける例があるという[27]。しかし、日弁連弁護士職務基本規程ほか、日本の職務規範は、「疑い」を解消するための調査義務を課していない。しかも、危険情報を含むことの認識においては、弁護人の高度の専門性に基づく判断が尊重されるべきである[28]。したがって、弁護人の専門的判断において「認識」された場合を除いて、弁護士倫理上の問題は生じないというべきである。

---

[25]　森下・注22論文75頁。和田恵「一般接見に関する弁護活動」後藤昭＝高野隆＝岡慎一『実務体系・現代の刑事弁護（2）——刑事弁護の現代的課題』（第一法規、2013年）は、弁護人が「怪しい文書」の授受を依頼された場合には、法曹倫理を兼ね備えた専門家としてその依頼を拒絶すべきとし、そうすることによって接見禁止の潜脱を防ぐことができるとする。また、岡慎一＝神山啓史「弁護活動の限界」後藤・注25書は、弁護人は秘密交通権を保障されていることに由来して、罪証隠滅等の危険情報を選別・遮断する義務を負うとしたうえで、刑事施設等の職員の内容検査によっては危険情報の遮断が確保されないと認められるからこそ接見禁止決定がなされるというべきであるから、そのことを前提とするとき、弁護人の選別により危険情報を遮断することは困難というべきであって、そうであるならば、内容において「明らかに罪証隠滅等のおそれがないと認められる場合を除いて」、弁護人が信書等の授受を仲介すること、撮影・録画媒体等を第三者に閲覧させ、または交付することは許されないとする。施設職員の内容検査によっては危険情報の遮断が確保されない場合にこそ接見禁止決定がなされるべきとの前提に立つとき、弁護人の選別・遮断も有効に機能しないとすべきなのかについては、あらためて検討することとしたい。
[26]　高野・注22報告352頁は、「弁護人が依頼人の欲するコミュニケーションをいわば『正義の門番』として選別するというのは依頼人の利益の擁護者たるべき弁護人の基本的な職責と両立しない。弁護人は違法行為に加担することはできないとしても、単に違法の『疑い』があるというだけで弁護活動を控える理由はない」との見解を紹介している。
[27]　村岡・注12論文37〜39頁。
[28]　村岡・注12論文39〜40・46〜47頁。

5. 結語

　有効な弁護の憲法的保障に由来する秘密交通権の保障（刑訴法39条1項）のもと、逃亡、罪証隠滅など拘禁目的阻害（同条2項）の危険を根拠として、未決拘禁者である被疑者・被告人による弁護人宛信書の内容を検査し、また、弁護人による接見状況の撮影・録画を禁止することは許されない。したがって、弁護人が未決拘禁者からどのような信書を受け取ろうとも、また、接見状況を撮影・録画したとしても、そのこと自体から弁護士倫理上のいかなる問題も生じることはない。

　他方、たとえ被疑者・被告人の要求があったとしても、弁護人が未決拘禁者からの自身宛信書を、その内容を確認することなく第三者に交付することは、未決拘禁者における弁護人以外の者との外部交通に関する法的制限の潜脱に荷担することとなり、また、刑訴法81条の接見禁止が付されている場合には、接見禁止の潜脱行為に荷担することとなって、違法・不正な行為の助長・利用を禁止する弁護士職務基本規程14条に違反する。また、逮捕・勾留に関する刑訴法の規定および未決拘禁者の取扱いに関する刑事被収容者処遇法の規定の趣旨からすれば、弁護人自身、逃亡、罪証隠滅など拘禁目的を阻害する行為に関与しないよう要請されているから、弁護人が内容検査をした結果、拘禁目的阻害の危険情報を含んでいることを認識したときは、第三者に信書や撮影・録画記録を交付することは許されない。違法・不正な行為を助長・利用し、偽証・虚偽陳述をそそのかしてはならないとする弁護士倫理（弁護士職務基本規程14条・75条）に違反するからである。これらの場合、たとえ被疑者・被告人が要求していたとしても、誠実義務の限界を超えることになる。しかし、弁護人が内容確認をした結果、その専門的判断において、危険情報を含むとの認識に至らなかった場合には、弁護人が被疑者・被告人の要求に応じて、弁護人宛信書を第三者に交付し、あるいは接見状況を撮影・録画したうえで、その記録を第三者に交付したとしても、それにより弁護士倫理上の問題が生じることはないのである。

　以上のことは、弁護人が被疑者・被告人の要求に応えて、第三者に対して口頭の伝言を行う場合、接見状況を録音により記録する場合にも、ほぼ同様に妥当する。

【付記】接見にさいしての弁護人の写真撮影をめぐる国家賠償請求訴訟、とくに竹内事件控訴審判決（東京高判平27〔2015〕・7・9）については、本書終章を参照。

第13章 接見禁止と弁護人宛信書の内容検査

1. 本章の目的

　身体を拘束された被疑者・被告人にとって、有効な弁護の憲法的保障（憲法34条・37条3項）を確保するために不可欠なのが、弁護人との意思疎通および情報発信・取得としてのコミュニケーションの自由である。そして、自由なコミュニケーションのためには、その秘密性が保障されなければならない。秘密性が奪われれば、いわゆる萎縮的効果が生じ、両者のコミュニケーションは必然的に抑制されるからである。刑訴法39条1項による秘密交通権の保障は、このような趣旨による[*1]。

　そのうえで、刑訴法39条2項は、「前項の接見又は授受については、法令（裁判所の規則を含む。以下同じ。）で、被告人又は被疑者の逃亡、罪証の隠滅又は戒護に支障のある物の授受を防ぐため必要な措置を規定することができる」と定め、法令に基づく拘禁目的による接見と書類・物の授受の制限を許している。この規定のもと、刑事被収容者処遇法は、刑事収容施設（刑事施設、警察留置施設、海上保安留置施設）に収容された「未決拘禁者」である被疑者・被告人が弁護人に対して発した信書について、収容施設側が内容検査を行うことを許す規定をおいている。内容検査に基づく信書の発信制限も認めている。実務上、未決拘禁者が弁護人に対して宅下げをした書類についても、信書と同様の取扱いがなされている。信書（以下、宅下げ書類も含む）の内容検査は、両者のコミュニケーションの秘密性を奪うものであって、接見交通権の実質的制約に直結する。

　現在、未決拘禁者が弁護人に発した信書の内容検査とそれに基づく発信制限をめぐって、いくつかの国家賠償請求訴訟が提起されている。それらのなかで、

[*1] 秘密交通権の侵害が争われた事件において、下級審判例はこぞって、萎縮的効果と関連づけて秘密交通権の意義を説いている（葛野尋之「〔判批〕検察官による弁護人と被疑者との接見内容の聴取が秘密交通権の侵害にあたるとされた事例」判例評論641号〔2012年〕154～155頁〔本書第11章〕）。

村岡事件控訴審の大阪高裁判決[*2]は、刑訴法81条の接見禁止が付されている場合、その効果として、警察留置施設に勾留中の被疑者が弁護人に対する宅下げ書類のなかに、標題、記載内容などの「事情を総合的に考慮」すれば「弁護人宛」のものではないと認められる信書を混入させることは禁じられるとしたうえで、そのような信書の発信がないことを確認するために、弁護人に対する宅下げ書類の内容を検査することが許され、そのような書類を発見した場合、その書類の宅下げを制限することができるとした。接見交通権の基本的あり方にかかわる重要な判断である。

　本章は、以下、未決拘禁者が弁護人に発した信書の内容検査の許否について検討し、内容検査が許されないことを明らかにする。本章の検討によれば、第1に、弁護士倫理上、弁護人が信書の内容を確認することなく第三者に交付することは許されないことから、未決拘禁者から弁護人への信書の発受は、両者間のコミュニケーションとしての実質を有しており、また、接見禁止の効果は被疑者・被告人と弁護人との接見交通には及ばない。それゆえ、未決拘禁者が弁護人の手から第三者に交付されることを予定して作成し、弁護人に対してそのように要求した信書、あるいは控訴審判決によれば、標題、記載内容などの「事情を総合的に考慮」すれば「弁護人宛」のものではなく「第三者宛」とされる信書を弁護人に発することを禁止したうえで、そのような信書の発信がないことを確認するためとして、未決拘禁者から弁護人へと発信される信書の内容を検査することは許されない。第2に、弁護人が信書の内容を確認したさい、拘禁目的阻害の危険情報が含まれることを認識したならば、弁護士倫理上、信書を第三者に交付することは許されず、また、弁護人の高度の専門的能力などからすれば、弁護人が信書に含まれる危険情報を選別することがとくに困難であるともいえないから、危険情報が弁護人の選別・遮断過程をかい潜って、社会内に流通する可能性は僅少である。それゆえ、この可能性を根拠にして、接見交通権の実質的制約に直結する信書の内容検査を認めることはできない。

[*2]　大阪高判平24 (2012)・10・12 LEX/DB 25483106。原告が上告。

2. 弁護人宛信書の内容検査

(1) 刑事被収容者処遇法に基づく内容検査

旧監獄法のもとでは、未決拘禁者と弁護人とのあいだの信書について、発受の方向を問わず、全面的な内容検査が行われていた（同法50条、同法施行規則130条）*3。

2005年、旧監獄法の受刑者処遇に関する部分が全面改正された。翌2006年には、未決拘禁と死刑確定者の処遇に関する部分が全面改正され、これらをあわせて刑事被収容者処遇法が成立した。同法は、弁護人が未決拘禁者に発した信書については、その旨確認する限度で検査を行うことを原則とする一方、未決拘禁者が弁護人に発した信書については、内容検査を行うことができるとしている（135条・222条・270条）。「被収容者の外部交通に関する訓令の運用について（依命通達）」（平成19〔2007〕・5・30矯成3350矯正局長依命通達）は、未決拘禁者の発受する信書の差止に関する手続等が、受刑者の場合に準じて行われるべきとしたうえで、「未決拘禁者の発受する信書の差止め等に当たっては、防御権にも配慮した慎重な対応が必要であることに加え、発信する相手方が被疑者等を含む刑事事件の関係者である場合には、脅迫等のほか、証人等威迫罪（刑法第105条の2）にも該当する可能性があるところ、未決拘

---

*3 浦和地判平8（1996）・3・22判時1616号111頁（高野国賠事件）は、刑訴法39条1項にいう「立会人なくして」は「接見し」のみにかかり、信書の発受は書類・物の授受に含まれるとしつつ、信書の発受については、接見の場合のような秘密保護が要請されることはないとしたうえで、旧監獄法および同法施行規則による被疑者・被告人と弁護人とのあいだの信書の検閲は、刑訴法の同規定の趣旨に反するものではなく、同条2項のいう「法令」に基づく措置として認められるとし、逃亡・罪証隠滅の防止、刑事施設の規律・秩序の維持という拘禁目的を確保するためには、信書を検閲し、その内容を探知する必要がある一方、このような制限はコミュニケーションそのものの規制ではなく、その「手段又は方法を規制する効果を有するにすぎない」から、必要かつ合理的な制限として憲法違反ではないと判示した。最判平15（2003）・9・5判時1850号61頁は、旧監獄法および同法施行規則における信書発受の制限が憲法21条、34条、37条3項に違反しないことは先例の趣旨に徴して明らかとするだけであったものの、第一審浦和地裁の判断を支持した。もっとも、高野国賠事件は、被告人の刑事事件の審理を行う裁判所の法廷内において、被勾留者として拘置所に収容中の被告人から、弁護人がその信書を受け取ったという事案に関するものであって、このような事案についての判断を、未決拘禁者として刑事収容施設に収容されている被疑者・被告人と弁護人とのあいだの信書の発受一般に及ぼしてよいかについては、なお慎重な検討が必要とされる。また、この判断は旧監獄法下の事件についてのものであって、弁護人が未決拘禁者に発した信書については、そのような信書であることの確認にとどめることにしたのをはじめ（135条2項1号・222条3項1号イ・270条3項1号イ）、現行の刑事被収容者処遇法が関連規定の重要な改正を含むものであったことからすれば、現行法下でもその判断が妥当すると即断することはできないというべきである。

禁者の発受する信書がこれらの刑罰法令に触れることとなるかどうか、あるいは罪証隠滅の結果を生ずるおそれの有無について、刑事施設において的確な判断が困難な場合は、必要に応じ、検察官に対し適切に情報提供し、執るべき措置等も含めて相談すること」とし (11(8))、信書発受の記録については、「特に、未決拘禁者の弁護人等あて信書については、特別の事情がない限り、要旨の記録は省略し、又は『裁判の件』等簡潔な記載にとどめるものとすること」としている (12(2))。

　刑事被収容者処遇法の制定に先立ち、未決拘禁者の処遇等に関する有識者会議『提言』[*4]は、「未決拘禁者が弁護人に発する信書については、罪証隠滅のための工作を依頼するなど勾留目的を阻害するような不当な内容のものも現に認められ、また、今後も十分に想定されるところ、受領した弁護人からそれ以外の者に転々流通した場合には、未決拘禁者とこれ以外の者との間で直接信書の発受がなされたのと同じ効果を生ずることになるのであって、これによる罪証隠滅等を防ぐためにも、内容の検査を行い、不適当なものの発信を禁止・制限することが必要」であるとの意見が多数を占めたとしていた。同法案の国会審議においても、このような理由から、未決拘禁者が弁護人に発した信書の内容検査が原則とされたことが確認されている[*5]。

(2)　村岡事件控訴審判決

　村岡事件においては、未決拘禁者が弁護人に発した信書の内容検査の適法性が正面から争われた。警察の留置施設に勾留され、接見禁止を付されていた被疑者2人の弁護人が、両被疑者から書類の宅下げを受けようとしたところ、留置担当官は、両被疑者からの宅下げの申出に対して、未封緘の封筒に入っていた書類の内容を検査し、その申出を拒否した。弁護人が秘密交通権の侵害などを主張し、国会賠償請求訴訟を提起したところ、2012年4月10日、京都地裁[*6]は、留置施設側が逃亡および罪証隠滅の防止ならびに留置施設内の秩序の維持という目的の限度で書類の在中する封筒を開披し、その書類の内容を閲読して検査することは、必要やむを得ない措置として許容されると判示したうえで、留置担当官の開披・内容検査、これらに基づく宅下げの申出の拒否を適

[*4] 〈http://www.moj.go.jp/KYOUSEI/SYOGU/teigen.pdf〉。
[*5] 第164回国会衆議院法務委員会議録 (2006年4月12日)、民主党・枝野幸男衆議院議員の質問に対する杉浦正健法務大臣の答弁。
[*6] 京都地判平24 (2012)・4・10 LEX/DB 25481008。

法とした。原告の控訴に対して、同年10月12日、大阪高裁は、控訴棄却の判決を言い渡した。

　控訴審判決は、刑訴法39条1項が「書類及び物の授受」について立会人なくして行うものとしていないのは、「接見における口頭での意思の伝達、情報提供の場合には、刑事施設側が施設内の接見室の設備等を整えることによって、施設内の規律及び秩序維持等の目的を達しながら接見交通権も確保することが可能であるのに対し、特に被収容者からの書類等の発信・交付（宅下げ）による意思の伝達、情報提供の場合は、当該書類等の物理的占有移転を伴うものであり、刑事施設側において、授受されようとしている書類等の中に危険物や禁制品等が混入していないか、あるいは勾留等の裁判を執行する施設として、接見等禁止決定に違背する第三者宛の書類等が混入されていないかなどについて確認する必要があるために、たとえ弁護人等との間であっても、書類等の授受については、定型的に秘密性を保障することが困難であったことによるものと考えられる」とした。そのうえで、判決は、「留置施設は、……少なくとも、被留置者に対する接見等禁止決定を執行する施設として、同決定が被留置者に第三者との書類の授受を禁止していれば、これに従い、被留置者が第三者宛に書類を発信することも禁止しなければならない職責があるから、被留置者が弁護人等宛である旨を記載した封筒に入れ、当該弁護人等に宅下げすることを希望した信書であっても、被収容者処遇法222条1項に基づき、これを開披してその名宛人を検査することができる」とし、「弁護人等においても接見等禁止決定が被留置者に弁護人を介して第三者との間で書類等を授受することを許した場合であれば格別、そうでなければ、第三者宛の書類等を受領してもこれを第三者に交付することは許されないのであるから、これを受領することにより得られる弁護人の弁護活動上の利益は、上記の検査権限の行使さえ許さないほど高度に保護されるべきものであるとはいえない」と判示した。

　このような判示に続き、判決は、「留置担当官が、被留置者が発信を申し出た書類の名宛人を検査する目的の限度で、書類の在中する封筒を開披し、その書類の内容を閲読して検査することは、必要やむを得ない措置として許容されるのであるから」、留置担当官による本件開披・閲読は適法であるとした。さらに、判決は、「信書とは、差出人が定めた特定の受取人に対し、差出人の意思表示や事実を通知する文書をいうものと解すべき」であって、標題、記載内容などの「事情を総合的に考慮すれば」、本件信書はいずれも「弁護人宛」の

ものではなく、家族宛の信書というべきであるから、留置担当官が、接見等禁止決定により発信を禁止されているものとして、本件信書の発信を拒否したことは適法であるとした。

3. 接見禁止潜脱論

(1) 接見禁止の実質的趣旨とその潜脱

このように、控訴審判決は、接見禁止の効果として、被疑者は標題、記載内容などの「事情を総合的に考慮」すれば「弁護人宛」のものではなく「第三者宛」のものと認められる信書を発信することを禁止されているとしたうえで、留置管理官はそのような信書の発信がないことを確認するために、被疑者が弁護人に発した信書の内容を検査することが許されるとした。控訴審判決は、このような「弁護人宛」のものではない信書であれば、未決拘禁者が信書を弁護人に発し、弁護人が受け取った信書を第三者に交付するという一連のコミュニケーション過程を、実質的にみて未決拘禁者と第三者とのコミュニケーション過程であると理解しているといえよう。このような理解に立って、弁護人が信書を第三者に交付するにあたり、その内容を確認することが確実に予定されているかどうかをなんら問題にすることなく、接見禁止が付されている場合、未決拘禁者と弁護人とのあいだの信書の発受だけでなく、弁護人から第三者への交付を含む一連の過程全体に接見禁止の効果が及び、この過程全体が接見禁止の潜脱にあたるとするのである。

検事の尾崎道明は、かつて、接見禁止の実質的趣旨は「逃走や罪証隠滅を防止するため、被疑者と一般人との間の意思・情報の伝達を遮断することにある」として、「書類等の授受については、意思・情報伝達の主体が弁護人以外のものである限り」、接見禁止に違反するとの見解を表明していた[*7]。控訴審判決も、このような接見禁止潜脱論に立つものである。

しかし、接見禁止潜脱論に立って、未決拘禁者が弁護人に発した信書の内容検査を許容することには疑問がある。

[*7] 尾崎道明「弁護人と被疑者の物の授受」平野龍一＝松尾浩也編『新実例刑事訴訟法(I)』(青林書院、1998年) 189～190頁。

(2) 第三者への信書交付と弁護人の内容確認

　未決拘禁者が弁護人の手から外部の第三者に交付されることを予定して作成した信書を弁護人に発信し、弁護人に対してそのように要求した後、弁護人が未決拘禁者の要求に応えて、その信書を第三者に交付した場合、この一連のコミュニケーション過程は、どのようなものとして捉えられるであろうか。

　ここにおいてまず確認すべきは、接見禁止の有無を問わず、弁護士倫理上、弁護人は未決拘禁者から受け取った信書を、その内容を確認することなく第三者に交付することは許されないということである[*8]。弁護人が未決拘禁者から受け取った信書を内容確認することなく第三者に交付するならば、たしかに形式的には、未決拘禁者と弁護人、弁護人と第三者という2つのコミュニケーション過程が連続しているようにみえる。しかし、信書の内容を確認しない以上、弁護人がコミュニケーションの一方の主体となっているとはいえず、未決拘禁者と弁護人とのあいだのコミュニケーションとしての実質が欠けているといわざるをえない。実質的にみれば、未決拘禁者と第三者とのあいだの直接のコミュニケーションなのである。

　この場合、弁護人は、未決拘禁者における弁護人以外の者との外部交通に関する刑事被収容者処遇法上の制限、ひいてはその基礎にある刑訴法80条の規定の潜脱に自ら関与することとなり、さらに接見禁止が付されている場合であれば、未決拘禁者における接見禁止の潜脱行為に荷担することともなる。そのような弁護人の行為は、違法・不正な行為の助長・利用を禁止する弁護士職務基本規程14条に違反し、「非行」として懲戒の対象となりうる（弁護士法56条1項）。たとえ被疑者・被告人がそのように要求した場合でも、刑事弁護人の誠実義務の限界を超えるというべきである。

　かくして、弁護士倫理上、弁護人は未決拘禁者から受け取った信書を第三者に交付するにあたり、その内容を確認しなければならないことになる。弁護士が厳格な職業倫理に拘束され、懲戒処分の可能性さえあることからすれば、弁護人が内容確認を怠ることを前提におくべきではない。

(3) 弁護人との接見交通と接見禁止

　接見禁止潜脱論においては、「書類等の授受については、意思・情報の伝達

[*8] 葛野尋之「身体拘束中の被疑者・被告人との接見、書類・物の授受」後藤昭＝高野隆＝岡慎一編『実務体系・現代の刑事弁護(2)』（第一法規、2013年）（本書第12章）参照。

の主体が弁護人以外のものである限り、仮に弁護人が介在しても、接見等禁止決定による禁止に直接に触れる」のであって、書類等の授受が被疑者・被告人と「第三者との間で行われたと評価される限り、接見等禁止決定の禁止に違反する」とされていた。控訴審判決も同様の理解に立って、未決拘禁者が弁護人に発した信書であっても、標題、記載内容などの「事情を総合的に考慮」すれば「弁護人宛」のものではなく「第三者宛」のものと認められる信書であれば、そのような信書の発信は接見禁止に違背するものとしていた。このような理解が、信書の内容検査が許容されるとする判断の前提となっており、このようにいうとき、弁護人の内容確認が確実に予定されていることをなんら問題としていなかった。

　しかし、そのような信書が弁護人に発せられたとしても、弁護人が未決拘禁者から受け取った信書を第三者に交付するにあたり、その内容を確認することが確実に予定されるのであるから、未決拘禁者と弁護人とのあいだの信書の発受というコミュニケーション過程に、弁護人は一方の主体として関与することになる。すなわち、未決拘禁者と弁護人とのあいだの信書の発受は、両者間のコミュニケーションとしての実質を有しているのであって、身体を拘束された被疑者・被告人と弁護人との接見交通なのである。このような信書は、控訴審判決がいうように「第三者宛」のものではない。弁護人宛の信書というべきである。

　たとえ弁護人の内容確認が確実に予定されるとしても、未決拘禁者がもともと第三者に交付されることを予定して作成し、そのように弁護人に要求した信書であれば、それはやはり「第三者宛」信書というべきだとの意見もあるかもしれない。もしそれが「第三者宛」信書であるというのであれば、被疑者・被告人である未決拘禁者から内容確認することなく第三者に交付するよう要求された場合には、弁護人の誠実義務からすれば、第三者に交付するにあたり内容確認をすべきではないことになろう。しかし、上述のように、弁護士倫理の要求として、弁護人は未決拘禁者から受け取った信書を第三者に交付するにあたり、たとえ未決拘禁者の要求に反したとしても、内容確認をしなければならないのである。このことと、信書が「第三者宛」のものだとすることとは本質的に矛盾する。弁護士倫理上、弁護人が内容確認をしなければならず、したがって弁護人の内要確認が確実に予定される以上、そのような信書の発受において弁護人はコミュニケーションの一方の主体として関与しているというべきであって、信書はやはり弁護人宛のものというべきなのである。

弁護人が弁護士倫理の要求に反して、内容を確認しないままに、未決拘禁者の発した信書を第三者に交付する可能性も皆無とはいえないから、やはり未決拘禁者が弁護人に信書を発する段階で、収容施設が信書の内容を検査して、危険情報の含まれていないことを確認しなければならないという意見もあるかもしれない。しかし、弁護士倫理の拘束は厳格なものであって、それに違反した場合、懲戒処分の可能性もある。また、刑訴法39条1項による無立会の接見の保障など、刑事手続は一般に、弁護人が公正な裁判を阻害する行為にあえて及ぶことはないとの信頼を基盤にして成り立っている[*9]。弁護人自身が罪証隠滅行為に及びうることを前提とするならば、秘密交通権はその基盤を失うことになるであろう。それゆえ、弁護人があえて弁護士倫理に違反して、内容確認をしないままに、未決拘禁者の発した信書を第三者に交付するかもしれないとの前提に立つべきではなく、それゆえ、このような前提のうえで、危険情報の確認のためとしてなされる収容施設による信書の内容検査を正当化することもできない。

　弁護人が未決拘禁者の発した信書を受け取った後、その内容を確認したうえで第三者に交付した場合、弁護人による第三者への交付は、未決拘禁者からの受信とは別個の、弁護人と第三者とのあいだのコミュニケーションを構成するから、未決拘禁者と弁護人、弁護人と第三者とのあいだの2つのコミュニケーション過程が連続していることになる。未決拘禁者と第三者とのあいだで直接のコミュニケーションが行われているわけではない。

　本来、接見禁止は、刑訴法81条の文言が示すとおり、逃亡・罪証隠滅を防止するために、勾留されている被疑者・被告人と弁護人以外の第三者とのあいだの接見や書類・物の授受を制限するものである。被疑者・被告人と弁護人との接見交通を制限する効果を有してはいない。

　控訴審判決は、未決拘禁者が弁護人に発した信書であっても、標題、記載内容などの「事情を総合的に考慮」すれば「弁護人宛」のものではなく「第三者宛」

[*9]　弁護人自身による「罪証隠滅」の危険を理由とする接見交通の制限が許されないことについて、田宮裕『捜査の構造』(有斐閣、1971年) 404〜405頁。後に検討するように、内容検査の実質的根拠として危険情報の社会的流通の可能性がいわれるときも、弁護人自身が拘禁目的を阻害する行為に及びうることが問題にされることはなく、あくまでも弁護人が危険情報を認識することなく、それを含む信書を第三者に交付してしまうことの可能性が問題とされている(林真琴＝北村篤＝名取俊也『逐条解説・刑事収容施設法』〔有斐閣、2010年〕686〜687頁)。ここにおいても、弁護人自身が弁護士倫理に違反する行為に及ぶ可能性は前提とされてないのである。

のものと認められる信書であれば、そのような信書の発信は接見禁止により禁止されており、接見禁止の潜脱がないことを確認するために、弁護人に発した信書の内容検査が許されるとした。しかし、上述のように、弁護人の内容検査が確実に予定されている以上、未決拘禁者と弁護人とのあいだの信書の発受は両者間のコミュニケーションであって、その信書は弁護人宛のものというべきである。したがって、そのような内容検査は、まさに接見禁止を理由にして、被疑者・被告人と弁護人との接見交通を制限することにほかならならない。このような制限は、接見禁止の効果を超えている。

4. 拘禁目的阻害の危険性と信書の内容検査

(1) 内容検査の実質的根拠

　控訴審判決は明示していないものの、接見禁止潜脱論に立つ尾崎道明は、信書の内容検査が必要とされる実質的根拠に言及していた。すなわち、接見禁止の「実質的な趣旨は、逃亡や罪証隠滅を防止するため、被疑者と一般人との間の意思・情報の伝達を遮断することにある」としたうえで、そのような趣旨からすれば、接見のさいに弁護人が依頼された伝言を被疑者に伝える行為や、その逆に被疑者からの伝言を第三者に伝える行為も、「場合により、実質的には、この趣旨を害することにはなるが」、被疑者の防御を目的とする「接見や弁護活動の性質から」、接見禁止「決定によっては直接かつ一般的には禁止されず、基本的には同決定の趣旨を踏まえた弁護人の健全な判断に委ねられている」のに対し、「書類等の授受については、意思、情報の伝達の主体が弁護人以外のものである限り、仮に弁護人が介在しても、接見禁止決定による禁止に直接触れるというべき」だとするのである。尾崎道明は、口頭の伝言と書類等の授受との差異を次のように説明する。「手紙の内容の要旨を口頭で説明することと直接手紙を授受することには、格段の差があり、後者においては、弁護人の捜査妨害を避けるための注意が行き届かない点が出てくることを否定し難いし、弁護人の不知の間に被疑者と当該第三者のみが知る情報等により隠された意思・情報が伝達され、罪証隠滅等を招く危険がある」一方、弁護人が防御上必要と考える情報の伝達は口頭で行えば足りるというのである[*10]。

　このような実質的根拠は、刑事被収容者処遇法の制定過程において言及さ

[*10] 尾崎・注7論文189〜190頁。

れていたが、同法成立後、その注釈書においても指摘されている。それによれば、口頭の接見の場合とは異なり、信書の場合、「弁護人等は、信書の記述内容を全く把握しないまま交付することもあり得るし、その内容を把握するにしても、巧妙に隠語が使われていたり、事件の全貌を把握していないために、その内容の真の意義を把握できないまま交付することも考えられるのであって、このようにして、未決拘禁者が表した記述が、そのままの表現で、弁護人等はその意義を了知することなく、弁護人等以外の者に伝達されることが想定される」から、「不適切な記述があるものが弁護人等以外の者に交付され、罪証の隠滅の結果などを生ずることを防止するために」、内容検査を行う必要があるとされるのである[*11]。

また、村岡事件の第一審判決も、同様の理解に立ち、「被疑者が弁護人に対して発しようとする封筒及び在中の信書については、被疑者において不適切な記載を混入させるおそれが否定できないところ、信書の授受には物理的な占有移転が伴うので、接見と異なり、弁護人が、信書中の不適切な記載を見逃し（例えば、口頭でのやりとりと比較して、弁護人に気づかれずに第三者に対してのみ理解されるような暗号を割り込ませることは、類型的に容易であると考えられる。）、誤って第三者に逃亡・罪証隠滅につながる表現をそのまま伝えてしまうなどして、意図せずして結果的に逃亡・罪証隠滅へ加担してしまうことも、想定されるというべきである。したがって、封筒中の信書の名宛人及び記載内容を確認する必要性が高いところ、封筒の外観からでは、そのような事実を知ることは不可能である」としていた。

しかし、以下述べるように、弁護人は逃亡、罪証隠滅など拘禁目的を阻害する危険性を有する情報が含まれた信書を選別し、その社会的流通を遮断することが可能であり、それゆえ危険情報が社会的に流通する可能性は僅少であるというべきである。この点において、口頭の伝言の場合と信書の場合とのあいだに、顕著な差異があるとはいえない。

(2) 弁護人の危険情報選別・遮断機能

信書の場合には、口頭の伝言の場合に比べ、弁護人の選別・遮断機能が十分働かないとすることには、2つの異なる問題が含まれている。第1に、口頭の伝言であれば、弁護人の知覚、記憶、表現の過程を必然的に通過することか

[*11] 林ほか・注9書686〜687頁。

ら、弁護人がその内容を確認することなく、被疑者・被告人の依頼した伝言を第三者に伝達することはありえないのに対し、信書の場合、弁護人が未決拘禁者の発した信書の内容を確認することなく、それを第三者に交付することとも不可能ではないという問題である。たしかに、内容確認をすることなく第三者に交付したならば、弁護人の選別・遮断機能は働きようがない。しかし、上述のように、弁護士倫理上、弁護人は信書を第三者に交付するにあたっては、その内容を確認しなければならない。それゆえ、弁護人が内容確認をしないがために選別・遮断機能が働かないという事態を想定すべきではない。

第2の問題は、弁護人が内容確認をしても、信書に含まれる危険情報を選別・遮断することができないのかどうかである。ここにおいて確認すべきは、弁護人が信書の内容を確認したとき、そのなかに拘禁目的阻害の危険情報が含まれることを認識したならば、信書を第三者に交付することは許されないということである。刑訴法39条2項が、身体を拘束された被疑者・被告人と弁護人との接見交通について、「法令」に基づき、「逃亡、罪証の隠滅又は戒護に支障のある物の授受を防ぐため必要な措置」をとることができると規定していることに示されるように、逮捕・勾留に関する刑訴法の規定、さらには未決拘禁者の取扱いについて定める刑事被収容者処遇法の規定の趣旨からすれば、弁護人自身、逃亡、罪証隠滅など拘禁目的を阻害する危険を生じさせる行為に関与しないよう要求されているといえる。したがって、危険情報が含まれることを認識しつつ信書を第三者に交付する弁護人の行為は、違法・不正な行為を助長・利用し、偽証・虚偽陳述をそそのかしてはならないとする弁護士倫理（弁護士職務基本規程14条・75条）に違反し、「非行」として懲戒の対象となりえる（弁護士法56条1項）。たとえ被疑者・被告人が要求している場合でも、誠実義務の限界を超えている[*12]。これらのことは、接見時に被疑者・被告人から依頼された口頭の伝言のなかに危険情報が含まれていることを弁護人が認識した場合と同様であり[*13]、また、接見禁止の有無にかかわらない。

このように弁護士倫理上、弁護人が危険情報を遮断すべきとされる以上、未決拘禁者の発した信書に含まれる拘禁目的阻害の危険情報が社会内に流通するかどうかは、弁護人が信書の内容確認によって、危険情報を選別できる

[*12] 葛野・注8論文参照。
[*13] 村岡啓一「接見禁止決定下の第三者通信をめぐる刑事弁護人の行為規範」『小田中聰樹先生古稀祝賀論文集（上）』（日本評論社、2005年）46頁。

かどうかにかかっている。

(3) 弁護人の危険情報選別能力

　弁護人が信書の内容を確認しても、そのなかに含まれる危険情報を選別できないことは、たしかに皆無とはいえないかもしれない。しかし、その可能性は僅かなものでしかなく、口頭の伝言の場合と比べて、どれほど実質的差異があるかは疑問である。

　弁護人は高度の専門的能力を備えている。しかも、被疑者・被告人の刑事事件について、その内容を十分知る立場にある。もちろん捜査や訴訟の進行状況によっては、上記依命通達18(5)において「未決拘禁者の発受する信書が……罪証隠滅の結果を生ずるおそれの有無について、刑事施設において的確な判断が困難な場合は、必要に応じ、検察官に対し適切に情報提供し、執るべき措置等も含めて相談すること」とされている検察官に比べ、事件内容の理解において劣るという場合もあろう。しかし、逆に、検察官以上によく理解している場合もあろうから、弁護人が事件内容を十分理解していないとの前提に立つことはできない。さらに、その厳格な職業倫理からすれば、弁護人が信書の内容確認にあたり、自己の高度な専門的能力をあえて十分発揮することなく、危険情報を漫然と見過ごすようなことは想定すべきでない。弁護人は、その高度な専門的能力を相当な注意をもって働かせ、信書の内容確認にあたることを前提におくべきであろう。

　たしかに、先の注釈書がいうように、信書において「巧妙に隠語が使われていたり、事件の全貌を把握していないために、その内容の真の意義を把握できないまま交付することも考えられる」かもしれない。村岡事件の第一審判決がいうように、暗号使用の可能性もないわけではない。しかし、これらのことからすれば同様に、弁護人が伝言「内容の真の意義を把握できないまま」口頭の伝言をすることもありうるから、口頭の伝言の場合に比べ、信書の場合には、「弁護人の不知の間に被疑者と当該第三者のみが知る情報等により隠された意思・情報が伝達され、罪証隠滅等を招く危険」が「格段」に高いとはいえないであろう。口頭の伝言が許されるのであれば、信書の交付も許されてよいはずである。

　また、信書の場合、その物理的占有が第三者に移転することになるが、問題はそこに含まれた危険情報の社会的流通なのであるから、信書の占有が移転するからといって、それをもって口頭の伝言の場合に比べ、危険情報が第三

者に対して容易に伝達され、社会内を流通する可能性が高まるとはいえないはずである。

　他方、信書における文字情報は、口頭の伝言に比べ、固定性・正確性において格段に優れている。このような信書の特性からすれば、弁護人は、未決拘禁者から受け取った信書を第三者に交付するにあたり、その記述を仔細に、時間をかけて慎重に検討することができるのであって、この点においては、口頭の伝言の場合に比べ、危険情報を選別する可能性はより高くなるともいえよう。

　これらのことからすれば、弁護人が信書の内容を確認したとき、危険情報を選別できない可能性は、僅かなものでしかない。少なくとも、口頭の伝言の場合に比べ、その可能性が顕著に高いということはできない。かくして、未決拘禁者が弁護人に発した信書のなかに含まれた危険情報が、弁護人の選別・遮断過程をかい潜って社会内に流通する現実の可能性は、僅少であるといわなければならない。

　他方、信書の内容検査は、開披・閲読したすべての信書について、被疑者・被告人と弁護人とのあいだで交わされるコミュニケーションの秘密性を奪うこととなって、強い萎縮的効果を生じさせる。また、高野国賠訴訟における最高裁判決[*14]の梶谷・滝井反対意見が指摘したように、文字情報による信書は固定性・正確性において優れているから、信書はたんなる口頭の接見を補充する手段にすぎず、信書によるコミュニケーションが制限されても、口頭の接見によって十分埋め合わせができるということもできない。信書は接見交通の手段として、固有の重要性を有するのである。それゆえ、信書の内容検査は、ただちに両者間の接見交通権の実質的制約となる。このような信書の内容検査を、現実的には僅かなものでしかない危険情報の社会的流通の可能性をもって正当化することはできない。そうすることは、有効な弁護の憲法的保障によって支えられた秘密交通権の価値をあまりに軽視することになって、均衡性を著しく欠いている。

5. 結語

　以上論じたように、収容施設が、未決拘禁者が弁護人に発した信書の内容検

[*14]　最判平15(2003)・9・5判時1850号61頁。

査を行うことは許されない。内容検査は秘密交通権(刑訴法39条1項)の侵害となり、有効な弁護の憲法的保障(34条・37条1項)の趣旨にも反する。

　弁護士倫理上、弁護人は未決拘禁者から受け取った信書を第三者に交付するにあたり、その内容を確認しなければならない。弁護人による信書の内容確認が確実に予定されている以上、未決拘禁者と弁護人とのあいだの信書の発受は、両者間のコミュニケーションとしての実質を備えている。それゆえ、接見禁止が付されている場合でも、刑訴法81条の文言から明らかなように、接見禁止の効果はこれには及ばない。そうであるならば、接見禁止の効果として、未決拘禁者が弁護人から第三者に交付されることを予定して作成し、弁護人に対してそのように要求した信書、あるいは控訴審判決によれば、標題、記載内容など「事情を総合的に考慮」すれば「弁護人宛」のものではなく「第三者宛」とされる信書を弁護人に発することを禁止したうえで、そのような信書の発信がないことを確認するためとして、信書の内容検査を行うことは許されない。

　また、内容検査が必要なことの実質的根拠として、弁護人が信書の内容を確認しても、拘禁目的阻害の危険情報を選別・遮断する機能を十分働かせることができず、それゆえ危険情報が社会内に流通する可能性が、口頭の伝言の場合に比べて格段に高いことがあげられている。しかし、弁護士倫理上、弁護人が危険情報の含まれていることを認識したならば、信書を第三者に交付することは許されず、また、弁護人の高度の専門的能力などからすれば、弁護人が危険情報を選別することがとくに困難であるともいえないから、危険情報が弁護人の選別・遮断過程をかい潜って、社会内に流通する可能性は僅少である。少なくとも、口頭の伝言の場合に比べ、顕著に高いということはできない。このような僅少な可能性を根拠にして、接見交通権の実質的制約に直結する信書の内容検査を許容することはできない。

　未決拘禁者が弁護人に発する信書の内容検査を認めている刑事被収容者処遇法は、早急に改正されなければならない。それまでのあいだは、未決拘禁者が弁護人から受ける信書に関する同法の規定(135条2項1号・222条3項1号イ・270条3項1号イ)を準用して、未決拘禁者が弁護人に対して発した信書であることを確認する限度でのみ検査を許すべきである。

【付記】村岡事件については、2013年11月28日、最高裁が一審原告の上告を棄却したため、控訴審判決が確定した。

第14章 接見時の携帯電話使用と弁護士倫理

1. 本章の目的

　刑訴法39条1項は、身体を拘束された被疑者・被告人と弁護人との意思疎通および情報発信・取得としてのコミュニケーションについて、接見交通権を保障している。この権利は、有効な弁護の憲法的保障（34条・37条3項）を実質化するために不可欠ともいえるものである。

　最近、弁護人が接見にさいし、携帯電話、通信機能付きパソコンなど、電子通信機器を使用し、または逮捕・勾留され、未決拘禁者として刑事収容施設に収容されている被疑者・被告人によるそれらの使用に関与したことをめぐり問題が生じている。拘置所長が弁護士の懲戒請求をした例がある一方、接見交通権の侵害の主張に基づく国家賠償請求訴訟も提起されている[*1]。

　「被収容者の外部交通に関する訓令の運用について（依命通達）」（平成19〔2007〕・5・30矯成3350矯正局長依命通達）は、7(2)において、「未決拘禁者との面会を申し出る弁護人等に対しては、次の事項を周知すること」として、「カメラ、ビデオカメラ、携帯電話を使用しないこと」(ウ)をあげており、7(3)において、これらの「事項の告知は、面会人待合室に掲示する方法等によること」としている。さらに、刑事被収容者処遇法117条に基づく面会の一時停止・終了について、同依命通達4(3)は、「未決拘禁者と弁護人等との面会の一時停止については、……弁護人等が自己の携帯電話を使用して未決拘禁者と外部の者との間で通話させるような行為に及んだ場合などが想定されるが、その権限はあくまでも刑事施設の規律及び秩序を維持するために必要な限度で行使されなければならないこと。……」としており、このことは、弁護人との接見時に未決拘禁者が携帯電話により外部の第三者と通話すること、または弁

[*1] 最近の状況について、高山巖「接見室での録音・録画をめぐる実情と問題の所在」季刊刑事弁護72号（2012年）参照。また、これをめぐる実務的視点からの検討として、森下弘「接見室内での電子機器の利用について」季刊刑事弁護同号も参照。

護人がそのような通話を補助することが、同法117条1項の準用する113条1項1号ロにいう「刑事施設の規律及び秩序を害する行為」に該当し、禁止されているとの理解を前提としている。

　電子通信機器の使用には3つの場合がありえよう[*2]。第1に、弁護人自身が、助言・相談を行ううえで必要な法令、判例、報道、地図その他の情報をインターネットから検索し、調査するなど、接見において有効な助言・相談を提供するために使用する場合である。このような機器使用は、接見の目的を達成するための、接見の補助手段であるから、刑訴法39条1項の「接見」に包含され、秘密交通権の保障のもとにおかれるべきである。

　第2に、弁護人自身が、有効な弁護を提供するために使用する場合である。弁護人が緊急の必要から接見時に準抗告申立書などを作成し、接見室内から所属する法律事務所にパソコンの電子メールを用いて送信し、それを裁判所に提出するよう事務職員に指示をする、接見時に被疑者・被告人から緊急を要する第三者への伝言を依頼されたので、弁護人がそれを聴取したうえで、接見室内から第三者に携帯電話を用いて伝言内容を伝達することなどが想定されている[*3]。このような電子通信機器の使用は、それ自体、接見における有効な助言・相談の提供のためのものとはいえないにせよ、有効な弁護の提供のために必要な使用である限り、それによって拘禁目的を阻害する現実的危険が生じることもないはずであるから、正当な弁護手段というべきである。このような接見時の機器使用は、接見と密接に関連する弁護手段であるから、「接見」に準じるものとして扱われるべきである（刑訴法39条1項の準用）。

[*2] 葛野尋之「弁護人接見の電子的記録と接見時の電子通信機器の使用」季刊刑事弁護72号（2012年）80〜81頁。
[*3] このような場合、逮捕・勾留に関する刑訴法の規定、さらには未決拘禁者の取扱いについて定める刑事被収容者処遇法の規定の趣旨からすれば、弁護人自身、拘禁目的を阻害する危険を生じさせる行為に関与しないよう要求されているといえるから、弁護人が、伝言中に逃亡、罪証隠滅など拘禁目的を阻害する危険を含む情報が含まれることを認識したにもかかわらず、第三者に伝言することは、違法・不正な行為の助長・利用、偽証・虚偽陳述のそそのかしを禁止する弁護士職務基本規程14条・75条に違反することとなり、たとえ被疑者・被告人がそのように要求したとしても、誠実義務の限界を超えている。弁護人が未決拘禁者から受け取った信書を第三者に交付する場合、弁護人が録音・撮影・録画した接見状況の記録を第三者に交付するときも、同様である。そのような場合でなければ、弁護人が伝言を第三者に伝え、または録音・撮影・録画した接見状況の記録を第三者に交付することは、弁護士倫理上の問題をなんら生じさせないというべきである。この点について、葛野尋之「身体拘束中の被疑者・被告人との接見、書類・物の授受」後藤昭＝高野隆＝岡慎一編『実務体系・現代の刑事弁護(2)』（第一法規、2013年）（本書第12章）参照。

本章が焦点を合わせるのは、第3の場合である。第3の場合とは、弁護人等自身が電子通信機器を使用するのではなく、被疑者・被告人が弁護人の携帯電話などを使用して、外部の第三者と直接通話し、そのような通話を弁護人が補助するという場合である。前稿は、このような電子機器の使用は、原則として許されないとしたうえで、例外的に許容される余地もあるとした。過去、接見室内での被疑者・被告人の携帯電話の使用に関与した弁護人が懲戒処分を受けた例があり、その後も、拘置所長の請求による懲戒審査手続がとられた例がある。

　被疑者・被告人が弁護人との接見時に、携帯電話により第三者と直接通話することは許されるのか。原則として許されないとするのであれば、その根拠はなにか。また、弁護人が被疑者・被告人の通話を補助することは、弁護士倫理上、どのように評価されるべきか。通話の補助が例外的に許容されるのは、どのような場合なのか。萎縮することのない、自由闊達な弁護活動を確保するためには、正当な弁護権行使の範囲を明らかにする必要があるが、これらの問題は、そのことにとって重要な問題である。

　以下、本章が明らかにするように、被疑者・被告人が弁護人との接見時に携帯電話を使用して、外部の第三者と直接通話することは、弁護人以外の者との外部交通に関する法的制限を潜脱する行為として、原則的には許されない。刑訴法81条の接見禁止が付されている場合であれば、接見禁止の潜脱ともなる。それゆえ、弁護人がそのような通話を補助することは、違法・不正な行為の助長・利用を禁止する弁護士職務基本規程14条に違反することとなる。他方、弁護人が関与する形で、被疑者・被告人が携帯電話により第三者と通話するとき、その通話は防御権行使の手段となりうるものであるから、個別具体的状況のいかんによっては、通話の禁止が防御権の過剰な制約とならないよう、例外的に許容される場合があるとしなければならない。すなわち、防御上の必要性があり、かつ、通話状況の具体的設定、通話時のモニタリングなどにおいて、通話に対して弁護人の実質的コントロールが及んでおり、その選別・遮断機能が働くことによって、被疑者・被告人と第三者とのあいだで拘禁目的阻害の危険情報が交換される可能性が僅少な場合には、携帯電話による直接通話も許容され、それを補助する弁護人の行為が、弁護士倫理に違反することもないというべきである。

2. 過去の懲戒処分決定例

(1) 懲戒処分の決定理由

弁護人が、銃砲刀剣類所持等取締法違反により警察留置場に勾留され、接見禁止の付されている被疑者に対して、接見のさい、虚偽供述をそそのかすような第三者の手紙を、その趣旨を知りながら仕切り板越しに閲読させたこととあわせ、「二度にわたり、接見室において自らの携帯電話を仕切り板越し被疑者に使用させ、同所から同人の母と電話で会話させた」ことについて、懲戒処分が決定された例がある[*4]。

携帯電話の使用を補助する行為について、東京弁護士会の懲戒委員会は、弁護人の行為は弁護人以外の者である母親を「勾留中の被疑者に接見させたに等しく……接見等の禁止決定を潜脱する違法な行為であり」（①）、「弁護士の品位を失うべき非行に該当する」と判断した。

決定理由について、同委員会は、接見交通権が「勾留されている被疑者については、弁護人の面前であるとしても弁護人以外の者と自由に交信させることまで認めたものでないことは明らかであ」るから、弁護人の行為は「接見交通権の保障外の行為」であるとしたうえで、弁護人以外の者の接見交通は「法令の範囲内において」のみ許されており（刑訴法80条）、当時の旧監獄法および同法施行規則において、接見の職員立会、信書の検閲などの制限が規定されているところ、「携帯電話は、右電話を使用することにより、共犯者や証人を含む第三者と自由に会話をし意見を交わすことができ、証拠隠滅の可能性を生ぜしめることとなる」（②）とし、さらに「接見禁止とされている場合には、一層逃走の恐れや証拠隠滅の危険性が高いとされる事案であるから弁護人としてはより一層慎むべきものであることは論をまたない」（③）とした。

日弁連懲戒委員会は、2000年2月14日、懲戒処分の決定を受けた弁護士の審査請求を棄却し、原決定を支持したが、議決理由を述べるなかで、接見交通権も絶対無制約なものではなく、「他の権利法益との関係で自ら一定の制約に服するべき性質のものである」としたうえで、弁護人の「各行為は接見交通権を濫用し」（④）、「接見禁止の趣旨を逸脱したものであ」る（⑤）とした。

[*4] 日弁連懲戒委平12（2000）・2・14弁護士懲戒事件議決例集8集5頁。

(2) 接見禁止の潜脱と危険情報の社会的流通

　東京弁護士会の懲戒決定をみると、被疑者に自己の携帯電話を使用させ、その母親と通話させた弁護人の行為が弁護士倫理に違反し、「非行」（弁護士法56条1項）に該当するとの判断について、いくつかの理由があげられている[*5]。

　第1に、①にあるように、弁護人自身の行為が接見禁止決定を潜脱する行為だとされている。さらに、この判断の基礎には、②にあるように、被疑者が弁護人の補助をえて、その携帯電話を「仕切り板越し」に使用することにより、「第三者と自由に会話をし意見を交わすことができ」るようになるとの判断があるといえよう。そのような携帯電話の使用であるからこそ、被疑者と第三者との接見交通を禁止する決定の潜脱になるというのであろう。

　第2に、②、③にあるように、実質的根拠として、携帯電話により被疑者が「第三者と自由に会話をし意見を交わすことができ」るようになると、逃亡、罪証隠滅など拘禁目的を阻害する危険が生じることが指摘された。接見禁止が付されている場合、この危険はいっそう高くなるとされるのである。拘禁目的阻害の危険性が接見禁止の潜脱の根拠としてあげられるのは、接見禁止の目的が、実質的には、被疑者・被告人と第三者との接見交通を制限することにより、拘禁目的を阻害する危険性をはらんだ情報が交換されることを防止しようとすることにあるとの理解によるのであろう。また、②に先立ち、旧監獄法および同法施行規則の制限が指摘されていることからすれば、これら法的制限の目的も、同様に理解されているのかもしれない。

　しかし、このような判断には疑問も残る。第1の疑問は、接見禁止の効果に関するものである。たしかに、被疑者が携帯電話によって第三者と自由に通話することは、接見禁止の趣旨に反し、その潜脱にあたるといえよう。しかし、そのような被疑者の通話を補助する弁護人の行為が、なにゆえ、接見禁止の潜脱にあたるとされるのであろうか。この点は明示されていない。刑訴法81条は、「裁判所は、逃亡し又は罪証を隠滅すると疑うに足りる相当な理由があるときは、検察官の請求により又は職権で、勾留されている被告人と第39条第1項に規定する者以外の者との接見を禁じ、又はこれと授受すべき書類その他の物を検閲し、その授受を禁じ、若しくはこれを差し押えることがで

[*5] 日弁連の判断も、東京弁護士会の判断と同様、被疑者に携帯電話を使用させることが弁護人の接見交通権の保障外にあるとの理解を前提とするのであろうから、上記④における接見交通権の「濫用」というのは、虚偽供述をそそのかすような第三者の手紙を被疑者に閲読させたことについての判断とみることができよう。保障外の行為であれば、「濫用」ではなく、「逸脱」とするはずである。

きる」と定めており（同法207条1項により被疑者の勾留に準用）、接見禁止が被疑者・被告人と弁護人以外の者との接見交通を対象としていることを明記している。被疑者の行為が接見禁止の趣旨に反する場合であっても、それを補助する弁護人の行為も同じくその潜脱にあたるとするのは、本来は効果が及ばないはずの弁護人の行為に対して、接見禁止の効果を及ぼすことになるのではないか。日弁連の判断が、⑤にあるように、「接見禁止の趣旨を逸脱したもの」としており、接見禁止の潜脱としなかったのは、接見禁止の効果が弁護人との接見には及ばないことを考慮してのことかもしれない。

　第2の疑問は、拘禁目的阻害の危険性に関するものである。たしかに、被疑者が携帯電話によって第三者と「自由に」通話することになると、それによって拘禁目的を阻害する危険性をはらむ情報が交換されることになる可能性は否定できない。しかし、あらゆる場合にその可能性があるといえるのかについては、慎重な検討が必要であろう。接見時に弁護人が関与してなされる通話であれば、通話状況の具体的設定、通話のモニタリングなどにより、弁護人が通話に対して実質的コントロールを及ぼし、もって危険情報の交換を阻止することができる場合もあるのではないか。そうであるならば、この点に関する懲戒決定の両判断は、問題とされた個別具体的事案に即してみたときは、通話に対して弁護人の実質的コントロールが及んでおらず、まさに「自由な」通話が可能であったために、拘禁目的阻害の危険情報が交換される可能性があったという趣旨において理解されるべきことになろう。

　このような疑問を踏まえ、弁護人との接見時、被疑者・被告人が携帯電話により外部の第三者と通話し、弁護人がその通話を補助することについて、被疑者・被告人の通話行為がなぜ許されないのか、弁護人の補助行為はどのように評価されるべきか、原則許されないにしても、例外的に許容される場合はないのかについて、より綿密な検討が必要とされる。

3. 被疑者・被告人の潜脱行為と弁護士倫理

(1) 被疑者・被告人における法的制限および接見禁止の潜脱

　弁護人が接見にさいし、被疑者・被告人に自己の携帯電話を使用させ、外部の第三者と通話させることは、原則として許されないというべきである。このような場合、被疑者・被告人の行為は、一般人との外部交通に関する法的制限を潜脱することとなる。また、接見禁止が付されている場合には、接見禁

止をも潜脱することとなる。弁護人の行為は、このような被疑者・被告人の潜脱行為に荷担するものであって、違法・不正な行為の助長・利用を禁止する弁護士職務基本規程14条に違反する。これが原則である。

　刑訴法は、身体を拘束された被疑者・被告人の接見交通について、弁護人との接見交通（39条）と、家族、友人など弁護人以外の者との接見交通（80条。勾留されている場合のみ）とを区別し、後者については、「法令の範囲内で、接見し、又は書類若しくは物の授受をすることができる」と定め、「法令の範囲内」での接見交通を認めたうえで、前者に比べ、より厳格な制限を許容している（81条）。刑事被収容者処遇法は刑訴法80条の規定を受けて、未決拘禁者の外部交通について、相手方が刑事事件の弁護人か、家族、友人などそれ以外の者かによって、許可条件、回数、実施方法などの制限を区別して規定している。

　携帯電話を使用する場合とは異なり、たとえば、未決拘禁者が弁護人の手から第三者に交付されることを予定し作成した信書を弁護人に発し、弁護人に対してそのように要求した後、弁護人が未決拘禁者から受けとった信書の内容を確認したうえで、信書を第三者に交付したという場合であれば、弁護人は信書の内容を確認することによって、未決拘禁者から弁護人への信書の発受というコミュニケーション過程に、一方の主体として関与していることになる[*6]。すなわち、この信書の発受は、両者間のコミュニケーションとしての実質を有しているのである。その後、弁護人が第三者に信書を交付することは、新たな別個の、弁護人と第三者とのあいだのコミュニケーション過程であって、先のような場合、未決拘禁者と弁護人、弁護人と第三者という２つのコミュニケーション過程が連続していることになる。したがって、未決拘禁者がこのような信書を弁護人に発することが、未決拘禁者と弁護人以外の者とのあいだの外部交通に関する法的制限を潜脱することにはならない。また、接見禁止の効果は被疑者・被告人と一般人との接見交通にのみ及ぶものである

[*6] 弁護人が未決拘禁者から受け取った信書の内容を確認することなく、信書を第三者に交付することは、未決拘禁者に自己の携帯電話を使用させ、第三者と直接通話させた場合と同様、未決拘禁者における法的制限の潜脱に荷担することとなり、接見禁止が付されている場合には、その潜脱に荷担することにもなる。このような行為は、違法・不正な行為の助長・利用を禁止する弁護士職務基本規程14条に違反する。それゆえ、弁護人が未決拘禁者から信書を受け取った場合、第三者に信書を交付するにあたっては、その内容を確認することが確実に予定されているというべきである（葛野・注３論文、葛野尋之「接見禁止と弁護人宛信書の内容検査」足立昌勝古稀『近代刑法の現代的論点』〔社会評論社、2014年〕〔本書第13章〕参照）。

から、接見禁止が付されている場合でも、その潜脱にはあたらない[*7]。

　他方、被疑者・被告人が弁護人の携帯電話によって第三者と直接通話をする場合であれば、その通話によるコミュニケーション過程に、弁護人が主体として関与しているとはいえない。コミュニケーションの主体は、被疑者・被告人と第三者なのであって、弁護人は両者間のコミュニケーションの補助者でしかない。それゆえ、被疑者・被告人が携帯電話により第三者と通話することは、一般人との外部交通に関する刑事被収容者処遇法の制限を潜脱し、さらにはその基礎にある刑訴法80条の趣旨に反することになる。接見禁止が付されている場合であれば、接見禁止に違背することにもなる。

(2)　弁護人における被疑者・被告人の潜脱行為への荷担
　弁護人が自己の携帯電話を被疑者・被告人に使用させ、その第三者との直接通話を補助することは、被疑者・被告人における法的制限の潜脱行為、接見禁止が付されている場合には、その潜脱行為に荷担したこととなる。そのような弁護人の行為は、違法・不正な行為の助長・利用を禁止する弁護士職務基本規程14条に違反し、「非行」として懲戒の対象となりうるというべきである（弁護士法56条1項）。被疑者・被告人が弁護人に対してそのような行為を要求している場合でも、誠実義務の限界を超えている。これが原則である。

　東京弁護士会の懲戒決定例においては、弁護人自身の行為が接見禁止の潜脱にあたるとされていた（上記①）。しかし、刑訴法81条の文言から明らかなように、接見禁止は勾留されている被疑者・被告人と弁護人以外の者との接見交通を対象としている。弁護人の行為を接見禁止の潜脱とすることは、接見禁止の効果を、その本来の射程を超えて、弁護人の行為に及ぼすことになるとの疑問を禁じえない。弁護人の行為が許されないのは、自ら接見禁止を潜脱するからではなく、接見禁止が付されている場合、被疑者・被告人が携帯電話により第三者と通話することが接見禁止の潜脱にあたり、その潜脱行為に弁護人が関与するからだというべきなのである。先の日弁連の判断が、接見禁止の潜脱とせず、「接見禁止の趣旨を逸脱したもの」としていたのは（上記⑤）、このような趣旨によると理解することができよう。

　東京弁護士会の懲戒処分決定のような理解に立つならば、接見禁止が付さ

[*7] そうであるがゆえに、このような信書の発信がないことを確認するためとして、未決拘禁者が弁護人に発する信書の内容を検査することは認められない。

れていない場合には、被疑者・被告人の通話行為は、接見禁止の潜脱にはならないものの、第三者との外部交通に関する法的制限を潜脱することになるから、その行為に荷担する弁護人の行為もまた同じく、法的制限の潜脱とされることになろう。このような考えに問題があることは、接見禁止の潜脱とする場合と同様である。

　あるいは、弁護人自身の行為が接見禁止の潜脱だとすることには、特別な意味が込められているのかもしれない。すなわち、接見禁止が付されている以上、被疑者・被告人が接見禁止を遵守することはもちろん、弁護人としても、被疑者・被告人の潜脱行為に荷担しないというだけでなく、より積極的に、被疑者・被告人が潜脱行為に及ぶことのないよう取りはからうべき義務を負っているとの理解に立って、被疑者・被告人の通話を補助する弁護人の行為は、それ自体として接見禁止の潜脱にあたるとするのである。このような考えは、被疑者・被告人の正当な権利・利益の擁護を超えた、弁護人の公益的地位を強調する見解に連なるものといえるであろう[*8]。しかし、接見禁止の効果を、その本来及ぶ範囲を超えて、弁護人の行為にまで及ぼそうとする点において、被疑者・被告人の通話を補助する弁護人の行為が弁護士倫理違反であることの根拠を曖昧化するといわなければならない。曖昧な根拠による判断は、弁護士倫理違反の限界を不明確にし、自由闊達な弁護活動を萎縮させるおそれがある。

4.　携帯電話使用の例外的許容性

(1)　防御上の必要性

　このように、被疑者・被告人が携帯電話により第三者と通話することは、原則として、一般人との外部交通に関する法的制限の潜脱となり、接見禁止が付されている場合には、その潜脱ともなる。同じく、被疑者・被告人の通話を補助する弁護人の行為も、弁護士倫理に違反する。しかし、例外的に許容性を認めることもできる。すなわち、通話について防御上の必要性があり、また、通話に対して弁護人の実質的コントロールが及んでいる場合には、例外的に

[*8]　公益的地位の強調は、被疑者・被告人の権利・利益の擁護という弁護人の本質的役割を相対化し、曖昧化するおそれがある。この点について、村岡啓一「刑事弁護人の役割論の現状評価」自由と正義63巻10号（2012年）22頁参照。

許容されるというべきであって、このような場合であれば、被疑者・被告人の通話を補助する弁護人の行為も、弁護士職務基本規程14条に違反することはないというべきである。

　弁護人が防御上の必要性を認めたうえで、被疑者・被告人が携帯電話により第三者と直接通話するのを補助する場合であれば、その通話は、一般人との外部交通に関する法的制限、場合によっては接見禁止を潜脱するものであったとしても、それ自体、防御手段として性格づけられることになる。それゆえ、このような場合、被疑者・被告人の直接通話を禁止することは、防御権の制約という効果をともなうことになる。

　ここにいう防御には、起訴・不起訴の判断や罪責認定、量刑において、被疑者・被告人に有利な具体的主張・立証を行うことと関連した狭い意味の防御だけでなく、身体を拘束されている被疑者・被告人と社会との繋がりを維持するための情報の流通も含まれる。一般に、接見時に聞いた被疑者・被告人からの伝言をその後外部の第三者に伝え、あるいは第三者からの伝言を接見時に被疑者・被告人に伝えるなど、被疑者・被告人と第三者とのあいだの間接的コミュニケーションを援助することは、それが防御上の具体的主張・立証に関連する場合でなくとも、社会的繋がりの維持がもたらす精神的安定を通じて、身体拘束下にある被疑者・被告人の防御主体としての地位の確保につながるものであるから、正当な弁護活動の範囲内にあると認められている[9]。また、情報の流通によって被疑者・被告人の社会的繋がりを維持することは、それ自体として、身体拘束にともなう不利益を緩和することにほかならず、防御上重要な意味を有している。

　携帯電話による直接通話の禁止が防御権の制約となりうる以上、被疑者・被告人の通話について防御上の必要性がある場合、防御権の過剰な制約を回避するために、直接通話を許容する余地を認めるべきであろう。例外的な許容性すら一切認めないとしたならば、防御権の過剰な制約を排除できないからである。このとき、防御上の必要性については、被疑者・被告人にとっての具体的防御方法の選択の問題であるから、弁護人の専門的判断に委ねられるべきである。

---

[9]　川崎英明「刑事弁護の自由と接見交通権」小田中聰樹古稀『民主主義法学・刑事法学の展望（上）』（日本評論社、2005年）16〜17頁、村岡啓一「接見禁止決定下の第三者通信をめぐる刑事弁護人の行為規範」同書所収46頁など。

この点について、過去の懲戒処分決定例をみると、被疑者が携帯電話により母親と直接通話することについて、どのような防御上の必要があったのかが明らかにされていない。逮捕後、警察留置場に拘束され、取調べを受けるなかでの母親との直接通話であるから、被疑者の精神的安定を図るための通話であった可能性もあろうが、この通話が防御とどのように関連していたのかが不明確なのである。この点が、例外的許容性が認められず、この通話の補助が弁護士倫理に違反する行為とされたことの一つの理由であろう。

(2) 外部交通に関する法的制限と接見禁止の実質的根拠
　防御上の必要性がある場合において、携帯電話による被疑者・被告人の直接通話が許容されるのは、通話に対して弁護人の実質的コントロールが及び、その選別・遮断機能が働くことによって、被疑者・被告人と第三者とのあいだで拘禁目的阻害の危険情報が交換される可能性が僅少であるときといえよう。被疑者・被告人と外部の第三者とのあいだのコミュニケーションに関する法的制限、さらには接見禁止の実質的根拠を考えるならば、このように弁護人の選別・遮断機能が働く場合には、被疑者・被告人が第三者と直接通話をしたとしても、それによる現実的弊害が認められない。それゆえ、そのような場合であれば、防御上の必要性があるときには、直接通話も許容されるべきなのである。
　被疑者・被告人の直接通話が許されないのは、それが弁護人以外の者との外部交通に関する法的制限の潜脱にあたり、接見禁止が付されている場合には、その潜脱ともなるからであった。「法令の範囲内で」一般人との接見交通が認められるとする刑訴法80条を受けて、刑事被収容者処遇法は未決拘禁者と一般人との外部交通について、さまざまな制限を規定している。刑訴法80条に続く81条が、「逃亡し又は罪証を隠滅すると疑うに足りる相当な理由があるときは」、裁判所または裁判官（207条１項参照）は被疑者・被告人と一般人との接見交通を禁止し、その他制限をすることができるとしていることからすれば、刑訴法80条の規定を受けて定められた刑事被収容者処遇法の制限の実質的根拠とされるのは、まずは、逃亡および罪証隠滅の防止であろう。さらに、刑事被収容者処遇法の規定においては、収容施設の規律・秩序の維持という制約根拠があげられているが、その意味するところは、逮捕・勾留による施設収容の目的から必然的に要請される共同生活の安全・平穏の確保であると理解すべきであろう（同法73条２項参照）[*10]。要するに、逃亡、罪証隠滅、安全・

平穏な共同生活の妨害という拘禁目的を阻害する行為の防止こそが、制限の実質的根拠なのである。

　被疑者・被告人が携帯電話により第三者と通話することは、接見禁止が付されている場合、それを潜脱することにもなる。刑訴法81条の文言から明らかなように、接見禁止の実質的根拠も、被疑者・被告人が「逃亡し又は罪証を隠滅する」ことの防止である。これは、刑事被収容者処遇法の制限の実質的根拠と重なり合う。

　被疑者・被告人と一般人との外部交通の法的制限、さらには接見禁止の実質的根拠が、逃亡、罪証隠滅など拘禁目的を阻害する行為の防止にあるのであれば、携帯電話による通話によって、被疑者・被告人と外部の一般人とのあいだで、拘禁目的阻害の危険性をはらんだ情報が交換される可能性が、たとえ皆無ではなくとも、僅少である場合には、防御上の必要性が認められる限り、携帯電話による通話も許容されるというべきであろう。このような場合であれば、通話が法的制限や接見禁止の潜脱にあたるといっても、拘禁目的阻害行為の防止というそれらが達成しようとする目的が、現実的に損なわれることはない。そうである以上、防御上必要とされる通話は許容されてよい。防御手段としての通話を禁止すべき実質的根拠が存在しないのである。むしろ、このような場合であっても、携帯電話による通話はなお一切許されないとすることは、防御権の過剰な制約となる。

(3)　弁護人の実質的コントロールと危険情報の選別・遮断

　このように、携帯電話による直接通話について、防御上の必要性がある場合、通話に対して弁護人の実質的コントロールが及び、その選別・遮断機能が働くことによって、被疑者・被告人と第三者とのあいだで拘禁目的阻害の危険情報が交換される可能性が僅少であるならば、例外的に許容されるというべきである。それでは、より具体的には、どのようなときに、通話に対して弁護人の実質的コントロールが及んでいるといえるであろうか。

　弁護人の実質的コントロールの存在にとっては、大別して、2つのことが問題となる。第1に、弁護人による通話状況の具体的設定であり、第2に、弁護人による通話のモニタリングである。

　第1の問題は、被疑者・被告人が携帯電話により第三者と通話をするについ

---

*10　葛野尋之『刑事手続と刑事拘禁』(現代人文社、2007年) 357頁。

て、弁護人が、どのような具体的状況下において通話機会を設定したかということである。

とくに重要なのは、被疑者・被告人に接見禁止が付されていたかどうかである。接見禁止が付されていないことは、被疑者・被告人と第三者とのコミュニケーションにより、拘禁目的を阻害する危険情報の交換される可能性が類型的に低いということを意味するから、接見禁止がない場合において通話機会を設定したのであれば、そのことは弁護人の実質的コントロールの肯定へとつながりやすい。

また、弁護人は被疑者・被告人の心情、状態とともに、刑事事件の具体的内容、その背景的・周辺的事情、捜査・公判の進捗状況、関係者の状態などをよく理解しうる立場にあるから、そのような弁護人の専門的判断により、証人予定者、事件関係者などではない、拘禁目的阻害の危険情報が交換される可能性が低いと目される相手方を選び、通話時間を短く設定し、また、予め通話の目的を限定し、そのことを通話する両者に理解させたうえで、捜査・公判の進捗状況からしても問題がないと思われる時機を選んで通話機会を設定したようなときは、実質的コントロールが認められやすいであろう。

第2の問題は、携帯電話による通話時に、弁護人がモニタリングの態勢をどのようにとっていたかということである。弁護人が携帯電話の受信音声を付属スピーカーから出力させるなどして、通話内容を聴取したうえで、拘禁目的阻害の危険情報の交換を認識したときは、直ちに通話を切断するような態勢をとっていた場合には、実質的コントロールが認められやすいであろう。逆に、付属スピーカーからの音声出力などの措置をとることなく、通話内容を聴取することのないまま、携帯電話を接見室の仕切り板に密着させ、被疑者・被告人に通話させたような場合には、実質的コントロールが認められにくいであろう。

弁護人がモニタリングを実施するなかで、通話内容を聴取し、危険情報が交換されていることを認識した場合には、直ちに通話を切断しなければならない。刑訴法81条の規定の趣旨からも、一般人との外部交通に関する刑事被収容者処遇法の制限の趣旨からも、被疑者・被告人は、いかなる方法においても、一般人とのあいだで拘禁目的阻害の危険情報を交換することは禁止されているといえよう。もし弁護人が危険情報の交換を認識したにもかかわらず、通話を切断することなく、継続させたならば、そのような弁護人の行為は、違法・不正な行為を助長・利用し、偽証・虚偽陳述をそそのかすことを禁止す

る弁護士倫理に違反し（弁護士職務基本規程14条・75条）、「非行」として懲戒の対象となりうるというべきである（弁護士法56条1項）。弁護人が高度な専門的能力を有し、また、具体的事件の内容やその背景的・周辺的事情などをよく知る立場にあることからすれば、弁護人が通話内容を聴取しても、なお危険情報の交換を認識できないことは、希有なことであろうし、さらに、弁護人が厳格な弁護士倫理に拘束されていることからすれば、弁護人が危険情報の交換を認識しながら、それを放置し、通話を続けさせるというような事態は、想定すべきでない。

　内容聴取による通話切断という方法によるのでは、通話のなかで危険情報の交換がまさに咄嗟に行われた場合、弁護人はそれに対応できないのではないかとの疑問もありえよう。たしかに、弁護人が危険情報の交換を認識したとき直ちに通話を切断しても、それを完全に排除することはできないかもしれない。しかし、そのことは、未決拘禁者と一般人との面会において、危険情報の交換を排除するために施設職員が立ち会い（刑事被収容者処遇法116条1項・218条1項・266条1項）、危険情報の交換を認識したときに面会を一時停止し、または終了させるという場合についても（同法117条・219条・267条）、同様にいえることである。直後に通話の切断がなされれば、完全な排除はできなくとも、実質的な問題はもはや生じないといえるであろう。

　かくして、弁護人による通話状況の具体的設定と通話のモニタリングによって、携帯電話による通話に対して弁護人の実質的コントロールが及んでいる場合であれば、弁護人の選別・遮断機能が働くこととなり、被疑者・被告人と第三者とのあいだで危険情報が交換される現実的可能性は、僅かなものでしかない。そうである以上、防御上の必要性が認められる限り、携帯電話による通話も、例外的に許容されるべきなのである。むしろ、このような場合にもなお、外部交通に関する法的制限や接見禁止の潜脱を理由にして通話を認めないことは、それが防御上の必要によるものである以上、防御権の過剰な制約となるというべきであろう。

　弁護人の実質的コントロールについて、過去の懲戒処分決定例をみると、携帯電話による被疑者の通話について、弁護人の実質的コントロールが及んでいたとは認めがたい。通話の相手方である母親は事件関係者でなかったことが示唆されているが、被疑者には接見禁止が付されており、この母親を含め弁護人以外の者との接見交通が禁止されていた。また、通話の時期は、公判開始前の捜査段階であった。東京弁護士会懲戒委員会の懲戒議決書によれば、

被疑事実がもともと、「総会屋」の指示により入手したことが疑われる「けん銃等」携帯所持に関するものであり、母親との携帯電話での通話の補助だけでなく、弁護人は、記載内容からみて「総会屋」が「自己に対する捜査の追及を阻止するために配下の右被疑者に対し虚偽の供述をそそのかす趣旨の手紙であ」ることを「認識しながら」、「接見室の仕切り板越しに示して同人に閲読させてその内容を了知させた」という行為についても、あわせて懲戒請求されていた。罪証隠滅に関する情報が交換されることについて、最大限の注意が必要であったといえよう。さらに、審査請求を棄却した日弁連懲戒委員会議決書によれば、弁護人は「接見室において自らの携帯電話を仕切板越しに被疑者に使用させ」たということであるから、携帯電話のスピーカーから音声を出力するなどして、通話をモニタリングしたうえで、危険情報の交換がなされたときは、直ちに通話を切断するという態勢をとってもいなかった。東京弁護士会懲戒委員会の議決書からは、むしろ、被疑者と母親が「自由に会話を」することができるような状況であったことが示唆されている。このような通話状況の具体的設定や通話のモニタリングの不存在からすれば、携帯電話による直接通話について、弁護人の実質的コントロールが及んでいたとは認めがたく、弁護人の選別・遮断機能の働きが期待できなかったといえよう。このことが、通話についての防御上の必要性が明らかにされていないことと並んで、例外的許容性が認められず、通話の補助が弁護士倫理に違反する行為とされたことの理由であろう。

(4) 弁護人の補助行為と弁護士倫理、秘密交通権

被疑者・被告人が携帯電話により第三者と通話することについて、例外的に許容性が認められる場合であれば、通話を補助する弁護人の行為は、違法・不正な行為の助長・利用を禁止する弁護士職務基本規程14条に違反するものではありえず、したがって懲戒処分の対象ともならないというべきである。

もっとも、例外的な許容性が認められる場合であっても、被疑者・被告人と第三者とのあいだで直接通話が行われ、弁護人自身がその主体となっているわけではない以上[*11]、被疑者・被告人と第三者とのあいだの直接通話をもっ

---

*11 それゆえ、通話が外部交通に関する法的制限の潜脱となり、接見禁止が付されている場合、その潜脱にあたるということは否定できない。本章は、そのことを認めたうえで、防御上の必要による通話であれば、弁護人の実質的コントロールが及んでいる場合には、例外的に許容されるべきとするのである。

て、弁護人との「接見」(刑訴法39条1項)にあたるとすることはできないであろう。しかし、このような場合、通話が防御上の必要によるものであり、また、ほかならぬ弁護人の接見時に、その実質的コントロールのもとで行われるのであるから、通話を補助する弁護人の行為は、「接見」と密接に関連する正当な弁護活動なのであって、同規定の「接見」に準じて、秘密交通権の保障のもとにおかれるべきであろう(同規定の準用)。このような積極的意味においても、弁護人の行為は、弁護士倫理に違反することはないというべきである。

5. 携帯電話の持込規制と接見状況の職員視察

(1) 携帯電話の持込み規制

　現在、実務においては、上記依命通達にあるように、接見室内でのカメラ、ビデオカメラ、携帯電話の使用が禁止されることを前提にして、弁護人がこれらの電子機器を接見室内に持ち込むことも禁止されている。しかし、これらの電子機器の持込を禁止することはできないというべきである。

　かつて論じたように、弁護人が接見時、電子的記録機器を用いて接見状況を記録することは、それ自体、刑訴法39条1項の「接見」にあたるというべきである。すなわち、弁護人が接見状況を記録するために、被疑者・被告人の表情、所作、その身体の状態などを写真撮影し、またはビデオ録画することは、接見状況の手書きメモの作成、スケッチなどと同様、被疑者・被告人と弁護人とのあいだの意思疎通および情報発信・取得としてのコミュニケーションを構成するというべきであるから、同規定にいう「接見」にほかならず、したがって同規定による秘密交通権の保障のもとにおかれなければならない[*12]。それゆえ、接見状況を記録するために、弁護人がカメラ、ビデオカメラなどを接見室内に持ち込むことは、「接見」手段としての電子機器の持込みであって、そうである以上、それを禁止することはできない。オーディオ録音機についても、接見状況を記録するための機器であるから、同様に扱うことができる。このような電子的記録機器の持込みを禁止することは、「接見」手段の重大な制限にほかならず、「接見」の目的達成を実質的に阻害することになるからである。

　また、接見状況を記録するための電子機器の持込みであっても、刑訴法39

[*12] 葛野・注3論文77～80頁。

条2項にいう「法令」に基づき制限することができるとの前提に立ったとしても、接見状況の撮影・録画の場合と同様、刑事被収容者処遇法のなかに、これら電子機器の持込みの制限を認める具体的規定は存在しない。未決拘禁者処遇の目的規定（31条）や一般的な施設管理権をもって「法令」の根拠とすることもできない。それを認めることは、刑訴法39条2項が「法令」の根拠を要求したことを無意味化するからである。電子的記録機器の持込み制限は、現在、「法令」（刑訴法39条2項）の根拠なくして行われているといわざるをえない。

さらに、収容施設側が、接見にあたり弁護人に電子的記録機器の使用目的を申告させ、それに応じて持込みを許可することも、具体的にどのような「接見」を行うかについて、「接見」内容が推測されることになるから、秘密交通権の侵害というべきであろう。

携帯電話の持込みについてはどうか。たしかに、接見時、弁護人が自己の携帯電話を被疑者・被告人に使用させ、第三者と直接通話させることは、原則として許されない。それゆえ、接見室への持込みを禁止することもできるかにみえる。しかし、これもまた禁止することはできないというべきである。

第1に、最近の携帯電話は多機能化しており、通話のほかに、録音、写真撮影、ビデオ録画の機能を有している。それゆえ、先に述べたように、弁護人が接見状況を記録するための電子機器を持ち込むことが制限されてはならない以上、これらの機能の付いた携帯電話の持込みも制限することはできない。

第2に、同じく多機能化により、電子メール、インターネットの機能を有している携帯電話がほとんどである。本章冒頭において指摘したように、これら電子通信機器の使用については、弁護人が接見において有効な助言・相談を提供するために使用する場合には、「接見」として、また、それ自体として有効な助言・相談の提供のためのものとはいえないにしても、弁護人が有効な弁護を提供するために使用する場合には、「接見」に準じて、秘密交通権の保障のもとにおかれるべきである。電子通信機能のこのような使用可能性がある以上、その機能を有する携帯電話の持込みを禁止することは許されない。

第3に、上述のように、防御上の必要性があり、また、通話に対して弁護人の実質的コントロールが及ぶ場合には、被疑者・被告人が携帯電話により第三者と通話することも、例外的に許容されることになる。この場合、通話を補助する弁護人の行為は、弁護士倫理に違反することがないばかりか、接見時の、「接見」と密接に関連する正当な防御活動として、刑訴法39条1項の「接見」に準じて扱われるべきである。このような携帯電話の使用の可能性がある限り、

予めその持込みを一律に禁止することは許されないというべきである。

　第4に、携帯電話の持込み制限についても、刑訴法39条2項にいう「法令」の根拠がないことは、カメラ、ビデオカメラなど電子的記録機器の場合と同様である。

　このように、弁護人が携帯電話を接見室に持ち込むことを禁止することはできない。したがって、携帯電話の持込みが、弁護士倫理に違反することはないというべきである。たしかに現在、収容施設側は、カメラ、ビデオカメラなどと同じく、携帯電話の持込みを禁止する旨の掲示をしているようである（上記依命通達7(3)）。しかし、持込みを禁止すること自体が許されないのであるから、弁護人はこのような掲示の要望に応える義務はない。それゆえ、収容施設の要望に応えなかったからといって、弁護士倫理上の問題が生じることはないというべきである。

　もちろん、弁護人としては、被疑者・被告人に本来許されないような第三者との通話をさせることを計画し、専らその目的のために携帯電話を持ち込むということは、すべきではない。しかし、そのような使用を実際に行うに至らない、携帯電話を持ち込んだだけの段階では、弁護人は、未だ被疑者・被告人における外部交通に関する法的制限にも、接見禁止の潜脱行為にも荷担しているとはいえず、したがって弁護士職務基本規程14条に違反するともいえない。このような目的による携帯電話の持込みを止めるべきことは、弁護人の自主的判断に委ねられているというべきである。そのように理解することが、「刑事施設の規律及び秩序を維持するため必要がある場合には」、施設職員が「着衣及び携帯品を検査し、並びにその者の携帯品を取り上げて一時保管することができる」とする対象から、明示的に弁護人を除外している刑事被収容者処遇法の規定（75条3項・212条3項・264条）の趣旨にも適うであろう。

(2)　接見状況の職員視察

　たしかに、被疑者・被告人が携帯電話により通話をすること、それを弁護人が補助することは、原則として許されない。しかし、禁止されるべき携帯電話の使用がないことを確認するためとして、接見中、施設職員が接見室の視察窓から接見状況を視察することは、刑訴法39条1項の禁止する「立会」に準じるものとして、許されないというべきである。

　刑事被収容者処遇法117条・219条・267条は、未決拘禁者と弁護人との接見について、両者いずれかが収容施設の「規律及び秩序を害する行為」をする場

合には、接見の一時停止・終了の措置をとることができるとしている。そして、これらの措置をとる前提として、実務上、施設職員が接見室の視察窓から接見状況を視察することができるとされている[*13]。実際、施設職員が視察窓から接見室内を視察したさい、弁護人が接見状況を写真撮影などしているところを発見したとして、接見終了の措置がとられた例がある。

しかし、接見状況が施設職員により視察されることによって、写真、地図などを用いた、あるいは動作を混じえた接見状況が探知され、接見それ自体の内容の秘密性が侵害されることになる。また、「接見」として秘密性が保障されるべき写真撮影・ビデオ録画の事実が探知され、それによる証拠保全の内容が推測されることにもなる。それゆえ、接見中、施設職員が接見室の視察窓から接見状況を視察することは許されない。秘密性が確保されるべき刑訴法39条1項の「接見」は、口頭のコミュニケーションに尽きるものではないのである。

収容施設側は、精神状態に問題のある被疑者・被告人の場合には、自傷行為、器物の破壊などを予防するために、弁護人との接見中の様子も確認する必要があり、そのために接見状況を視察しなければならないというかもしれない。しかし、被疑者・被告人に重大な変調が生じたときには、弁護人が施設職員に直ちに連絡し、それに応じて施設職員が迅速に対処しうる態勢を整えておいたならば、接見状況を視察する必要はないといえよう。また、たとえ被疑者・被告人の状態を注意深く観察し、把握する必要があったとしても、収容施設側がそのための措置を、秘密交通権と抵触する形でとることは決して許されない。そのことを含意しているのが、接見からの「立会」を完全に排除した刑訴法39条1項なのである。

6. 結語

以上論じてきたように、被疑者・被告人が弁護人との接見時にその携帯電話を使用して、外部の第三者と直接通話することは、弁護人以外の者との外部交通に関する法的制限を潜脱する行為として、原則的には許されない。刑訴法81条の接見禁止が付されている場合には、接見禁止の潜脱ともなる。それゆえ、弁護人がそのような通話を補助することは、違法・不正な行為の助長・利

[*13] 葛野尋之『未決拘禁法と人権』(現代人文社、2012年) 349〜352頁参照。

用を禁止する弁護士職務基本規程14条に違反することとなる。これが原則である。

　他方、弁護人が関与する形で、被疑者・被告人が携帯電話により第三者と通話するとき、その通話は防御権行使の手段ともなりうるものであるから、個別具体的状況のいかんによっては、通話の禁止が防御権の過剰な制約とならないよう、例外的に許容される余地があるとしなければならない。すなわち、通話が防御手段であること、また、一般人との外部交通に関する法的制限や接見指定の実質的根拠が、逃亡、罪証隠滅など拘禁目的を阻害する行為の防止にあることからすれば、防御上の必要性があり、かつ、通話状況の具体的設定、通話時のモニタリングなどにおいて、通話に対して弁護人の実質的コントロールが及んでおり、その選別・遮断機能が働くことによって、被疑者・被告人と第三者とのあいだで拘禁目的阻害の危険情報が交換される可能性が、たとえ皆無でなくとも、僅かにすぎない場合であれば、携帯電話による直接通話も許容されるというべきである。このような場合、通話を補助する弁護人の行為は、弁護士倫理に違反しないばかりか、接見時の、接見と密接に関連した正当な弁護活動として、刑訴法39条1項の「接見」に準じ、秘密交通権の保障のもとにおかれるべきである。

【付記】弁護人が接見のさいに自己の携帯電話を用いて、被告人とその妻とを通話させるなどした事案について、2013年3月29日、岐阜県弁護士会は、弁護人であった弁護士の懲戒処分に付した。2014年12月11日、日弁連は、この懲戒処分の取消を求める弁護士の審査請求を棄却した。

第15章 再審請求人たる死刑確定者と再審請求弁護人との秘密面会

最判平25（2013）・12・10民集67巻9号1761頁をめぐって

1. 事実の概要と判決要旨

(1) 事実の概要

　事実の概要は、以下のとおりである。Xは、死刑確定者として広島拘置所に拘置されていた。Xは、2007年4月1日頃、再審請求弁護人として、刑事事件の弁護人であった弁護士YおよびZを選任した。Y・Zは、2008年中3回にわたり、再審請求について打合せを行うためにXと面会しようとしたさい、職員の立会を付さないよう要求したにもかかわらず、拘置所職員によって拒否されたため、無立会の面会をすることができなかった。XおよびY・Zは、これらの拒否措置は再審請求人と弁護人との秘密交通権を侵害するなどと主張して、国家賠償請求訴訟を提起した。

　広島地裁は、3回中2回の拒否措置は違法であるとして、請求を一部容認した[*1]。Xら、国の双方控訴を受けて、広島高裁は、死刑確定者、再審請求弁護人の双方について秘密面会の利益が、刑事被収容者処遇法121条ただし書にいう「正当な利益」として認められ、また、死刑確定者の自傷、自殺、逃亡など拘禁目的に反する事態も、拘置所内の規律・秩序が阻害されるおそれもなかったから、3回すべてについて職員の不立会が「適当」かつ「相当」であったとして、一審原告らの控訴に基づき損害賠償請求を容認し、国の控訴を棄却した[*2]。国が上告した。

(2) 判決要旨

　最高裁は、おおむね以下のように判示し、上告を棄却した。

　刑事被収容者処遇法121条本文は、死刑確定者の面会について職員立会また

[*1] 広島地判平23（2011）・3・23判時2117号45頁。
[*2] 広島高判平24（2012）・1・27判夕1374号137頁。

は録音・録画を原則としつつ、同条ただし書は、「訴訟の準備その他の正当な利益の保護のため秘密面会を許すか否かの措置を刑事施設の長の裁量に委ね、当該正当な利益を一定の範囲で尊重するよう刑事施設の長に職務上義務付けている」。他方、刑訴法440条1項は、「再審の請求をする場合」における弁護人の選任について規定しており、「死刑確定者が再審請求をするためには、再審請求弁護人から援助を受ける機会を実質的に保障する必要があるから、死刑確定者は、再審請求前の打合せの段階にあっても、刑事収容施設法121条ただし書にいう『正当な利益』として、再審請求弁護人と秘密面会をする利益を有する」。

また、秘密面会の利益の保護は、「面会の相手方である再審請求弁護人にとってもその十分な活動を保障するために不可欠なものであって、死刑確定者の弁護人による弁護権の行使においても重要なものである」。のみならず、刑訴法39条1項により被疑者・被告人に保障される秘密交通権が、弁護人にとっては「その固有権の重要なものの一つであるとされていることに鑑みれば」[*3]、「秘密面会の利益も、上記のような刑訴法440条1項の趣旨に照らし、再審請求弁護人からいえばその固有の利益である」。

このように、「秘密面会の利益は、死刑確定者だけでなく、再審請求弁護人にとっても重要なものであることからすれば」、刑事施設の長は、死刑確定者の面会の許否に関する権限を行使するにあたり、施設の「規律及び秩序の維持等」に配慮するとともに、これら両者の「秘密面会の利益をも十分に尊重しなければならない」。したがって、「死刑確定者又は再審請求弁護人が再審請求に向けた打合せをするために秘密面会の申出をした場合に、これを許さない刑事施設の長の措置は、秘密面会により刑事施設の規律及び秩序を害する結果を生ずるおそれがあると認められ、又は死刑確定者の面会についての意向を踏まえその心情の安定を把握する必要性が高いと認められるなど特段の事情がない限り、裁量権の範囲を逸脱し又はこれを濫用して」おり、死刑確定者および再審請求弁護人の秘密面会の利益を侵害するものとして、国家賠償法上違法となる。

これを本件についてみると、被上告人らは再審請求に向けた打合せのために秘密面会の申出をしているところ、各面会に先立ち、Xは職員との面談において、Zより「再審請求の準備をする旨伝えられたが心情面での不安要素は

[*3] 最判昭53 (1978)・7・10民集32巻5号820頁。

ないなどと述べていた」のであり、その他一切の事情を考慮しても、前記「特段の事情」は認められない。したがって、本件各措置は、国家賠償法1条1項の適用上違法である。

2. 本判決の判断構造

　本最高裁判決は、まず、刑訴法440条1項による再審請求人の弁護権から、死刑確定者と再審請求弁護人との秘密面会の利益を導出したうえで、それを刑事被収容者処遇法121条ただし書の解釈に投影することによって、職員立会等を必要とする「特段の事情」がない限り、秘密面会が保障されるべきとした。刑事訴訟法の規定解釈による秘密面会の利益の承認、それをふまえた刑事被収容者処遇法の解釈という判断構造をとっているといえよう[*4]。

3. 刑訴法の解釈と刑事被収容者処遇法の解釈

　刑事被収容者処遇法121条ただし書は、「訴訟の準備その他の正当な利益の保護のためその立会い又は録音若しくは録画をさせないことを適当とする事情がある場合において、相当と認めるとき」は、職員立会等を付さないことができる旨規定している。平成19 (2007) 年5月30日矯正局長依命通達「被収容者の外部交通に関する訓令の運用について (依命通達)」24(4)が、死刑確定者と再審請求弁護人との面会であれば、職員立会等の措置をとらないことが「適当」な場合に当たるとしても、具体的面会ごとに、刑事施設の規律・秩序の阻害のおそれ、死刑確定者の心情把握の必要などを考慮して、「相当」と認められる場合に限り、職員立会等の措置をとるべきでないとしていたところ、原則として職員立会等を付すという従前の実務は、職員立会等をさせないことが「適当」であっても、原則として「相当」性には欠けるとする運用が定着していたことを意味している。ここにおいて、刑訴法440条1項の弁護権の内容を確定したうえで、その弁護権の保障を刑事被収容者処遇法のなかでどのように具体化するかというアプローチはとられていなかった。

　本最高裁判決は、たしかに、再審請求人たる死刑確定者と再審請求弁護人との面会について、刑訴法39条1項の準用を認めてはいない。それゆえ刑事被収容者処遇法上も、刑事事件の被疑者・被告人と弁護人との面会に関する規定を準用することはなく、死刑確定者の面会に関する同法121条を適用してい

る。

　とはいえ、本判決は、刑訴法440条1項の解釈を刑事被収容者処遇法121条の解釈に反映させている。すなわち、刑訴法440条1項の弁護権から秘密面会の利益を導出し、それをもって刑事被収容者処遇法121条1項ただし書にいう「正当な利益」に当たるとしており、さらに、秘密面会の利益を、後述するように、その刑訴法上の性格からして「重要な」「十分に尊重しなければならない」利益として認めることによって、例外的な職員立会等を、それを必要とする「特

―――――――

*4　本判決が秘密「接見」ではなく、秘密「面会」の利益としているのは、その利益が刑事被収容者処遇法上認められる利益にすぎないからというのではなく、刑訴法39条1項の「接見」として保障される権利ではないという理解に立つためであろう。中島基至「最高裁時の判例・最高裁平成25年12月10日第三小法廷判決」ジュリスト1468号（2014年）89頁は、本最高裁判決は「刑訴法440条の規定の趣旨に照らし、刑事収容施設法上に接見交通権と同趣旨の利益があることを実質的には承認したものといえ」ると指摘しており、この一節だけをみると、死刑確定者および再審請求弁護人の秘密面会の利益は「刑事収容施設法上」認められる利益であると示唆しているかのようであるが、本判決は、刑訴法440条1項の弁護権から、「死刑確定者が再審請求をするためには、再審請求弁護人から援助を受ける機会を実質的に保障する必要がある」ことを導き出し、そのことからただちに、「刑事収容施設法121ただし書にいう『正当な利益』として、再審請求弁護人と秘密面会をする利益を有する」と判示しているのであって、このことからすれば、本判決は、秘密面会の利益を刑訴法440条1項の弁護権に由来する、それ自体としては刑訴法上の利益として認めたうえで、その法的利益を刑事被収容者処遇法121条ただし書の解釈に反映させるべきとしていると理解すべきであろう。このような理解は、本判決が、刑訴法39条1項により被疑者・被告人に保障される秘密交通権が、弁護人の重要な固有権であるとされるのと同様、「秘密面会の利益も、上記のような刑訴法440条1項の趣旨に照らし、再審請求弁護人からいえばその固有の利益である」と判示していることからも導かれるといえよう。したがって、同解説の先の記述も、刑訴法440条1項の弁護権に由来する秘密面会の利益を刑事被収容者処遇法121条ただし書の解釈に反映させた結果、「接見交通権」が承認されたのと実質的にみて同じような仕方で同規定が解釈されることになるという意味において理解されるべきであろう。そのように理解することが、本最高裁判決は、憲法34条の弁護権が接見交通権を保障する趣旨を含むのと同様、「刑訴法440条の弁護人依頼権も再審請求弁護人との秘密面会を保障する趣旨を含むと解し」ているとする同解説の理解（注6参照）に整合するであろう。ところで、2014年7月18日、東京地裁は、受刑者と再審請求弁護人との面会が制限回数に算入されたことから、家族の面会申出が制限回数を超えるとして拒否されたことについて、受刑者と家族との面会の権利の侵害が争われた星野事件において、「最高裁平成25年判決が判示するとおり、刑事訴訟法440条1項は、検察官以外の者が再審請求をする場合には、弁護人を選任することができる旨規定しているところ、死刑確定者が再審請求において同法435条各号に規定する再審請求の理由のあることを十分に主張立証するためには、再審請求弁護人から援助を受ける機会を実質的に保障する必要があるから、再審請求中の死刑確定者は、同法440条1項に基づき、再審請求弁護人と秘密面会をする利益を有するものと解される」とし、また、「再審請求弁護人も、同法440条1項の趣旨に照らし、再審請求中の死刑確定者と秘密面会をする利益を有すると解される」と判示しており（東京地判平26〔2014〕・7・18 裁判所ウェブサイト）、本最高裁判決が、刑訴法440条1項の弁護権に「基づき」、またはその「趣旨」から、死刑確定者と再審請求弁護人との秘密面会の利益を認めたものと指摘している。

段の事情」がある場合に限定しているのである。同規定の要件に即していえば、本最高裁判決は、職員立会等の措置をとらないことが「適当」なだけでなく、「特段の事情」がない限り、その「相当」性も認められるとしたといえよう。刑事被収容者処遇法の規定をこのように解釈することを通じて、同法による刑訴法上の利益の過剰な制限を排除したのである。また、本判決は、秘密面会の「正当な利益」が再審請求後に限らず、「再審請求前の打合せの段階にあっても」認められるとしたが、それも、刑訴法440条1項が請求準備段階からの弁護人の選任を保障しているためであろう。

4. 秘密面会の利益

控訴審判決は、「刑訴法39条1項が身体の拘束を受けている被告人又は被疑者に秘密交通権を保護した趣旨・意義を考慮すれば」として、刑訴法39条1項に言及しつつ、死刑確定者の秘密面会の利益を認めていた。これに対して、本最高裁判決は同規定に言及することなく、刑訴法440条1項による再審請求人の弁護権から、死刑確定者および再審請求弁護人の秘密面会の利益を導き出している。

しかし、本最高裁判決は、刑訴法440条1項の弁護権から秘密面会の利益を導出するさい、死刑確定者が再審請求をするうえでは「弁護人から援助を受ける機会を実質的に保障する必要があ」ることを指摘しており、1999年3月24日の最高裁大法廷判決[*5]が憲法34条の弁護権の趣旨として指摘した、「弁護人を選任した上で、弁護人に相談し、その助言を受けるなど弁護人から援助を受ける機会を持つことを実質的に保障している」ことと、ほぼ同じ言葉を用いている。このことからすれば、本最高裁判決は、刑訴法440条1項による再審請求人の弁護権を、その内容において、憲法34条による身体を拘束された被疑者・被告人の弁護権と同様のものとして捉えているといえよう。さらに、先の最高裁大法廷判決が接見交通権の目的として、「弁護人等と相談し、その助言を受けるなど弁護人等から援助を受ける機会を確保する」ことを指摘していたことからすると、本判決は、刑訴法440条1項に由来する秘密面会の利益を、「弁護人から援助を受ける機会」を確保するという点において、憲法34条に由来する刑訴法39条1項の秘密交通権と共通するものとして性格づけていると

[*5] 最大判平11(1999)・3・24民集53巻3号514頁。

いえよう[*6]。本判決は秘密面会の利益を「十分に尊重」されるべき「重要な」利益だとしているが、それも、このような性格を認めたからのことだといえよう。

本最高裁判決は、秘密面会の利益が弁護人固有の利益であることを判示するうえで、1978年7月10日の最高裁判決[*7]を引きつつ、刑訴法39条1項による被疑者・被告人の秘密交通権が弁護人の重要な固有権とされていることを指摘しているが、それもまた、秘密面会の利益について、刑訴法39条1項の秘密交通権に相通じる性格を認めているがゆえであろう[*8]。

5. 職員立会等の措置をとらないことの相当性

(1) 秘密面会の相対的保障

本最高裁判決は、秘密面会の利益をこのように性格づけながらも、刑訴法39条1項の秘密交通権の場合と異なり、その絶対的保障を要求してはいない。刑事被収容者処遇法121条ただし書の枠組みのなかに職員立会等の措置をとらないことを位置づけているために、秘密面会の利益について、その「重要」性を認めたうえで、それを同規定にいう「正当な利益」にあたると認めながらも、職員立会等を全面排除しているわけではない。職員立会等の措置をとらないことを原則化しつつ、なお職員立会等の余地を残しているのである。秘密面会の保障の相対化は、秘密面会の利益を刑訴法39条1項の秘密交通権と共通の性格をもつものとして捉え、刑訴法440条1項により「弁護人から援助を受

[*6] 中島・注4解説88頁も、本最高裁判決が死刑確定者には秘密面会の利益が認められると判示したのは、「憲法34条の弁護人依頼権が弁護人との接見交通権を保障する趣旨を含むことと同様に、刑訴法440条の弁護人依頼権も再審請求弁護人との秘密面会を保障する趣旨を含むと解したことによるもの」だとしている。ここにおいて、秘密面会を保障する「趣旨」とされているのは、秘密面会の保障が刑訴法の規定に明記されているわけではなく、刑訴法に明記された再審請求人の弁護権(440条1項)に由来するものとして認められているにとどまり、この意味において、秘密面会がそれ自体として刑訴法上の「権利」ではなく、法的保護を受けるべき「利益」にとどまるということを含意するのであろう。

[*7] 最判昭53(1978)・7・10民集32巻5号820頁。

[*8] 中島・注4解説88頁が指摘するように、本最高裁判決は、再審請求弁護人の秘密面会の利益については、死刑確定者の場合のように、刑事被収容者処遇法121条ただし書にいう「正当な利益」に該当するものとはしていない。同解説がいうように、その理由は、同規定が死刑確定者の面会に関する規定であって、再審請求弁護人の面会についてまで規律するものでないことであろう。また、本判決が刑事施設長は死刑確定者のみならず、再審請求弁護人の秘密面会の利益にも配慮するべき義務を負うとしたのは、そのような義務が刑事被収容者処遇法の面会に関する規定全体の趣旨から導かれると理解したからのことであろう。

ける機会を実質的に保障する」ために必要なものとして位置づける本判決の基本的立場との矛盾をはらんでいるといわざるをえない。この点において、本判決の限界があるといってよい。

　本判決が秘密面会の保障を相対化したのは、刑訴法のなかにそれが権利として明記されておらず、また、刑事被収容者処遇法において秘密面会の絶対的保障の規定がなく、死刑確定者の面会に関する同法121条ただし書が上記のような枠組みにおいて職員立会等の措置をとらないこととしているからのことであろう。しかし、本判決が自ら指摘しているように、刑訴法440条1項のもと、再審請求において「弁護人から援助を受ける機会を実質的に保障する必要」があることからすれば、本来、刑訴法に明文規定がないことを、秘密面会の保障の相対化に結びつけるべきではあるまい。また、職員立会等の措置をとらないことを刑事被収容者処遇法121条ただし書の枠組みに即して判断することによって秘密面会の保障を相対化することは、刑事被収容者処遇法の規定のあり方をもって、刑訴法440条1項の弁護権に由来する秘密面会という刑訴法上の利益、ひいては同規定による弁護権それ自体を限界づけることになる。本来、刑訴法と刑事被収容者処遇法の関係性からすれば、刑訴法の保障する権利・利益の内容・限界を確定したうえで、それに適合するように刑事被収容者処遇法の規定を解釈すべきであるといわなければならない。

(2)　職員立会等の必要性

　刑事被収容者処遇法121条ただし書において、職員立会等の措置をとらないことの「相当」性は、秘密面会の必要性と職員立会等の必要性との比較衡量によって判断されることになる[*9]。「相当」性を原則として否定してきたかつての実務は、職員立会等の必要性を重視する一方、秘密面会の必要性を相対的に軽視していたことの結果といえよう。

　これに対して、本最高裁判決は秘密面会の利益を承認し、さらにこれを「重要な」「十分に尊重」されるべきものと認め、そのことから、職員立会等を必要とする「特段の事情」がない限り、秘密面会が認められなければならないとしている。刑事被収容者処遇法112条ただし書は、受刑者が自己の受けた処遇に関して弁護士と面会する場合（2号）、そのような面会については、刑事施設の規律・秩序を害する結果を生じさせる「特別の事情」がない限り、刑事施

[*9]　林真琴＝北村篤＝名取俊也『逐条解説・刑事収容施設法〔改訂版〕』（有斐閣、2013年）624頁。

設長は職員立会等の措置をとることができないと規定しているが、本判決は、死刑確定者と再審請求弁護人との面会について、これと同じ法的枠組みを設定したといってよい。

　これらのことからすれば、職員立会等を必要とする「特段の事情」については、厳格な判断がなされるべきことになる[*10]。職員立会等の現実的必要性が、秘密面会の「重要な」利益を保護する必要性を凌駕するまでに高度なものとして、具体的事実によって裏づけられなければならない。刑事施設長は、施設の状況と死刑確定者の状態をよく知る立場にある者として、この点についての説明責任を負っているというべきである。そうでなければ、本最高裁判決があえて「特段の事情」を要求したことが無意味になるからである。

　本判決は、職員立会等の必要性を基礎づける事情として、刑事施設の規律・秩序の阻害の「おそれ」、死刑確定者の「心情の安定を把握する必要性が高い」ことをあげている。前者は、死刑確定者の面会の許否に関する刑事被収容者処遇法120条のみならず、同法112条ただし書においても考慮すべき事情としてあげられている。「特段の事情」の認定は厳格であるべきことからすれば、これらの規定と同じく「おそれ」とされているものの、規律・秩序が重大に阻害される現実的危険性が具体的根拠によって示されない限り、「特段の事情」は認められないというべきであろう。実際には、弁護人との面会について、そのような危険性が認められることは想定しづらい。

　他方、「心情の安定」は、刑事被収容者処遇法32条1項・120条1項2号において、死刑確定者の処遇全般、さらには面会の実施において配慮すべき事項としてあげられているところ、この「心情の安定」を、死刑確定者の意向に反して、その権利を制限する根拠としてはならないとの意見が強く、刑事被収容者処遇法制定過程においても両院法務委員会の附帯決議が、その旨確認していた。しかし、実務上、職員立会等の理由とされてきたことも事実である。同種事案に関する2013年1月30日の広島地裁判決[*11]、その控訴審判決である

[*10] 中島・注4解説89頁は、本最高裁判決が刑事被収容者処遇法112条ただし書・116条などと「同一の文言を採用していることからしても、単に刑事施設の秩序維持のために必要であるというだけでは足りず、過去に現実に刑事施設の規律秩序を害する結果が生じたことがあるなど、そうした結果が生ずる高度の蓋然性が認められる場合や、予想される刑事施設の規律秩序を害する結果が重大なものである場合に限定されるべきことになろう」としている。この点について、林ほか・注9書572頁参照。

[*11] 広島地判平25(2013)・1・30判時2194号80頁。

2013年10月25日の広島高裁判決[*12]も、一部の面会について、「心情の安定」を理由とする職員立会を肯定していた。これに対して、本件の控訴審判決である2012年1月27日の広島高裁判決は、「死刑確定者の心情自体は、個人の主観に関わる内心の問題である」から、これを理由にしてその権利・法的利益を制限することはできないとしていた[*13]。

本最高裁判決は、従来の実務に配慮してか、「心情の安定を把握する必要性」をあげながらも、「死刑確定者の面会についての意向を踏まえ」たうえでその必要が「高い」と認められるべきことを指摘しており、さらに本件において、死刑確定者自身が「心情面での不安要素はないなどと述べていた」ことを「特段の事情」を否定する事情として摘示している。本判決は、これらの点において、「心情の安定」を理由とする職員立会等について慎重な姿勢を示しているといってよい。本判決のこのような趣旨からすれば、本人の意向に反して「高い」必要性が認められることは、実際にはありえないというべきであろう。

6. 本最高裁判決の射程

本判決は、事案に即して、刑事被収容者処遇法121条ただし書の枠組みに沿って職員立会等の適法性について判断しているために、その判示は、再審請求人一般ではなく、死刑確定者と再審請求弁護人との面会を射程としている。本章が扱う課題との関係において問題となるのは、本判決の判示内容が、死刑確定者に限らず、再審請求人と弁護人との面会すべてに妥当するかという点である。先に示唆したように、本判決の判断理由、とくに秘密面会の利益を刑訴法440条1項による再審請求人の弁護権から導出していることからすれば、適用される刑事被収容者処遇法の規定には違いがあるにせよ、その判示内容は、受刑者を含む再審請求人と弁護人との面会すべてに妥当するとい

[*12] 広島高判平25（2013）・10・25 LEX/DB25502334。
[*13] 広島高判平24（2012）・1・27判タ1374号137頁。中島・注4解説89頁も、心情の安定は「個々人の主観に関わる内心の問題であり、心情の安定を理由として本来保障されるべき権利利益や自由を制約するのは相当ではない」と指摘したうえで、刑事被収容者処遇法70条・139条・140条が心情の安定を理由とする権利制約を認めていないことをあげつつ、「このような法の趣旨に鑑みると、……心情の安定という点は、死刑確定者の秘密面会の利益を制約する理由とすべきではないことになろう」としている。同解説は、本判決が「『死刑確定者の面会についての意向を踏まえ』という文言を加えている意図を斟酌すれば、……少なくとも死刑確定者が再審請求弁護人との秘密面会を求めている場合には」、この要件に該当しないと理解すべきであるとしている。

うべきであろう。

　また、刑訴法440条1項のもと、再審請求における弁護人の援助を実質的に確保するためには、少なくとも刑の確定した者が再審請求の意向を有し、弁護人の選任を求めている場合には、再審請求弁護人として選任する前であっても、弁護人の選任を含む再審請求に関する相談のために、弁護人となろうとする弁護士と秘密面会をする法的利益を有するというべきであろう。上記2013年1月30日広島地裁判決、2013年10月25日広島高裁判決は、死刑確定者についてこのことを認めた。

　本最高裁判決にいう「再審請求弁護人から援助を受ける機会を実質的に保障する」ために必要とされるのは、秘密面会に限るわけではない。コミュニケーション手段として用いられるとき、信書その他の書類・物（刑訴法39条1項）は固定性・正確性において優れていることから、面会によって代替できない固有の重要性を有している[*14]。それゆえ、本判決の判示に沿っていうならば、秘密面会の利益と同様、刑訴法440条1項の弁護権に由来して、書類・物の秘密の利益も認められるべきであって、その重要性からすれば、秘密性が原則として保障され、内容検査はそれを必要とする特段の事情がある場合に限られるというべきであろう。信書の検査に関する刑事被収容者処遇法127条（受刑者）・140条（死刑確定者）は、この趣旨に沿って限定解釈されなければならず、また、刑訴法上の秘密の利益が認められる書類は、刑事被収容者処遇法においては「信書」として扱われるべきである。

【付記1】脱稿後、中島基至「判批」法曹時報66巻8号（2014年）、金光旭「判批」刑事法ジャーナル41号（2014年）に接した。本最高裁判決の趣旨について、これらは、本章とほぼ同様の理解を示している。

【付記2】名古屋地判平27（2015）・3・12 LEX/DB25540703は、再審請求人たる受刑者と再審請求弁護人との面会についても、死刑確定者の場合と同様、刑訴法440条1項による再審請求人の弁護権に由来して秘密面会の法的利益が保障されるとし、「秘密面会により刑事施設の規律及び秩序を害する結果を生ずるおそれがあると認められるなど特段の事情」がない限り、刑事施設長が施

[*14] 葛野尋之「身体拘束中の被疑者・被告人との接見、書類・物の授受」後藤昭＝高野隆＝岡慎一編『実務体系・現代の刑事弁護（1）――弁護人の役割』（第一法規、2013年）189～190頁。

設職員の立ち会いを付すことは許されないと判示した。この問題については、葛野尋之「再審請求人たる受刑者と再審請求弁護人との面会をめぐる法的問題」一橋法学14巻1号（2015年）参照。

第16章 上訴取下の有効性を争う手続と弁護権

1. 問題の所在

(1) 問題の背景と本章の課題

　刑訴法359条は、「検察官、被告人又は第352条に規定する者は、上訴の放棄又は取下をすることができる」と定めており、被告人がいったん上訴した後、自らそれを取り下げることを認めている。上訴取下がなされれば、再度の上訴は許されない（同361条）。上訴取下は、裁判を確定させる効果を有する重要な法律行為である。

　司法統計年報によれば、2010年の控訴事件終局処理人員6,856件中、取下によるものは1,364件（19.9％）であった。第一審が比較的重大な事件を対象とする裁判員裁判についての控訴事件終局処理人員は260件であったが、そのうち取下によるものは40件（15.4％）であった。また、2010年の上告事件終局処理人員2,150件中、取下によるものは430件（20.0％）であった。上訴取下による裁判確定は、特別な重大事件についてもみられる。2009年から2011年の死刑確定者45人のうち、控訴取下により確定した者が4人、上告取下による確定者が1人いた（合わせて11.4％）。

　被告人の上訴取下については、事後、その有効性が争われる例があった。その結果、被告人には上訴取下のための訴訟行為能力が欠けると認め、もって取下を無効とし、上訴審の審理を継続させた決定もあった。上訴取下が有効とされれば、直ちに裁判は確定する。上訴取下の有効性が争われる手続は、被告人の法的地位とその権利に対して決定的影響を与える。問題は、被告人が自己の上訴取下の無効を主張し、上訴審の審理の継続を求めたとき、その手続の重要性に見合った手続保障が備わっているかである。

　このような手続保障の本質的要素となるのは、弁護権である。弁護権の十分な保障に欠けるとき、被告人が上訴取下の有効性を実効的に争うことはできないであろう。さらに、弁護権の保障においては、上訴取下の無効を訴え、上訴審の審理続行を申し立てた被告人（以下、申立人）と弁護人との秘密交通

権の保障が不可欠であろう。刑訴法39条1項が刑事事件の被疑者・被告人と弁護人とのあいだに秘密交通権を保障していることからもうかがわれるように、秘密交通権の保障がなければ、有効な弁護は確保されないからである。しかし、申立人の拘禁されている刑事施設の長が、秘密交通権の保障はないとの理解に立って、申立人と弁護人との接見に職員を立ち会わせ、接見内容を聴取させた例もある。最近、秘密交通権の侵害を主張して、国家賠償請求訴訟も提起された[*1]。

(2) **本章の目的**

本章は、審理続行申立手続における申立人と弁護人との接見に職員を立ち会わせる実務を批判的に検討し、両者の接見について秘密交通権が保障されるべきことを論じる。

本章は、第1に、最高裁判例により示された、上訴取下をめぐる法の到達点を確認する。上訴取下、そして上訴取下の有効性が争われたときにその結果は、被告人の法的地位とその権利にとって決定的な重要性を有している。そのような認識に立って、上訴取下の有効性を基礎づける訴訟行為能力、すなわち上訴取下能力については、訴訟行為一般に比べ一段高度な能力が必要とされ、その能力の有無の判断についても、ひときわ慎重な判断が要求されている。さらに、上訴取下の有効性を争う審理続行申立手続については、職権発動を促す申立にすぎないとする形式論を超えて、刑訴法に明文規定がないにもかかわらず、上訴裁判所は必要に応じて適切な方法による事実の取調べを行ったうえで、申立の理由が認められない場合には訴訟終了宣言の決定をすべきであり、また、その決定に対しては不服申立が保障されなければならないものとされている。すなわち、訴訟行為能力の基準・判断においても、申立手続のあり方においても、特別な厳格さと慎重さが要求されているのである。これが法の到達点である。

[*1] 本章は、死刑確定者が自己の控訴取下の無効を主張し、控訴審の審理続行を申し立てた手続において、名古屋拘置所長が申立人と弁護人との接見に職員を立ち会わせ、その接見内容を聴取させたことについて、秘密交通権の侵害を理由にして、国家賠償請求を行った事件（藏冨・福井事件、平21年（ワ）第4801号損害賠償請求事件）において、弁護団を通じて提出された私の意見書の一部をベースにしている。この意見書は、もっぱら審理続行申立手続における弁護権の保障のあり方について理論的検討を加えたものであって、個別事案における具体的な控訴取下の有効性については論じていない。

第2に、本章は、このような法の到達点を踏まえたとき、審理続行申立手続においては、それに相応しい手続保障として、有効な弁護が確保されなければならず、そのためには、拘禁下にある申立人と弁護人とのあいだに、秘密交通権が保障されるべきことを論じる。さらに、審理続行申立は、憲法32条の保障する裁判にアクセスする権利を具体化しようとするものであるから、秘密交通権の保障による有効な弁護の確保は、有罪判決の見直しを求めて、上訴裁判所の裁判にアクセスする申立人の権利を実効化するものとして、憲法32条の保障の趣旨に適うことを指摘する。

　第3に、本章は、審理続行申立手続において、申立人は、適正な申立手続によって上訴取下の有効性が認められ、訴訟終了宣言の決定が確定するまでは、有罪判決により刑が確定した者として扱われてはならず、したがって上訴裁判所の審理を受けるべき被告人としての法的地位を奪われてはならないことから、拘禁された申立人と弁護人との接見には、刑訴法39条1項が準用されるべきことを論じる。また、訴訟行為能力の認定には「疑わしいときは被告人の利益に」の証明基準が適用され、訴訟行為能力の存在について「疑い」が払拭されたときにこそ、上訴取下が有効とされうるのであるから、そのように認定されるまでは、申立人は、上訴取下が無効であるものとして扱われ、それゆえ上訴裁判所の審理を受けるべき被告人としての法的地位を認められるべきことも指摘する。

　第4に、本章は、立法論として、被告人による上訴取下について、裁判の確定というその結果の重大性に見合った事前の手続保障が用意されるべきことを論じ、少なくとも死刑または無期刑の判決を確定させる上訴取下については、取下の有効要件として、被告人が取下に関して、弁護人と十分相談する機会をもたなければならないことを提案する。

2. 上訴取下の有効性と審理続行申立手続

(1) 「訴訟能力」と上訴取下能力

　刑事事件の被告人は、刑訴法359条により、上訴の取下をすることができる。上訴の取下により、弁護人等の代理権に基づくものも含め、上訴権が消滅する（刑訴法361条）。上訴取下については、それによって「訴訟が終了し、すでに判決が確定してしまったような場合には、撤回を認めることはできない」とされている。撤回が許される余地があるのは、判決確定前において、「手続の

確実性と法的安定性が害されない」場合に限られるとされるのである*2。

　しかし、被告人の上訴取下について、その有効性が争われることがある。錯誤に基づく無効の主張が一般に許容されるわけではないものの、最高裁の判例は、錯誤について被告人の責めに帰すべき事由がない場合には、錯誤による上訴取下は無効となることを示唆している*3。もっとも、過去、上訴取下の有効性が争われた多くの事案において、その理由とされてきたのは、被告人に上訴取下という訴訟行為を行う能力が欠けていたことである。訴訟行為能力の欠如を理由とする上訴取下の無効の主張である。

　1954年7月30日の最高裁決定*4は、第一審において精神分裂病と鑑定され、心神耗弱と認定された被告人による控訴取下について、「訴訟能力」の欠如を理由としてその無効が主張された事案において、被告人に「訴訟能力」ありとした原審・原原審の判断に誤りはないとするにあたり、「訴訟能力というのは、一定の訴訟行為をなすに当り、その行為の意義を理解し、自己の権利を守る能力を指す」と判示した。他方、刑訴法314条1項本文は、「被告人が心神喪失の状態に在るときは、検察官及び弁護人の意見を聴き、決定で、その状態の続いている間公判手続を停止しなければならない」と定めている。この規定による公判手続の停止は、「心神喪失」のゆえに被告人に「訴訟能力」が欠けるためであると説明されてきた。1995年2月28日の最高裁決定*5も、同規定にいう「『心神喪失の状態』とは、訴訟能力、すなわち、被告人としての重要な利害を弁別し、それに従って相当な防御をすることのできる能力を欠く状態をいう」と判示したうえで、耳が聞こえず言葉も話せないことなどから被告人の「訴訟能力」に疑いがある場合には、医師の意見を聴くなどして審理を尽くし、「訴訟能力」がないと認めるときは、原則として同規定により公判手続を停止すべきであるとした。

　このように最高裁判例において、「一定の訴訟行為をなすに当」たっての、その有効性を基礎づける能力についても、また、公判手続停止の要件としての「心神喪失の状態」（刑訴法314条1項）の意味についても、同じく「訴訟能力」

---

*2　松尾浩也（監修）・松本時夫＝土本武司（編集代表）『条解刑事訴訟法〔第4版〕』（弘文堂、2011年）1004頁。上訴放棄・取下をめぐる諸論点を要領よく検討したものとして、辻本典央「上訴放棄及び取下の諸問題」近大法学55巻1号（2007年）参照。
*3　最決昭43（1968）・10・24判時540号84頁。
*4　最決昭29（1954）・7・30刑集8巻7号1231頁。
*5　最決平7（1995）・2・28刑集49巻2号481頁。

第16章　上訴取下の有効性を争う手続と弁護権　275

という概念が用いられたことから、それぞれの場合の「訴訟能力」の概念内容と両者の関係が問題となった*6。「意思能力」を中核として両者を統合する「訴訟能力」概念を承認するか、それともそのような統合的概念を不要とするかについては立場が分かれるものの*7、前者の場合の「訴訟能力」は、後者の場合の「訴訟能力」から区別されるべきことが確認された。前者の能力は「訴訟行為能力」と呼ばれ、後者の能力を意味する「公判手続続行能力」から区別されるようになったのである。

　さらに、前者の訴訟行為能力については、その個別性が承認されてきた。すなわち、刑事訴訟における訴訟行為は等質的なものでなく、個々の行為あるいは個々の状況によって異なることから、その有効性を基礎づける能力についても、個々の訴訟行為によってその程度が異なり、すべての訴訟行為に共通する能力は存在しないとされるのである*8。このような訴訟行為と訴訟行為能力の個別性にかんがみ、「訴訟能力」の概念をもっぱら公判手続続行能力の意味において用いるべきとし、他方、「訴訟行為能力については、問題となる個々の訴訟行為に対応させて、例えば上訴取下げ能力などと呼称するのが相当」であるとの見解も示されている*9。このような見解を支持するかどうかは別として、訴訟行為能力は公判手続続行能力を意味する「訴訟能力」からは区別され、しかもその個別性が承認され、個々の訴訟行為に応じて、それが有効とされるために必要な能力が定められるべきとされているのである。

(2)　上訴取下を無効とした最高裁決定
　上訴取下が有効とされるためには、それに相応しい訴訟行為能力、すなわち上訴取下能力が必要とされる。被告人において上訴取下という訴訟行為を

---

*6　「訴訟能力」の概念について、宇藤崇「死刑判決の言渡しを受けた被告人の控訴取下げが精神障害を理由に無効とされた事例」法学教室184号（1996年）、木村烈「訴訟能力と刑事鑑定」中山善房退官『刑事裁判の理論と実務』（成文堂、1998年）、飯野海彦「刑事被告人の訴訟能力について」北海学園大学法学研究35巻2号（1999年）、同「刑事手続における訴訟能力の判断」『田宮裕博士追悼論集（下）』（信山社、2003年）など参照。
*7　この点について、中谷雄二郎「死刑判決の言渡しを受けた被告人の控訴取下げが無効とされた事例」『最高裁判所判例解説刑事篇（平成7年度）』274〜275頁参照。前者を「統合説」、後者を「分離説」と呼んでいる。
*8　平野龍一『刑事訴訟法』（有斐閣、1958年）32〜34頁参照。
*9　川口政明「刑訴法314条1項にいう『心神喪失の状態』の意義」『最高裁判所判例解説刑事篇（平成7年度）』132〜133頁。

する能力が欠けていた場合には、その上訴取下は無効とされるのである。事実、最高裁が被告人の上訴取下を無効とした例があり[*10]、注目される。この事件においては、刑事事件の第一審において死刑判決を言い渡された被告人が控訴を取り下げた後、取下の無効を主張したところ、原原審の東京高裁がその主張を退け、訴訟終了宣言を決定した。被告人がこれに対して異議を申し立てたところ、異議審も控訴取下は有効であったとして、異議申立を棄却する決定をした。そこで、被告人は特別抗告を申し立てた。

　1995年6月28日、最高裁は、「死刑判決に対する上訴取下げは、上訴による不服申立ての道を自ら閉ざして死刑判決を確定させるという重大な法律効果を伴うものであるから、死刑判決の言渡しを受けた被告人が、その判決に不服があるのに、死刑判決宣告の衝撃及び公判審理の重圧に伴う精神的苦痛によって拘禁反応等の精神障害を生じ、その影響下において、その苦痛から逃れることを目的として上訴を取り下げた場合には、その上訴取下げは無効と解するのが相当である。けだし、被告人の上訴取下げが有効であるためには、被告人において上訴取下げの意義を理解し、自己の権利を守る能力を有することが必要であると解すべきところ……、右のような状況の下で上訴を取り下げた場合、被告人は、自己の権利を守る能力を著しく制限されていたものというべきだからである」と判示した。そのうえで、最高裁は、申立人は「一審の死刑判決に不服があり、無罪となることを希望していたにもかかわらず、右判決の衝撃及び公判審理の重圧に伴う精神的苦痛により、拘禁反応としての……妄想様観念を生じ、その影響下において、いわば八方ふさがりの状態で、助かる見込みがないと思い詰め、その精神的苦痛から逃れることを目的として、本件控訴取下げに至ったものと認められるのであって、申立人は、本件控訴取下げ時において、自己の権利を守る能力を著しく制限されていたものというべきであるから、本件控訴取下げは無効と認めるのが相当である」とした。

　この決定において、最高裁は、上訴取下がもたらす有罪判決の確定という結果の重大性にかんがみ、被告人が「上訴取下げの意義を理解し、自己の権利を守る能力」を喪失していた場合のみならず、「自己の権利を守る能力を著しく制限されていた」場合にも、上訴取下は無効とされるべきものと判示することによって、上訴取下を有効とするための訴訟行為能力については、他の

[*10]　最決平7（1995）・6・28刑集49巻6号785頁。

訴訟行為の場合に比べ一段高度の能力を要求したといえる。この点において、「画期的」判断であったと評されている*11。さらに、最高裁は、被告人の精神障害に加えて、判決宣告の衝撃や公判審理の重圧のように「訴訟手続に必然的に伴う精神的苦痛（心理的ストレス）」が上訴取下に与えた影響についても、被告人における上訴取下能力を否定する重要な事情として考慮している*12。これらの点において、最高裁は、上訴取下の有効性を基礎づける訴訟行為能力の基準・判断については、訴訟行為一般の場合に比べ、より高度の厳格さと慎重さを要求したのである*13。

(3) 上訴取下の有効性を争う手続

被告人による上訴取下の無効を理由として、上訴審における審理の続行を申し立てることについて、刑訴法はいかなる規定もおいていない。それゆえ、この申立は、上訴裁判所が申立に理由があると認めるときは職権により審理を続行するよう、その職権発動を促す申立にすぎず、そうであるから、上訴裁判所が被告人の上訴取下を無効と認めた場合には、上訴記録の送付、審理の続行など、有効に訴訟係属している場合と同じ扱いをすれば足りるとされている。他方、職権発動を促す申立でしかないとされる以上、上訴取下を有効と

---

*11 鬼塚賢太郎「死刑判決の言い渡しを受けた被告人の控訴取下げが無効とされた事例」判例時報1570号（1995年）232頁。
*12 中谷・注7解説274頁。
*13 河上和雄他編『大コンメンタール刑事訴訟法(9)〔第2版〕』（青林書院、2011年）49頁［原田國男］は、従前の判例が「責任能力の判断と同様な基準で上訴取下能力を判断してきたのに対して、上訴取下行為の重要性、ことに死刑判決を受けた被告人が上訴の取下をすると、死刑判決が確定するという重大な法律効果を伴う点に着目して、上訴取下行為の訴訟能力として、より高度のものを要求したものであり、妥当な結論であるといえよう」としている。ところで、この最高裁決定については、その射程が死刑判決についての上訴取下にのみ及ぶとする理解もあろう。しかし、この決定は、上訴取下能力については特別に厳格かつ慎重な基準・判断によるべきとしているのであって、この要求は、死刑判決についての上訴取下に限らず、被告人の上訴取下一般に妥当すべきであるから、本決定の射程は他の判決についての上訴取下にも及ぶものと理解すべきであろう。すなわち、「被告人の上訴取下げが有効であるためには、被告人において上訴取下げの意義を理解し、自己の権利を守る能力を有することが必要であると解すべきところ……、右のような状況の下で上訴を取り下げた場合、被告人は、自己の権利を守る能力を著しく制限されていたものというべき」であるという判示は、その文言からしても、有罪判決を確定させる被告人の上訴取下一般に妥当すると理解すべきなのである。本決定に関する最高裁調査官解説（中谷・注7解説）も、そのような理解に立っている。もっとも、この決定の示した基準・判断のあり方を個別具体的事案において適用するにあたっては、死刑判決についての上訴取下の場合、死刑判決の確定というその特別な重要性のゆえに、他の場合に比べいっそう高度の上訴取下能力が要求されることになるであろう。この決定自身、そのように判断している。

認めた場合には、申立に対して、とくになんらかの応答をする法的義務は生じないとの理解もありえる。しかし、実務上、上訴裁判所が決定により、「本件上訴は〇年〇月〇日取下により終了したものである」など、「訴訟の終了宣言」をするという運用がとられてきており、それが定着している。審理続行の申立が職権発動を促すものであることから、この訴訟終了宣言の決定は、理論的には「法的義務」としてなされるべきものではなく、「訴訟関係を明確にする措置をとることが望ましい」との配慮によるものであるという理解もある[*14]。しかし、後述する1986年6月27日の最高裁決定は、上訴裁判所による訴訟終結宣言の決定に対しては、不服申立の機会が保障されるべきとしており、そのことは当然、上訴裁判所が上訴取下の有効性を認めたときは、訴訟終結宣言の決定をなすべき法的義務を負っていることを前提としているというべきであろう。訴訟終結宣言の決定がなされなければ、それに対する不服申立の機会の保障は無意味になるからである。

理論上は認められないとの見解もあるなか[*15]、実務上、訴訟終了宣言の決定に対する不服申立が認められてきており、最高裁も、「高等裁判所の……訴訟終了宣言の決定に対しては、その決定の性質に照らして、これに不服のある者は、3日以内にその高等裁判所に異議の申立をすることができるものと解するのが相当である」と判示している[*16]。

この決定において示された長島敦裁判官の補足意見は、被告人による上訴取下の無効を理由とする審理続行申立に対して、上訴裁判所が申立に理由がないと認めた場合には訴訟終了宣言の決定をすべきであり、さらに、この決定に対して不服申立が可能であるということについて、説得力のある理由を述べている。長島補足意見によれば、「訴訟終了宣言の裁判は、上訴取下が有効であり、これによつて直ちに訴訟が終結した旨を宣言し確認するものにすぎず、この裁判によつて、新たに訴訟終結その他のなんらかの訴訟法上の効果を発生させるものではないから、このような裁判に対しては被告人には不服申立の法的な利益がないのではないか、という点も問題となろう。／しかし、実質的にみれば、上訴取下の無効の主張が採用されれば、当該事件について上訴審による審理が続行されることとなるのであるから、訴訟終了宣言の

[*14] 伊藤栄樹ほか『注釈刑事訴訟法(6)〔新版〕』(立花書房、1998年) 42〜43頁[小林充]。
[*15] 伊藤・注14書43頁[小林]。
[*16] 最決昭61(1986)・6・27刑集40巻4号389頁。

裁判に対してその取消と爾後における上訴審の手続の続行を求める利益が被告人側に存在することは明らかであり、しかも、その利益は、刑事訴訟の本案そのものの帰結にかかわるものであつて、単なる訴訟手続上の裁判所の職権裁量事項についてその職権発動を求める場合と到底同日に論ずることはできない。そうとすれば、少なくとも、上訴の取下が有効かどうかについて疑義が生じ、裁判所が事実取調などを行つた上で上訴取下が有効であつたと判断した場合に、訴訟終了宣言の裁判によつてこれを明らかにすることは条理上当然のことというべきであり、このような裁判がされたときに、これに不服のある被告人に実体的な上訴の利益があるものとして、これに上訴を許容することは、右裁判が訴訟の本案を終結させることにかかわる裁判であることからしても、審級制度上当然の理というべきである。このようにして、従前の実務が訴訟終了宣言の裁判を行い、また、これに対する上訴を許容したことの合理性、相当性を肯認することができる」とされるのである（引用中「同法」とは刑訴法を指す）。

長島補足意見は、以上の判示を踏まえて、訴訟終了宣言の裁判は「訴訟の本案の終結にかかわりをもつが、本案そのものについての判断を示すものではなくて、いわば訴訟追行過程における形式的裁判という性質をもつ点で公訴棄却（同法339条、463条の2）や控訴棄却（同法385条1項など）の決定と性格を同じくするばかりでなく、その実質において上訴権回復請求に対する棄却決定（同法362条ないし364条）と近似するといえるから、その裁判は、これらの場合に準じて決定の形式で行うのが相当であり、また、右の規定がすべてその決定に対して即時抗告をすることを許しているのであるから、訴訟終了宣言の決定もその性質上、即時抗告をすることができる旨の規定がある決定として取り扱うのが相当である」としている。

(4) 上訴取下の特別な重要性

長島裁判官の詳細な補足意見は、最高裁調査官解説によっても、「本決定の意義等について委曲を尽くして説明しており、法廷意見のよって来る所以を説いているもの」とされている[17]。長島補足意見において敷衍された最高裁の立場は、上訴裁判所が上訴取下を有効と認めたときは訴訟終了宣言の決定を

---

[17] 岩瀬徹「高等裁判所がした控訴取下による訴訟終了宣言の決定に対する不服申立の可否」『最高裁判所判例解説刑事篇（昭和61年度）』182頁。

なすべきことを前提として、実質的にみたとき、その訴訟終了宣言の決定に対して、被告人にはその取消を求める利益があるという理解に基づくものであるところ、この理解の基礎にはさらに、上訴取下という訴訟行為が、有罪判決を確定させるものとして、被告人の法的地位と権利に対して特別な重要性を有しているとの認識がある。

　上訴取下の特別な重要性は、これまでも広く認められてきたところである。例えば、後藤昭は、「上訴の取下げは、上訴裁判所による原裁判審査の機会を消滅させるとともに、原裁判を確定させる効果を持ち、被告人が行う訴訟行為の中でも、最も重大な効果を持つものの一つである。もし誤って行えば、それは本人にとって『取り返しのつかない』結果をもたらす」と論じている[18]。また、鬼塚賢太郎は、「上訴取下げは、上訴の放棄と同様、有罪判決を確定させる訴訟行為である。上訴の申立ては被告人の利益になる行為であるが、その取下げは逆に不利益な行為になる。しかも、他の訴訟行為にくらべ、その不利益の度合いが格段に重大であるうえ、被告人しか行うことができないものである（刑訴359条）。被告人が独断で、あるいは軽率に取り下げてしまうと、いかに有能な弁護人でもこれを事後に取り消すだてがない。せいぜい……無効事由を主張して争うしかない。すなわち、……弁護人の後見的補佐を『相当な防御』として期待しえないのである。裁判所も、後見的な役割を果たすことができない」と指摘している[19]。

　このように、上訴取下、そして上訴取下の有効性が争われたときにその結果は、有罪判決の確定という法的効果をともなうものであるだけに、被告人の法的地位とその権利にとって決定的な重要性を有している。そのような認識が起点となって、先に述べたように、上訴取下の有効性を基礎づける訴訟行為能力については、訴訟行為一般に比べ、一段高度な能力が必要とされ、その能力の有無の判断についても、ひときわ慎重な判断が要求されていた。さらに、上訴取下の有効性を争う審理続行申立手続については、職権発動を促す申立にすぎないとする形式論を超えて、刑訴法に明文規定がないにもかかわらず、上訴裁判所は必要に応じて適切な方法による事実の取調べを行ったうえで、申立の理由が認められない場合には訴訟終了宣言の決定をすべきであ

---

[18]　後藤昭「被告人による控訴取下の効力が争われた一事例」千葉大学法学論集7巻1号（1992年）167頁。
[19]　鬼塚・注11評釈232頁。

り、また、それに対しては不服申立の機会を保障しなければならないとされるのである。このような最高裁の立場は、長島補足意見における「実質的にみれば」という一節が示しているように、被告人の法的地位と権利に対して上訴取下という訴訟行為が決定的な重要性を有することに着目して、訴訟行為能力の基準・判断においても、申立手続のあり方においても、訴訟行為の一つにすぎないであるとか、職権発動を促す申立にすぎないであるとかの形式論を乗り越え、実質論に依拠しつつ、特別な厳格さと慎重さを要求したものだということができる[*20]。このような実質論によって、形式論は見事に克服されている。ここにこそ、上訴取下をめぐる法の到達点がある。

3. 裁判を受ける憲法的権利と有効な弁護の保障

(1) 審理続行申立手続における有効な弁護の保障

このような法の到達点を踏まえるならば、上訴取下の有効性を争う審理続行申立手続においては、それに相応しい手続保障が用意されなければならない。そうでなければ、訴訟能力について一段厳格な基準を設定し、その判断をより広汎な事情を考慮しつつ慎重に行い、また、上訴取下を有効と認めたときは訴訟終了宣言の決定を行ったうえで、それに対する不服申立の機会も保障するという最高裁判例との整合性に欠けるというべきであろう。上訴取下の特別な重要性に見合った手続保障が求められるのである。

[*20] 岩瀬・注17解説183頁は、訴訟終了宣言の決定に対しては不服申立の機会が保障されるべきとした最高裁決定をめぐっては、訴訟終了宣言の決定は事件の確定等の上でなんら訴訟上の効果を有しないがゆえに、このような裁判については不服申立の利益がなく、また、訴訟終了宣言の決定や上訴取下げの無効の申立権が刑訴法に明定されているわけでもないことから、「そのような性質の決定に対して不服申立ての途を開くことは法的に許されないのではないか」とする反対の見解がありうることを指摘したうえで、「しかし、ことがらはより実質的に考えるべきもののように思われる。たしかに、訴訟終了宣言の決定自体は新たな訴訟上の効果をもたらすものではない。逆に、上訴取下げの無効の主張が認められれば、その被告事件について審理が続行されることになるから、訴訟終了宣言の決定に対し、その取消を求める利益が被告人にあることに疑いない。右決定自体が確認的な宣言にすぎず、その執行ということがおよそ問題にならないことが、不服申立てを認めない決定的理由になるとはいえないであろう。また、そもそも控訴取下げが無効である旨の申立権が明定されたものではないとの点についても、それはそのとおりであるが、それは、訴訟終了宣言の決定そのものについて規定がないのであるから当然のことである。実務においては、訴訟終了宣言決定という裁判が判例上認められ、控訴取下げの効力に争いがある以上、この裁判を行うという取扱いがほぼ定着していると評価できるところである」と論じている。ここにおいて、この最高裁決定が、実質論をもって形式論を克服するものであることが、明確に指摘されている。

そのような手続保障として本質的なものが、弁護権であることに疑いはない。上訴取下の有効性を争う審理続行申立手続において、裁判所による事実の取調べにあたり、被告人における上訴取下能力が、精神障害のみならず、判決宣告の衝撃や公判審理の重圧などの影響下において、「著しく制限され」ていたことを主張・立証し、その主張が認められなかった場合には、訴訟終了宣言の決定に対して、即時抗告という不服申立の手段をとることは、高度な専門的・技術的力量を要するものである。弁護人の援助が必要とされる所以である。

　弁護人の十分な援助なしでは、被告人は上訴取下の有効性を効果的に争うことはできず、そうなると、訴訟能力の基準・判断、申立手続のあり方の両面において特別な厳格さと慎重さを要求した最高裁判例の趣旨は無に帰することとなる。事実、審理続行申立手続においては、申立人が上訴取下後、取下の有効性を争うためにあらためて弁護人を選任し、その弁護人が申立人の弁護人として活動するというのが、通常の実務のようである。

　審理続行申立手続における手続保障として弁護権が不可欠であるならば、申立人が拘禁下にある場合、申立人と弁護人とのあいだに秘密交通権が保障される必要がある。有効な弁護にとって、両者の自由なコミュニケーションが確保されなければならず、そのためには、秘密性の保障が不可欠だからである。刑事事件の被疑者・被告人と弁護人との接見については、「接見内容が捜査機関に知られることになれば、これを慮って、被告人らと弁護人の情報伝達が差し控えられるという萎縮的効果が生じ、被告人らが実質的かつ効果的な弁護人の援助を受けることができなくなる」[21]との認識から、「立会人なくして接見」できることを定めた刑訴法39条1項がおかれた。自由なコミュニケーションを確保するために秘密性が保障されるべきことは、審理続行申立手続における申立人と弁護人との接見についても同じく妥当する。むしろ、審理続行申立手続においては、上訴取下の有効性を効果的に争うために、弁護

---

*21　鹿児島地判平20（2008）・3・24判時2008号3頁。秘密交通権の意義について、有効な弁護にとっての不可欠な基盤としての自由なコミュニケーションに対する萎縮的効果に注目するこのような理解は、大阪地判平16（2004）・3・9判時1858号79頁、その控訴審判決である大阪高判平17（2005）・1・25訴月52巻10号3069頁（最決平19〔2007〕・4・13の上告不受理決定により確定）、京都地判平22（2010）・3・24判時2078号77頁、佐賀地判平22（2010）・12・17判例集未掲載、その控訴審判決である福岡高判平23（2011）・7・1判時2127号9頁など、秘密交通権の侵害が争われた他の事件における裁判例においても、同様に認められている。この点について、葛野尋之「〔判批〕検察官による弁護人と被疑者との接見内容の聴取が秘密交通権の侵害にあたるとされた事例」判例評論641号（2012年）154～155頁参照。

人が申立人から直接に事情聴取することや、申立人の真意を直接確認することがとりわけ重要であるから、接見の秘密保護の要請はなおいっそう強いともいえよう。

　もし秘密交通権が認められないとしたならば、審理続行申立手続において、拘禁された申立人と弁護人とのコミュニケーションに対して「萎縮的効果」が生じ、自由なコミュニケーションは阻害され、申立人に対する有効な弁護の保障はなしえないこととなる。さらに、問題は、申立手続の終了後にも生じる。すなわち、申立手続の過程において申立人と弁護人との接見内容が探知されていたとしたならば、申立手続の結果、上訴取下が無効と認められ、上訴裁判所の審理が続行されたとき、被告人の防御に対して深刻な影響が生じることになる。申立手続とその後の上訴裁判所の審理手続との関係からすれば、両手続において、申立人または被告人の具体的な主張・立証のあいだには、一定の重なりが存在することになるであろう。申立手続においてそれに関する接見内容が探知されたならば、接見内容の秘密性はいったん失われると回復不可能である以上、被告人の防御にとって回復不可能な不利益が及ぶことになる。この点において、申立手続のなかで秘密交通権を保障しないことは、その後の上訴裁判所の審理手続における有効な弁護をも実質的に阻害する。そうである以上、申立手続の過程においても、申立人と弁護人とのあいだには秘密交通権が確保されるべきなのである。

(2)　裁判を受ける憲法的権利と秘密交通権の保障

　審理続行申立手続における有効な弁護を確保するために、申立人と弁護人とのあいだに秘密交通権が保障されるべきとすることは、憲法32条による裁判を受ける権利の保障の趣旨にも適う。

　まず確認すべきことは、憲法32条の保障する裁判を受ける権利が、裁判へのアクセスを保障していることである。憲法32条による裁判を受ける権利は、「政治部門から独立した公平な裁判所に訴訟を提起することを拒まれないこと」を保障している[22]。このことの意味は、国側からみれば「司法拒絶の禁止」ということであるが、これを市民の側から実質的に捉えるならば、「すべての人が平等に、政治部門から独立の公平な裁判所の裁判を求める権利を有する」[23]

---

[22]　辻村みよ子『憲法〔第2版〕』(日本評論社、2004年) 312頁。
[23]　浦部法穂『憲法学教室〔全訂第2版〕』(日本評論社、2006年) 307頁。

ということであって、このような意味において、市民が裁判にアクセスする権利が保障されているのである。

憲法32条による裁判を受ける権利は、芦部信喜も指摘するように、憲法制定の沿革からみても、access to the courts、すなわち「裁判所へのアクセス権」の保障を内包している。このことは、いわゆるマッカーサー草案が、現行31条の法定の適正手続の保障とあわせ、「裁判所に出訴する権利（rights of appeal to the courts）」は奪われないと定めていたことからも、窺うことができる[*24]。憲法32条のもと、このような意味の裁判へのアクセス権が保障されるとき、その権利を実質化する、すなわち「裁判への国民のアクセスを実効的なものにする必要」があるのである[*25]。

憲法32条が保障する裁判にアクセスする権利との関係において、上訴取下の有効性を争う審理続行申立手続は、どのように性格づけられるであろうか。

この申立手続は、上訴取下の無効を主張することによって、有罪判決の見直しを求めて、上訴裁判所の審理を続行させるためのものである。申立手続においては、上訴取下の無効が認められれば、上訴裁判所による審理が続行し、逆に、その有効性が認められれば、訴訟終了宣言の決定により、有罪判決が確定することになる。この点において、申立手続は、被告人の法的地位やその権利にとって、決定的重要性を有するものであった。

憲法32条の裁判を受ける権利は、一般には、刑事事件の場合、公正な裁判を受ける機会を奪われないことを意味し、公正な裁判なくして有罪とされ、刑罰を科されないことを保障している。しかし、上訴取下の無効を理由とする審理続行の申立は、このような一般的保障を超えて、より積極的に、有罪判決の見直しを求めて、上訴裁判所の審理の続行とその裁判を要求するものであって、憲法32条が裁判を受ける権利のコロラリーとして保障する裁判にアクセスする権利を具体的に実現しようとするものである。すなわち、憲法32条のもと、審理続行申立手続において、上訴裁判所の裁判にアクセスする権利が具体化しているのである。

したがって、審理続行申立手続において、有効な弁護を確保するために、拘禁下にある申立人と弁護人とのあいだに秘密交通権が保障されるべきとす

[*24] 芦部信喜編『憲法（III）・人権（2）』（有斐閣、1981年）281頁［芦部］。
[*25] 芦部・注24書282～283頁。もっとも、芦部信喜の指摘は、法律扶助制度の拡大・強化などによる経済的な面での平等なアクセスの保障を主として念頭においたものであった。しかし、裁判にアクセスする権利の実質化は、経済面での平等性の確保だけを含意するものではあるまい。

るとき、そのことは、有罪判決の見直しを求めて、上訴裁判所の裁判にアクセスする被告人の権利の保障を実質化するものであって、憲法32条の裁判を受ける権利の保障の趣旨に適うのである。逆に、秘密交通権を否定することは、弁護の有効性を奪うことにほかならず、上訴裁判所の裁判にアクセスする被告人の権利の保障を空洞化させ、憲法32条の保障の趣旨に反することになる[*26]。

4. 審理続行申立手続と刑訴法39条1項の準用

(1) 刑訴法39条1項の準用をめぐる形式論と実質論

刑訴法39条1項は、「身体の拘束を受けている被疑者又は被告人」と弁護人とのあいだに、秘密交通権を保障している。この規定の文言から、秘密交通権の保障は、刑事事件の被疑者・被告人以外の者と弁護人とのあいだには及ばないとの理解がある。

たとえば、刑訴法440条1項は、「検察官以外の者は、再審の請求をする場

[*26] 日本政府も批准しており、1979年9月21日、国内法的効力を有するに至った国際自由権規約は、14条1項において、「……すべての者は、その刑事上の罪の決定又は民事上の権利及び義務の争いについての決定のため、法律で設置された、権限のある、独立の、かつ、公平な裁判所による公正な公開審理を受ける権利を有する……」と定めている。国際自由権規約の前身となった欧州人権条約も、6条1項において、ほぼ同じ文言を用い、「すべての者は、その民事上の権利及び義務の決定又は刑事上の罪の決定のため、法律で設置された、独立の、かつ、公平な裁判所による妥当な期間内に公正な公開審理を受ける権利を有する……」と定めている。いずれも、刑事、民事を問わず、公正な裁判を受ける権利を保障している。欧州人権裁判所の一連の判例は、欧州人権条約6条1項の公正な裁判を受ける権利が裁判にアクセスする権利の保障を内包することを確認したうえで、その権利を実質化するために、法的援助の保障を要求し、さらに法的援助の実効性を確保するために、刑事施設に収容されるなどして身体拘束下にある本人とその代理人たる弁護士とのあいだのコミュニケーションについて、その自由と秘密性とを保障した。国際自由権規約14条1項の解釈においては、このような欧州人権裁判所の判例が重要な解釈指針とされるべきであって、両者の文言がほぼ同一であることからも、国際自由権規約14条1項のもとでも、裁判にアクセスする権利の実効的保障のために、身体を拘束された本人とその代理人弁護士とのあいだには、自由かつ秘密のコミュニケーションが保障されていると理解すべきである。たしかに、欧州人権裁判所の判例において問題とされてきたのは、民事訴訟へのアクセスであったが、有効な法的援助を確保するための自由かつ秘密のコミュニケーションの保障が必要なことは、上訴取下の無効を理由とする審理続行を申し立てることによって、有罪判決の見直しを求めて、上訴裁判所の裁判にアクセスする権利にも同じく妥当するというべきである。国際人権法における裁判にアクセスする権利と秘密交通権の保障については、葛野尋之『刑事手続と刑事拘禁』（現代人文社、2007年）255～272頁、321～330頁、同『未決拘禁法と人権』（現代人文社、2012年）273～278頁参照。

合には、弁護人を選任することができる」と定めているが、この規定によって弁護人を選任した再審請求人と弁護人とのあいだには、刑訴法39条1項の準用はなく、秘密交通権は保障されないとの見解がある。再審請求手続は「既に刑が確定した後のものであるから、一般の刑事事件の審判手続とは全く別個のものであって、有罪の確定判決を受けた者は存在するが、被告人は存在しない。その意味で、この段階の手続は、検察官と被告人とが対立する当事者として存在する一般の刑事手続とは著しくその性格を異にし、当事者主義の構造をとっていない。したがって、再審請求手続においては、総則中の弁護に関する諸規定は、当然にはその適用がない」とされたのである。さらに、準用についても、「これらの諸規定は、いずれも通常の捜査手続又は公判手続を前提とする規定であるから」、原則として否定されるべきであって、刑訴法39条については、「同条が被疑者・被告人のみにかかることは文理上明らかであるうえに、有罪の確定判決に基づき受刑中の者との接見や物件の授受はもっぱら監獄法、同法施行規則等によって律せられている」から、準用が認められるべきではないとされたのである[*27]。

再審請求人と弁護人との秘密交通権の侵害が争われた国賠請求事件において、広島高裁も、刑訴法39条1項が身体を拘束された被疑者・被告人に関する規定であることは、「その文理上明らかである」こと、死刑確定者は、被疑者・被告人とは「異なる地位にある」こと、「再審の請求手続は、既に判決が確定した後のものであるから、検察官と被告人とが対立する当事者として存在する一般の公判手続とはその性格を異にし、当事者主義の構造がとられていない」ことをあげ、これらの理由から、「このような死刑確定者の身柄拘束の目的・性質や再審請求手続の構造等を考えれば、刑訴法39条1項を死刑確定者について当然に適用することはできない」と判示していた[*28]。

このような準用否定論が、形式論であることは明らかであるが[*29]、同様の立場から、被告人が上訴取下の無効を主張し、審理続行を申し立てた場合にも、申立人と弁護人との接見には刑訴法39条1項の準用は認められないとする見解もありえよう。その理由を説明するとすれば、上訴取下によりすでに有罪判決は確定しており、申立人は刑の確定した受刑者または死刑確定者であって、もはや刑事事件の被告人ではなく、また、審理続行申立手続は、刑事事件

[*27] 伊藤栄樹ほか編『注釈刑事訴訟法（7）〔新版〕』（立花書房、2000年）148〜150頁〔臼井滋夫＝河村博〕。

第16章 上訴取下の有効性を争う手続と弁護権　287

の通常手続とは異なり、当事者主義の手続構造がとられていないからだということになるであろう。

　しかし、このような形式的理由によって準用を否定することは許されない。そのことは、最高裁判例により示された法の到達点が、先に確認したように、上訴取下の決定的重要性にかんがみ、訴訟能力の基準・判断においても、申立手続のあり方においても、特別な厳格さと慎重さを要求することによって、実質論をもって形式論を克服していたことと適合しない。むしろ、実質的に考えるならば、審理続行申立手続において、申立人は、被告人に準じる法的地位を認められなければならず、それゆえ、申立人と弁護人との接見には、刑訴法39条1項が準用されるべきなのである。

⑵　審理続行申立手続における申立人の法的地位と刑訴法39条1項の準用

　刑訴法39条1項が準用されるべき理由としては、第1に、審理続行申立手続において、申立人は、上訴裁判所の審理を受けるべき被告人として扱われるべき法的地位を有していることがあげられる。

　刑事事件の通常手続において、被告人は無罪の推定を受ける法的地位にある。無罪推定は、憲法31条の保障する適正手続の構成要素であると承認されているが、市民的及び政治的権利に関する国際規約（以下、国際自由権規約）14条2項は、「刑事上の罪に問われているすべての者は、法律に基づいて有罪とされるまでは、無罪と推定される権利を有する」と明定している。問題は、無罪推定ということの意味である。注意すべきことは、被告人は、刑事裁判

---

*28　広島高判平24（2012）・1・27判タ1374号137頁。この判決は、伊藤・注27書と同様、刑訴法39条1項により接見交通権が保障されることの根拠として、通常手続においては「当事者主義の構造」がとられていることを強調する。しかし、最大判平11（1999）・3・24民集53巻3号514頁は、刑訴法39条1項がそれに「由来」するとする憲法34条の弁護権について、「身体の拘束を受けている被疑者が、拘束の原因となっている嫌疑を晴らしたり、人身の自由を回復するための手段を講じたりするなど自己の自由と権利を守るため弁護人から援助を受けられるようにすることを目的とするもの」だと判示しており、当事者主義の手続構造によって根拠づけてはいない。たしかに、一般に、当事者主義の手続構造は、有効な弁護の保障を要求し、さらにそれは接見交通権の保障を必要とすることになろう。しかし、そうだからといって、当事者主義の手続構造のもとでのみ、接見交通権が保障されるべきだというわけではない。先の最高裁大法廷判決の立場からしても、憲法34条の弁護権に由来するとされる接見交通権は、当事者主義の手続構造によって根拠づけられているわけではないといえよう。

*29　拘禁下にある再審請求人と弁護人との接見について、最高裁白鳥・財田川決定によって規定された再審請求手続の性格・構造からすれば、刑訴法39条1項が準用されるべきことについて、葛野・注26『未決拘禁法と人権』257〜262頁。

の結果、将来無罪とされる可能性がある程度存在するがゆえに、無罪と推定されるのではないということである。ハーバート・パッカーは、「犯罪統制モデル」と「適正手続モデル」という対抗的価値モデルを用いて刑事手続を分析するなかで、無罪推定が、適正手続モデルにおける被疑者・被告人の法的地位を包括的に示す法理であることを指摘している。パッカーによれば、無罪推定の法理は、「法的有罪（legal guilt）」という概念と不可分に結びついている。すなわち、適正手続モデルのもとでは、有罪とは実体的に真犯人であること（factual guilt）ではなく、適正な法的手続にしたがって有罪であることが立証されることを意味しており、このような法的概念としての有罪である。したがって、たとえ被告人が実体的に真犯人であっても、適正な法的手続により有罪を認定されない限り、有罪とはされえないのである[*30]。国際自由権規約14条2項の規定の仕方は、このような法的有罪の概念と結びついた無罪推定を表現しているものと理解することができる。

　それでは、審理続行申立手続における申立人の法的地位はどうか。申立人は、訴訟終了宣言の決定が確定するまでは、その上訴取下が有効なものとして扱われてはならず、したがって有罪判決により刑が確定した者であるとして扱われることはないというべきである。すなわち、訴訟終了宣言の決定が確定するまでは、上訴裁判所の審理を受けるべき被告人としての法的地位を失っていないものとして扱われなければならないのである。申立人は、被告人の法的地位にあることを推定されるといってもよい。

　訴訟終了宣言の決定が未だ確定していないにもかかわらず、申立人から被告人の法的地位を奪い、申立人を有罪判決により刑が確定した者として扱うことは、最高裁判例に示された法の到達点、とくに1986年6月27日の最高裁決定の趣旨と明らかに矛盾する。この決定は、被告人が上訴取下の有効性を争い、上訴裁判所の審理の続行を申し立てた以上、上訴裁判所が上訴取下を有効と認めた場合には、訴訟終了宣言の決定を行い、申立人にはその決定に対する不服申立の機会を保障するとするものであった。このような訴訟終了宣言の決定が確定していないにもかかわらず、審理続行申立手続において申立人を、すでにその上訴取下が有効であって、したがって有罪判決による刑がすでに

[*30] Herbert Packer, The Limits of Criminal Sanction 161 (1968). パッカーのモデル論分析については、田宮裕「刑事訴訟におけるモデル論」内藤謙古稀『刑事法学の現代的展開』（有斐閣、1994年）、白取祐司「モデル論と精密司法論」村井敏邦＝川崎英明＝白取祐司編『刑事司法改革と刑事訴訟法（上）』（日本評論社、2007年）など参照。

確定している者として扱うことは、この決定の趣旨を無意味にするものといわなければならない。それゆえ、訴訟終了宣言の決定が確定するまでは、申立人は、有罪判決により刑が確定した者として扱われてはならず、したがって、上訴裁判所の審理を受けるべき被告人としての法的地位を認められなければならないのである。

(3) 訴訟行為能力の証明基準と「疑わしいときは被告人の利益に」

第2に、審理続行申立手続においては、上訴取下能力の証明基準として、「疑わしいときは被告人の利益に」基準が適用されるべきであって、このことからも、申立人は、訴訟終了宣言の決定が確定するまで、有罪判決により刑が確定した者として扱われるべきではない。

被告人の訴訟行為能力の存否を認定するにあたり、「疑わしいときは被告人の利益に」の証明基準が適用されるべきか。もちろん、訴訟法上の事実一般について、「疑わしいときは被告人の利益に」の証明基準によるべきとする見解からすれば、当然、肯定されることになる。しかし、後藤昭が論じたように、このような前提に立つことなく、問題となる事実ごとに証明基準を論定する方法をとる場合でも、被告人の訴訟行為能力については、同じ結論にならざるをえない[*31]。

後藤昭によれば、最高裁判例により、訴訟行為能力を意味する「訴訟能力」は「一定の訴訟行為をなすに当たり、その行為の意義を理解し、自己の権利を守る能力」と定義されているが[*32]、被告人にこのような意味の「訴訟能力」が要求されるのは、公正な手続の前提条件として、主体的な防御の機会を保障するためである。このとき、被告人の「訴訟能力」に疑問はあるが、その欠如も十分に証明されてはいない事例を想定するならば、この場合、「もし裁判所が被告人の訴訟能力が存在するものとして扱うとすれば、防御権を保障しないまま不公正な手続で裁判を行った結果に陥る危険が生じる。これを避けるためには、訴訟能力の判定についても『疑わしきは被告人の利益に』の原則を適用しなければならない」。このとき、有罪判決に対して被告人が上訴している場合であれば、この上訴の効力を維持して、上訴裁判所の審理を受けることができるようにすることが、被告人の利益だとみなしてよい。後藤昭は、こ

[*31] 後藤・注18論文165〜166頁。
[*32] 最決昭29(1954)・7・30刑集8巻7号1231頁。

のように論じている。

　訴訟行為能力の認定について、「疑わしいときは被告人の利益に」の証明基準が適用されるのであれば、被告人の上訴取下能力に疑問が残るときは、その訴訟行為能力が欠如していたものと認定されることとなり、上訴取下は無効とされる。1995年6月28日の最高裁決定は、「被告人は、自己の権利を守る能力を著しく制限されていた」と認め、それを理由にして、被告人の上訴取下を無効とした[*33]。この最高裁決定は、申立人において上訴取下能力が欠けていると認定することなく、それでもなお上訴取下を無効としている点において、訴訟能力の認定について、「疑わしいときは被告人の利益に」の証明基準の適用を実質的に肯定したといってよいであろう。

　被告人の訴訟行為能力の認定について、「疑わしいときは被告人の利益に」の証明基準が適用されるのであれば、上訴取下の無効を主張し、審理続行を申し立てた場合、その申立手続においては、上訴取下能力に「疑い」がある限り、上訴取下能力は存在しないとされ、上訴取下は無効とされるという意味において、訴訟行為能力の不存在ないし上訴取下の無効が推定されることになる。したがって、上訴取下能力の存在についての「疑い」が払拭されて、上訴取下が有効とされるまでは、申立人は、上訴取下が無効であるものとして扱われ、それゆえ上訴裁判所の審理を受けるべき被告人としての法的地位を認められるべきである。

　以上のように、上訴取下の有効性を争う審理続行申立手続において、申立人は、上訴裁判所の審理を受けるべき被告人としての法的地位を認められなければならない。適正な申立手続を通じて上訴取下が有効と認められ、訴訟終了宣言の決定が確定するまでは、申立人は、有罪判決により刑が確定した者として扱われてはならず、また、訴訟行為能力の認定には、「疑わしいときは被告人の利益に」の証明基準が適用されることから、訴訟行為能力の存在について「疑い」が払拭されたときにこそ、上訴取下が有効とされうるからである。したがって、申立人が拘禁下にある場合、申立人と弁護人との接見には、刑訴法39条1項が準用されるべきことになる。申立人は、秘密交通権の保障において、刑事事件の通常手続における被告人に準じた法的地位を承認されることになるのである。

[*33] 最決平7（1995）・6・28刑集49巻6号787頁。

5. 上訴取下と弁護人の必要的援助

(1) 結論

　以上論じたように、上訴取下の有効性については、訴訟行為能力の基準・判断においても、申立手続のあり方においても、特別な厳格さと慎重さが要求されている。これが最高裁判例の示した法の到達点である。

　このことを踏まえたとき、第1に、上訴取下の有効性を争う審理続行申立手続においては、それに相応しい手続保障として、有効な弁護が確保されなければならず、そのためには、拘禁下にある申立人と弁護人とのあいだに、秘密交通権が保障されなければならない。このことは、有罪判決の見直しを求めて、上訴裁判所の裁判にアクセスする申立人の権利を実効化するものとして、憲法32条の保障の趣旨にも適う。

　第2に、審理続行申立手続において、申立人は、適正な申立手続によって上訴取下の有効性が認められ、訴訟終了宣言の決定が確定するまでは、有罪判決により刑が確定した者として扱われてはならず、したがって上訴裁判所の審理を受けるべき被告人としての法的地位を奪われてはならない。また、訴訟能力の存在について「疑い」が払拭されたときにこそ、上訴取下が有効とされうるのであるから、そのように認定されるまでは、申立人は、上訴取下が無効であるものとして扱われ、それゆえ上訴裁判所の審理を受けるべき被告人としての法的地位を認められるべきである。これらのことからすれば、拘禁された申立人と弁護人との接見には刑訴法39条1項が準用され、秘密交通権の保障が及ぼされるべきである。

　現在、刑事施設に収容された申立人と弁護人との接見については、秘密交通権の保障が及ばないとの前提に立って、刑事被収容者処遇法のもと、実質的制約が課されている。他方、刑事被収容者処遇法においても、刑訴法39条1項により秘密交通権を保障されている被疑者・被告人としての地位を有する未決拘禁者と弁護人との接見については、職員の立会は排除されていた（116条参照）。審理続行申立手続において、拘禁下にある申立人と弁護人とのあいだに秘密交通権が保障されるべきである以上、刑事被収容者処遇法のもと、両者の面会について、逮捕・勾留された刑事事件の被疑者・被告人の地位を有する未決拘禁者と弁護人との面会に関する規定を準用すべきである[*34]。

(2) 上訴取下の有効要件としての弁護人の必要的援助

　そもそも、上訴取下は、被告人の法的地位とその権利にとって決定的な重要性を有している。このことを考えたとき、事後、上訴取下の有効性が争われたときのみならず、事前にその有効性を確保するためにも、十分な手続保障が備えられるべきである。現行法は被告人単独での取下を認め（刑訴法352条）、被告人が弁護人と十分相談する機会もないままに、上訴取下の意味、自己の法的地位と権利に対してもたらすその効果などについて十分理解したうえでの理性的判断に基づくことなく取下を行った場合でも、弁護人はこれを取り消す手立てを有していない。訴訟行為能力の欠如など、無効事由を主張して、上訴取下の有効性を争うよりほかないのである[35]。

　上訴取下の決定的重要性からすれば、少なくとも一定の場合には、被告人単独での取下を認めず、弁護人の援助を受けたうえでなされた取下についてのみ、有効性を承認すべきではなかろうか。刑訴法359条は被告人の上訴放棄を一般に認めているが、そのうえで特別に、同360条の2は、「死刑又は無期の懲役若しくは禁錮に処する判決に対する上訴は、前二条の規定にかかわらず、これを放棄することができない」と定めている。上訴放棄に関する規定は現行法制定時にいったん削除された。その後、1954年刑訴法改正により、上訴放棄の規定が再度設けられると同時に、この規定も導入された。上訴放棄は、性質上、判決後間もない時期に行われるために、「被告人の軽率な処分について後見的立場から一定の保護を図る必要が大きい」との考慮から、口頭による上訴取下を認めず、書面によるべきとすること（刑訴法360条の3、刑訴規則244条）とあわせ、死刑・無期刑の判決についての上訴放棄の禁止が定められたと説明されている[36]。

　死刑・無期刑の判決について上訴放棄が禁止されるのであれば、上訴取下もなんらかの制限を受けるべきではないか。1964年9月25日の最高裁決定[37]は、

---

[34]　かりに未決拘禁者に関する規定の準用が認められないとする前提に立つとしても、申立手続における弁護の実効性を失わせないために、刑事施設に収容された申立人と弁護人との面会について、その機会を制限し、その秘密性を侵害することのないよう、刑事被収容者処遇法の規定を解釈・運用しなければならない。現在の制限をもたらしている刑事被収容者処遇法の解釈・運用を含め、これらの問題については、再審請求人と刑訴法440条1項に基づき選任された弁護人との接見に関する法的構成が同様に妥当する。葛野・注26『未決拘禁法と人権』255〜257頁参照。
[35]　鬼塚・注11評釈232頁。
[36]　辻本・注2論文49頁。
[37]　最決昭39（1964）・9・25集刑152号927頁。

上訴取下が上訴放棄と区別されるべき合理性はないから、刑訴法360条の2は上訴取下の場合にも準用され、死刑・無期刑の判決の上訴取下は禁止されるべきとする弁護人の主張に対して、同規定は「上訴の放棄にかぎつて制限を加えたもので、これが上訴の取下に準用されることはな」いと判示していた。この決定は理由を明示していないが、おそらくは、上訴放棄が判決後間もない時期に行われるという上訴取下との性質の違いを重視したのであろう。
　最高裁決定の趣旨を酌み、上訴放棄との性質の違いを強調するならば、立法論としても、死刑・無期刑の判決について、上訴取下を全面禁止することには合理性がないということになるかもしれない。現行法における上訴放棄の禁止は、たしかに、「判決宣告直後の時期における被告人の精神的動揺に配慮した特別の保護規定」として理解されるであろう[*38]。しかし、とくに死刑・無期刑の判決を受けたとき、被告人の精神的動揺は、判決後間もない時期に限られるわけではなかろう。ときに、時間の経過にともないいったん平静を回復した後、再度、強度の混乱や不安、恐怖に見舞われることもあろう。他方、死刑・無期刑の判決の場合、上訴取下の法的効果はことのほか重大である。これらのことからすれば、個別具体的事案において被告人が上訴取下を、取下の意味、自己の法的地位と権利に対するその影響などを十分理解したうえで、理性的判断に基づき行うよう確保するための特別な手続保障が用意されるべき必要はひときわ高いといえよう。
　このような事前の手続保障としても最も重要なのは、やはり弁護人の実効的な援助である。弁護人は、個別具体的事案に即して、被告人の意思を確認しつつ、上訴取下の意味、その効果などについて、被告人に対して専門的助言を提供し、上訴取下をめぐり、被告人と率直に相談することができる。弁護人はその専門家としての立場上、被告人に必要な助言を提供し、被告人と十分協議したうえで、被告人の判断がいわばインフォームド・コンセントとしてなされたとき、それに従うべきことになろう。死刑・無期刑の判決を確定させる被告人の上訴取下が有効とされるのは、このような弁護人の援助を受けたときに限られるべきである。弁護人の必要的援助が、上訴取下の有効要件となるのである[*39]。このような特別な手続保障は、被告人の十分な理解と理性的判断に基づくものではない上訴取下を排除するために機能する。それは、死刑・無期刑の判決について上訴放棄を禁止した現行法（刑訴360条の2）の趣旨

[*38] 辻本・注2論文53〜54頁。

とも、決して矛盾するものでない。むしろ、死刑・無期刑の判決の確定について特別な手続保障を用意する点において、現行法の趣旨に適い、それをさらに強化することになるのである。

【付記】前掲・注1の国家賠償請求訴訟において、2013年2月19日、名古屋地裁は（名古屋地判平25〔2013〕・2・19裁判所ウェブサイト）、控訴取下当時、被告人において取下能力が認められ、取下の意義に関する錯誤もなかったことから、控訴取下は有効と認められるとしたうえで、それゆえ控訴取下の有効性を争う期日指定申立手続において、申立人は「被告人」の地位にはないとし、また、「期日指定申立は、法的には職権発動の促しに過ぎないと解され、その申立の時期等を制限する規定が存在しないことにも鑑みると、有効に上訴を取り下げた者が、上訴取下げの有効性を争って期日指定を申し立てたからといって、直ちに被告人の地位が認められると解することはできない」として、刑訴法39条1項が適用・準用されることはないと判示した。

しかし、名古屋地裁は、死刑確定者の面会に関する刑事被収容者処遇法121条の解釈・適用の適法性を判断するにあたり、上訴取下の有効性が適正に判断されるための手続保障として、申立人には弁護権が保障されるべきであって、さらに死刑判決に対する上訴取下の有効性が争われる場合、適正な審理を実現すべきとの要請がとりわけ高いことからすれば、「上訴取下げの効力を争う死刑確定者に対する弁護人選任権の保障の趣旨を実現するためには、弁護人に相談し、その助言を受けるなどの弁護人からの援助を受ける機会を確保する必要が高いから、上訴取下げの効力を争う死刑確定者は、死刑確定者の身柄拘束の目的や性質、弁護人選任権が認められる趣旨に抵触しない限度において、弁護人と立会人なくして面会する法的利益を有し、弁護人も死刑確定者と立会

---

*39　最決平16（2004）・6・14判タ1167号134頁は、第一審において死刑判決を受けた被告人が控訴20日後に、控訴裁判所による国選弁護人の選任がなされていない、いわば弁護人不在の状態で控訴を取り下げたという事案について、憲法37条3項は「被告人に対し、公訴提起の当初から判決確定に至るまでの間、間断なく弁護人が付されることまで保障したものではなく、被告人が控訴を取り下げる際に弁護人が付されていなくとも同項に違反するものでない」と判示した。たとえ現行法のもとでは、弁護人の援助なくしてなされた死刑判決についての上訴取下が有効とされうるとしても、死刑・無期刑の判決について弁護人の必要的援助を上訴取下の有効要件とすべきとするとき、上訴後の国選弁護人選任の「空白」時期をめぐる問題は、立法的解決がなされるべきである。この問題について、陶山二郎「弁護の『空白』を理由とする再審」九大法学82号（2001年）、同「弁護の『空白』と国選弁護・必要的弁護」九大法学83号（2001年）参照。

人なくして面会する固有の法的利益を有する」と判示し、そのうえで25回の接見のうち24回について、上訴取下の有効性を争う死刑確定者の弁護権の重要性からすれば、同規定但書により職員立会を省略すべき適当な事情があり、また、「拘置所職員の立会いによる心理的影響を排除する必要性」が高いことなどから、そうすることが相当であったと認め、国家賠償法上の違法があるとして、損害賠償請求を容認した。この判決に対して、原告、被告双方が控訴した。

　2014年3月13日、名古屋高裁は、一審判決と同様、1回の面会（保護室収容解除の約4時間半後に実施された国家賠償請求訴訟に関する訴訟代理人弁護士との面会）を除き、それ以外の30回の接見ないし面会に職員立会を付した拘置所長の措置について、裁量権の逸脱・濫用があり違法だと判断した。

　2015年4月23日、最高裁は、当事者双方の上告および上告受理申立について、それぞれ上告棄却、申立不受理を決定した。

第17章 | イギリスの刑事弁護

1. 本章の目的と構成

　イギリス（イングランド・ウェールズを指す）の刑事弁護は、当事者主義構造の訴訟の形成にともなうその起源以来の長い伝統を有しており、そのなかで、当事者主義的手続における弁護人の役割を確立した。この点に加え、取調べに優先する法的助言の機会の保障、取調べへの立会を含む捜査弁護の充実、捜査手続の冒頭から裁判所手続の全体をカバーする世界最高水準の法律扶助制度、これと連動した当番弁護士制度、弁護の質を確保するための仕組みなどの点においても、日本の刑事弁護のあり方に対して有益な示唆を提供してくれる。

　イギリスにおいては、訴追側と被疑者・被告人側（以下、告発〔charge〕前の捜査段階について被疑者とし、告発後について被告人とする。なお、1984年警察刑事証拠法のもと、逮捕から告発までの時間制限は原則24時間である）とのあいだの武器対等の原則が、刑事手続が当事者主義構造をとることから必然的に要請されることになり、武器対等の原則を確保するためには、弁護人の援助を受ける権利（以下、弁護権）とそれを実質化するための法律扶助を受ける権利こそが不可欠であると考えられている（欧州人権条約6条3項(c)は資力不十分な被告人に対して「司法の利益」に適う場合における無料弁護を権利として保障している）。手厚い法律扶助制度の発展の基礎には、このような考えがある。弁護人の最も重要な役割は、被疑者・被告人の最善の利益を擁護することにあり、そのことを通じて、刑事弁護は当事者主義的刑事手続の有効な機能を支えていると理解されている[*1]。

　以下、本章は、第1に、弁護権の歴史的発展を概観したうえで、捜査手続、裁判所手続における現在の弁護権の保障を明らかにする。18世紀、当事者主義構造の刑事訴訟の形成にともない、訴追側代理人バリスタとともに、被告

[*1] Bridges, The Right to Representation and Legal Aid, in Mike McConville and Geoffrey Wilson, The Handbook of the Criminal Justice Process (2002) 137-138.

人の弁護人としてのバリスタが手続に関与するようにった。また、1984年警察刑事証拠法により、捜査手続における弁護の保障が確立した。

　第2に、法律扶助制度の歴史的発展を垣間見た後、制度の現状について概略を示す。イギリス法律扶助制度は、独立開業弁護士による弁護の提供、弁護サービス提供に関するソリシタ事務所と制度運営機関との契約制度、被疑者・被告人による弁護人の選任（ジュディケア制度）、被疑者・被告人の資力要件の限定、法律扶助支出に上限を設けない「需要主導型」構造などの構造的特色を有している。また、法律扶助制度と連動して、当番弁護士制度も存在している。近年は、弁護の質の確保が重要課題とされ、捜査弁護およびマジストレイト裁判所における当番弁護士の援助についての認証制度、サービス提供契約における質的要求水準の導入など、そのための制度改革がなされてきた。また、法律扶助支出の抑制が優先課題とされ、そのために固定報酬制度への移行、直通電話相談の導入などがなされている。

　第3に、刑事弁護の担い手と弁護人の役割について検討する。法律扶助制度の拡大にともない、制度運営機関と契約したソリシタ事務所の多くが、刑事弁護の専門化を進め、刑事事件ないし法律扶助事件に収入の大部分を依存するようになった。また、当事者主義的手続における弁護人の役割として、依頼者たる被疑者・被告人の最善の利益の擁護こそが最も重要な義務であって、その点にこそ弁護人の存在意義があるとの理解が広く共有されている。

　なお、イギリスにおいて刑事弁護を担う弁護士は、後述するように、ソリシタとバリスタとに区別される。通例、バリスタは刑事法院および上訴裁判所における法廷弁護を担当し、ソリシタはそれ以外の、捜査弁護を含むすべての弁護を担当する。以下、それぞれを特定して指す場合には「ソリシタ」、「バリスタ」とし、両者を合わせて指す場合には「弁護士」とする。「当番弁護士」制度の担い手はソリシタであるが、すでに定着した用語であるから、当番ソリシタ制度とはせずに、当番弁護士制度とする。

2.　弁護権の保障

(1)　弁護権保障の歴史的発展

　イギリスにおいて、弁護人が選任され、被告人の弁護を行うことが一般化したのは、実は、近代以降のことである[*2]。歴史研究によれば、イギリスの刑事訴訟は、18世紀を通じて徐々に、それ以前の大陸型の糾問主義的構造から

当事者主義構造をとる弾劾的訴訟へと転換していった。その転換に大きな力を与えたのが、訴追側代理人としてだけでなく、被告人の弁護人としてバリスタが刑事訴訟に関与することになったことである。ロンドン中心部にある重大事件を扱う刑事裁判所であるオールド・ベイリーにおいては、1730年代に弁護人の関与が始まり、それによって裁判官中心の糾問主義的訴訟から当事者主義的訴訟への転換が進んだ。証拠法則としての性格証拠の禁止、共犯者証言に関する補強法則、予備審問自白の排除、伝聞証拠の排除が導入された後、双方のバリスタが主導権をとる訴訟が発達するにつれて、訴追側の証明責任が明確化し、「合理的疑いを超える証明」基準がとられるようになった。このようななか、バリスタが被告人に代わり証人尋問および弁論を行うようになり、被告人は自ら弁明することを余儀なくされる立場から解放された。たしかに、裁判官によっては、なおもバリスタが被告人に代わって陳述することを認めず、被告人自身の陳述を要求することがあった。しかし、被告人の立場の先のような変化によって、被告人が法廷において現実に黙秘することのできる手続的基盤が形成された。実際、バリスタの多くが、被告人に黙秘を勧めるようになった。

　他方、私人訴追を原則とするイギリスにおいて、18世紀初期には、被害者などの訴追側の活動を援助するソリシタが活動を開始し、公判前手続におけるマジストレイトの事件調査に関与するようになった。その後、被告人を援助するソリシタも、公判前手続に関与するようになった。公判審理において活動する訴追側代理人および被告人の弁護人であるバリスタは、それぞれ、これら公判前手続に関与した訴追側、被告人側のソリシタが作成したブリーフに依拠して活動した。

　18世紀半ばまでは重罪事件の公判審理において弁護人の援助が認められなかったことは、それ以前すでに軽罪事件においては「弁護人」が認められてい

---

*2　この部分の記述は、John H. Langbein, The Origin of Adversary Criminal Trial (2003); Goriely, The Development Criminal Legal Aid in England and Wales, in Richard Young and David Wall (eds.), Access to Criminal Justice (1996); 栗原眞人『18世紀イギリスの刑事裁判』(成文堂、2012年) による。栗原眞人の研究は、ラングバインらによる歴史研究を参照しながら、18世紀イギリスにおける当事者主義的訴訟の形成を明らかにするものであって、その形成に訴追側代理人、被告人の弁護人のバリスタの関与が強く寄与していることを明らかにしている。なお、当事者主義的訴訟の形成のなかで被告人の黙秘権が確立したことについて、Langbein, The Privilege and Common Law Criminal Procedure: The Sixteenth to Eighteenth Centuries, in R.H. Helmholz, The Privilege against Self-Incrimination 82-108 (1997)参照。

たことに照らして、奇異に思えるかもしれない。しかし、軽罪事件の「弁護人」は、法律専門家のバリスタたる弁護人ではなく、被告人の援助をするその近親者や友人を意味していた。重罪事件において被告人は、誰とも相談することなく訴追事実に答弁しなければならず、そうしなければ罰金の制裁を受けることとなっていたのである[*3]。

　被告人のために法廷弁護を行うようになった後も、バリスタは、その権限を法律問題に関する陳述に限られていた。その後、法律問題に関する陳述だとして、実際上、事実問題に関する陳述も行うようになったが、正式には、陪審員に対して直接弁論をすることは禁止されていた。19世紀に入り、バリスタはその権限の拡張を要求した。しかし、裁判官は自ら被告人の利益擁護のために働くことができるとして、バリスタの弁護の拡大に反対していた。このような反対にもかかわらず、1836年には被拘禁者弁護人法が制定され、被告人が弁護人としてバリスタを選任し、そのバリスタが陪審員に対して直接弁論することも認められるようになった。

　1836年法による弁護の拡大の背景には、法律専門家としてのバリスタ団（the Bar）の確立と拡大があった。バリスタ団は、後継者の養成を自己の機能として有していた。推計によれば、1809年の時点ではバリスタは456人にすぎなかったが、1846年には3,000人を超えていた。1836年法以降、バリスタによる弁護は実際にも拡大し、当事者主義的訴訟が定着した。とはいえ、法律扶助制度がなかったために、19世紀を通じて、多くの被告人が弁護人を選任できないままであった。バリスタの弁護を予定する当事者主義的訴訟が確立するにつれて、実際に弁護人を選任することのできない被告人の立場は、相対的にいっそう不利なものとなった。

　1893年刑事証拠法により、被告人は証人適格を認められ、宣誓のうえ証言することができるようになった。この結果、当事者主義構造の刑事訴訟が完成したとされ、また、訴追側代理人のバリスタによる被告人の反対尋問が重要視されるようになった。

[*3] David J.A. Cairns, Advocacy and the Making of the Adversarial Criminal Trial 1800-1865, 25-28. ケアンズは、弁護人の援助が保障されなかったことの理由として、第1に、裁判官が被告人を援助しなければならないと考えられたこと、第2に、チューダー朝時代およびスチュアート朝時代初期には、陪審員であれば、王権が望む結果に反する評決をした場合、投獄されたり、罰金を科されることも時折あったところ、被告人に弁護人の援助が認められたとしても、弁護人は同様の取扱いを受けたであろうから、バリスタ自身、消極的姿勢をとらざるをえなかったことを指摘している。

(2) 捜査手続における弁護権

告発前の捜査段階における弁護権の保障について、現況を概観しておく[*4]。

イギリスにおいても、かつて弁護権は、告発を受け、裁判所の司法手続に付された被告人に対してのみ保障されていた。歴史的にみれば、警察は被疑者を逮捕し、留置する権限を与えられていたものの、その目的は証拠の収集・確保のための捜査ではなく、たんに被逮捕者を裁判所に引致することとされていたから、捜査手続において弁護権を保障する必要はないとされたのである。しかし、20世紀に入り、警察による犯罪捜査の権限が拡大し、ついに1984年には、警察の捜査権限について詳細な規定を有する警察刑事証拠法が制定された。

この警察刑事証拠法のもと、逮捕され、警察署その他の場所に留置された者は、要求するときはいつでも、ソリシタと秘密のうちに相談する権利を認められている（58条1項）。判例上、正式に警察留置が決定される前でも、さらには正式の逮捕前であっても、被疑者が行動の自由を重大に制約されているという意味において拘束状態におかれていれば、この権利は保障される。また、同法運用規程により、逮捕されることなく警察の取調べを受ける被疑者（任意出頭者）も、同様に、法的助言を受ける権利を保障される（運用規程C・指針1A）。

被疑者が逮捕後警察署に引致されたとき、または任意に警察署に出頭した初回には（運用規程C・3.1・6.1）、無料の法的助言を受ける権利を告知されなければならない。この告知は、取調べを開始または再開する直前（同11.2）、留置審査または留置期間の延長決定の前（同15.4）、告発がなされたとき（同16.4）などにもなされる。告知は、捜査官ではなく、留置管理官によって行われる。法的助言を受ける権利について告知されたさい、被疑者がソリシタとの相談を要求しなかった場合には、留置管理官は、電話により相談することもできる旨告知し、電話相談をするかどうか尋ねなければならない。それで

[*4] 捜査弁護および公判弁護の現況に関する記述は、Anthony Hooper and David Ormerod (eds.), Blackstone's Criminal Practice 1209-1212, 1334-1336 (2013); Cape, England and Wales, in Ed Cape et al., Effective Criminal Defence in Europe (2000) 122-129による。後者は、EU司法・自由・安全保障局の補助金に基づき実施されたプロジェクト研究おけるイギリスの状況に関する報告書をベースにしており、報告書は西イングランド大学教授エド・ケープの作成により、LSE名誉教授マイクル・ザンダーのレビューを受けている。

もなお被疑者が要求しなかったときは、留置管理官は、被疑者に理由を尋ね、被疑者の回答を記録しなければならない。被疑者がソリシタとの相談を望まないことが明白に確認されたときに、留置管理官は理由を尋ねるのをやめることができる（同6.5）。被疑者に相談をしないよう説得するためのいかなる試みをすることも許されない（同6.4）。

　被疑者がソリシタとの相談を要求した場合には、ソリシタへのアクセスの遅延が例外的に許容されている場合を除いて、実際上可能な限り速やかに相談の機会を与えなければならない（警察刑事証拠法58条4項）。実際にアクセスが延期されることは稀である。被疑者の相談要求があったときは、列挙された特別事由がある場合を除いて、被疑者がソリシタと相談するまで、取調べをしてはならず、または取調べを中止しなければならない（運用規程C・6.6）。この特別事由は、裁判所により厳格に解釈されている。被疑者とソリシタとの相談については、秘密性が保障されなければならず、それは電話相談の場合も同様である（同・指針6）。

　警察が被疑者に対して権利を告知しなかったこと、または被疑者が要求したときに相談の機会を認めず、もしくは相談させるための措置をとらなかったときは、判例によれば、多くの場合、その後の手続により採取された証拠は排除されることになる。しかし、警察刑事証拠法および同運用規程の違反が直ちに証拠排除につながるわけではないので、その場合でも、排除が認められないこともある[*5]。

　被疑者がソリシタとの相談を要求した場合でも、被疑者が釈放される、考えを変える、弁護人の到着が遅れるなどの理由から、実際に相談の機会をもたずに終わることも稀ではない。逮捕された被疑者のうち相談要求をした割合、実際に相談した割合は、それぞれ、1988年に25％、19％、1991年に32％、25％、1995年に40％、34％、2007年に60％、40％と報告されている。いずれについても、増加が顕著である。一般的傾向としては、重大事件であるほど、前科・前歴があるほど、また、少年より成人、年少者より年長者の方が、相談要求をする割合は高い。これまで、相談要求をする被疑者の割合の低さが関心を集めてきた。イギリスにおいては、かなり軽微な犯罪についても広く被疑者の逮捕が行われ、簡単な取調べによる事実確認を経て、数時間程度で被疑者が釈放される場合も多いという事情があるにせよ、過去の調査によれば、事件の軽微さのゆえに、法的助言の有効性への不信、諦め、自信、警察への信頼なども相俟って、法的助言は不要だと信じ込んでいる被疑者がいる。また、多

くの被疑者にとって、警察留置からの早期釈放こそが最大の関心事であるから、釈放の遅れを懸念して、相談要求をせず、あるいはいったん相談要求をしても、ソリシタの到着が遅いとして実際の相談を拒絶する被疑者も少なくない。他方、弁護人の助言の必要性や有益性を信じており、積極的に相談要求をする被疑者もいる。重大事件の被疑者や再犯者に多い。これらの中間にいる被疑者については、被疑者に接する警察の態度、法的助言の利用し易さやその質によって、法的助言の要求に変化が生じる可能性があると指摘されている[*6]。

警察の態度としては、警察刑事証拠法の禁止規定にもかかわらず、実際には、警察がインフォーマルな「策略」をさまざまに用いて、被疑者に相談要求を思いとどまらせようとすることが指摘されている。ソリシタの側についてみると、法的助言の利用し易さを高めるために、当番弁護士制度が設けられているが、相談要求から実際の接見までに遅れが生じることも少なくない。また、

[*5] 警察刑事証拠法76条A2項は、「圧迫（oppression）」により獲得された自白および信用性を失わせるような状況のもとで獲得された自白は排除されるべきことを定めている。また、同法78条は、裁判所が裁量により手続の公正さを害するような証拠を排除することができる旨規定しており、判例上、ここにいう証拠は自白を含むものとされている。一般に、警察刑事証拠法または同運用規程の規定に反する手続がとられたことが、直ちに自白の排除に結びつくわけではなく、個別具体的事件の事情を考慮して、自白の排除が判断されることになる。イギリスの自白排除法則について、稲田隆司『イギリスの自白排除法則』（成文堂、2011年）29〜126頁参照。被疑者が法的助言を要求した場合、遅延が例外的に許容されている場合を除いて、実際上可能な限り相談の機会を与えなければならないとする警察刑事証拠法58条違反についてみると、控訴院判例は、同規定違反がある場合、手続の公正さが害されたとする一応の証明があるものとしているが、そのときでもなお、裁判所は具体的事件ごとに、証拠を排除すべき程度にまで公正さが害されたかどうかを判断しなければならないとしている（Walsh [1990] 91 Cr. App. R. 161）。判例の傾向としては、違反が些細なものであって、手続の不公正ないし信用性の喪失をもたらす程度のものとはいえないようなものであれば、自白は排除されないことになる。たとえば、取調べに対する被疑者の応答や被疑者の前歴からすれば、ソリシタと速やかに相談する機会が得られたとしても、自己の権利についての被疑者の理解になんら変わるところはなかったであろうような場合には、裁判官はその裁量によって自白を許容することも許されるとした控訴院判決がある（Dunford [1990] 1991 Cr. App. R. 150）。これに対して、重大ないし実質的な違反であれば、通例、排除がなされることになる。控訴院判例は、それ自体として重大ないし実質的違反がある場合、警察に悪意がなかったからといって、それにより排除を免れることにはならないとしている（Walsh [1990] 91 Cr. App. R. 161）。他方、被疑者が弁護人と速やかに相談する機会を与えなかったことが警察刑事証拠法および運用規程の重大な違反にあたることを認めながらも、手続の公正さを害することはなかったとする裁判官の判断を是認した控訴院判決もある（Oliphant [1992] Crim. L. R. 40）。この点について、Richard May and Steven Powles, Criminal Evidence 256-262 (5th ed., 2004)参照。

[*6] Andrew Sanders et al., Criminal Justice 233-235 (2010).

被疑者はソリシタと電話により相談することができ、相談要求を受けたソリシタから警察署にいる被疑者に電話することもできる。電話相談については、即時の相談が可能となることから、直接の接見の遅れがもたらす問題をカバーしうるとされている。もっとも、電話相談だけでは、法的助言の質の面で問題が残るので、電話相談を接見に代替させるのではなく、あくまでも接見までの応急的措置として電話相談を活用すべきとの意見が有力である。

　ソリシタではない有資格者が、ソリシタの代行者として、その監督のもとで、被疑者と接見し法的助言を提供することが認められている。代行者の法的助言については、1980年代から90年代前半にかけて、その質に深刻な問題があることが指摘された。そのため、質の確保を目的として、1995年、法律扶助の適用を受ける場合には、代行者について特別な資格認定が必要だとされた。現在、有資格の代行者による法的助言については、確実で迅速な相談機会の提供という点において有益である反面、とくに警察官出身の有資格者の場合などに、質の面ではなお問題があるとも指摘されている[*7]。

(3) 裁判所手続における弁護権

　裁判所手続における弁護権の保障は、現在もなお大部分において、コモン・ローによるものである。弁護権の告知についても法律上の規定はないが、実務上、裁判所は弁護人を選任していない被告人に対して告知を行っている。被告人が弁護人を選任していない場合、裁判所は被告人に対し法的助言を受ける機会を与えるために審理を延期することが通例である。弁護権を明定した法律の規定も、弁護人がいない場合における裁判所の権限に対する具体的制限を定めた法律の規定も存在しないものの、弁護権の保障は確実に承認されており、弁護権自体が侵害された例は見当たらない。実際上問題となるのは、法律扶助の適用範囲である。

　被告人は弁護人を依頼するかどうか自由に選択することができ、また、被告人は弁護人に対して自己の利益のために活動するよう自由に指示を与えることができるという原則が確立しているため、必要的弁護制度は存在せず、

[*7] Sanders et al., supra note 6, at 235-245. 当番弁護士制度、法律扶助制度を含め、現在の実務とその問題点について、日本弁護士連合会『可視化への道、可視化からの道（イギリス取調べの可視化事情視察報告書）』(2011年) および同『第12回国選弁護シンポジウム基調報告書』(2012年) 147～176頁は、ソリシタ協会 (The Law Society)、刑事弁護に精通した独立開業ソリシタ、研究者などを含む関係者へのインタビューをもとに鮮やかに描写している。後者の調査には、私も参加した。

裁判所が被告人のために弁護人を選任するという国選弁護人制度も存在しない。特別な支援を要する被告人（vulnerable defendant）であっても、裁判所によるインフォーマルな支援が提供されることはあるにせよ、これらの点において同様である。法律扶助の適用を受ける場合でも、弁護人の選任は被告人によるのであって、裁判所または法律扶助制度の運営機関によるのではない。

被告人が自由にかつ秘密のうちに弁護人とコミュニケーションを行う権利に対しては、原則としてなんら制約はない。弁護士の秘匿特権が確立しており、その射程は、法的助言の授受の目的による被告人と弁護人のあいだのコミュニケーションだけでなく、現在係属中または準備中の事件に関する助言・活動を唯一または主要な目的とする被告人または弁護人と第三者とのあいだのコミュニケーションにも及ぶ。その結果、被告人も、弁護人も、秘匿特権の及ぶコミュニケーションの内容を明らかにするよう要求されることはない[*8]。

弁護人の選任数・選任率に関する統計は整備されていない。2006年には、マジストレイト裁判所において約178万人の被告人の事件が処理されたが、2006年には、マジストレイト裁判所における裁判所命令に基づく弁護について、502,578件の法律扶助の適用がなされた。このほか、マジストレイト裁判所における当番弁護士の援助についての法律扶助の適用が79,536件あった。大多数の被告人が裕福な状況にはないので、被告人の自費による私選弁護の数は僅かにすぎないと推測される。他方、重大事件の事実審裁判所である刑事法院においては、2006年に75,700人の被告人の事件が処理されたが、刑事法院の法律扶助については資力要件がないことから、大多数が弁護人を選任しているものと推測される。同年、刑事法院の事実審理に付された被告人のうち95％、マジストレイト裁判所から刑事法院の量刑審理に付託された被告人の77％、マジストレイト裁判所の判決について刑事法院に対して控訴した被告人の57％が、法律扶助を受けて弁護人を選任していた。

[*8] 被告人によって、またはその代理として弁護人によってのみ秘匿特権を放棄することが認められているが、被告人の放棄は不注意に、またはとくに警察取調べにおける黙秘から不利益推認がなされるのを避けようとしてなされることがある。

3. 刑事法律扶助と当番弁護士制度

(1) 法律扶助制度の歴史的発展

　イギリスが世界最高水準の法律扶助制度を有していることは、よく知られている。現行制度の基本構造としては、①公設弁護人制度はきわめて限定的なものでしかなく、制度運営機関（法的サービス委員会）と契約を結んだ事務所に所属する独立開業ソリシタが弁護を提供すること、②刑事弁護における法律扶助への依存度が高いこと、③受任事件についてはソリシタ個人ではなく、ソリシタ事務所が責任を負う体制がとられていること、④被疑者・被告人が弁護人を自ら指名し、選任すること（ジュディケア制度）、⑤被疑者・被告人が自ら弁護人を指名できない場合に備えて、当番弁護士制度が存在していること、⑥裁判所が法律扶助の適用を決定するが、国がソリシタに対してその要求に基づき報酬を支払うこと（需要主導型制度）、⑦被疑者・被告人の資力要件・自己負担が限定されていること、⑧「司法の利益」要件が広く認められていること、⑨系統的研修をともなう認証制度、契約条件としての質的要求水準の設定など、弁護の質を確保するための仕組みが用意されていること、などがあげられる。また、⑩捜査弁護およびマジストレイト裁判所における当番弁護士の援助については、法曹資格を有しないソリシタ代行者による法的助言も認められている。このような構造を有する現行制度に目を向ける前に、法律扶助制度の歴史的発展を概観しておく[*9]。

　弁護人の選任に関する公的保障がはじめて制度化されたのは、1903年貧困被拘禁者弁護人法によってである。その対象は、重罪について正式起訴され、公判審理に付された無資力の被告人の事件であって、裁判所により弁護人の選任が「司法の利益」に適うと認められた場合に限られていた。さらに、被告人が弁護人の援助を受けるためには、自己の防御方針を事前に開示しなければならないとされていた。1930年改正法により、事前開示の要求は削除され、また、対象がいくらか拡張された。この時期には、弁護人に対する報酬の低さが最大の問題であって、そのために、一部地域においては、無資力の被告人のための弁護人のなり手がいないという事態さえ生じることもあった。

[*9] この部分の叙述は、Bridges, supra note 1, at 138-148; Goriely, supra note 2, at 34-48、小山雅亀「『イギリス』の刑事法律扶助制度（1）――歴史的動向の検討を中心に」西南学院大学・法学論集28巻1＝2号（1995年）、岡田悦典『被疑者弁護権の研究』（日本評論社、2001年）100～135頁による。

20世紀初頭にはすでに、量的にみると、刑事法院の正式裁判は相対的に減少し、マジストレイト裁判所の前身にあたる警察裁判所の略式裁判が多くを占めるようになっていた。しかし、20世紀半ばに至るまで、警察裁判所における弁護の公的保障はまったく未発達であった。1949年、法的助言援助法が制定され、それにより、すべての刑事裁判所において、被告人の資力が不十分であって、裁判所が「司法の利益」に適うと認めた場合には、法律扶助が適用されなければならないとする原則が確立した。被告人の資力としては、極貧の場合に限られず、絶対的にみれば一定の資力を有する場合でも、法律扶助の適用が認められた。ただし、一定の場合には、被告人に対して自己負担が要求されることもあった。もっとも実際には、自己負担の要求は限定的なものであった。また、弁護人に対しては「合理的」報酬が支払われるべきことが定められ、政府に代わり法律扶助制度の運営責任を負うものとされた裁判所またはソリシタ協会が、弁護人からの要求費用を評価し、具体的報酬額を決定した。

　特徴的な点は、法律扶助の適用を裁判所が決定する一方で、その費用については、他の裁判所支出から区別された支出項目として政府が負担することである。したがって、裁判所としては、費用の限界にとらわれることなく、法律扶助の適用を決定することができる。反面、政府は、支出すべき費用をほとんど統制することができないこととなった。「需要主導型」の構造である。その結果、政府は1949年法の完全実施に消極的姿勢をとり続け、マジストレイト裁判所を含むすべての刑事裁判所において完全実施がなされたのは、1960年代になってのことであった。それまでは、マジストレイト裁判所の多くにおいて、弁護人の選任がないことが通常であって、ソリシタの資格を有する書記官が、被告人が手続について理解するのを援助していた（マジストレイトは一般市民から選出する）。とはいえ、書記官は、被告人に対して秘密性を保障された形で助言をすることや、専ら被告人の利益を擁護するための陳述をすることはできなかった。また、1949年法が完全実施された後も、法律扶助を適用するにあたっての「司法の利益」の判断において、裁判所間に不統一がみられた。

　1967年刑事司法法は、弁護士が国に直接雇用されるというアメリカ型のパブリック・ディフェンダー制度を採用することなく、独立開業ソリシタが弁護を担当し、事件ごとに法律扶助によって国から報酬を支払われる基本構造を維持した。被告人の資力の不十分さおよび「司法の利益」という要件にも変化はなかった。とはいえ、刑事事件の法律扶助における二重基準が確立した。

すなわち、公判付託手続および刑事法院の公判手続における法律扶助制度は、ほぼ完成に至ったとされ、前者について70〜80％、後者については95％を超える事件に法律扶助が適用される一方、マジストレイト裁判所においては適用が厳しく限定され、1970年代に入っても、適用事件は4％にすぎなかった。

　1970年代には、法律扶助の間隙を埋め、また、民刑事を通じて根拠法を整理するための改革が行われた。1972年法的助言援助法は、グリーン・フォーム・スキームと呼ばれる民刑事共通の法律扶助制度を設けた。その直後、1974年法的助言援助法が、民刑事共通の法律扶助の根拠法として制定された。これにより刑事事件の法律扶助の適用範囲は拡大され、①犯罪について告発され、または処分のためにマジストレイト裁判所に出頭し、または引致された場合（公判付託手続を含む）、②保護手続きのためにマジストレイト裁判所に引致され、または引致されるべき場合、③マジストレイト裁判所の罪責認定・量刑について刑事法院への上訴を求める場合、④刑事法院の公判審理・量刑手続に付託された場合、⑤控訴院、貴族院などへの上訴を求める場合、⑥刑事法院の再審理が決定された場合、が対象とされた。ここにおいても、被告人の資力の不十分さおよび「司法の利益」という適用要件は維持された。裁判所が要件の充足を認めたときは、法律扶助命令を発し、それに基づき、管轄地域内のソリシタが弁護を担当する。バリスタの弁護が必要な場合には、イギリスにおける弁護士の職域区分にしたがって、被告人の選任したソリシタがバリスタに弁護を依頼する。報酬の要求は個々のソリシタによってなされる。また、手続終了後、裁判所は被告人の資力などを考慮し、被告人が自己負担すべき額を決定する。さらに、1979年法律扶助法は、「代理援助」制度を導入し、法律扶助の適用範囲をいっそう拡張した。かくして、刑事法院のみならず、マジストレイト裁判所においても、ほぼすべての手続について法律扶助が適用される体制が完成した。なお、1980年、刑事法律扶助制度の運営責任は、すべて大法官が負うこととされた。

　1980年代を通じて、刑事事件の法律扶助適用件数は増加し、80年代末には500,000件を超え、90年代に入っても増加を続けた。90年代後期には、ごく軽微な事件を除いて、刑事法院だけでなく、マジストレイト裁判所においても、また、告発事実を否認し、罪責認定手続のための公判審理に付された場合でも、告発事実を自認した場合でも、法律扶助の適用が広く認められるようになっていた。被告人の自己負担制度がなお残っていたとはいえ、実際に自己負担が命じられる事件は非常に少数であった。

(2) 当番弁護士制度

　1970年代を通じて、刑事訴追の数は30％増加した。他方、法律扶助の適用事件はさらに急激に増加し、10年間に約3倍の300,000件程度にもなった。その重要な要因として、弁護士人口の増加があげられる。かつては法律扶助による刑事弁護に関与するソリシタは少数に限られ、しかもその業務は地位の低い、報酬の少ないものとみなされていた。しかし、報酬が増額され、ソリシタ人口が増加するにつれて、多くのソリシタが法律扶助による刑事弁護を収入源としてみるようになった。全国各地域の独立開業ソリシタが、順序を定め交代制で、弁護人のいない被告人に法的援助を提供する活動を開始した。当番弁護士制度（duty solicitor scheme）である。当初より、被告人が当番弁護士の援助を受けた場合、裁判所が法律扶助の適用を認めることが多く、裁判所によっては全件適用するところもあった。

　1980年代、当番弁護士制度は、告発後にマジストレイト裁判所の手続に付された被告人、さらには告発前の捜査手続における被疑者を対象としつつ、全国統一的な制度として確立した。

　1979年の王立委員会報告書は、ソリシタ協会の責任のもと、すべてのマジストレイト裁判所において当番弁護士制度が設けられるべきことを勧告した。1982年法律扶助法に基づき、1983年より、全国的制度として、当番弁護士制度が実施された。登録したソリシタが交代制で当番弁護士となり、大規模な裁判所においては、当番弁護士が連日、法廷に待機していた（待機制）。事件数の少ない裁判所においては、個別事件ごとに、被告人の要求がある場合、当番弁護士に連絡し、急行させることとした（名簿制）。従来からの法律扶助とは別立てで、当番弁護士に対する法律扶助による報酬支払制度が確立された。被告人の資力要件も、「司法の利益」要件もなかった。当番弁護士制度のもとでも、誰に弁護を依頼するかを被告人が自ら選択するという原則は維持された。すなわち、当番弁護士は、担当した被告人に対して、弁護の提供を希望するソリシタがいればそのソリシタを指名する機会を与えなければならないとされた。

　当番弁護士制度は捜査手続にも及んだ。1984年警察刑事証拠法以前、裁判官準則のもとでは、警察手続のいかなる段階においても、被疑者はソリシタと秘密の相談をすることができるとされていた。しかし、実際にソリシタの法的助言を受けた被疑者は少なく、複数の実証研究によれば、10％足らずで

あった。1981年王立委員会報告書の勧告に基づき、1984年警察刑事証拠法は、警察に任意出頭・同行した者はいつでも、あるいは逮捕され留置された者がソリシタの法的助言を要求し、またはその代行者と相談することが許された場合には、当番弁護士による無料の法的助言を受けることができるとした(59条。その後削除)。この規定を基礎にして、ソリシタ協会の責任において、待機制または名簿制の当番弁護士制度が全国的に整備されていった。また、当番弁護士に限らず、被疑者に法的助言を与えたソリシタに対しては、法律扶助制度のもとで、国が報酬を支払うこととされた。資力要件、「司法の利益」要件は設けられなかった。かくして、被疑者が特定のソリシタを指名した場合には、その法的助言を受けることができ、被疑者に指名すべき特定のソリシタまたはソリシタ事務所がない場合であっても、当番弁護士制度によって、法的助言が確保されることとなった。

　その後、1988年法律扶助法により、法律扶助委員会が設立され、民事法律扶助、グリーン・フォーム制度、捜査手続およびマジストレイト裁判所における当番弁護士制度の運営責任を負うこととなった。また、捜査手続における当番弁護士制度について規定した警察刑事証拠法59条が削除された。しかし、当番弁護士制度全体が、法律扶助委員会の運営責任のもと継続され、その規模は拡大していった。また、当番弁護士による弁護の質の確保という目的から、2001年ソリシタ協会と法的サービス委員会との協定に基づき、捜査手続における弁護およびマジストレイト裁判所における当番弁護士の援助について、刑事弁護認証制度が適用され、この認証が必要とされることとなった[10]。なお、2008年、刑事弁護ソリシタ・コール・センター(Defense Solicitor Call Centre)が導入され、このスキームのもとで当番弁護士による法的助言の提供が行われることになったが、これについては後述する。

(3)　現在の法律扶助制度

　近年の制度改革においては、迅速・確実な弁護の提供、弁護の質の確保とともに、法律扶助支出の抑制が重要課題とされてきた。現行制度の骨格を形成したのは、1998年司法アクセス法である[11]。

---

[10] The Law Society, Criminal Litigation Accreditation Scheme Guidance (Last Updated January 2013), <http://www.lawsociety.org.uk/accreditation/specialist-schemes/criminal-litigation/>.

1998年法により、法律扶助委員会に代わり、法的サービス委員会が新設され、統一的な刑事弁護サービスとして、法律扶助制度を運営することとなった。従前の制度においては、同一事件であっても、手続段階によって異なる複数制度に基づく法律扶助が適用されていたが、それと異なり、1998年法による刑事弁護サービスのもとでは、契約事務所のソリシタが、逮捕の時点から事件終結に至るまでの全手続段階における弁護を提供することとなった。もっとも、同一ソリシタが全過程の弁護を一貫して担当するとは限らず、複数のソリシタが交替する場合も多い。

　刑事弁護サービスの提供はすべて、法的サービス委員会が契約条件として設定した質的要求水準を満たし、認証を受けたうえで、同委員会と契約したソリシタ事務所を通じて行われることとなった。その結果、地方所在の小規模事務所の多くが、刑事弁護サービスから除外されることとなり、迅速・確実な弁護の提供という点においては、逆効果が生じたとも指摘されている。他方、契約条件に適合している限り、上限なく、すべての弁護に対して報酬が支払われるので、契約ソリシタ事務所は、法律扶助を通じての安定した収入を期待できることとなった。2010年3月末の時点で、刑事弁護サービスに関する契約を結んだソリシタ事務所は2,137か所である。

　2001年、法的サービス委員会は、8地域に公設弁護人事務所を実験的に立ち上げ、直接雇用関係を結んだソリシタによる刑事弁護サービスの提供を開始した。高質な弁護の迅速・確実な提供とともに、法律扶助支出の抑制を意図してのことである。公設弁護人は、独立開業ソリシタの少ない地域におけるサービス提供において柔軟性を発揮しうるものと期待された。公設弁護人は独立開業ソリシタと同内容のサービスを提供し、両者は競争関係に立つこととなった。しかし、運用状況に関する調査の結果、4地域の公設弁護人事務所において費用の節約が達成されていないことが判明したため、政府はこれらの事務所を閉鎖した。2009会計年度において、公設弁護人事務所が扱った事件数は3,310件であった。公設弁護人制度について、現在、大規模な制度改革による制度拡大の見通しはない。

　刑事法院におけるバリスタの弁護を含む裁判所手続の弁護について法律扶

---

*11　刑事弁護ソリシタ・コール・センター、刑事弁護直通電話サービスを含め、現行制度に関する記述については、Catherine Elliott & Frances Quinn, English Legal System 340-343 (13th ed., 2012); Gary Slapper and David Kelly, The English Legal System 654-657 (14th ed., 2012)によった。

助を適用するかどうかについては、マジストレイト裁判所が、個々の事件ごとに、従前どおり、「司法の利益」基準に従って決定する。「司法の利益」は、①審理の結果、被告人が自由を喪失し、または社会的評価を大きく低下させる結果が生じる可能性がある場合、②重要な法律問題に審理が及ぶ場合、③精神的問題、言語的問題などのため、被告人が手続の内容を理解することができず、または自己の主張を述べることができない場合、③専門的な反対尋問が必要とされる場合、④性犯罪の被害者証人の尋問などのため弁護人が必要とされる場合、などに広く認められている。

　被告人の大多数が資力不十分であるところ、従前の資力要件については、その調査のために報酬の支払いが遅延するなど、制度運用が非効率化し、かえって費用も嵩むことから、1999年法により廃止されるに至った。当番弁護士制度においては、もともと資力要件が設けられていなかったから、被告人が自己負担を命じられる可能性は、刑事法院において有罪判決を受けた場合に限られることとなった。しかし、2006年、法律扶助費用の抑制を目的として、裁判所手続の弁護に対する法律扶助適用について、資力要件が再度導入された。

　被告人がマジストレイト裁判所において法律扶助による弁護を受けている場合、その弁護は上訴に関する法的援助をも含んでいる。しかし、上訴審裁判所である刑事法院の手続については、別個の法律扶助の適用申請がなされなければならず、「司法の利益」基準に従って適用が判断される。また、被告人が刑事法院の手続において法律扶助による弁護を受けていた場合には、それにより上訴申立書の作成まで法的援助を受けることができる。しかし、上訴審裁判所の手続については、あらためて法律扶助の適用が判断されることになる。

　当番弁護士制度については、1999年法によっても、刑事弁護サービスの一環として、運営責任が法的サービス委員会に委ねられたこと以外には、重要な変更は受けなかった。なお、2008年の刑事弁護ソリシタ・コール・センターの導入については後述する。

(4)　法律扶助の規模と弁護報酬

　2007年の法的サービス委員会の統計によれば、2,510か所のソリシタ事務所が、法律扶助による刑事弁護サービスを提供する契約を結んでおり、6,000～7,000人のソリシタがサービス提供に携わっていた。これは、全ソリシタ人

口の6〜7％程度である。契約を結んでいるソリシタ事務所の多くが、刑事弁護または法律扶助事件を専門とする事務所であって、刑事事件の大多数が法律扶助の適用を受けるから、これらの事務所は、その収入の大部分を法律扶助に依存していることになる。法律扶助支出の抑制、固定報酬制度への転換のなかで、業務の専門化・効率化が進められているのはそれゆえである。

　他方、バリスタについては、約40％が訴追側代理人として、または被告人の弁護人として刑事事件に関与しているところ、これらのバリスタのうち法律扶助の適用を受けた事件に関与した者の割合は、93％になる。バリスタは、多くの場合、訴追側、弁護人双方の立場で活動するので、ソリシタほど法律扶助への依存度は高くない。とはいえ、刑事事件を扱うバリスタのうち93％が法律扶助事件に関与しているのであるから、職種全体としてみれば、法律扶助への依存度は高いといえよう[*12]。

　法律扶助による弁護報酬は、一般に私選弁護の場合よりも低額である。2006年についてみると、捜査弁護の平均報酬は、交通費、待機時間分なども含め223パウンドであった。法律扶助支出の抑制を目的として、2008年、捜査弁護について固定報酬制度がとられるようになった。報酬額には地域差がある。ロンドン中心部においては293パウンド、ブリストルにおいては175パウンドとされた。マジストレイト裁判所における弁護の平均報酬は545パウンド、刑事法院における弁護の平均報酬は4,500パウンドであった。

　刑事弁護サービスの適用件数、そのための国の支出総額は、ともに拡大を続けた。2006年においては、適用件数が、告発前の被疑者の事件について881,756件、マジストレイト裁判所の被告人の事件について554,887件、刑事法院その他上級裁判所の被告人の事件について121,080件、総計1,557,723件であった。支出額はそれぞれ、196,408千パウンド、290,420千パウンド、647,926千パウンドであり、総額1,134,754千パウンドに達していた。

(5) 刑事弁護ソリシタ・コール・センター

　法律扶助支出の抑制という強い政治的要請のなかで、2008年、刑事弁護ソリシタ・コール・センター（以下、コール・センター）が導入された。

　従前、被疑者が特定のソリシタの助言を要求したときは、警察が直接そのソリシタに連絡をとっていた。コール・センターの導入にともない、警察手

[*12] Cape, supra note 4, at 116, 129.

続において法的助言を希望する被疑者は、まず、私選弁護人の助言を要求するか、コール・センターに連絡するかを選択することになった。被疑者がコール・センターへの連絡を選択した場合、センターは、被疑者の助言要求を刑事弁護直通電話サービス（CDS Direct）（後述）につなぐか、被疑者の指名するソリシタ（以下、ソリシタ事務所を指名する場合も含む）がいればそのソリシタに、いなければ当番弁護士につなぐかを判断することになった。コール・センターの振り分けにより、被疑者がどのような手段により法的助言を提供されるかが決められることになったのである。

　被疑者の助言要求が刑事弁護直通電話サービスにつながれなかった場合、被疑者の指名ソリシタまたは当番弁護士に助言要求がつながれ、指名されたソリシタまたは当番弁護士が被疑者のいる警察署に連絡を入れたうえで、被疑者のいる警察署に赴き、直接接見することとなった。この場合、法律扶助が適用される。

　コール・センターの導入によって、ジュディケア型法律扶助制度が一定の修正を受けることとなった。すなわち、被疑者が特定のソリシタの法的助言を希望していても、法律扶助による無料弁護を希望する限り、助言要求はコール・センターにつながれることになり、コール・センターが刑事弁護直通電話サービスを通じて扱うのに適した事件だと判断したときは、指名ソリシタの助言を受けることができないこととなったのである。

(6)　刑事弁護直通電話サービス

　2008年、コール・センターとともに、刑事弁護直通電話サービス（Criminal Defence Service Direct）が導入され、主として拘禁処分の可能性がない軽微な犯罪により逮捕され、警察署において留置された被疑者に対して、直通電話を通じて無料の法的助言が提供されるようになった。直通電話サービスの対象となる被疑者が自己の選任したソリシタとの直接接見を希望する場合には、その費用を自己負担しなければならないものとされた。法的サービス委員会によれば、この直通電話サービスは、軽微事件について法的助言を提供するための現代的かつ効率的方法であって、直接接見による法的助言の提供よりも費用が節約できるとされた。2009会計年度において、直通電話サービスの利用は126,866件あり、主として酒気帯び運転、検査サンプルの提供拒否、保釈条件違反などについて利用されていた。また、98％が被疑者が法的助言を求めてから15分以内に、99％が30分以内に、法的助言の提供がなされてい

被疑者に対する法的助言の提供までの流れ

被疑者が私選弁護人の助言を希望するか、コール・センターに連絡するかを選択				
私選弁護人を希望	コール・センターを選択			

↓（コール・センター選択の場合）

連絡を受けたコール・センターが、直通電話サービスにつなぐかどうかを選別		
直通電話サービスに振分け	直通電話サービスに振り分けず	
	被疑者がソリシタ（事務所）を指定している	被疑者がソリシタを指定していない

↓

被疑者の選択したソリシタに連絡	直通電話を通じて無料の法的助言	被疑者の指定したソリシタ（事務所）に連絡	当番弁護士に連絡
ソリシタが被疑者の所在する警察署に連絡		ソリシタが被疑者の所在する警察署に連絡	当番弁護士が被疑者の所在する警察署に連絡
ソリシタが電話により被疑者の接見意思を確認し、法的助言を提供		ソリシタが電話により被疑者の接見意思を確認し、法的助言を提供	当番弁護士が電話により被疑者の接見意思を確認し、法的助言を提供
ソリシタが警察署に接見に赴き、法的助言を提供		ソリシタが警察署に接見に赴き、法的助言を提供	当番弁護士が警察署に赴き、法的助言を提供
法律扶助の適用ない		ソリシタが法律扶助の適用申請	当番弁護士が法律扶助の適用申請

た。

　初期の運用状況に関する調査研究によれば、直通電話サービスの「適法性」には問題があるとされた[*13]。というのは、警察刑事証拠法58条により、被疑者はソリシタの法的助言を受ける権利を保障されているにもかかわらず、直通電話サービスによる法的助言は、ソリシタの監督のもとでとはいえ、ソリシタ資格のないパラリーガル・スタッフによって提供されているからである。政府は法的助言の質の維持を約束していたが、結局、費用削減だけが追求され

[*13] Lee Bridges and Ed Cape, CDS Direct: Flying in the Face of the Evidence (2008).

ており、質の確保は疑わしい。このように批判されたのである。また、直接接見によらない助言提供であることから、被疑者とソリシタのあいだの信頼関係が形成しにくいという問題も指摘されている。

　直通電話サービスが導入される以前より、捜査手続における被疑者への法的助言は、実際にはソリシタではなく、ソリシタ事務所から派遣された有資格の代行者により提供される場合が増加していた。その背景には、法律扶助報酬の切り下げ傾向のなかで、契約ソリシタ事務所としては、刑事弁護サービスの業務を効率化し、費用を削減しなければならないという要請があった。直通電話サービスは、法的サービス委員会と特定のサービス提供機関との契約に基づき、その提供機関によって運営されていたが、ここにおけるパラリーガル・スタッフの活用も、費用削減を目的とするものであった。たしかに、業務の効率化や費用の抑制は、それ自体として重要課題であり、また、有資格者の法的助言が認められているからこそ、とくにソリシタが裁判所手続に関する業務などで多忙な日中でも、捜査手続において被疑者に対する確実・迅速な法的助言の提供が可能になっていることは否定できない事実のようである。しかし、刑事弁護サービスの質についての問題が依然として指摘されていることも、また重要な事実である[*14]。

4.　刑事弁護の担い手と弁護人の役割

(1)　ソリシタとバリスタ

　刑事弁護の担い手は、捜査手続および直通電話サービスにおいてソリシタではない有資格の代行者が法的助言を提供することができるという例外はあるものの、弁護士である。イギリスにおいて、弁護士はソリシタとバリスタとに区別されている。現在、ソリシタの総数は125,000人程度、バリスタの総数は15,000人程度である。

　バリスタはすべての裁判所における弁論権を有しており、刑事弁護については、刑事法院および上訴裁判所の法廷弁護を行うことが通例である。バリスタが弁護人として活動できるのは、ソリシタの依頼がある場合に限られる。バリスタは一般に独立自営であるが、各バリスタ事務所(chamber)に所属し、事務機能を共有している。建前上、バリスタは事件受任について選択を許さ

[*14]　刑事弁護をめぐる現在の問題について、注7にあげた2つの日弁連報告書参照。

れていない。しかし、実際には、ソリシタの依頼を通じて事件を受任することから、相当程度専門化する傾向がみられる。訴追側代理人または弁護人として刑事事件に関与しているバリスタは、約40％である。

　ソリシタは、もともと刑事法院および上訴裁判所における弁論権を有していなかった。しかし、1971年裁判所法、その後1990年裁判所および法的サービス法のもと、それら上級裁判所における弁論権を特別に与えられているソリシタも多い。ソリシタは単独開業している場合もあるが、ソリシタ事務所を共同経営し、または事務所に雇用されていることが一般的である。ソリシタは捜査手続において被疑者に法的助言を提供し、マジストレイト裁判所の手続において弁護を担当し、刑事法院の手続においても、法廷弁論は行わない場合でも、被告人に対して法的援助を提供している。刑事法院の法廷弁護をバリスタが担当する場合、ソリシタの依頼に基づき、通常、その指示のもとに行う。刑事弁護に携わるソリシタは6〜7％であり、刑事弁護は、刑事事件または法律扶助事件に専門化した事務所に所属するソリシタによって担われることが多い。

(2)　弁護の質の確保

　ソリシタ、バリスタはそれぞれ、法律専門家としての職務規範として「職務規程（Code of Conduct）」を定めている[*15]。これらの「職務規程」は、刑事事件の弁護人としての活動を当然カバーしている。それぞれについて苦情処理および懲戒に関する手続も存在する。これらについては、2007年法的サービス法のもと、各職能団体であるソリシタ協会、バリスタ評議会からの独立性を有するソリシタ規制局（Solicitor Regulation Authority）、バリスタ基準委員会（Bar Standard Board）が責任を負っている。また、ソリシタ協会、バリスタ評議会はそれぞれ、刑事弁護を扱う専門委員会を有しており、弁護人の職務について指針を策定している。

　ソリシタ協会、バリスタ評議会のいずれの「職務規程」も、弁護士は自己の依頼者の最善の利益を擁護するために活動すべきことを強調している。しかし、1990年代に至るまで、刑事弁護において被疑者・被告人の最善の利益の

---

*15　ソリシタ規程局「職務規程」〈http://www.sra.org.uk/solicitors/handbook/code/content.page〉、バリスタ職務基準委員会「職務規程」〈https://www.barstandardsboard.org.uk/regulatory-requirements/〉。

ために活動するとはどのようなことなのかについて、具体的に明らかにされることがなく、実際の活動についても、弁護人は被疑者・被告人の利益擁護という立場において不徹底であり、自己の依頼者が有罪答弁をするよう安易に仕向けていたと批判された。捜査弁護およびマジストレイト裁判所における当番弁護士の援助について、ソリシタ協会が系統的研修を含む認証制度を設けたのは、このような弁護の質に対する懸念を受けてのことである。その後実施された調査研究によれば、認証制度の導入は弁護の姿勢をより積極的なものとし、その質の向上に寄与したとされている。バリスタについて、このような認証制度は存在しない。

　法的サービス委員会が法律扶助制度において契約制度を導入したことは、ソリシタの認証制度の実効性を一気に高めることとなった。法的サービス委員会は、ソリシタ事務所と契約を結ぶにあたり、契約条件として、とくに捜査手続における活動をめぐり、法的助言の要請受理からの対応時間、代行者の活動、事件管理などについて最低限の質的要求水準を設定したのである。また、法的サービス委員会は、弁護の質の確保のための「ピア・レビュー」方式を開始し、弁護を担当したソリシタの事件ファイルを刑事弁護の経験豊富なソリシタに点検・評価させることとした。刑事弁護の専門化が進展し、ソリシタにおいてより積極的な弁護活動の必要性が広く認識されるなかで、これらの仕組みは弁護の質の向上に役立ったと評価されている。

(3)　弁護人の役割

　イギリスは当事者主義構造の刑事手続を形成し、発達させてきた。このなかで、弁護人はどのような役割を担うべきか。トム・スミスは、最近、当事者主義的手続の歴史的発展、制定法およびコモン・ロー、ソリシタ・バリスタ職能団体の職務規範および実務指針などのなかに示された弁護人の役割ないし刑事弁護の機能を明らかにし、それをモデル化した。「徹底弁護（Zealous Advocate）」モデルである[16]。当事者主義的手続における刑事弁護のあり方をモデル化した「徹底弁護」モデルは、依頼者である被疑者・被告人、裁判所、市

---

[16]　Tom Smith, Zealous Advocate: the Historical Foundations of the Adversarial Criminal Defence Lawyer, 1 Law, Crime and History 1 (2012); Thomas Paul Alexander Smith, The Zealous Advocate in the 21st Century: Concepts and Conflicts for the Criminal Defence Lawyer, A Doctorial Thesis submitted in September 2010, University of the West of England, <http://eprints.uwe.ac.uk/18856/>.

民という三者との関係における義務から構成され、それぞれが、いくつかの原則を含んでいる。

　被疑者・被告人との関係における義務としては、「依頼者擁護（partisanship）」原則、「超然（detachment）」原則、「秘密保持（confidentiality）」原則がある。「依頼者擁護」原則は、「党派性」原則とも翻訳しうるものであるが、弁護人は依頼者たる被疑者・被告人の最善の利益の擁護者として活動しなければならならず、弁護人の存在意義は被疑者・被告人の利益に奉仕することにあるとする。これは、当事者主義的刑事手続の本質をなすものであって、弁護人にとって最も重要な、最優先すべき義務である。「依頼者擁護」のためには、弁護人は、被疑者・被告人の最善の利益という見地から事件に関する事実および法的問題を可能な限り説得力をもって提示しなければならず、被疑者・被告人が自己の利益のために主張しようとするであろうことをすべて主張しなければならないとされる。また、弁護人は、いかなる敵対的環境のなかでも、被疑者・被告人の利益を擁護するために臆することなく、敢然と行動しなければならないとされる。

　「超然」原則は、弁護人は被疑者・被告人の性格またはその目的とする事柄の道徳性について個人としてどのような意見をもとうとも、被疑者・被告人のためにサービスを提供しなければならないとする。この原則のもと、バリスタについては、きわめて重大な犯罪について被疑者・被告人を弁護する場合でも、被疑者・被告人の性格または犯罪行為のいかんにかかわらず、自己に弁護を求められる限り、弁護人として事件を受任しなければならず、弁護を尽くさなければならないとする職務上の規範が明確に承認されてきた。乗車拒否が許されないという意味にかけて、「タクシー乗車場（cab-rank）」ルールと呼ばれることもある[*17]。弁護人は、法律専門家としての立場と個人的立場とを切り離さなければならないとされるのである。そうであるがゆえに、「超然」原則からすれば、どのような事件について、どのような被疑者・被告人の弁護を行おうとも、そのことについて道徳的責任を問われることがないということになる。

　「秘密保持」原則は、弁護人は弁護の過程において被疑者・被告人から明かさ

[*17] ソリシタについては、バリスタのような明確な職務規範は認められてこなかった。とはいえ、同じく当事者主義構造の刑事手続に関与することから、実際上、ソリシタも通常は法律専門家としての「超然」原則を共有してきたとされる。

第17章　イギリスの刑事弁護　　319

れた事実の秘密性を厳格に保持しなければならないとする。依頼者の利益擁護という義務は当然に秘密保持を要求し、秘密保持の義務は依頼者擁護を要求するとされる。これは、弁護士と依頼者とのあいだの関係における基本的要請である。もっとも、絶対的要請とはいえず、例外も認められている。

裁判所との関係における義務としては、「手続遵守（procedural justice）」原則および「真実発見（truce-seeking）」原則がある。「手続遵守」原則は、弁護人が刑事手続における手続的要請を尊重し、遵守するよう求め、弁護人は故意にかつ不公正に司法の目的達成を混乱させ、妨げるようなことは回避すべきであるとする。「真実発見」原則は、弁護人は真実を隠蔽し、または歪めてはならないとする。それゆえ、被疑者・被告人のために裁判所に対してあえて虚偽を申し述べることは禁止され、また、被疑者・被告人が虚偽を申し述べることを認識しながらそれを許してもならない。かくして、弁護人は虚偽の証言ないし陳述によって裁判所や陪審員が判断を誤るのを防ぐことを通じて、当事者主義手続の無謬性を保持する重要な責任を負っているとされる。

市民との関係における義務は最も重要性が低いとされるものであるが、「道徳性（morality）」原則は、弁護人が事件に関係する他者を扱うにあたり倫理的に行動し、道徳性および品位についての一般的基準を遵守すべきよう期待する。この「道徳性」原則が正当化されるのは、弁護人も法制度を通じて間接的にせよ市民に奉仕する立場にあり、法制度の目的のひとつは市民およびその有する価値を保護する点にあるからだとされる。かくして、弁護人は依頼者に有利な結果をもたらすためといっても、人格的品位を欠いた行動をとることは許されないとされるのである。

弁護人の職務上の義務として最も重要とされるのは、依頼者である被疑者・被告人との関係における義務であり、わけても「依頼者擁護」原則である。依頼者たる被疑者・被告人の最善の利益を擁護することこそが、弁護人の役割として最も重要であり、最優先されるべきとされるのである。具体的場面において他の義務との拮抗が生じた場合には、この義務を優位におきつつ、拮抗する義務のあいだの調整がなされなければならないとされる[*18]。

5. 結語──イギリス刑事弁護の到達点と課題

(1) 弁護権保障の現状と課題

以上、弁護権の保障、法律扶助制度、刑事弁護の担い手と弁護人の役割につ

いて、イギリス刑事弁護を概観した。

　弁護権は、現在、捜査手続においても、裁判所手続においても、手厚い保障がなされている。とくに捜査段階において、被疑者がソリシタとの相談を要求した場合には、稀な例外的場合を除いて、速やかに相談の機会を与えられなければならない。それまでは取調べを開始してはならず、または取調中であれば、取調べを中止しなければならない。法的助言を受ける機会が、取調べに優先して保障されているのである。取調中であれば、または確実で間近な取調予定があれば、原則として捜査中断による顕著な支障があるとして、接見指定（刑訴法39条3項）を許容している日本の最高裁判例[19]と比べたとき、差は歴然である。刑事弁護を含む弁護士の活動について広汎な秘匿特権が確立しており、刑事弁護の実効性を支える基盤となっている点においても、日本の現状との懸隔は大きい。また、取調中の弁護人の立会を受ける権利も保障されており、取調べ時間の制限、捜査・取調べと留置機能の厳格な分離、全面的な録音・録画と相俟って、取調べの適正さの確保に寄与している。弁護人の援助を基軸に据えた取調べの適正化という方向は、日本の取調べ改革に対しても示唆的である。

　もっとも、イギリスにおいても、入念な告知手続が用意され、電話相談の

---

[18]　イギリスにおいては、少年司法（youth justice）も基本的性格において刑事（略式）手続の一種であって、少年裁判所（youth court）はマジストレイトが審理を行う刑事裁判所であるとされていることから、少年事件における弁護人の役割も、刑事事件一般における弁護人の役割と基本的相違はないものとされている。有効な弁護を提供するためには、依頼者である被疑者・被告人が少年であり、特別な手続・処分が用いられることへの十分な理解と配慮が必要とされるのみである。私は、2004年3月、少年事件に経験豊富なソリシタ2人に対して、いくつかの事例を示しながら、どのような場合に、どのような方針で弁護をするかに関するインタビュー調査を行い、その結果を日本の弁護士に対する調査結果と比較するなどして、イギリス少年弁護のあり方について検討した。その結果、イギリス少年弁護において最も重視されているのは、弁護人が専門家としての立場から少年に対して十分な情報を提供し、少年の理解を確保したうえで自ら判断するよう促し、その判断に従いつつ、依頼者である少年の正当な権利・利益を擁護する点であることが明らかとなった。これについては、葛野尋之『少年司法における参加と修復』（日本評論社、2009年）249頁。

[19]　最大判平11（1999）・3・24民集53巻3号514頁。欧州人権裁判所のサルダズ判決（Salduz v Turkey, [2008] 49 EHRR 421）は、逮捕後、弁護人へのアクセスを制限したまま被疑者を取り調べ、それによって採取した自白を有罪証拠として用いることは、欧州人権条約の保障する黙秘権および弁護権を侵害するものであって、弁護人へのアクセスのいかなる制度的遅延をも許されないと判示した。さらにその後のダヤナン判決（Dayanan v Turkey, Judgment of 13 January 2010, Application No. 7377/03）により、自白の証拠使用がなくとも、取調べそれ自体により黙秘権および弁護権が侵害されると判示している。これについては、葛野尋之『未決拘禁法と人権』（現代人文社、2012年）173頁参照。

機会も保障されているとはいえ、警察署における被疑者の法的助言の要求は、なお60％程度にとどまる。法的助言を受けると釈放時期が遅れるのでないかと懸念して、助言要求をしない被疑者も少なくない。また、法的援助を最も必要とする立場にある被疑者が、実際にはその必要を認識せず要求をしないままでいること、捜査・取調べにあたる警察官が巧妙に被疑者の要求を思いとどまらせようとすることなど、問題のある手続も指摘されている。迅速・確実な法的助言の提供とともに、確実な助言要求を保障することが依然として重要課題であって、そのためには当番弁護士が警察署に常駐し、被疑者と即座に相談できる態勢をとるべきとの提案がある[20]。実際に最近、BLASTプロジェクトにおいては、当番弁護士が警察署の留置区画に常駐し、逮捕直後より確実に法的助言を提供する態勢が実験された[21]。

(2) 法律扶助制度の現状と課題

　法律扶助制度は世界最高水準にある。捜査手続から裁判所手続を通じて、きわめて手厚い法律扶助制度が存在しており、捜査手続およびマジストレイト裁判所における当番弁護士制度、資力要件の廃止と「司法の利益」の広汎な承認、さらには弁護の質の確保を目的とする認証制度などをともないつつ、弁護権の保障を実質化している。「福祉国家」の伝統がこのように具体化しているといってよい。

　捜査手続の冒頭段階からの法律扶助の保障は、この段階が取調べを受けることになる被疑者の立場にとって最も重大な、それゆえ法的援助を最も必要とする時期であることからすれば、弁護権の保障のためには決定的重要性を有している。現在、日本の被疑者国選弁護人制度は、選任時期を勾留決定時以降としており、逮捕時から勾留決定時までをカバーしていない。国選弁護人の選任時期の早期化、当番弁護士制度への公費支出、それらの併用など、早急な制度改革が必要といえよう。

　また、法律扶助の適用を受ける場合でも、被疑者・被告人が弁護人を選択する自由が保障されている。欧州人権裁判所も、有効な弁護の基盤をなすものとして、裁判所の選任という国選弁護人制度においても、被疑者・被告人の指

---

[20] Sanders et al., supra note 6, at 231-239.
[21] Vicky Kemp, Bridewell Legal Advice Study: Adopting a 'Whole-Systems' Approach to Police Station Legal Advice (Legal Services Research Centre) (2013).

名を尊重すべきとしている[*22]。日本の制度設計においても、考慮すべき重要な点であろう[*23]。

とはいえ、イギリス法律扶助についても、問題が指摘されている。すなわち、制度改革の焦点が、近時、弁護の質の確保から、法律扶助支出の抑制へと移行したというのである。この背景には、国家財政の逼迫と新自由主義の隆盛がある。支出抑制の手段として、固定報酬制度が導入され、捜査段階での直通電話サービスも新設された。公設弁護人制度の導入も、独立開業ソリシタとの競争を意図してのことであり、直通電話サービスの提供機関は、競争入札により決定されている。このような支出抑制の強調が、ソリシタではない有資格者、あるいはパラリーガルの法的助言の拡大をもたらし、弁護の質を低下させるのでないかと懸念されている[*24]。

現在、制度の「効率化」による支出削減を目的として、あらためて大規模な制度改革が提案されている[*25]。具体的改革案は、刑事、民事の双方に及ぶが、刑事弁護サービスについていうと、刑事法院手続における弁護について資力要件の導入、刑事施設被収容者に対する法律扶助適用の限定、刑事弁護報酬の引き下げ、法律扶助によるサービス提供契約における競争入札の導入などが提案されている。これらにより、刑事弁護サービスの年間支出総額約11.5億ポンドの20％弱を削減しようというのである。

この提案には、ソリシタ、バリスタのみならず、刑事法研究者、裁判官からも広く、強力な反対が表明されている[*26]。法律扶助適用の限定は、刑事弁護の保障を実質的に後退させ、「万人に対して平等な司法」の理念を否定することになり、競争入札の導入は、大規模事業体の寡占契約を招くことから、非都市部における弁護の供給を困難にし、結局は弁護の質の低下をもたらすと批判

[*22] Croissant v Germany, (1993) 16 EHRR 13; Lagerblom v Sweden, Judgement of 14 January 2003, Application No. 26891/95.
[*23] 葛野・注19書209頁参照。
[*24] Cape, supra note 4, at 150.
[*25] Ministry of Justice, Transforming Legal Aid: Next Steps (2013), <https://consult.justice.gov.uk/digital-communications/transforming-legal-aid>.
[*26] 新聞・雑誌記事として、Leading Academics Warn Legal Aid Cuts 'Could Have Devastating Effects', The Times 7 May 2013; Courts Close across England and Wales as Lawyers Protest at Legal Aid Cuts, The Guardian 6 January 2014; Samira Shackle, How Legal Aid Cuts Are Harming the Most Vulnerable, 13 January 2014、ソリシタ協会ホームページ〈http://www.lawsociety.org.uk/representation/campaigns/criminal-legal-aid/〉、バリスタ評議会ホームページ〈http://www.barcouncil.org.uk/media-centre/in-parliament/legislation-and-lobbying/〉など参照。

されている。また、弁護報酬の大幅引き下げにより、刑事弁護を専門とするソリシタ・バリスタの収入が減少することになると、刑事弁護に専門的に携わる弁護士が減少し、後継者養成に重大な困難が生じるのみならず、訴追側の弁護士の質の低下をももたらし、刑事司法の機能を弱体化する結果を招くともいわれる。広汎かつ強力な反対にもかかわらず、政府はこの大規模な制度改革を実施しようとしている。イギリスの法律扶助制度は、重大な転換期にさしかかっているといえよう。

(3) 当事者主義的刑事手続と弁護人の役割

　当事者主義手続における弁護人の役割が、被疑者・被告人の最善の利益を擁護する義務を中核において観念され、たんなる「助言者 (advisor)」の立場を超えた、より自由闊達で積極的な「擁護者 (defender)」としての活動が予定されている。日本において弁護人の「誠実義務」とされるものと同内容の義務である。また、被疑者・被告人の利益擁護のための弁護においては、弁護人が必要な助言・相談を提供し、その理解を確保したうえで、被疑者・被告人の判断に従うべきことが強調されている。重要なことは、このような弁護人の役割が弁護士の職務規範として実質的に確立していることから、ソリシタおよびバリスタのあいだで確実に共有されており、さらには裁判官、訴追側代理人バリスタを含む検察官によっても理解され、支持されていることである。当事者主義がこのような形で実質化しているといってよい。その基盤には、法曹一元制度があるのであろう。このような役割モデルの共有は、弁護人の有効な弁護を支える環境的基盤を形成するであろう。

　ただし、当事者主義的手続における弁護人の役割をめぐっては、近時、あらためて問題が生じている。当初2005年に制定された刑事訴訟規則 (Criminal Procedure Rules 2005) は、刑事手続の最優先目標として刑事事件を「適正に (justly)」に取り扱うことを掲げたうえで (規則1.1(1))、適正な刑事事件の取扱いのなかには、「無辜を無罪とし、真犯人を有罪とすること」が含まれるとしている (規則1.1(2)(a))。同規則は、この最優先目標は「刑事事件になんらかの形で関与するいかなる者」にも適用されるとしており (規則1.2(2))、弁護人もこの最優先目標に適合するよう活動しなければならないとしている (規則1.2(1))。同規則は、被告人の権利、なかんずく欧州人権条約6条により保障される権利を承認しているものの (規則1.2(c))、これらの権利を保護し、被告人の最善の利益を擁護するという弁護人の役割については、なんらの明示的言及

もしていない。最新の刑事訴訟規則2012年版においても、これらの点に変化はない。このような刑事訴訟規則のもと、その規定を根拠にして、裁判所との関係における弁護人の義務、すなわち先に示した「手続遵守」原則および「真実発見」原則が強調されるようになり、その結果、当事者主義的手続において最も重要とされ、弁護人の存在意義とさえされてきた被疑者・被告人の「利益擁護」原則が相対化され、抑制されることになるのではないかとの懸念が表明されている[27]。

　ソリシタ協会は、実務指針を示し、被疑者・被告人の最善の利益の擁護という義務こそが最優先されるべきであって、刑事訴訟規則の要求もそれと矛盾しない形において実現されるべきであるとする立場を明らかにしている[28]。当事者主義構造の刑事手続を生み出し、発展させてきたイギリスにおいても、弁護人にとって、やはり捜査・訴追・処罰の権限の主体である国との関係においては、被疑者・被告人の最善の利益の擁護というその役割を確保することは、依然として課題なのである。

【追記】法律扶助支出の大幅削減を目的とする改革案に対しては、2013年に計画が発表されて以来、ソリシタ協会、バリスタ評議会を始め、さまざまな団体および個人が強い反対を表明し続けた。しかし、政府は反対を押し切る形で、2015年7月1日より改革案を実施した。

---

[27] Cape, supra note 4, at 150-151.
[28] The Law Society, Criminal Procedure Rules: Impact on Solicitors' Duties to the Client (Practice Note) (2008). あわせて、Roger Ede and Anthony Edwards, Criminal Defence: Good Practice in the Criminal Courts 10-11 (3rd ed., 2008)参照。

終 章 刑事弁護の拡大・活性化と
接見交通権をめぐる今日的問題
情報通信機器の使用に関連する問題に焦点を合わせて

1. 今日的問題の諸相

(1) 接見指定制度

　現行刑訴法下において、接見交通権をめぐる最大の問題は、久しく、刑訴法39条3項に基づき、捜査機関が「捜査のため（の）必要」を理由として行う接見指定であった[*1]。接見指定による接見交通権の制限は、身体を拘束された被疑者が弁護人の実効的な援助を受けつつ自己の防御の準備をする権利を、また、弁護人が被疑者に対して効果的な弁護を提供する権利を重大に制約していた。いわゆる一般的指定書制度のもとで、刑訴法39条1項・3項の規定にもかかわらず、一般的指定書により接見が「原則」禁止され、具体的指定書によって「例外」的に許されるという逆転状況が続いていた。

　この背景には、被疑者取調べとそれによって作成された供述調書への強度の依存という刑事手続の構造的特徴があった。取調べのために身体拘束を積極的に活用しつつ、被疑者に取調べを受ける義務を課したうえで、弁護人の立会のない孤立無援の状況のなか、録音・録画などによる客観的記録を用いた事後検証の不可能な密室において、捜査機関が期待する供述を獲得できるまで長時間、執拗かつ追及的な取調べが行われてきたのであり、このような取調べのあり方と刑訴法39条1項による自由な接見交通権の保障との厳しい衝突こそが、「捜査のため（の）必要」を理由とする捜査機関の接見指定による接見交通権に対する大きな制限を生み出してきたのである。

　しかし、その後、接見交通権の侵害を訴える数々の国家賠償請求訴訟、それ

[*1] 若松芳也『接見交通の研究』（日本評論社、1987年）、同『接見交通権と刑事弁護』（日本評論社、1990年）、柳沼八郎＝若松芳也編著『接見交通権の現代的課題』（日本評論社、1992年）、柳沼八郎＝若松芳也編著『新・接見交通権の現代的課題』（日本評論社、2001年）など参照。赤松範夫「接見交通権確立実行委員会と接見国賠訴訟の切り拓いた地平」季刊刑事弁護67号（2011年）は、現在に至る経緯を簡潔にまとめている。

に対する下級審判例の応答、さらにはそれらを踏まえた最高裁判例の展開などにより、接見指定による制限が顕著に緩和されていった。1978年7月10日の最高裁判決[*2]は、接見指定が認められるのは「現に被疑者を取調中であるとか、実況見分、検証等に立ち会わせる必要がある等捜査の中断による支障が顕著な場合」に限るとしたうえで、その場合でも、「弁護人等と協議してできる限り速やかな接見のための日時等を指定し、被疑者が防禦のため弁護人等と打ち合せることのできるような措置をとるべき」だとしたが、そのような方向を明確に示すものであった。1988年には、一般的指定書制度が廃止されるに至った[*3]。接見指定を「捜査の中断による支障が顕著な場合」に限定し、その場合でも、捜査機関は弁護人と協議したうえで、できる限り早期の接見機会を認める措置を執るべきとする立場は、1999年3月24日の最高裁大法廷判決[*4]によって確認された。

志布志事件において捜査機関による組織的な接見妨害が問題とされたことなどから、2008年の最高検通達[*5]は、①取調中に被疑者から弁護人および弁護人となろうとする者（以下、弁護人等）との接見の申出があった場合には、その旨直ちに弁護人等に連絡すること、②弁護人から接見の申出があったときは、現に取調中でない場合には、直ちに接見の機会を与えるよう配慮すべきこと、③現に取調中の場合であっても、「できる限り早期に接見の機会を与えるようにし、遅くとも、直近の食事または休憩の際には接見の機会を与えるよう配慮」すべきことを明記した。同年の警察庁通達[*6]も、現に取調中の場合について同旨規定した。最高裁判例のいう「捜査の中断による支障が顕著な場合」に当たるかどうかについて、捜査実務においても、従来に比べ厳格な判断がなされるようになったのである[*7]。かくして、接見指定による接見交通権の侵害という問題は、後景に退いていった。

[*2] 最判昭53（1978）・7・10民集32巻5号820頁。
[*3] 「事件事務規程の改正について」（昭和62〔1987〕年12月25日付法務省刑総第1061刑事局長通達）、「刑事訴訟法39条3項の規定による検察官等の指定に係る事件事務規程の改正について」（昭和63〔1988〕年1月28日付警察庁内総発第7号）。
[*4] 最大判平11（1999）・3・24民集53巻3号514頁。
[*5] 「取調べの適正を確保するための逮捕・勾留中の被疑者と弁護人等との間の接見に対する一層の配慮について（依命通達）」（平成20〔2008〕年5月1日付最高検察庁通達）。
[*6] 「取調べの適正を確保するための逮捕・勾留中の被疑者と弁護人等との間の接見に対する一層の配慮について」（平成20〔2008〕年5月8日付警察庁通達）。

(2) 接見交通の秘密保護と接見にさいしての情報通信機器の使用

　しかし、接見交通権の侵害をめぐる問題は、形を変えてなおも継続した。

　接見交通権の侵害を訴える国家賠償請求訴訟の原告または原告代理人であり、日弁連「接見交通権確立実行委員会」のメンバーである弁護士が、『季刊刑事弁護』誌上に、2011年秋号より2013年冬号まで13回にわたり、「接見交通権確立の闘いの最前線」を連載したが[*8]、このなかで取り上げられた具体的問題としては、①捜査機関の被疑者取調べにおける弁護人との接見内容の聴取（2事件）、②再審請求人と再審請求弁護人との秘密接見の保障、③勾留中の被告人から弁護人への書類・物の宅下げ（授受）の制限、④勾留質問時の裁判所構内での接見拒否、⑤拘置所接見室内での弁護人による写真撮影、⑥検察官と協議のうえ指定された接見を検察事務官が拒否した事例、⑦被告人の拘置所居室内での弁護人宛の手紙および尋問事項書の差押、⑧弁護人から被告人への書類の差入（授受）の拒否がある。接見拒否の事例2件（④、⑥）を除き、これらは、接見交通における秘密性の保障に関する問題（①、②、③、⑦、⑧）と、接見にさいしての弁護人による情報通信機器の使用に関連する問題（⑤）とに分けることができる。

　本章が焦点を合わせるのは、このうち、接見にさいしての弁護人による情報通信機器の使用に関連する問題である。日弁連「接見交通権確立実行委員会」の調査によれば、接見にさいしての弁護人による写真撮影をめぐっては、写真撮影を理由とする接見の一時停止・中断、拘置所職員による撮影記録の削除要求、撮影機器の所持を理由とする接見拒否などによる接見交通権の侵害を主張して、現在までに、3件の国家賠償請求訴訟が提起されている[*9]。また、接見にさいしての弁護人による携帯電話の使用、DVD撮影、撮影したDVDの第三者への交付などをめぐっては、拘置所長から弁護士会に対して懲戒請求

[*7] もっとも、これら最高検・警察庁の通達においても、逮捕・勾留された被疑者または弁護人等から接見の申出があった場合、取調べに先立ち、あるいは現に取調中であれば取調べを打ち切って即時、接見機会を与えなければならないとされているわけではない。この点において、アメリカ合衆国のミランダ・ルール、あるいは欧州人権裁判所のサルダズ判決が要求する手続保障の水準には達していない（葛野尋之『未決拘禁法と人権』〔現代人文社、2012年〕180頁参照）。

[*8] 「連載・接見交通権確立の闘いの最前線（1〜13）季刊刑事弁護67号（2011年）〜79号（2013年）。ほかに、「特別企画・接見室での録音・録画等と秘密交通権」季刊刑事弁護72号（2012年）参照。

[*9] 「接見妨害国賠訴訟全国一覧表」日本弁護士連合会・接見交通権確立委員会『接見交通権マニュアル〔第15版〕』（2014年）202頁。なお、田邊事件の一審判決として、福岡地小倉支判平27（2015）・2・26 LEX/DB25505942。

がなされた例がいくつかある。

　以下、本章は、接見にさいしての弁護人による情報通信機器の使用に関連する問題に焦点を合わせ、刑事弁護の量的拡大と質的な面での活性化に注目しつつ、問題の背景を分析したうえで、弁護人による写真撮影を禁止する措置および写真撮影を理由とする接見の一時停止・終了の適法性が争われた国家賠償請求事件である竹内事件を取り上げ、その経緯、法的問題などを概観した後、とくに控訴審判決について批判的検討を加える。

　竹内事件の控訴審判決[*10]についていうならば、第1に、接見にさいして弁護人が接見状況を記録するために写真撮影・録画を行うことは、弁護人が取得した視覚的情報を自ら記録することにほかならないから、それ自体、刑訴法39条1項にいう「接見」に含まれ、同規定による接見交通権の保障の範囲内にあると理解すべきである。このように理解したとき、刑事被収容者処遇法のなかには、「接見」としての写真撮影・録画を制限するための刑訴法39条2項にいう「法令」の規定は存在しない。

　第2に、かりに弁護人による写真撮影・録画が「接見」に含まれないとしても、拘置所長が国有財産法5条に基づく庁舎管理権を根拠にして、弁護人の写真撮影・録画を禁止したうえで、その禁止措置に違反する弁護人の行為をもって、「刑事施設の規律及び秩序を害する行為」(刑事被収容者処遇法118条・113条1項ロ)に当たるとして、弁護人の面会、すなわち刑訴法39条1項にいう「接見」を一時停止・終了させることは許されないというべきである。

2. 刑事弁護の拡大・活性化と問題の尖鋭化

(1) 刑事弁護の量的拡大

　情報通信機器の使用に関連する問題の背景には、目覚ましいまでの情報通信技術の進歩および情報通信機器の発達・普及とともに、刑事弁護の量的拡大と質的活性化があるといえよう。

　1992年に全国実施された当番弁護士制度の成果を踏まえて、勾留された被疑者の事件の一部を対象とする被疑者国選弁護人制度が2004年に導入され、2009年、その対象事件が一気に拡大された。現行の刑訴法37条の2第1項は、被疑者に私選弁護人がいる場合および被疑者が釈放された場合を除いて、

[*10] 東京高判平27(2015)・7・9 LEX/DB25540787。

「死刑又は無期若しくは長期3年を超える懲役若しくは禁錮に当たる事件について被疑者に対して勾留状が発せられている場合において、被疑者が貧困その他の事由により弁護人を選任することができないときは、裁判官は、その請求により、被疑者のため弁護人を付さなければならない」と定めている。2015年の刑訴法改正案は、対象事件を被疑者が勾留されている全事件にまで広げている[*11]。他方、世紀転換期の司法制度改革を経て、弁護士数も顕著に増加した。『弁護士白書・2014年版』[*12]によれば、弁護士数は、1990年に13,800人、2000年に17,126人であったものが、2005年には21,185人、2010年には28,789人となり、2014年には35,045人となっている。

被疑者弁護の制度的拡大によって、刑事弁護、とくに被疑者弁護の量的拡大がもたらされた。同じく『弁護士白書・2014年版』によれば、地方裁判所において被疑者段階から弁護人の付いた事件は、2008年に22.1％（国選弁護人選任率5.9％、事件総数67,644）であったものが、被疑者国選弁護人制度の対象事件の拡大を経て、2010年には64.2％（国選弁護人選任率61.7％、事件総数62,840）となり、2013年には69.7％（国選弁護人選任率56.3％、事件総数52,229）となっている。簡易裁判所において被疑者段階から弁護人の付いた事件も、同じく、6.5％（国選弁護人選任率0.6％、事件総数10,632）、64.2％（国選弁護人選任率61.0％、事件総数9,876）、64.8％（国選弁護人選任率60.2％、事件総数8,109）と増加している。

この間、被疑者国選弁護人の選任率だけでなく、当番弁護士の受任率も顕著に上昇している。被逮捕者数・被勾留者数の減少傾向にもかかわらず（各年の『犯罪白書』によれば、逮捕総数、勾留請求容認数は、2006年に各153,790、136,113、2009年に各138,055、120,274、2013年に各127,443、109,686）、当番弁護士の受付事件数は、2009年における被疑者国選弁護人制度の対象事件の拡大にともないいったん減少したものの、2012年以降は再度上昇に転じている。当番弁護士からの受任件数は、2009年以降もさほど減少することなく、2011年以降は増加傾向にある（**図表1**参照）[*13]。また、『弁護士白書・2014年版』によれば、日本司法支援センターによる日弁連委託援助業務としての刑

[*11] 前田裕司「弁護人による援助の充実化」刑事法ジャーナル44号（2015年）参照。
[*12] 日本弁護士連合会ホームページ〈http://www.nichibenren.or.jp/jfba_info/statistics/reform/fundamental_statistics.html〉。
[*13] 各年の「当番弁護士制度運用状況集計表」季刊刑事弁護55号（2008年）、同60号（2009年）、同64号（2010年）、同68号（2011年）、同75号（2013年）、同76号（2013年）、同83号（2015年）による。

【図表1】当番弁護士受付事件数・受任事件数

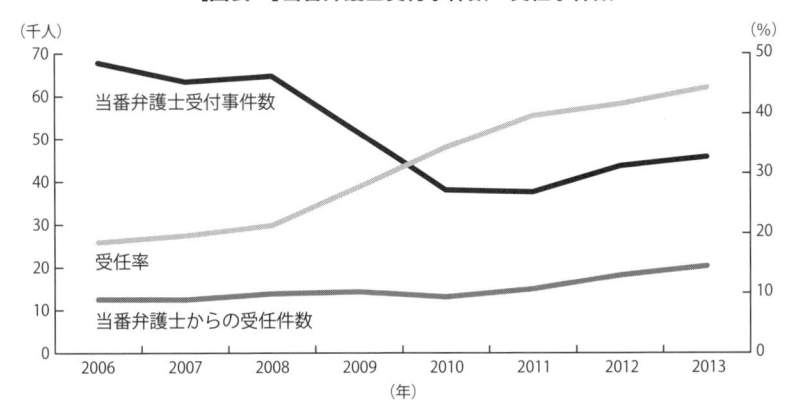

【図表2】日本司法支援センター刑事被疑者弁護援助申込受理件数

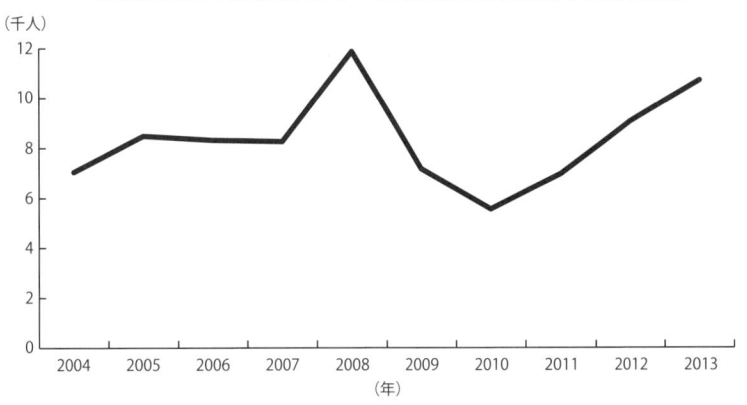

事被疑者弁護援助の申込受理件数は、2009年の被疑者国選弁護制度の対象事件の拡大後、いったん減少したものの、2011年以降、再度、顕著な増加を続けている（**図表2**参照）。被疑者国選弁護制度の拡大が、その対象外の事件における弁護人選任の拡大をも招いたようである。

他方、起訴後の被告人段階での弁護人選任率は、地方裁判所、簡易裁判所のいずれにおいても、1990年代より97％程度に達していたが、それぞれ、2008年には98.7％（国選弁護人選任率77.3％）、98.3％（国選弁護人選任率91.3％）であったものが、2013年には99.5％（国選弁護人選任率84.3％）、98.8％（国選弁護人選任率93.2％）となっている。起訴後の被告人弁護もいっそうの拡大を見せている。

(2) 刑事弁護の活性化

　刑事弁護については、量的拡大だけでなく、質的な面での活性化もみられる。刑事弁護の活性化は、刑事手続の複雑化にともなう刑事弁護の高度化、さらにはその専門化のなかで生じている[*14]。

　刑事手続は、近年、その複雑性を高めている。それは、犯罪被害者の意見陳述、ビデオリンクによる証人尋問などに関する2000年の刑訴法改正、2004年の裁判員制度の導入、公判前整理手続を創設した2004年の刑訴法改正、刑事手続への被害者参加を認める2007年刑訴法改正など、相次ぐ法改正とともに、2009年の裁判員裁判の開始にともない始動した警察・検察による被疑者取調べの録音・録画の試行と試行対象の漸次的拡大をはじめとする、実務の変化によるものである。これら法制度と実務の大規模な変化のなかで、刑事手続が複雑化し、それにともなって、捜査、公判準備、公判を通じて、刑事弁護においてもいっそう高度な専門的能力が求められるようになっている[*15]。

　また、裁判員制度の導入を契機として、当事者主義的手続が実質化し、その結果、弁護人の活動いかんが、罪責認定においても、量刑においても、手続の結果に対してひときわ強い影響を与えるようになったと指摘されている[*16]。当事者主義手続の実質化は、必然的に、当事者の実質的対等ないし両当事者間の武器対等を要請することになるところ、この要請は、接見交通の自由の拡大、被疑者取調べへの弁護人の立会、勾留質問への弁護人の立会、手続早期段階からの証拠開示の拡大など、実質的対等を促進するさらなる手続改革とともに、刑事弁護のいっそうの質的強化を求めることになる。

　このようななかで、刑事弁護、とりわけ被疑者弁護において、確実な活性化がみられる。刑事弁護の活性化を量的に把握することは困難であるが、たとえば、身体を拘束された被疑者との接見回数の増加がみられる。『警察白

[*14] この点について、岡慎一＝神山啓史「21世紀——司法改革と刑事弁護」後藤昭＝高野隆＝岡慎一編著『実務体系・現代の刑事弁護(3)——刑事弁護の歴史と展望』(第一法規、2014年)、後藤昭「刑事弁護の将来」同所収参照。

[*15] 岡＝神山・注14論文224頁は、「平成16年改革以降の変化によって、捜査、公判準備、公判を通じて、求められる水準の弁護活動を行うために必要な知識と技術は大きく増大した」とし、その結果、刑事弁護が「専門分野」として位置づけられるべきこととなり、「弁護士資格(法曹資格)のミニマムスタンダード」とすることが困難になったと指摘している。

[*16] 「特集・裁判員裁判の弁護活動を検証する」季刊刑事弁護62号(2010年)、「特集・裁判員裁判における量刑と弁護活動」季刊刑事弁護80号(2014年)など参照。

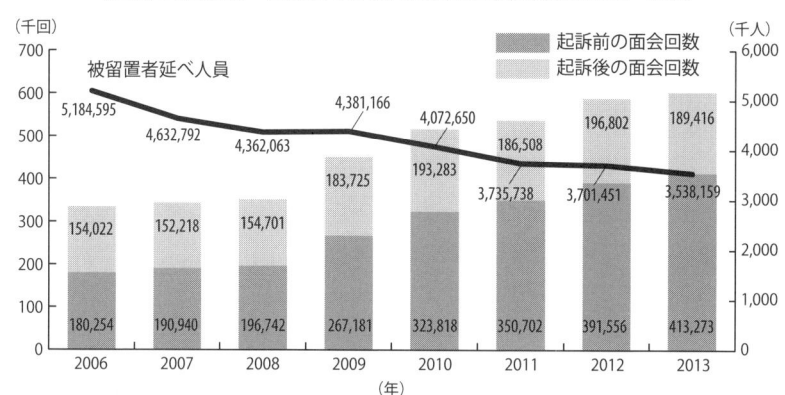

【図表3】起訴前・起訴後の弁護人面会の回数と被留置者延べ人員

	2006	2007	2008	2009	2010	2011	2012	2013
被留置者延べ人員	5,184,595	4,632,792	4,362,063	4,381,166	4,072,650	3,735,738	3,701,451	3,538,159
起訴前の面会回数	180,254	190,940	196,742	267,181	323,818	350,702	391,556	413,273
起訴後の面会回数	154,022	152,218	154,701	183,725	193,283	186,508	196,802	189,416

　書・平成26年版』[*17]によれば、警察留置施設の被留置者と弁護人等との面会回数は、2008年に351,443回（うち起訴前面会196,742回、被留置者延べ人員4,362,063人）であったものが、2010年には517,101回（うち起訴前面会323,818回、被留置者延べ人員4,072,650人）となり、2013年には602,689回（うち起訴前面会413,273回、被留置者延べ人員3,538,159人）となっている。面会回数の増加の大部分は、起訴前の面会の増加による（**図表3**参照）。被留置者数の顕著な減少にもかかわらず、起訴前の面会回数が増加していることからすると、一人あたりの被疑者が弁護人と接見する回数が確実に増加していることがわかる。

　この増加は、もちろん、被疑者国選弁護人制度の対象事件の拡大に起因するところが大きい。『弁護士白書・2014年版』および『警察白書・平成26年版』の数値を基にして、対象事件の拡大前の2008年からの変化をみると、2013年までは、第一審被告人で起訴前から弁護人が選任されていた者の増加率と、被留置者一人あたりの起訴前の弁護人面会回数の変化率は、ほぼ同じである。しかし、変化の傾向からすると、後者の増加率が前者の増加率を超えることが予想される（**図表4**参照）。このことは、実際に選任された弁護人が被疑者とより多数回の接見を行う傾向が近時ますます強くなっていることを意味している。被疑者弁護の活性化の現れということができよう。

　また、各年の『司法統計年報』によれば、被疑者・被告人の身体拘束について、

---

*17　警察庁ホームページ〈http://www.npa.go.jp/hakusyo/h26/index.html〉。

【図表４】起訴前弁護人面会回数と第一審弁護人数の変化
（2008年を1としたときの指数）

第一審被告人で起訴前に弁護人が選任されていた者

被留置者一人あたりの起訴前面会回数

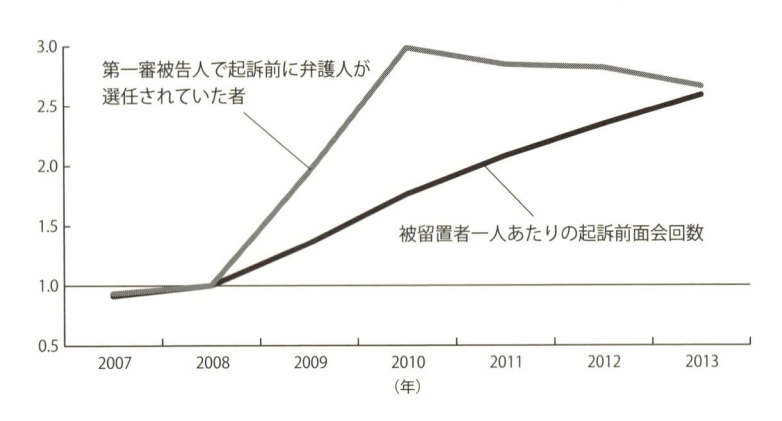

【図表５】全裁判所の勾留却下率および全地裁の保釈率

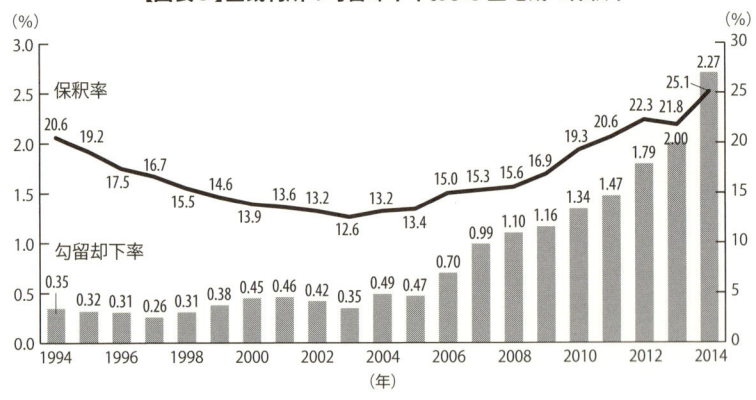

保釈率: 20.6, 19.2, 17.5, 16.7, 15.5, 14.6, 13.9, 13.6, 13.2, 12.6, 13.2, 13.4, 15.0, 15.3, 15.6, 16.9, 19.3, 20.6, 22.3, 21.8, 25.1, 27 (2.27)

勾留却下率: 0.35, 0.32, 0.31, 0.26, 0.31, 0.38, 0.45, 0.46, 0.42, 0.35, 0.49, 0.47, 0.70, 0.99, 1.10, 1.16, 1.34, 1.47, 1.79, 2.00

（1994～2014年）

勾留請求却下率、保釈率が、2000年代後期以降、ともに上昇傾向をみせている（**図表5**参照）。このことには、公判前整理手続の開始による争点・証拠の整理によって、罪証隠滅の可能性の判断が具体化したこと、裁判員裁判の開始にともない、被告人の防御準備への配慮が高まったこと、身体拘束と結びついた自白追求型取調べとその結果作成された自白調書への依存を見直すべきとの機運が生じたこと、裁判官のなかに身体拘束の判断をいっそう厳格に行うべきとの意識が広がったことなど、さまざまな要因が寄与しているであろう。しかし、刑事弁護、とくに被疑者弁護の拡大と活性化も、身体拘束の抑制という傾向に寄与していることは否定できまい。実際、勾留請求が却下された事案、

勾留の裁判に対する準抗告が容認された事案などにおいては、捜査手続の初期段階から、活発な弁護活動が展開されていることが多いようである[*18]。

　さらに、否認率の上昇も顕著である。『警察白書・平成26年度版』によれば、2008年における刑法犯の否認率は9.6％、うち窃盗の否認率は4.8％であったものが、2010年にはそれぞれ9.2％、4.8％となり、2012年にはそれぞれ10.6％、6.0％となっている。否認率の上昇には、さまざまな要因が作用しているのであろうが、傷害の否認率および詐欺の否認率をあわせみても、2009年における被疑者国選弁護人制度の対象事件の拡大の頃から、否認率の上昇傾向がみられる。被疑者に対する黙秘の助言、署名・押印拒否の助言、捜査機関に対する録音・録画の要求、取調べ時間・方法に関する申入れなど、被疑者が不本意な供述を採取されないようさまざまな援助を提供する点に被疑者弁護の重点がおかれる傾向が、ますます強まっていることをあわせ考えたとき[*19]、被疑者弁護の拡大と活性化が否認率の上昇に寄与しているとみることも、的外れだとはいえまい。

(3)　実効的弁護手段の追求と外部交通の厳格な制限との拮抗

　身体を拘束された被疑者・被告人が防御の準備のために弁護人から実効的援助を受けるための、角度を変えていうならば、被疑者・被告人に対して弁護人が効果的な援助を提供するための最も重要な機会は、もちろん、接見および書類・物の授受である。刑訴法39条1項が自由な接見交通権を保障している所以である。この理について、1999年3月24日の最高裁大法廷判決は、憲法34条に基づく「弁護人に依頼する権利は、身体の拘束を受けている被疑者が、拘束の原因となっている嫌疑を晴らしたり、人身の自由を回復するための手段を講じたりするなど自己の自由と権利を守るため弁護人から援助を受けられるようにすることを目的とするものである。したがって、右規定は、単に被疑者が弁護人を選任することを官憲が妨害してはならないというにとどまるものではなく、被疑者に対し、弁護人を選任した上で、弁護人に相談し、その助言を受けるなど弁護人から援助を受ける機会を持つことを実質的に保障しているものと解すべき」だとしたうえで、「刑訴法39条1項が……被疑者と弁

[*18]　「特集・人質司法は変われるか？」季刊刑事弁護83号（2015年）参照。
[*19]　最近のものとして、「特集・黙秘が武器になる」季刊刑事弁護79号（2014年）、「特集・裁判員事件に限られない、可視化時代の弁護活動」季刊刑事弁護82号（2015年）など参照。

護人等との接見交通権を規定しているのは、憲法34条の右の趣旨にのっとり、身体の拘束を受けている被疑者が弁護人等と相談し、その助言を受けるなど弁護人等から援助を受ける機会を確保する目的で設けられたものであり、その意味で、刑訴法の右規定は、憲法の保障に由来するものである」と述べている。

　このような接見交通権の憲法的意義からすれば、刑事弁護が量的に拡大し、質的な面でも活性化するにともない、接見にさいして弁護人が最も効果的な弁護手段を追求しようとすることは当然のことである。弁護士職務基本規程46条が、「刑事弁護の心構え」として、「弁護士は、被疑者及び被告人の防御権が保障されていることにかんがみ、その権利及び利益を擁護するため、最善の弁護活動に努める」と規定しているように、ここにおいて、情報通信技術の進歩と関連機器の発達・普及もあり、可能な防御のための資料として最大限効果的に活用できるよう、接見の状況ないし接見時の被疑者・被告人の状態を正確に記録するために、弁護人が写真撮影・ビデオ録画を行う、被疑者・被告人に対して最も効果的な援助を提供するために、弁護人がインターネットを通じて必要な情報を取得し、それを基にして被疑者・被告人と相談し、被疑者・被告人に助言を行うなどの弁護手段が追求されることになろう。

　しかし他方で、伝統的に、刑事収容施設に収容された未決拘禁者たる被疑者・被告人については、逃亡・罪証隠滅の防止のみならず、収容施設における規律・秩序の維持を目的として、外部交通、すなわち面会、信書の発受などを通じての外部社会とのコミュニケーションが、広汎かつ厳格に制限されてきた[20]。また、刑訴法81条は、逃亡・罪証隠滅の防止を目的として、裁判所・裁判官の判断により、被疑者・被告人と弁護人以外の者との接見交通を包括的に制限することを認めている。

　ここにおいて、情報通信機器を活用した実効的な弁護手段の追求と、外部交通ないし接見交通の広汎かつ厳格な制限という伝統的あり方とのあいだには、

---

[20]　未決被拘禁者と弁護人以外の者とのコミュニケーションの保障について、葛野尋之『刑事手続と刑事拘禁』（現代人文社、2007年）307頁以下、375頁以下参照。なお、弁護人が未決拘禁者たる被疑者・被告人から受け取った信書、あるいは接見にさいし自ら撮影・録画した接見状況の記録を第三者に交付する場合に生じる法的問題については、葛野尋之「身体拘束中の被疑者・被告人との接見、書類・物の授受」後藤＝高野＝岡・注14書189頁（本書第12章）参照。また、接見にさいして弁護人が自己の携帯電話を使用して被疑者・被告人と外部の第三者とを通話させることをめぐり生じる法的問題については、同「接見時の携帯電話使用と弁護士倫理」季刊刑事弁護74号（2013年）（本書第14章）参照。

鋭い衝突の契機が生じる。情報通信機器を使用することによって、刑事収容施設に収容されている被疑者・被告人と外部の第三者とが、直接、または間接的に、コミュニケーションをとる可能性も生じうるからである。近時、情報通信機器の使用に関連する問題が尖鋭化していることは、このような衝突に起因しているのであり、また、外部者とのコミュニケーションの可能性を現実化することに対して、弁護士倫理上の限界が問題になるのである。

3. 竹内事件の事実および法的問題

(1) 事実の概要および法的論点

　本章は、以下、接見にさいしての弁護人による写真撮影をめぐる問題が最も典型的な形で現れた竹内事件を取り上げ、その経過と法的問題を概観したうえで、とくに弁護人の面会の一時停止・終了を適法とした控訴審判決について批判的検討を加えることとする。

　本件は、海賊行為の処罰及び海賊行為への対処に関する法律違反により起訴された被告人の弁護人が原告となり、東京拘置所において被告人と接見したさいに、弁護人がデジタルカメラを用いて被告人を写真撮影したところ、拘置所職員から写真撮影・録画を禁止され、被告人との接見を終了させられたことについて、これらの措置は弁護人の接見交通権や弁護活動の自由を侵害するものであって違法であり、また、刑事被収容者処遇法（以下、本章においては収容法ともいう）に違反して違法であると主張して、国家賠償を請求したというものである。

　一審判決および控訴審判決が認定した事実によれば、2012年3月30日、弁護人は、被告人との接見のため英語通訳人1名およびソマリ語通訳人1名とともに東京拘置所に赴き、被告人との面会の申出を行った。

　弁護人と通訳人らが面会室に入って待っていると、拘置所職員である保健課長補佐ら2名が入ってきて、保健課長補佐が、弁護人に対し、被告人が腸ねん転などの症状があるため点滴等の治療を行っていること、この治療にともなって精神系の薬の服用を中断していること、全身の震えがありうまく話せない様子であることなどを説明し、被告人は車椅子で入室すると伝えた。弁護人が事情については了解した旨告げると、被告人が未決拘禁者が入退室する内側ドアから、拘置所職員に連れられ、車椅子で点滴を打たれた状態で入室してきた。被告人が入室した後、拘置所職員らは面会室から退室した。

被告人は体が小刻みに震えており、ぶつぶつつぶやいている状態であった。弁護人は、このような被告人の状態を初めて目の当たりにし、被告人がかねて述べていた発作が出ているのかもしれないと思い、被告人の様子を撮影して、裁判所に対する鑑定の申出に関する証拠として保全する必要があると考えた。弁護人は、持参していたデジタルカメラを用いて被告人の様子を録画しようとしたが、操作を誤りすぐに録画が開始されなかったため、同カメラにより被告人の写真を1枚撮影した。

　巡回視察をしていた拘置所職員が、内側ドアに付いている小窓越しに弁護人がカメラを構えている姿を見たため、その旨報告を受けた拘置所職員らが面会室内に入り、弁護人に対して、カメラを面会室内に持ち込んでいるか否か、被告人を撮影したか否かにつき確認したところ、弁護人は、カメラを持っており、被告人の写真を撮影した旨回答した。拘置所職員らが、カメラの持込は禁止されている旨述べたうえで、画像データを消去するよう求めたところ、弁護人は、画像データは裁判所に提出する可能性がある証拠として必要であるから消去できないと回答した。外部交通区長である拘置所職員が、その後も数回にわたり画像データの消去を要求したものの、弁護人はこれに応じなかったため、外部交通区長は、画像データを消去しないのであれば接見を終了させると述べたが、弁護人は、接見妨害であるなどと述べて本件写真データを消去しなかった。そこで、外部交通区長は、他の拘置所職員に指示し、被告人を面会室から退室させて、接見を終了させた。

　その後、弁護人は、すでに請求していた精神鑑定の申立ての必要を補充するための報告書に、本件写真を添付資料として使用した。

　本件の主要な法的論点は、第1に、接見にさいして弁護人が被告人を写真撮影したことは、刑訴法39条1項にいう「接見」に含まれ、したがって同規定により、その自由と秘密性が保障されるのではないか、第2に、写真撮影が「接見」に含まれないにしても、弁護活動の重要な手段であるから、拘置所がそれを禁止したうえで、弁護人が写真撮影をしたことを理由にして接見を一時停止・終了させることは、接見交通権ないし弁護活動の自由の不当な制限に当たり違法ではないかという点であった。さらに、これらの問題の前提として、第3に、拘置所長が弁護人の写真撮影・録画を禁止し、また、写真撮影・録画を理由にして接見を制限することは許されるのか、許されるのであればその法的根拠はなにかが問題とされた。

(2) 一審判決

　一審の東京地裁は、2014年11月7日、拘置所職員による接見を中断し、終了させたことは刑事被収容者処遇法117条が準用する同法113条1項に違反し違法であると認め、原告の請求を一部認容した[*21]。

　一審判決は、まず、刑事被収容者処遇法が、未決拘禁者と弁護人等との面会については、「刑事施設の規律及び秩序を害する行為」があった場合に限り、これを制止し、または面会を一時停止・終了させることができる旨規定しているところ（117条・113条1項・同条2項）、この規定は接見交通に対する制限を定めたものであるとしたうえで（刑訴法39条2項）、接見交通権が憲法の保障に由来することなどに照らせば、「面会者が弁護人等の場合、規律等侵害行為を理由に面会を一時停止し又は面会を終了させることができるのは、遵守事項に違反する行為等をすることにより、具体的事情の下、未決拘禁者の逃亡のおそれ、罪証隠滅のおそれ、その他の刑事施設の設置目的に反するおそれが生ずる相当の蓋然性があると認められる場合に限られる」と判示した。

　他方、判決は、弁護人による面会室内へのカメラの持込および写真撮影は、東京拘置所の定める遵守事項に違反する行為だと認めたうえで、本件の写真撮影は、被告人「との意思疎通の内容を備忘するために行われたのではなく、専ら証拠保全として行われたものである」として、「接見交通権は、未決拘禁者が弁護人等と相談し、その助言を受けるなど弁護人等から援助を受ける機会を確保するという未決拘禁者との意思疎通を確保するために認められたもの」であるから、証拠保全を主目的とする写真撮影は、接見交通権の保障の範囲に含まれるとはいえず、弁護人としては、刑訴法179条の定める証拠保全を行えば足りるから、弁護活動の不当な制約にも当たらないとし、拘置所長は写真撮影を禁止することができるとした。

　そのうえで、判決は、本件の写真撮影によって罪証隠滅等の生じる蓋然性があったかどうかを検討し、「本件撮影行為によって罪証隠滅のおそれや逃亡のおそれが生ずる相当の蓋然性があるとは認められず、その他の刑事施設の設置目的に反するおそれが生ずる相当の蓋然性があるとも認められない」とした。

　かくして、判決は、弁護人によるカメラの持込および写真撮影が、東京拘置所の定める遵守事項に違反する行為であることを認める一方で、これらの行為によって「逃亡のおそれや罪証隠滅のおそれ等が生ずる相当の蓋然性がある

[*21] 東京地判平26（2014）・11・7判タ1409号306頁。

とは認められ」ず、また、「接見終了後に適切な措置をとること」も可能であったとして、写真撮影を理由に被告人との面会を一時停止し、終了させることはできず、拘置所職員による本件措置は、刑事被収容者処遇法117条が準用する113条1項に違反して違法であると結論づけた。

(3) 控訴審判決

一審判決に対して、原告、被告双方が控訴した。控訴審の東京高裁は、2015年7月9日、一審被告の控訴に基づき、一審判決における原告勝訴部分を取り消し、取消部分に係る一審原告の請求を取り消したうえで、一審原告の控訴を棄却した。

控訴審判決は、まず、写真撮影・録画が刑訴法39条1項の「接見」に含まれ、それゆえ接見にさいしての写真撮影を禁止することは、接見交通権を侵害し違法であるとする一審原告の主張を検討し、「刑訴法39条1項の『接見』という文言は一般的には『面会』と同義に解されること、『接見』と『書類若しくは物の授受』が区別されていること、同規定が制定された昭和23年7月10日当時、カメラやビデオ等の撮影機器は普及しておらず、弁護人等が被告人を写真撮影したり、動画撮影したりすることは想定されていなかったことなどからすれば、同項の『接見』とは、被告人が弁護人等と面会して、相談し、その助言を受けるなどの会話による面接を通じて意思の疎通を図り、援助を受けることをいうものであって、被告人が弁護人等により写真撮影やビデオ撮影されたり、弁護人が面会時の様子や結果を音声や画像等に記録化することは本来的には含まれない」と判示した。

次に、判決は、写真撮影・録画が、メモと同じく、情報の記録化のための行為である以上、刑訴法39条1項の「接見」に含まれるとする一審原告の主張を検討し、「情報の記録化のための行為であれば、当然に『接見』に含まれると解することはできない」としたうえで、「弁護人が被疑者・被告人との接見(面会)の接見内容を備忘のために残すことは、その後の円滑な弁護活動のために必要なことが多いから」、メモは接見交通権の保障の範囲内にあると認められるとする一方、「情報の記録化のための行為であれば、当然には接見の内容に含まれるものではないから、メモ以外の情報の記録化のための行為が許されるか否かは、記録化の目的及び必要性、その態様の相当性、立会人なくして行えることからくる危険性等の諸事情を考慮して検討されるべき」だとした。

そのうえで、判決は、本件の写真撮影は被告人との面会内容の備忘のために

はなく、証拠保全として行われたものであって、「接見交通権が規定された趣旨に鑑みれば、将来公判等において使用すべき証拠をあらかじめ収集して保持しておくという証拠保全の目的は、接見交通権に含まれるものとして保障されているとはいえず」、このように解しても、刑訴法179条に基づく証拠保全を行えば足りるから、弁護活動の不当な制約には当たらないとした。

かくして、判決は、東京拘置所が、面会室内へのカメラの持込みや面会室内でのその使用を禁止し、東京拘置所の遵守事項に違反する行為であるとして、一審原告たる弁護人に対して写真撮影・録画の続行を禁止し、画像データの消去を求めた行為は、接見交通権の侵害には当たらないと判示した。

続いて、判決は、面会の一時停止・終了による接見交通権ないし弁護活動の自由の侵害について検討した。判決は、刑事被収容者処遇法117条・113条が「刑事施設の規律及び秩序を害する行為（規律等侵害行為）をする場合に限定して、その行為を制止し、又は面会を一時停止させ、次いで、面会の終了の措置を執ることができる旨規定している」ことから、規律等侵害行為がある場合に面会の一時停止・終了の措置をとることは、「法令に基づく措置であって、違法に接見交通権や弁護活動を侵害するものということはできない」とした。そして、刑事被収容者処遇法のこれらの規定が、「未決拘禁者の逃亡のおそれ、罪証隠滅のおそれ、その他の刑事施設の設置目的に反するおそれといった要件を規定することなく、規律等侵害行為があれば、その行為の制止、面会の一時停止、面会の終了の措置を執ることができる旨規定している」ことは、「規律等侵害行為が認められる場合には、刑事施設の規律秩序を維持するための措置を執る必要があるため、規律等侵害行為の他には、上記のような逃亡のおそれ等の要件を要求しないとしたことに基づくものと解される」とした。

そのうえで、判決は、庁舎の管理者は、国有財産法5条に基づき、「庁舎内において自由に写真撮影等が行われる場合には、庁舎内の秩序が乱れ、警備保安上の支障をもたらすおそれがあるから、庁舎内の秩序を維持し、安全を確保するため、庁舎管理権に基づき、庁舎内における写真撮影等を禁止することができる」とし、「東京拘置所長は、庁舎管理権に基づき、面会室内へのカメラの持込みや面会室内での写真撮影等を禁止し、これを掲示していた」ところ、「一審原告は、上記掲示の内容を認識しながら、あえて本件カメラを面会室内に持込み、本件撮影行為に及び、東京拘置所職員から、数回にわたり、本件画像データを消去するように求められたのに、これを拒否し続け、更に写真撮影等を行う意向がある旨を表明したというのであるから、このような一

審原告の行為は、収容法113条1項1号ロの規律等侵害行為に該当するものと認められ」るのであって、それゆえ、拘置所職員が弁護人と被告人との接見を終了させた「措置は、一審原告の規律等侵害行為が認められたために執られたものであるから、一審原告の弁護活動を侵害し違法であるということはできない」と結論づけた。

4. 写真撮影・録画と刑訴法39条1項の「接見」

(1) 取得した情報の記録化と「接見」

　以上のように、控訴審判決は、第1に、接見にさいしての弁護人による写真撮影・録画は刑訴法39条1項にいう「接見」に当たらないから、拘置所長がそれを禁止することは接見交通権の侵害に当たらず、第2に、拘置所長は国有財産法5条に基づく庁舎管理権により、拘置所内での写真撮影を禁止することができるのであって、弁護人がこれに違反して写真撮影を行い、画像データの消去要求に応じず、さらに写真撮影・録画を行う意向を示したことは、刑事被収容者処遇法113条1項にいう「刑事施設の規律及び秩序を害する行為」に該当するから、拘置所職員が弁護人と被告人との接見を終了させた措置は違法ではないとする判断を示した。

　第1の点について、接見にさいして弁護人が被疑者・被告人の容ぼう、態度など接見状況を記録するために写真撮影・ビデオ録画を行うことは、接見にさいして弁護人が取得した視覚的情報を自ら記録することにほかならないから、この点において、同じく取得した聴覚的情報を文字、図画などにより記録するメモ行為と変わるところはなく、それ自体、刑訴法39条1項にいう「接見」に含まれ、同規定による接見交通権の保障の範囲内にあると理解すべきである。この点については、すでに論じてきたところである[22]。

　控訴審判決は、刑訴法39条1項にいう「接見」を、「被告人が弁護人等と面会して、相談し、その助言を受けるなどの会話による面接を通じて意思の疎通を図り、援助を受けることをいう」と定義することによって、接見にさいしての弁護人による写真撮影など、「弁護人が面会時の様子や結果を音声や画像等

---

[22] 葛野尋之『未決拘禁法と人権』(現代人文社、2012年) 360頁、同「弁護人接見の電子的記録と接見時の電子通信機器の使用」季刊刑事弁護72号 (2012年) 77頁、同・注20「身体拘束中の被疑者・被告人との接見、書類・物の授受」195頁。

に記録化すること」が「接見」に含まれないとした。この点については、一審判決も、「接見交通権は、未決拘禁者が弁護人等と相談し、その助言を受けるなど弁護人等から援助を受ける機会を確保するという未決拘禁者との意思疎通を確保するために認められたもの」だと判示していた。たしかに、被疑者・被告人と弁護人とのあいだの「意思疎通」が、「接見」の中核的位置にあることは否定できないであろう。

　しかし、なにゆえ「接見」を「意思疎通」に限定しなければならないのかについて、両判決は積極的理由を述べていない。人間のあいだのコミュニケーションは、「意思疎通」の枠に収まらないものを含んでいる[23]。また、人間のあいだのコミュニケーションは口頭によるほか、さまざまな手段・方法によってなされうるものであるから、それを手段・方法の面から限定することはできない。そうであるならば、刑訴法39条1項にいう「接見」は、被疑者・被告人と弁護人とのあいだのコミュニケーションであって、「書類若しくは物の授受」を除いたもの、すなわち接見室においてなされる意思疎通および情報の発信・取得をいうとすべきであろう[24]。

---

[23] 『広辞苑〔第6版〕』（岩波書店、2008年）によれば、「コミュニケーション」とは「社会生活を営む人間の間に行われる知覚・感情・思考の伝達。言語・文字その他視覚・聴覚に訴える各種のものを媒介とする」とされている。刑訴法39条1項にいう「接見」とは、「書類若しくは物の授受」を除いたコミュニケーションをいうと理解すべきであり、このようなコミュニケーションの定義からしても、「接見」を「意思疎通」に限定することはできないというべきである。

[24] 富永事件の控訴審判決（福岡高判平23〔2011〕・7・1判時2127号9頁）は、被疑者に対する検察官の質問は「未だ秘密性が消失していない本件被疑者と弁護人との間の情報交換の内容を尋ねるものであり、本件被疑者と弁護人との意思疎通の過程を聴取したものにほかならず、被疑者等と弁護人等との自由な意思疎通ないし情報伝達に萎縮的効果を及ぼすおそれがあるというべきである」としており、「情報伝達」を「意思疎通」の手段として位置づけているようである。同判決は、「捜査権の行使と秘密交通権の保障とを調整するに際しては、秘密交通権の保障を最大限尊重すべきであり、被疑者等と弁護人等との自由な意思疎通ないし情報伝達に萎縮的効果を及ぼすことのないよう留意することが肝要であ」るとも述べており、「接見」の内実としての「意思疎通ないし情報伝達」を、竹内事件の控訴審判決が指摘する「意思疎通」に比べ、より広く被疑者・被告人と弁護人とのあいだのコミュニケーションの過程として捉えているようである。また、後藤事件の控訴審判決（大阪高判平17〔2005〕・1・25訟月52巻10号3069頁）は、「刑訴法39条1項が被拘禁者が弁護人と立会人なくして接見することができるとしているのは、弁護人から有効かつ適切な援助を受ける機会を持つためには、被拘禁者とその弁護人との間において、相互に十分な意思の疎通と情報提供や法的助言等が何らの干渉なくされることが必要不可欠であり、特に、その意思の伝達や情報提供のやりとりの内容が捜査機関、訴追機関、更には収容施設側に知られないことが重要であるので、この点を明文で規定したものと考えられる」としており、「接見」を「意思の疎通」を含むとしつつも、それに限定することなく、「意思の伝達や情報提供のやりとり」として定義している。これらの裁判例からすれば、少なくとも、「接見」が当然に「意思疎通」に限られるわけではないというべきである。

また、接見が、身体を拘束された被疑者・被告人が弁護人から実効的な援助を受ける機会であり、これを弁護人からみれば、被疑者・被告人に対して弁護人が効果的な援助を提供する機会であって、この意味において弁護の手段である以上、接見においては、取得した情報の記録が不可欠である。もしかりに、接見が取得した情報の記録化を含まないとするならば、弁護手段としての接見の機能は決定的に減じられることになろう。接見にさいしての情報の取得は、聴覚による音声情報の取得に限られない。したがって、弁護人が取得した視覚的情報を記録することは、その記録手段のいかんによらず、それ自体、「接見」に含まれるというべきである。取得した情報の記録を含め「接見」の自由と秘密性を保障したものこそが、刑訴法39条1項なのである。

　控訴審判決は、弁護人による写真撮影・録画が「接見」に含まれないとする理由を何点かあげているものの、いずれも説得的であるとはいいがたい。第1に、「接見」が「面会」と一般に同義に解されたとしても、「接見」が意思疎通に限定されるべき理由にはならず、「面会」にさいしての情報の発信および取得、さらには取得した情報の記録化をも含むと理解することは可能である。

　第2に、控訴審判決において、「『接見』と『書類若しくは物の授受』が区別されていること」が「接見」は意思疎通に限定されるべきことの理由とされているのは、おそらく、「接見」が意思疎通であるのに対し、「書類若しくは物の授受」は情報を発信・取得する行為であるから、「接見」が意思疎通とともに、情報の発信および取得をも含むとすると、「接見」と区別されて「書類若しくは物の授受」が規定されていることと整合しないという趣旨によるものであろう。たしかに、「接見」と「書類若しくは物の授受」とは区別されるべきである。しかし、同判決のように、「接見」は意思疎通であり、「書類若しくは物の授受」は情報の発信・取得であると定義しなければ、両者の区別ができないわけではない。両者は、被疑者・被告人と弁護人とのあいだのコミュニケーションである点において共通する。両者の本質的相違は、「接見」が接見室内での同時的コミュニケーションであるのに対し、「書類若しくは物の授受」が意思ないし情報の化体した書類・物の授受、すなわち意思・情報を記録した媒体の占有の移転をともなうコミュニケーションである点にあるというべきである。このような区別こそ、「書類若しくは物の授受」という規定の文言により適した理解だといえよう。このようにして両者を区別したとき、接見にさいしての弁護人による写真撮影・録画は、取得した情報を記録した媒体の占有の移転をともなわないから、「書類若しくは物の授受」に含まれることはない。刑訴法

39条1項における「接見」と「書類若しくは物の授受」との区別は、弁護人による写真撮影・録画を「接見」に含めることの妨げにはならないのである。

第3に、刑訴法制定当時、カメラ・ビデオなどの撮影機器が普及していなかったとしても、そのことが、写真撮影・録画が「接見」に含まれないことの理由になるとはいえない。科学技術の進歩により、制定当時に存在せず、または普及していなかった機器などが存在・普及したとき、それを用いた手段・方法が規定の意味に含まれるものである限り、規定に内包されるものが豊富化することは珍しいことではない。たとえば、最近では、2009年9月28日の最高裁決定が、捜査機関が、荷送人・荷受人の承諾を得ることなく、宅配業者から宅配荷物を借り出して、空港税関においてエックス線検査を行ったことについて、「検証としての性質を有する強制処分に当たる」と判示している[*25]。一例といえよう。

(2) 証拠保全目的の記録化と「接見」

控訴審判決は、接見内容の備忘のためのメモであれば、「その後の円滑な弁護活動のために必要なことが多いから」、それは接見交通権の保障の範囲内にあるとする一方、証拠保全の目的による写真撮影・記録は、証拠保全を目的とするものであるがゆえに、接見交通権の保障の範囲には含まれないとしていた。「接見交通権が規定された趣旨に鑑みれば」と述べていることからすれば、「接見」を「意思疎通」と定義したことの帰結だということであろう。

この点については、一審判決も、「接見交通権は、……弁護人等から援助を受ける機会を確保するという未決拘禁者との意思疎通を確保するために認められたものであるといえるところ、原告は、将来公判等において使用すべき証拠をあらかじめ収集して保持しておくという証拠保全を主な目的として本件撮影行為を行っており、少なくともこのような写真撮影行為については、接見交通権に含まれるものとして保障されているとはいえない」としており、同様の立場をとっていた。

しかし、「接見」が「意思疎通」に限定されるべきでないことは上述のとおりである。また、弁護人が取得した情報の記録化が、備忘を目的とするか、証拠保全を目的とするかは、記録した情報の事後的な使用目的の違いでしかない。しかも、刑事手続の動的性格からすれば、記録化の時点での目的が、その後の

[*25] 最決平21 (2009)・9・28刑集63巻7号868頁。

使用時には変化する可能性もある。たとえば、備忘のために作成した記録を証拠として用いることもありうる。「接見」に含まれるかどうかは、取得した情報の記録化それ自体の法的性格によって判断されるべきであって、記録した情報の事後的な使用目的のいかんによって判断されるべきではない[*26]。

(3) 写真撮影を制限する「法令」の不存在

　弁護人による写真撮影・録画が、取得した視覚的情報の記録化として、刑訴法39条１項にいう「接見」に含まれ、同規定による接見交通権の保障の範囲内にあるのであれば、後に詳述するように、「接見」の制限は、同条２項にいう「法令」による「必要な措置」としてのみ認められるというべきである。そうであるならば、弁護人による写真撮影・録画を制限する「法令」の規定は存在しないから、それを制限することは、本来、許されないはずである。

　刑事被収容者処遇法118条１項ないし４項は、未決拘禁者と弁護人との面会に関する制限を定めている。同規定があげているのは、日・時間帯（１項）、相手方の人数（２項）、これらの制限に適合しない面会申出の原則許可（３項）、面会場所（４項）である。刑事被収容者処遇法のなかには、ほかに、弁護人による撮影・録音の禁止を根拠づける規定はない。したがって、「接見」としての弁護人による写真撮影・録画を制限するための「法令」（刑訴法39条２項）の規定は、存在しないといわなければならない。なお、国有財産法５条に基づく拘置所長の庁舎管理権が、同規定にいう「法令」たりえないことについては、かねて論じたところである[*27]。

(4) 接見交通権の「本質」に及ぶ制限の排除

　遡って考えるならば、接見にさいしての弁護人による写真撮影・録画が「接

[*26] なお、一審判決、控訴審判決はともに、証拠保全の目的による弁護人の写真撮影が弁護方法として有意義であることを認めつつも、拘置所長による写真撮影・録画の禁止が弁護方法の不当な制限には当たらないと判断するにあたり、証拠保全であれば、刑訴法179条に基づく証拠保全を行えば足りるという点を指摘している。しかし、同規定は、被疑者・被告人または弁護人が、第１回公判期日前に、裁判官に対し、押収・捜索・検証・証人尋問・鑑定の処分を請求することができるとするものであって、弁護人が裁判官に請求するまでもなく、自ら任意の処分により証拠保全をすることができる場合には、あえてこの規定により裁判官に対し請求をする必要はないはずである。弁護人による証拠保全のための任意の処分の適法性について判断するうえで、刑訴法179条に基づく証拠保全の可能性は問題にならないというべきである。

[*27] 葛野・注20「身体拘束中の被疑者・被告人との接見、書類・物の授受」198頁。

見」に含まれるとするとき、たとえ「法令」によっても、それを禁止することはできないというべきである。

かねてより、刑訴法39条2項の「法令によっても、被疑者、被告人の本質的な権利を制限することはできない」ことが指摘されてきた。同「規定が、前項の接見について、法令により必要な措置を規定することができるとする関係から、逃亡等を防ぐためには、弁護人の接見に立会いも可能であるかのように文理上解釈可能であるが、弁護人と被疑者等の秘密交通権の重要性から考えて、立会人をおくことは許されない」というのである[*28]。このことは、刑訴法39条1項の保障する接見交通権が、憲法34条・37条3項による弁護権に由来する、憲法的重要性を有する権利であることから導かれるといえよう。刑訴法39条2項にいう「必要な措置」には固有の限界があり、接見交通権の「本質」に及ぶような、重大で実質的な制限は許されないというべきである[*29]。たと

[*28] 河上和雄ほか編『大コンメンタール・刑事訴訟法（1）〔第3版〕』（青林書院、2013年）447頁［河上和雄＝河村博］。これに対して、たとえば福岡高裁平23（2011）7・1判時2127号9頁が、刑訴法39条1項による秘密交通権が憲法34条の保障に由来するものであることを認めながら、「他方で、憲法が刑罰権の発動ないし刑罰権発動のための捜査権の行使が国家の権能であることを当然の前提としていることに照らし、被疑者等と弁護人等との接見交通権は、刑罰権ないし捜査権に絶対的に優先するような性質のものではない」としたうえで、捜査・取調べ権限の適正な行使が「秘密交通権の保障と抵触することは、事実としては承認せざるを得ないところである」とし、「被疑者等が有効かつ適切な弁護人等の援助を受ける機会を確保するという刑訴法39条1項の趣旨を損なうことにならない限りにおいて、捜査機関が被疑者等から接見内容に係る供述を聴取したことが、直ちに国賠法上違法となると断ずることは相当でない」と判示しているように、接見内容の秘密性の保障が問題とされた下級審判例においては、捜査・取調べ権限の行使と秘密交通権とのあいだの「調整」の余地を認める立場がとられてきた。しかし、接見内容の秘密性の保障は、接見交通権の「本質」をなすものであるから、秘密性を奪うような措置は、接見交通権の本質に及ぶ、重大で実質的な制限だといわざるをえない。したがって、いかに捜査・取調べの必要性があろうとも、それをもって秘密交通権の保障を相対化することはできないというべきである。この点について、葛野尋之「検察官による弁護人と被疑者との接見内容の聴取が秘密交通権の侵害にあたるとされた事例（福岡高裁平23〔2011〕・7・1）」判評641号（2012年）（本書第11章）参照。なお、先のような「調整」論は、接見指定を「接見交通権の行使と捜査権の行使との間に合理的な調整を図る」ための制度として性格づけた最大判平11（1999）・3・24民集53巻3号516頁の判示を参照しているが、この大法廷判決の判示は、あくまでも刑訴法39条3項による接見指定の合憲性を判断するにあたり示されたものであって、ここにいう合理的調整とは、接見の日時・場所・時間の指定によって、一つしかない被疑者の身体の利用が競合した場合における合理的な時間的・場所的調整を意味しているものと理解すべきである。

[*29] 刑訴法39条3項は、捜査機関による接見指定について、「日時、場所及び時間」の指定に限定したうえで、さらに但書において、「その指定は、被疑者が防禦の準備をする権利を不当に制限するようなものであつてはならない」と定めており、接見指定による接見交通権の制限に限界を設けている。これと同様に、同条2項にいう「必要な措置」についても、その制限は無限定ではなく、接見交通権の「本質」に及ぶような、重大で実質的な制限は許されないというべきである。

えば、いかに「法令」によろうとも、逃亡、罪証隠滅などを防ぐために、接見にさいして被疑者・被告人と弁護人とのあいだでなされたコミュニケーションの内容を探知する措置は、接見内容の秘密性の保障が接見交通権の「本質」をなすことからすれば、許されないというべきであり、同条1項にいう「立会人なくして」は、このことを含意していると理解すべきである。

　写真撮影・録画の制限はどうか。たしかに、写真撮影の制限によって、接見の機会が奪われるわけではない。この点について、田邊事件の一審判決は、「接見交通権の保障により確保されるべき、身体の拘束を受けている被疑者等が弁護人等と相談し、その助言を受けるなど弁護人等から援助を受ける機会自体が制限されるものということはできない」と指摘し、このことをもって、施設職員が規律・秩序侵害行為の「制止」措置として（刑事被収容者処遇法117条・113条1項）、弁護人による写真撮影を阻止したことが、「接見交通権に対する不当な制約に当たるものでない」とする根拠とした。

　しかし、写真撮影の制限は、それ自体、重大で実質的な制限だというべきである。写真撮影・録画は、弁護人が接見にさいして取得した視覚的情報を記録する手段としては、機械的記録としての性格を有しており、他の手段に比べ、正確性において優れている。それゆえ、写真撮影・録画を禁止することは、弁護人から、接見にさいして取得した視覚的情報の最も効果的な記録手段を奪うことにほかならず、この点において、接見交通権の「本質」に及ぶような、重大で実質的な制限だというべきである。したがって、いかに「法令」によろうとも、写真撮影・録画の禁止は許されないのである。

5.　庁舎管理権、規律等侵害行為と接見交通権

(1)　刑訴法39条2項と刑事被収容者処遇法117条・113条

　控訴審判決は、接見にさいしての弁護人による接見状況の写真撮影・録画が刑訴法39条1項にいう「接見」には当たらないとする判断を前提として、拘置所長が国有財産法5条に基づく庁舎管理権により、面会室内での写真撮影などを禁止することができるとしたうえで、刑事被収容者処遇法117条に基づき、「拘置所職員が刑事施設の規律及び秩序を害する行為」を理由にして、被告人と弁護人との接見を終了させた措置が、接見交通権ないし弁護活動の自由の不当な侵害には当たらないと判断している。この点についても、いくつかの重大な疑問がある。

まず、控訴審判決は、刑事被収容者処遇法のこれらの規定が「未決拘禁者の逃亡のおそれ、罪証隠滅のおそれ、その他の刑事施設の設置目的に反するおそれといった要件を規定することなく、規律等侵害行為があれば、その行為の制止、面会の一時停止、面会の終了の措置を執ることができる旨規定している」ことは、「規律等侵害行為が認められる場合には、刑事施設の規律秩序を維持するための措置を執る必要があるため、規律等侵害行為の他には、上記のような逃亡のおそれ等の要件を要求しないとしたことに基づくもの」だとした[*30]。しかし、刑訴法39条2項と刑事被収容者処遇法の規定との本来の関係からすれば、刑事被収容者処遇法117条・113条についてこのように理解することには重大な疑問がある。

　控訴審判決とは対照的に、一審判決は、刑事被収容者処遇法のこれらの規定が刑訴法39条1項の保障する接見交通権を制約するものだとの理解を前提として、「規律等侵害行為」を理由にして面会を一時停止・終了させることができるのは、「遵守事項に違反する行為等をすることにより、具体的事情の下、未決拘禁者の逃亡のおそれ、罪証隠滅のおそれ、その他の刑事施設の設置目的に反するおそれが生ずる相当の蓋然性があると認められる場合に限られる」とした。このような判示は、刑訴法39条2項と刑事被収容者処遇法の規定との関係を正しく捉えたものだということができる。

　刑訴法39条は、1項において接見交通権を保障したうえで、2項において、「前項の接見又は授受については、法令（裁判所の規則を含む。以下同じ。）で、被告人又は被疑者の逃亡、罪証の隠滅又は戒護に支障のある物の授受を防ぐため必要な措置を規定することができる」と定めている。なお、ここにいう「戒護」とは、「逃亡、自殺、暴行等を防止するための強制的措置をいう」とされている[*31]。このような刑訴法39条の規定構造からすると、同条1項の接見交通

[*30]　川出敏裕「身柄拘束制度の在り方」ジュリスト1370号（2009年）108頁は、刑訴法39条1項の接見交通に対しても、収容施設の規律・秩序の維持という刑事被収容者処遇法独自の根拠により制限を加えることが可能であり、同法117条は、そのような趣旨から設けられた規定であるとする。林真琴＝北村篤＝名取俊也『逐条解説・刑事収容施設法〔改訂版〕』（有斐閣、2013年）598頁は、刑事被収容者処遇法117条は「『刑事施設の規律及び秩序を害する行為』がなされるときは、本条による一時停止および終了の措置を執ることができるものとされている」とし、これらの措置は「刑訴法39条2項が法令で規定することができるとしている措置ではない」としているが、この見解は、同規定にいう「法令」によるのとは別に、刑事被収容者処遇法においてその独自の目的により、独自の制限を設けることができるとの立場を前提としている。

[*31]　河上和雄ほか編『注釈・刑事訴訟法(1)〔第3版〕』（立花書房、2011年）461頁〔植村立郎〕。

に対する制限は、同条2項にいう「法令」の規定に基づいてのみ許され、かつ、そのような「法令」の規定に基づく制限は、「被告人又は被疑者の逃亡、罪証の隠滅又は戒護に支障のある物の授受を防ぐ」という目的のために必要な範囲においてのみ認められるというべきである。このように理解しなければ、すなわち同条2項にいう「法令」によることなく接見交通に対する制限が可能であって、同規定が示しているもの以外の目的による制限が許されるとするならば、同規定が接見交通権の制約については、制限の目的を限定して明示したうえで、「法令」によるべきとしたことの意味が失われるからである[*32]。

たしかに、刑事収容施設における適正な規律・秩序の維持は、それ自体、憲法の予定する刑罰権の適正な実現にとって必要かつ重要なことであろう。このことから、刑訴法39条1項の保障する接見であっても、これら刑事被収容者処遇法独自の目的を達成するために必要な制限であれば、合理的な範囲において、あるいは必要最小限度において、接見交通権の「内在的制約」として許容されるべきとする見解もあるかもしれない。しかし、刑訴法39条の規定構造からすれば、同条1項の保障する接見交通権の「内在的制約」は、同条2項および3項の規定として具体化されており、それに尽きているというべきである。同条2項・3項の定める制限を超えて、さらに「内在的制約」としての制限が認められるとすることは、これらの規定が制限の目的、要件、方法、さらには限界を明示しつつ、接見交通権に対する制限を定めたことが無意味になるからである。

ところで、田邊事件の一審判決は、刑訴法39条3項による接見指定が憲法34条に違反しないとした1999年3月24日最高裁大法廷判決などを参照しつつ、「刑訴法39条1項が接見交通権を規定しているのは、憲法34条の趣旨にのっとり、身体の拘束を受けている被疑者等が弁護人等と相談し、その助言を受けるなど弁護人等から援助を受ける機会を確保する目的で設けられたものであり、その意味で、刑訴法の上記規定は、憲法の保障に由来するものであるということができる。また、この弁護人等との接見交通権は、身体を拘束された被疑者等が弁護人等の援助を受けることができるための刑事手続上最も重要な基本的権利に属するものであるとともに、弁護人等からいえばその

[*32] 刑訴法39条2項が掲げる目的のうち、たしかに文理上、逃亡と罪証隠滅は「接見」と「授受」の両方にかかり、戒護に支障のある物は「授受」についてだけかかっている（河上・注28書447頁[河上＝河村]）。しかし、接見にさいしての戒護に支障のある物の授受を防ぐための措置が、接見室において遮蔽板を設置するなど、間接的ではあるにせよ、接見の態様を制限することもあるといえよう。

固有権の最も重要なものの一つであることはいうまでもない。もっとも、憲法は、刑罰権の発動ないし刑罰権発動のための捜査権の行使が国家の権能であることを当然の前提とするものであり、このような刑罰権の発動ないし捜査権の行使のために必要なものとして、刑訴法の規定に基づき、逃亡又は罪証隠滅の防止を目的として、被疑者等の居住を刑事施設内に限定する未決勾留という制度を認めるものであるから、弁護人等と被疑者等との接見交通権が憲法の保障に由来するからといって、これが刑罰権ないし捜査権に絶対的に優先するような性質のものということはできない。また、刑事施設は、多数の被拘禁者を外部から隔離して収容する施設であって、同施設内でこれらの者を集団として管理するに当たっては、内部における規律及び秩序を維持し、その正常な状態を保持する必要があるが、憲法は、このような刑事施設の規律及び秩序を維持する必要があることを否定するものではないから、憲法34条は、被疑者等に対して弁護人等から援助を受ける機会を持つことを保障するという趣旨が実質的に損なわれない限りにおいて、法律に接見交通権の行使と刑罰権の発動ないし捜査権の行使との間を調整する規定や刑事施設の規律及び秩序の維持を目的とする調整の規定を設けることを否定するものではない」としている。そのうえで、刑事被収容者処遇法117条・113条は、このような意味における「調整の規定」だとしたのである。また、竹内事件の一審判決も、最高裁大法廷判決を参照しつつ、「憲法は、……法律に……調整規定を設けることを否定するものではない」と述べており、刑事被収容者処遇法117条・113条がこのような「調整規定」であることを示唆していた。

　たしかに、最高裁大法廷判決は、「憲法は、刑罰権の発動ないし刑罰権発動のための捜査権の行使が国家の権能であることを当然の前提とするものであるから、被疑者と弁護人等との接見交通権が憲法の保障に由来するからといって、これが刑罰権ないし捜査権に絶対的に優先するような性質のものということはできない。そして、捜査権を行使するためには、身体を拘束して被疑者を取り調べる必要が生ずることもあるが、憲法はこのような取調べを否定するものではないから、接見交通権の行使と捜査権の行使との間に合理的な調整を図らなければならない。憲法34条は、身体の拘束を受けている被疑者に対して弁護人から援助を受ける機会を持つことを保障するという趣旨が実質的に損なわれない限りにおいて、法律に右の調整の規定を設けることを否定するものではない」と判示しており、「接見交通権の行使と捜査権の行使との間」の「合理的な調整」を認めていた。しかし、最高裁大法廷判決は、あくま

でも刑訴法39条3項による接見指定の合憲性を判断したものであって、ここにいう「合理的な調整」も、接見交通権の行使と捜査・取調べ権限の発動とのあいだで一つしかない被疑者の身体利用が競合していることを前提として、接見交通の「日時、場所及び時間」の調整を許したものでしかない。最高裁大法廷判決の趣旨が、接見交通権と刑事施設における規律・秩序の維持など対抗利益とのあいだの「合理的な調整」を一般に認めるというものであって、さらにこの「合理的な調整」として、接見の中断・一時停止・終了など、「日時、場所及び時間」の指定を超える「調整」を許すものだと理解することはできない。刑訴法39条1項の保障する接見交通権の「内在的制約」は、同条2項および3項のなかに具体化されており、それに尽きているというべきである。

　刑訴法39条1項の保障する接見交通権は、同条2項の「法令」または同条3項に基づいてのみ制約されうるという理解は、刑訴法が保障する権利の制約について、刑訴法と刑事被収容者処遇法との関係を一元的関係にあるものとして理解することからの帰結である[*33]。逮捕・勾留という未決拘禁は、もともと刑訴法によって、その訴訟目的を実現するために認められている。その未決拘禁を実際に執行するために、執行に関する具体的な内容を定めているのが、刑事被収容者処遇法である。そうであれば、未決拘禁の目的を定めている訴訟法によって、手段たる刑事被収容者処遇法の内容も規制されるというべきである[*34]。したがって、刑訴法が逮捕・勾留された被疑者・被告人、すなわち刑事被収容者処遇法における未決拘禁者の権利を積極的に明文で規定している場合には、刑事被収容者処遇法において、刑訴法の許容する範囲を超えて、そのような権利を制約するような規定を設けることはできない。もしそのような規定を認めるとするならば、刑訴法による権利の保障に矛盾する結果となるからである。身体を拘束された被疑者・被告人に対して刑訴法39条が保障する弁護人との接見交通権は、このような刑訴法と刑事被収容者処遇法の一元的関係を示す典型例なのである[*35]。

　刑事被収容者処遇法117条は、同法113条を準用しつつ、身体を拘束された被疑者・被告人たる未決拘禁者と弁護人との面会の一時停止・終了を定めている規定であるから、刑訴法39条1項により保障される接見を制限するものに

[*33] 後藤昭『捜査法の論理』(岩波書店、2001年) 109頁以下、緑大輔「弁護人等との外部交通と施設担当者の義務」福井厚編『未決拘禁改革の課題と展望』(日本評論社、2009年) 186〜193頁。
[*34] 後藤・注33書115頁。
[*35] 後藤・注33書118頁。

ほかならない。刑訴法39条の規定構造からして、同条1項の接見に対する制限が、同条2項にいう「法令」によってのみ許されると理解すべき以上、刑事被収容者処遇法117条もまた、刑訴法39条2項にいう「法令」の規定の一つとされるべきことになる[*36]。そうであるならば、刑事被収容者処遇法117条に基づく接見の制限は、刑訴法39条2項の規定するところにより、「被告人又は被疑者の逃亡、罪証の隠滅又は戒護に支障のある物の授受を防ぐため必要な措置」に限定されなければならない。

　したがって、第1に、制限の目的は、「被告人又は被疑者の逃亡、罪証の隠滅又は戒護に支障のある物の授受」の防止に限られなければならない。刑事被収容者処遇法117条は、同法113条1項ロを準用しつつ、「刑事施設の規律及び秩序を害する行為」を理由とする面会の一時停止・終了を規定しているところ、刑訴法39条2項の明示する制限の目的からすれば、刑事被収容者処遇法117条・113条に基づき接見の一時停止・終了が許されるのは、たんなる「刑事施設の規律及び秩序を害する行為」がなされただけではなく、「被告人又は被疑者の逃亡、罪証の隠滅又は戒護に支障のある物の授受」の危険性が認められる場合に限られると理解しなければならない。刑訴法39条1項の保障する接見交通権が、憲法34条・37条1項による被疑者・被告人の弁護人の援助を受ける権利に由来する、この意味において憲法的重要性を有する権利であることからすれば、ここにいう危険性は、具体的事実に基づく現実的危険性として認められなければならない。一審判決は、「面会者が弁護人等の場合、規律等侵害行為を理由に面会を一時停止し又は面会を終了させることができるのは、遵守事項に違反する行為等をすることにより、具体的事情の下、未決拘禁者の逃亡のおそれ、罪証隠滅のおそれ、その他の刑事施設の設置目的に反するおそれが生ずる相当の蓋然性があると認められる場合に限られる」と判示していた。「刑事施設の設置目的」という概念には曖昧さも残るが、これを逃亡お

[*36]　河上ほか・注28書446頁［河上＝河村］は、刑訴法39条2項の「法令」として、「刑訴規則30条のほか、刑事収容施設及び被収容者等の処遇に関する法律44条、46条、50条、117条ないし119条、123条、135条、136条、138条、142条、145条（以上、刑事施設）、191条、193条、197条、219条、220条、222条、224条（以上、留置施設）、246条、252条、267条、268条、270条、271条（以上、海上保安施設）、同規則70条等がある」としている。また、松尾浩也監修『条解・刑事訴訟法（第4版）』（弘文堂、2009年）82頁は、同じく刑訴法39条2項の「法令」として、刑訴規則30条、刑事被収容者処遇法44条・46条・50条・117条ないし119条・123条・135条・136条138条・142条・145条・191条・193条・197条・219条・220条・222条・224条・246条・248条・252条・267条・268条・279条・271条・同規則70条などをあげている。いずれも、刑事被収容者処遇法117条をあげている。

よび罪証隠滅を防止しながら未決拘禁者の身体の拘束を確保することとして理解するのであれば、一審判決は、刑事被収容者処遇法113条1項ロにいう「刑事施設の規律及び秩序を害する行為」を刑訴法39条2項の掲げる目的の枠内において捉えていることとなり、その点において正当であるといえよう。

　第2に、このような接見交通権の憲法的重要性からすれば、上述のように、刑訴法39条2項にいう「必要な措置」としては、接見交通権の本質を損なうような重大で実質的な制限は許されないというべきである。

　控訴審判決は、刑訴法39条2項にいう「法令」による、「被告人又は被疑者の逃亡、罪証の隠滅又は戒護に支障のある物の授受」の防止のために「必要な措置」とは別に、刑事被収容者処遇法117条に基づき、同法独自の目的のために、刑訴法39条1項の接見を一時停止・終了させることができるとした。これは、刑訴法39条の規定構造、そして同条2項と刑事被収容者処遇法117条との関係についての正しい理解に立つものとはいえない。

(2)　刑事被収容者処遇法118条の趣旨と弁護人による写真撮影・録画の禁止

　控訴審判決は、拘置所長は国有財産法5条に基づく庁舎管理権により、面会室内での写真撮影などを禁止することができるとしたうえで、弁護人によるこの禁止措置に違反する行為をもって、刑事被収容者処遇法117条・113条1項ロにいう「刑事施設の規律及び秩序を害する行為」に当たるとし、それを理由にして被告人と弁護人との接見を終了させることが許されるとした。いまかりに、刑訴法39条2項にいう「法令」による「必要な措置」とは別に、刑事被収容者処遇法117条に基づき、弁護人の面会を制限し、もって接見交通権を制約することが可能であるとの前提に立ったとしても、このような控訴審判決の判断には、重大な疑問がある[37]。

　第1に、弁護人の面会態様の制限に関する刑事被収容者処遇法118条の趣旨からすれば、拘置所長は、未決拘禁者と弁護人との面会について、弁護士による写真撮影・録画を禁止することはできないというべきである。

　弁護人の面会について、刑事被収容者処遇法118条は、1項において、「未決拘禁者の弁護人等との面会の日及び時間帯は、日曜日その他政令で定める日以外の日の刑事施設の執務時間内とする」とし、2項において、「前項の面会の相手方の人数は、3人以内とする」、3項において、「刑事施設の長は、弁護人等から前2項の定めによらない面会の申出がある場合においても、刑事施設の管理運営上支障があるときを除き、これを許すものとする」、4項にお

いて、「刑事施設の長は、第１項の面会に関し、法務省令で定めるところにより、面会の場所について、刑事施設の規律及び秩序の維持その他管理運営上必要な制限をすることができる」と定めている。他方、弁護人以外の者との面会については、５項において、「第114条の規定は、未決拘禁者と弁護人等以外の者との面会について準用する。この場合において、同条第２項中『１月につき２回』とあるのは、『１日につき１回』と読み替えるものとする」と定めており、同法118条５項が準用している同法114条は、１項において、「刑事施設の長は、受刑者の面会に関し、法務省令で定めるところにより、面会の相手方の人数、面会の場所、日及び時間帯、面会の時間及び回数その他面会の態様について、刑事施設の規律及び秩序の維持その他管理運営上必要な制限をすることができる」とし、２項において、「前項の規定により面会の回数について制限をするときは、その回数は、１月につき２回を下回ってはならない」と規定している。

　このように、刑事被収容者処遇法は、未決拘禁者と弁護人以外の者との面会については、受刑者の面会に関する規定（114条）を準用しつつ、刑事施設長に対し、「面会の態様」に関して、「刑事施設の規律及び秩序の維持その他管理運営上必要な制限」を行う権限を包括的に授与している。これと対照的に、弁護人との面会については、面会の日・時間帯（１項）および相手方の人数（２項）

---

*37　岩本浩史「面会室内での弁護人の撮影行為を理由に面会を終了した措置が違法でないとされた事例（東京高判平27〔2015〕・７・９新・判例解説Watch・行政法157〈https://www.lawlibrary.jp/pdf/z18817009-00-021571275_tkc.pdf〉）は、庁舎管理権に基づき施設長が弁護人による写真撮影を禁止することができるかについて、行政法学的観点から検討し、第１に、権利義務の変動は、その根拠として、法規範または合意を必要とするところ「庁舎管理権それ自体は法規範でも合意でもないから、形式的根拠になりえ」ず、庁舎管理権を含む公物管理権の根拠が所有権にあるとしても、「所有権それ自体は法規範でないため、……所有者に『撮影行為禁止権』を与える法規範が、別途存在しなければならないこと、第２に、国有財産法５条・９条１項は「国が行政財産についての管理権を持つことを前提に、管理権限を特定の行政機関に配分する組織規範である」から、これらの規定から、庁舎管理権を媒介として、「撮影行為禁止権」を導くことはできないこと、第３に、接見にさいしての弁護人による写真撮影が、刑訴法39条１項にいう「接見」に当たる場合は当然、かりに「接見」に当たらないとしても、「弁護活動の一環として行われているのであり、『一般的自由としての撮影行為の自由』よりは保障の必要性が高いこと」から、「それを制限するには議会による明示的な承認が必要」なこと、第４に、それゆえ、「庁舎管理権による利用者の自由の規制を条理によって根拠づける」ことはできないこと、第５に、「庁舎管理権は、庁舎の本来の目的を達成するために行使されなければならないところ」、「確かに、秩序維持も安全の確保も庁舎の本来の目的に含まれる」にせよ、「弁護人による撮影行為が一般自由以上の保障を要するとすれば」、「抽象的なおそれ」では足りず、「より具体的なおそれが求められ」るべきであること、を指摘して、施設長の庁舎管理権を根拠にして接見にさいしての弁護人による写真撮影を禁止することはできないとしている。

に関して法定したうえで、刑事施設長に対しては、4項において、面会の場所に関してのみ、「刑事施設の規律及び秩序の維持その他管理運営上必要な制限」を行う権限を授与しているにすぎない。弁護人以外の者との面会の場合のように、面会態様を制限する包括的権限を与えていないのである。このことは、刑訴法39条1項によって自由な接見が保障されていることの反映だといえよう。このような刑事被収容者処遇法118条4項と同条5項との対比から明らかなように、同法は、弁護人の面会について、刑事施設長が写真撮影・録画を禁止することを想定していないというべきである。写真撮影・録画の禁止は、それ自体、面会態様の制限にほかならないからである。

また、刑事被収容者処遇法による制限とは別に、刑事施設長が、国有財産法5条に基づく庁舎管理権を根拠にしつつ、弁護人による写真撮影・録画を禁止することもできないというべきである。控訴審判決は、拘置所長による写真撮影・録画の禁止の目的について、「庁舎内の秩序を維持し、安全を確保するため」であるとしている。この目的は、刑事被収容者処遇法118条4項にいう「刑事施設の規律及び秩序の維持」と重なり合う。それゆえ、もしかりに、刑事施設長が国有財産法5条に基づく庁舎管理権によって、逃亡・罪証隠滅の防止および刑事施設における規律・秩序の維持という目的のために、弁護人の写真撮影・録画を禁止することが許されるのだとするならば、写真撮影・録画の禁止も弁護士との面会「態様」の制限にほかならないから、刑事被収容者処遇法118条4項のなかに、刑事施設長に対し、「刑事施設の規律及び秩序の維持」のために写真撮影・録画を禁止する権限を授与することが明記されていたはずである。しかし、そのような規定はない。このことは、同規定の趣旨としては、刑事施設長が国有財産法5条に基づく庁舎管理権を根拠にして、弁護人による写真撮影・録画を禁止することによって面会態様を制限することは許されないということを意味している。

(3)　弁護人による写真撮影・録画と収容施設の秩序・安全

第2に、接見にさいして弁護人が写真撮影をすることによって、逃亡・罪証隠滅の危険が生じ、また、刑事施設における適正な規律・秩序が害されることはないというべきである。

控訴審判決は、「庁舎内において自由に写真撮影等が行われる場合には、庁舎内の秩序が乱れ、警備保安上の支障をもたらすおそれがあるから、庁舎内の秩序を維持し、安全を確保するため、庁舎管理権に基づき、庁舎内における

写真撮影等を禁止することができるものと解される」としたが、接見にさいして弁護人が写真撮影・録画をすることによって、拘置所の秩序が害され、安全の確保が損なわれる危険が生じることはないというべきである。この点については、竹内事件の一審判決も、弁護人は「東京拘置所の許可を得ることなく本件カメラを面会室内に持ち込んだうえ本件撮影行為に及んでおり、東京拘置所において定められた遵守事項に違反する行為をしてはいるものの……、当該行為によって逃亡のおそれや罪証隠滅のおそれ等が生ずる相当の蓋然性があるとは認められない」としていた。

　かりに、弁護人による写真撮影・録画が刑訴法39条1項の「接見」には含まれないとの前提に立ったとしても、刑事被収容者処遇法117条が準用する同法113条1項ロの「刑事施設の規律及び秩序を害する行為」に当たることを媒介として、接見の一時停止・終了を導くものであるから、ここにいう危険は、具体的事実に基づく現実的危険性として認められなければならない。弁護人が高度の専門的能力を有し、厳格な職業倫理によって拘束されていることからすれば、接見にさいして弁護人が写真撮影・録画することによって、未決拘禁者の逃走などを招くような、刑事施設の安全を確保するうえでの現実的な支障が生じることはないといえよう。また、弁護人が写真撮影・録画した記録を第三者に交付する場合には、刑訴法81条に基づく接見および書類・物の授受の制限の有無にかかわりなく、記録の内容を確認しなければならず、そのうえで、逃亡・罪証隠滅という未決拘禁の目的を阻害する危険性をはらむ情報が含まれている場合には、そのような記録を第三者に交付してはならないという弁護士倫理上の規制に服しているというべきである。弁護人の高度な専門的能力をあわせ考えるならば、危険情報を含んだ記録が社会的に流通することによって、逃亡・罪証隠滅を招く現実的危険性は、かりに皆無とはいえなくとも、きわめて僅少である[*38]。したがって、拘置所長は、拘置所の秩序が害され、安全の確保が損なわれる危険が生じることを理由にして、弁護人による写真撮影・録画を禁止することはできないというべきである。

(4)　写真撮影・録画の禁止措置違反と刑事施設における規律・秩序
　控訴審判決は、拘置所長が国有財産法5条に基づく庁舎管理権を根拠にして、弁護人による写真撮影・録画を禁止することができるとしたうえで、一

[*38]　葛野・注22「身体拘束中の被疑者・被告人との接見、書類・物の授受」202頁。

審原告たる弁護人がその旨の掲示を認識しながら、「あえて本件カメラを面会室内に持込み、本件撮影行為に及び、東京拘置所職員から、数回にわたり、本件画像データを消去するように求められたのに、これを拒否し続け、更に写真撮影等を行う意向がある旨を表明したというのであるから、このような一審原告の行為は、収容法113条1項1号ロの規律等侵害行為に該当する」と認めた。施設長の禁止措置に違反する弁護人の行為を「刑事施設の規律及び秩序を害する行為」（規律等侵害行為）に直結させたといってよい。いまかりに、拘置所長の禁止措置が認められるとの前提に立ったとしても、禁止措置に違反する弁護人の行為を規律等侵害行為に直結させ、それを理由にして弁護人の面会を制限する理由とすることには疑問がある。

　ここにおいて問題となるのは、刑事被収容者処遇法117条・113条が弁護人の面会の制限理由としてあげている「刑事施設の規律及び秩序を害する行為」（規律等侵害行為）の内実である。同法73条は、1項において、「刑事施設の規律及び秩序は、適正に維持されなければならない」としたうえで、2項において、「前項の目的を達成するため執る措置は、被収容者の収容を確保し、並びにその処遇のための適切な環境及びその安全かつ平穏な共同生活を維持するため必要な限度を超えてはならない」と定めている。同条2項からすれば、刑事施設の規律・秩序とは、「被収容者の収容を確保し、並びにその処遇のための適切な環境及びその安全かつ平穏な共同生活を維持する」ことを意味しており、さらに、このような意味における規律・秩序を「適正に維持」（同条1項）するために執る措置は、そのために「必要な限度を超えてはならない」とされているのである。

　このことからすれば、接見にさいして弁護人が写真撮影・録画を行い、それをもって禁止措置に違反したからといって、それが直ちに「刑事施設の規律及び秩序を害する行為」（規律等侵害行為）に該当するわけではなく、弁護人の写真撮影・録画が、「被収容者の収容を確保し、並びにその処遇のための適切な環境及びその安全かつ平穏な共同生活を維持する」こと、このような意味における規律・秩序を侵害するものかどうかが検討されなければならない。

　刑事被収容者処遇法73条2項にいう「被収容者の収容」の「確保」は、未決拘禁者の逃亡の防止と同義であって、弁護人による写真撮影が逃亡の危険を生じさせるものでないことは、先に述べたとおりである。問題は、弁護人による写真撮影が、刑事施設における適切な処遇環境の維持および安全・平穏な共同生活の維持を害するかどうかである。このことが肯定されなければ、弁護

人による写真撮影について、それがたとえ施設長の禁止措置に違反するものであったとしても、同法113条1項ロにいう「刑事施設の規律及び秩序を害する行為」に当たるとすることはできないのである。

しかし、控訴審判決は、弁護人による写真撮影が、刑事施設における適切な処遇環境の維持および安全・平穏な共同生活の維持を害するかどうか、具体的事実を根拠にしてそのような侵害の現実的危険があるといえるかを検討することなく、弁護人による写真撮影・録画をもって、ただ拘置所長の禁止措置に違反し、それを継続しようとする行為であるというだけで、「刑事施設の規律及び秩序を害する行為」（規律等侵害行為）に当たると認めている。この点において、重大な問題をはらんでいる。実質的にみたときも、上述のように、弁護人が高度の専門的能力を有し、厳格な職業倫理に拘束されることからすれば、弁護人による写真撮影・録画によって、刑事施設における適切な処遇環境の維持および安全・平穏な共同生活の維持に対する現実的危険が生じるとはいえないはずである。

6. 結語

以上論じてきたように、第1に、接見にさいして弁護人が接見状況を記録するために写真撮影・ビデオ録画を行うことは、弁護人が取得した視覚的情報を自ら記録することにほかならないから、それ自体、刑訴法39条1項にいう「接見」に含まれ、同規定による接見交通権の保障の範囲内にあると理解すべきである。刑訴法39条1項にいう「接見」とは、被疑者・被告人と弁護人とのあいだのコミュニケーションであって、「書類若しくは物の授受」を除いたもの、すなわち接見室においてなされる意思疎通および情報の発信・取得をいうとすべきであって、「接見」を「意思疎通」に限定する理由はない。また、写真撮影・録画が証拠保全の目的によってなされたとしても、それによって「接見」であることが否定されるわけではない。

弁護人による写真撮影・録画が「接見」に当たるとするとき、刑事被収容者処遇法のなかには、それを制限するための刑訴法39条2項にいう「法令」の規定は存在しない。かりに、同規定にいう「法令」によらずとも制限が可能だとの前提に立ったとしても、写真撮影の禁止は、接見にさいして弁護人が取得した視覚的情報の最も効果的な記録手段を奪うことになるから、接見交通権の本質にわたる制限となって、許されないというべきである。

第2に、かりに弁護人による写真撮影・録画自体が「接見」に含まれないとしても、拘置所長が国有財産法5条に基づく庁舎管理権を根拠にして、弁護人の写真撮影・録画を禁止したうえで、その禁止措置に違反する弁護人の行為をもって、「刑事施設の規律及び秩序を害する行為」(刑事被収容者処遇法117条・113条1項ロ)に当たるとして、弁護人の面会を一時停止・終了させることは許されないというべきである。その理由は3点ある。

　まず、刑事被収容者処遇法117条に基づく弁護人との面会の一時停止・終了は、刑訴法39条1項にいう「接見」の制限をもたらすものであるから、刑訴法39条の規定構造からすれば、同条1項の「接見」の制限は、本来、同条2項にいう「法令」の規定によって、同規定に明示された「被告人又は被疑者の逃亡、罪証の隠滅又は戒護に支障のある物の授受を防ぐ」という目的のためにのみ、許されると理解すべきである。そうであるならば、収容法において、刑事施設における規律・秩序の維持という収容法独自の目的のために、面会にさいしての弁護人の規律・秩序違反行為を制止し、面会を一時停止することによって、刑訴法39条1項の保障する接見交通権を制約することはできないといわなければならない。

　また、かりに、刑訴法39条2項にいう「法令」による「必要な措置」とは別に、刑事被収容者処遇法117条・113条に基づき、面会にさいしての規律・秩序違反行為を制止し、または面会を一時停止・終了させることができ、もって接見交通権を制約することが可能であるとの前提に立ったとしても、刑事被収容者処遇法118条が、刑事施設長による弁護人の面会態様の制限を面会の場所に関する制限に限定していることの趣旨からすれば、刑事施設長は国有財産法5条に基づく施設管理権によって、身体を拘束された被疑者・被告人たる未決拘禁者と弁護人との面会について、弁護人による写真撮影・録画を禁止することはできないというべきである。写真撮影の禁止は、それ自体、面会態様の制限に当たるからである。

　さらに、かりに、刑事被収容者処遇法において、同法独自の目的から、「刑事施設の規律及び秩序を害する行為」(同法117条・113条1項ロ)を理由として、接見交通権の制約が許されるとの前提に立ったとしても、弁護人が高度な専門的能力を有し、厳格な職業倫理に拘束されることからすれば、接見にさいしての弁護人による写真撮影によって、刑事施設において逃亡・罪証隠滅の現実的危険が生じ、あるいは刑事施設における適切な処遇環境および安全・平穏な共同生活の維持が現実的に損なわれることはないというべきであるから、

弁護人による写真撮影がただ施設長による禁止措置に違反したことをもって、「刑事施設の規律及び秩序を害する行為」に当たるとし、接見交通権の制約の理由とすることは許されない。

　刑事手続が複雑性を高めるにともない、刑事弁護における高度の専門的能力がますます強く求められるなかで、情報通信技術の進歩と関連機器の発達・普及も与って、効果的な弁護手段の追求という観点から、接見にさいしての弁護人による写真撮影・録画、パーソナル・コンピュータを用いてのインターネットの利用など、さまざまな情報通信機器を活用した接見が積極化していくことは必然的な流れである。竹内事件においても、弁護人は、その専門的判断において、被告人の防御のために将来とりうる手続にとって、接見にさいして取得した視覚的情報たる被告人の状態を記録する必要があると考え、その記録のための最も効果的な手段として写真撮影を選択したのである。このような形で、誠実に弁護活動を行ったものといえよう。

　刑訴法39条1項による接見交通権の保障のもとで、情報通信機器を活用した接見が積極化することは、身体を拘束された被疑者・被告人が弁護人から実効的な援助を受け、また、被疑者・被告人に対して弁護人が効果的な援助を提供する機会を強化していくことになるであろう。そのことこそが、憲法による弁護人の援助を受ける権利の保障を実質化する。いうまでもなく、当事者主義構造をとる刑事手続は、当事者間の実質的対等ないし武器平等が確保されてこそ、はじめて有効に機能し、真実発見の目的にも寄与しうる。当事者間の実質的対等を確保するうえで、最も重要なものは、弁護人の実効的な援助の保障である。接見交通権の保障を強化することによって、弁護人の援助を受ける権利の保障をいっそう実質化し、もって当事者間の実質的対等を図らなければならない。刑事手続が向かうべきは、そのような方角である。

補論 社会的迷惑行為のハイブリッド型規制と適正手続

1. 問題設定――ハイブリッド型規制をめぐる法的問題

(1) 社会的迷惑行為のハイブリッド型規制

　犯罪に至らない社会的迷惑行為ないし反社会的行為に対するハイブリッド型規制が、暴力団対策法をはじめとして、ストーカー規制法、広島市暴走族追放条例など、拡大をみせている。これらにおいては、まず、行政法規によって一定の行為を広く禁止したうえで、禁止違反行為があったときに行政命令による規制を行い、さらに、その命令違反行為に対して刑罰を科すという規制方式がとられている。また、DV防止法は、民事手続による裁判所の保護命令（接近禁止命令・退去命令、10条）と命令違反行為の処罰とを組み合わせている（29条）。ただし、DV防止法において保護命令の前提とされているのは、「配偶者からの身体に対する暴力」（10条1項）であるが、この行為自体が、暴行、傷害などの犯罪にあたりうるものであって、この行為を一般に禁止する規定は含まれていない[*1]。いずれの場合にも、行政的・民事的規制と刑事的規制とを連続的・一体的に結びつけた規制方式がとられていることから、イギリス（本章においては、イングランド・ウェールズを意味する）における民事的規制と刑事的規制とを結合させた規制方式についての呼称に倣い、ハイブリッド型規制と呼ぶことにする[*2]。

　広島市暴走族追放条例を合憲とした最高裁判決[*3]は、行政的規制と刑事的規

[*1] DV防止法については、千葉景子ほか監修『詳解・DV防止法（2008年版）』（ぎょうせい、2008年）、山田秀雄編著『Q&Aドメスティック・バイオレンス法、児童虐待防止法解説〔第2版〕』（三省堂、2004年）など参照。

[*2] Gardner, Clause 1: The Hybrid Law from Hell ?, (1998) 31 Criminal Justice Matters 25, 25. ジョン・ガードナー、アンドリュー・フォン・ハーシュ、A・T・H・スミス、ロッド・モーガン、アンドリュー・アシュワース、マーティン・ワージックというイギリスを代表する刑事法学者の連名によるこの論文は、いち早く、1998年犯罪秩序違反法1条に基づく社会的迷惑行為防止命令（ASBO）のハイブリッド型規制としての特徴を明らかにしたうえで、刑事手続のための権利保障の潜脱というそれにともなう危険性を指摘した。

制とを結合させた規制方式について、とくに行政命令に違反する行為の処罰の部分に注目しつつ、「事後的かつ段階的規制」であるとした。たしかに、行政的規制と刑事的規制とが「段階的」に用いられており、また、刑罰は行政命令違反行為を対象としているという点において、刑事的規制は行政的規制に対する「事後的」規制であるとはいえよう。しかし、一般に、刑事的規制の特徴とされる「事後的」規制としての性格とは、「犯罪」行為がすでに存在していることを前提として刑罰が科されることを意味しているのに対し、ハイブリッド型規制においては、行政命令の前提とされる禁止違反行為は存在しているものの、それ自体は犯罪ではない。刑罰の対象とされる「犯罪」は、行政命令に違反する行為である。ハイブリッド型規制は、「犯罪」が存在しない段階で、まず行政的規制として始動し、行政命令違反行為としての「犯罪」が存在する段階に至ると、刑事的規制へと移行するのである。このような規制方式の本質的特徴は、行政的規制と刑事的規制との連続的・一体的結合にこそあるから、「事後的」規制と呼ぶことは、その特徴を曖昧にしてしまうきらいがある。むしろ、連続的・一体的規制の目的として強調されるのは、そのような行為とそのもたらす結果としての「被害」の未然防止なのである。本章が「事後的・段階的」規制ではなく、あえてハイブリッド型規制と呼んだのは、このような理由による。

　ハイブリッド型規制の構造について、その代表例である暴力団対策法（1991年制定）による暴力的要求行為の規制をとりあげ、具体的にみておくことにしよう。まず、暴力団対策法９条は、「指定暴力団等の暴力団員（以下「指定暴力団員」という。）は、その者の所属する指定暴力団等又はその系列上位指定暴力団等……の威力を示して次に掲げる行為をしてはならない」として、１号「人に対し、その人に関する事実を宣伝しないこと又はその人に関する公知でない事実を公表しないことの対償として、金品その他の財産上の利益（以下「金品等」という。）の供与を要求すること」、２号「人に対し、寄附金、賛助金その他名目のいかんを問わず、みだりに金品等の贈与を要求すること」以下、20号まで具体的行為態様を列挙している。暴力的要求行為の禁止である。そのうえで、同法11条１項は、「公安委員会は、指定暴力団員が暴力的要求行為をしており、その相手方の生活の平穏又は業務の遂行の平穏が害されていると認める場合には、当該指定暴力団員に対し、当該暴力的要求行為を中止すること

---

*3　最判平19（2007）・9・18刑集61巻6号601頁。

暴力団対策法の運用状況

	中止命令	再発防止命令	命令違反行為検挙件数
1995年	1321	33	＊
1996年	1456	43	＊
1997年	1737	60	＊
1998年	1900	43	＊
1999年	2275	25	＊
2000年	2185	95	3
2001年	2238	96	8
2002年	2599	141	13
2003年	2609	114	14
2004年	2717	161	18
2005年	2668	112	17
2006年	2488	128	8
2007年	2417	110	11
2008年	2270	86	7

表中＊は出典中に数値が示されていないもの。
出典：警察庁組織犯罪対策部暴力団対策課・企画分析課『平成20年度の暴力団情勢』（2009年4月）、同『平成16年度の暴力団情勢』警察庁ホームページ〈http://www.npa.go.jp/toukei/index.htm#bouryokudan〉

を命じ、又は当該暴力的要求行為が中止されることを確保するために必要な事項を命ずることができる」とし、同条2項は、「公安委員会は、指定暴力団員が暴力的要求行為をした場合において、当該指定暴力団員が更に反復して当該暴力的要求行為と類似の暴力的要求行為をするおそれがあると認めるときは、当該指定暴力団員に対し、1年を超えない範囲内で期間を定めて、暴力的要求行為が行われることを防止するために必要な事項を命ずることができる」と定めている。それぞれ、中止命令（1項）、再発防止命令（2項）である。これら禁止行為とされる暴力的要求行為の中止・予防を目的とする命令は、公安委員会により発せられる行政命令である。次に、この中止命令ないし再発防止命令に違反する行為があった場合について、同法46条は、「第11条の規定による命令に違反した者は、1年以下の懲役若しくは100万円以下の罰金に処し、又はこれを併科する」と定めている。暴力団対策法は、暴力的要求行為以外にも、暴力的要求行為を要求等する行為（10条）、少年の加入を強要・勧誘し、または脱退を妨害する行為（16条1項）、成人に対する威迫を手段とする同様の行為（16条2項）などについても、同じく、中止・再発防止命令による行政

的規制（12条・18条）と命令違反行為の処罰（47条）とを連続的・一体的に結合させた規制を行っている。このような規制方式は、2000年に制定されたストーカー行為規制法における、「つきまとい等」により相手方に身体の安全、住居等の平穏、名誉が害され、あるいは行動の自由が著しく害される不安を覚えさせるような行為（3条）の規制にもみられるところである[*4]。

　暴力団対策法の運用状況をみると、2009年2月16日現在、22団体が「指定暴力団」（3条）として指定されていたが、2008年中、中止命令の発出件数は2,270件であり、暴力的要求行為（9条）に対するものが最も多く1,566件あり、全体の69.0％を占めている。続いて、加入強要・脱退妨害行為（16条）に対するものが423件あり、全体の18.6％を占めている。同年中、再発防止命令の発付件数は86件であり、そのうち、暴力的要求行為に対するものが68％（全体の79.1％）、加入強要・脱退妨害行為に対するものが17件（19.8％）であった。他方、命令違反行為についての検挙件数は、7件に過ぎなかった。

(2)　ハイブリッド型規制の利点

　このようなハイブリッド型規制については、これまで、犯罪に至らないものの、社会的に有害と目され、規制の必要が認められるとされる社会的迷惑行為について、その「被害」を防止するための広汎な規制が可能になること、禁止対象の明確な規定の要請、個人責任主義、適正手続としてのさまざまな手続保障、伝聞証拠の制限、高度な証明基準など、刑事的規制にともなう繁雑さと障害を回避し、迅速で柔軟な予防的規制が可能になることが指摘されてきた。

　たとえば、暴力団対策法については、次のようにいわれている。すなわち、暴力団の寡占化を背景として、「暴力団員が暴力団の『威力を示す』など威力を巧妙に利用して、脅迫、恐喝、暴行等の犯罪にならない形で不当に利得を図るなど、不当な行為を広範に展開している実態にかんがみ」、同法が禁止・取締の対象としたのは、「既存の刑法、暴力行為処罰法等の刑罰法令によっては有効に取り締まることのできない、そもそも犯罪を構成しない不当な行為」である。そして、中止・再発防止命令については、同法の「禁止行為は、犯罪にな

[*4]　ストーカー規制法については、ストーカー規制法研究会＝園田寿『わかりやすいストーカー規制法』（有斐閣、2002年）、檜垣重臣『ストーカー規制法解説〔改訂版〕』（立花書房、2006年）など参照。生田勝義『行為原理と刑事違法論』（信山社、2002年）24〜25頁は、ストーカー規制法を刑法による感情保護の拡大の現れとしてあげている。

らない性格のものであり、相手方や社会に及ぼす法益侵害は比較的軽微であるが、相手方や社会に不安と迷惑を与えるものであり、本法（暴力団対策法・引用者注）の禁止行為が継続され、又は反復して行われることとなれば、相手方や社会に対する不安、迷惑の程度が高まることになるので、これらの違反行為は、中止させ、及び再び行わせないようにすることが必要である。したがって、本法違反の行為に対しては、必ずしも直ちに刑罰により一般的に制裁を課すのではなく、当該行為が継続され又は再び行われるおそれがある場合に、その防止に必要な具体的な命令を課して具体的に禁止し、この種行為を防止することが重要であるとの考え方による」とされている[*5]。また、暴力団対策法によって、いわゆる「グレーゾーン」とされてきた、「犯罪によらないものとして必ずしも十分な対応ができていなかった暴力団の威力を利用した民事介入暴力事案に対する対応を有効に行えるようになった」とも指摘されている[*6]。広汎な反社会的行為に対する、行政的規制による迅速かつ柔軟な予防的規制という目的は、暴力団対策法の運用状況にも反映しているといえるであろう。

　これらに加え、ハイブリッド型規制については、禁止行為を直接処罰するのではなく、予防的な行政命令ないし民事差止命令を前置し、これら命令の実効性を担保するものとして刑罰を位置づけることによって、刑法の謙抑主義に適うともいわれている。暴力団対策法については、既存の法令により犯罪とはならないような反社会的行為の拡大に対して、「直接刑罰の対象となる領域（直罰領域）の拡大」によって対処する方法もありうるが、「従前直罰の対象とされていない領域に属する行為を新たに直別の対象とするに当たっては、直罰とする必要性、妥当性等について慎重な検討を要する」のに対して、「反社会的な資金獲得目的（暴力的要求行為）を予防・抑止するため、これを行政上の禁止行為とし、これに違反した者に措置命令を行うこととした」うえで、「措置命令の履行を担保する手段として刑事罰を採用した」とされる[*7]。このような規制方式は、「処罰することが第一次的な目的ではなく、あくまで反社会

[*5] 吉田英法「刑事警察と暴力団対策法の法制上の位置付け」警察学論集45巻1号（1992年）50〜51頁。同「暴力団員不当行為防止法の概要と要点」ジュリスト985号（1991年）31・34頁も同旨。
[*6] 國松孝次「暴力団対策法の成立と今後の暴力団取締りについて」警察学論集45巻1号（1992年）2〜4頁。
[*7] 内田淳一「暴力団対策の構造と暴力団対策法」河上和雄＝國松孝次＝香城敏麿＝田宮裕編『講座日本の警察(2) 刑事警察』（立花書房、1993年）433〜435頁。

的行為の中止が主眼であ」って、「いわゆるグレーゾーンに属する民事介入暴力行為に対してこのような弾力的な対応を行うことは、いたずらに刑罰を増加させることなく、また、迅速に規制の目的を達成することが期待できるため、おおいに合理性を認めてよい」とされるのである[*8]。

　暴力団対策法3条に基づく指定処分の合憲性・適法性が争われた訴訟の判決によっても、このような見解が表明された。1993年3月5日の神戸地裁判決[*9]は、指定処分の執行停止を求める申立人の被侵害利益をめぐって、同法の「不当な行為を規制する方法について検討すると、指定暴力団員が規制の対象になる行為をしても、それに対して直ちに処罰をするのではなく、その行為の中止を命じたり、事務所の使用を禁じる等の刑罰よりもゆるやかな行政処分によって是正を図り、必要な限度で立入検査などの措置を取るなどして法の施行を確保し、刑罰はそれらの行政処分の実効性を確保するために用意されているにすぎないのであるから、これらの行為のもたらす弊害と比べて決して重い制約ということはできない」としている。また、指定処分の取消申立に対して、同年5月17日の那覇地裁判決[*10]は、「不当行為を直接処罰するのではなく、中止命令等の行政命令によって対応し、これに従わない場合に罰則規定が適用される（法定刑も1年以下の懲役や50万円以下の罰金と比較的軽いものである。）にすぎない」ことを、規制方法の合理性を基礎づけるものとして指摘し、指定制度の目的・制度趣旨の必要性・合理性とあわせて、憲法21条に違反しないことの根拠としている。

　さらに、このような見解は、先の広島市暴走族追放条例事件[*11]において、最高裁によっても表明されるに至った。広島市暴走族追放条例は、まず、16条1項において、「何人も、次に掲げる行為をしてはならない」と定め、その1号として「公共の場所において、当該場所の所有者又は管理者の承諾又は許可を得ないで、公衆に不安又は恐怖を覚えさせるような集又は集会を行うこと」を掲げている。そして、同条例17条は、「前条第1項第1号の行為が、本

[*8]　日本弁護士連合会民事介入暴力対策委員会編『注解暴力団対策法』(民事法研究会、1996年)80頁。
[*9]　神戸地判平5(1993)・3・5判タ826号219頁。福岡地判平7(1995)・3・28判例地方自治146号88頁も同旨である。
[*10]　那覇地判平7(1995)・5・17判タ883号124頁。
[*11]　最判平19(2007)・9・18刑集61巻6号601頁。この判決については、数多くの評釈・論攷があるが、とくに、曽根威彦「判批」判例評論604号(2009年)34頁、渡辺康行「集会の自由の制約と合憲的限定解釈──広島市暴走族追放条例事件最高裁判決を機縁として」法政研究75巻2号(2008年)424頁参照。

市の管理する公共の場所において、特異な服装をし、顔面の全部若しくは一部を覆い隠し、円陣を組み、又は旗を立てる等威勢を示すことにより行われたときは、市長は、当該行為者に対し、当該行為の中止又は当該場所からの退去を命ずることができる」とし、さらに、19条は、この「市長の命令に違反した者は、6月以下の懲役又は10万円以下の罰金に処する」と規定している。行政的規制と刑事的規制とを連続的・一体的に結びつけたハイブリッド型規制がとられているのである。最高裁判決は、中止・退去命令の対象行為について限定解釈を行い、それにより明確性が認められるとする判断を前提として、同「条例16条1項1号、17条、19条の規定による規制は、広島市内の公共の場所における暴走族による集会等が公衆の平穏を害してきたこと、規制に係る集会であっても、これを行うことを直ちに犯罪として処罰するのではなく、市長による中止命令等の対象とするにとどめ、この命令に違反した場合に初めて処罰すべきものとするという事後的かつ段階的規制によっていること等にかんがみると、その弊害を防止しようとする規制目的の正当性、弊害防止手段としての合理性、この規制により得られる利益と失われる利益との均衡の観点に照らし、いまだ憲法21条1項、31条に違反するとまではいえない」と判示している。「事後的かつ段階的規制によっていること」が、合憲性を根拠づける「弊害防止手段としての合理性」の内実としてあげられているのである。

(3)　本章の課題

　たしかに、ハイブリッド型規制は、社会的迷惑行為を広汎に、しかも迅速かつ柔軟に規制することを可能にするであろう。また、予防的な行政命令・民事差止命令を前置したうえで、それらの命令に違反する行為を処罰対象とすることにより、実際に刑罰が科される場合が、命令発付に比べて少なくなることもたしかである。暴力団対策法の運用状況は、その例証である。しかし、行政的・民事的規制と刑事的規制とが連続的・一体的に結びついた規制方式のもと、それ自体犯罪とはならない行為が広汎に規制されるとき、実際に処罰される場合が少ないからといって、はたして、刑法の謙抑主義に適合しているといえるのであろうか。また、たしかに、行政命令は行政手続により、民事差止命令は裁判所の民事手続によるものであり、命令違反行為の処罰は、もちろん正式の刑事手続によるものである。しかし、ハイブリッド型規制として手続全体を捉えたとき、前段の行政手続ないし民事手続において、はたして、適正手続として本来要求されるべき権利保障がなされているといえるのであ

ろうか。行政的・民事的規制と刑事的規制とが連続的・一体的に結合していることからすれば、その前段手続においても、通常の行政手続・民事手続の水準を超える手厚い適正手続が要求されるというべきではなかろうか。社会的迷惑行為に対する有効な規制方式と目され、ハイブリッド型規制が拡大しつつあるなか、これら法的問題について検討することが重要課題となる。

　本章は、以下、第1に、欧州人権条約6条のもと、「刑事上の罪」の決定手続のための権利保障がどのような手続に及ぼされるべきかという問題をめぐって、人権裁判所判例が確立した潜脱禁止法理（anti-subversion doctrine）の意義とその具体化ための判断基準を明らかにする。第2に、潜脱禁止法理のもと、社会的迷惑行為防止命令（Anti-Social Behaviour Order）（以下、ASBO）の決定手続においてどのような権利保障がなされるべきか、ASBO決定手続は「刑事上の罪」の決定手続にあたるとされるべきではないか、という問題をめぐるイギリス法の展開を検討する。これらを踏まえ、第3に、日本のハイブリッド型規制をめぐって、行政的・民事的規制と刑事的規制との連続的・一体的結合という本質的特徴に注目しつつ、前段手続において、適正手続として本来要求されるべき権利保障がなされていないのではないか、潜脱禁止法理の趣旨からすれば、少なくとも行政命令を前置するのではなく、司法手続による民事差止命令を前置することによって、「公正な公開審理」（自由権規約14条1項）を直接保障すべきではないか、行政命令・民事差止命令により規制される行為が、それ自体犯罪ではないにもかかわらず、命令違反行為の処罰を媒介として、実質的には直接的・間接的に刑事的規制の対象とされることとなって、刑法の謙抑主義に適合しないのではないか、という点について論じていく。

2. 欧州人権条約における潜脱禁止法理

(1) 潜脱禁止法理

　欧州人権条約6条1項は、「すべての者は、その民事上の権利および義務の決定又は刑事上の罪（criminal charge）の決定のため、法律で設置された、独立の、かつ、公平な裁判所による妥当な期間内に公正な公開審理を受ける権利を有する。……」と定めており、民事手続か、刑事手続かを問わず、公正な裁判を受ける権利を保障している。同条は、引き続き、2項において、「刑事上の罪に問われているすべての者は、法律に基づいて有罪とされるまでは、無罪と推定される」と規定し、3項において、「刑事上の罪に問われているすべ

ての者は、少なくとも次の権利を有する」として、罪責の告知（a）、防御準備のための十分な時間・便益（b）、自己弁護および無料の選任保障を含む弁護人の援助（c）、証人審問・対質権（d）、無料の通訳（e）を保障している。また、「刑事上の罪」の決定手続においては、人権条約7条による事後法による遡及処罰の禁止、人権条約第4選択議定書2条による上訴の権利、同議定書4条による一事不再理効も保障されている。このように、「刑事上の罪」の決定手続においては、とくに手厚い権利保障が規定されているが、そのことから、これら権利保障の適用範囲を画定するために、人権条約において「刑事上の罪」とはどのような意味を有するのかが問題とされてきた。

　この問題について、欧州人権裁判所は、「刑事上の罪」の意味は、国内法による手続分類のいかんによらず、人権条約の権利保障の適用という目的から独自に確定されるべきであるとの立場をとってきた。リーディング・ケースは、エンゲル対オランダ事件[*12]における1976年の人権裁判所判決である。この判決は、軍の懲戒手続が人権条約6条のいう「刑事上の罪」の決定手続にあたるかどうか判断するにあたり、次のように述べている。「人権条約のもと、疑いもなく締約国は、公共の利益の擁護者としての役割を果たすうえで、刑事法と懲戒手続に関する法（disciplinary law）との区別を設け、両者の境界線を引くことを許されている。とはいえ、そのことは、一定の条件に服さなければならないのである。……なぜなら、仮に、締約国がその自由裁量によって、ある手続を刑事手続ではなく懲戒手続と分類し、ある行為者を刑事上の罪について訴追するのではなく懲戒事由について告発することができるとしたならば、人権条約6条および7条という基本的条項の機能が、主権国家の意思よりも下位に置かれることになるであろう。このような自由裁量の余地を認めることは、人権条約の目的と両立しない。それゆえ、人権裁判所は、その権限により、懲戒手続の名のもとに、人権条約による刑事手続上の権利保障が侵害されていないかどうか確認することができるのである」[*13]。

　かくして、エンゲル対オランダ事件判決に続く一連の判例を通じて確立されたのが、潜脱禁止法理である。すなわち、潜脱禁止法理のもと、人権裁判所は、国内法による恣意的な手続分類を通じて、締約国が実体的・手続的権利の保障を潜脱することのないよう、国内法の手続分類によるのではなく、人権

[*12]　Engel v Netherland, (1979-80) 1 EHRR 647.
[*13]　(1979-80) 1 EHRR 647, at para. 81.

条約の見地から実質的検討を行い、手続の性格を明らかにし、それによって「刑事上の罪」の決定手続のための権利保障が適用されるべきかどうか判断するのである。その結果、国内法によれば民事手続、行政手続、懲戒手続に分類されている手続も、人権条約の権利保障との関係においては「刑事上の罪」の決定手続にあたるとされ、人権条約6条2項、3項などの権利保障が及ぼされるべき場合が認められることになる[*14]。

(2)　3つの判断基準

　問題となるのは、人権条約の見地から「刑事上の罪」の決定手続にあたるかどうか判断するさい、どのような基準によるべきかということである。エンゲル対オランダ事件判決は、3つの判断基準を提示した。第1に、国内法による手続分類がどうであるか、第2に、問題とされる違反行為の性質はどうか、第3に、制裁の厳格さはどの程度か、という基準である。その後の判例において、これら3つの基準は各独立して評価されるべきものではないとされ、また、制裁の厳格さに関する第3の基準が最も重視されてきている[*15]。これら3つの基準について、1997年、AP=MP=TP対スイス事件[*16]における人権裁判所判決は、明快に次のように述べている。「人権裁判所は、人権条約6条にいうところの『刑事上の罪』という概念は人権条約の見地から独自の意味を有していると、繰り返し述べてきた。これまでの判例において、人権裁判所は、ある人が人権条約6条との関係において『刑事上の罪に問われている』かどうか判断するさいに、3つの基準について検討すべきとの立場を確立した。すなわち、国内法における違反行為の分類、違反行為の性質、問題となっている人が課される可能性のある制裁の性質と厳格さの程度である」[*17]。これらの基準によって、国内法上、民事手続、行政手続あるいは懲戒手続と分類されている手続が、人権条約の見地から「刑事上の罪」の決定手続にあたると判断されたとしても、それは、人権条約における「刑事上の罪」の決定手続のための権利保障が、その手続においても推及されるべきことを意味するものであって、国内法において、その手続を刑事手続と分類し直すべきことを要求するもので

[*14]　Stefan Trechsel, Human Rights in Criminal Proceedings 14-16 (2005).
[*15]　Ben Emmerson, Andrew Ashworth and Alison Macdonald, Human Rights and Criminal Justice 193 (2nd ed., 2007).
[*16]　AP, MP and TP v Switzerland, (1998) 26 EHRR 541.
[*17]　(1998) 26 EHRR 541, at para. 39.

はない*18。

　第1の基準について、エンゲル対オランダ事件判決は、「最初に、締約国の法制度のもと、告発されるべき行為を定めている法規が刑事法と分類されているのか、懲戒手続に関する法と分類されているのか、それとも両者に競合するものなのか、確認する必要がある。しかしながら、このことは出発点でしかない。国内法による手続分類は、形式的なものでしかなく、相対的価値を有しているに過ぎないから、他のさまざまな締約国の関連する法規による手続分類に照らして、再検討されなければならない」*19と述べている。人権裁判所の判例によれば、もし国内法が、問題となる違反行為を「犯罪行為(criminal offence)」と性格づけている場合には、人権条約の見地からする判断においても、それが決定的となる。他方、国内法により民事手続、行政手続あるいは懲戒手続と分類されていても、第2、第3の基準に関する実質的検討によって、人権条約の権利保障との関係においては「刑事上の罪」の決定手続にあたるとされる場合がある*20。

　第2、第3の基準について、エンゲル対オランダ事件判決は、「まさに違反行為の性質は、より重視されるべき基準である。もし、ある軍人が、軍隊の活動を統制する法令に違反したとされる作為または不作為について告発されていると認められた場合には、締約国は、原則として、その者を刑事手続ではなく、懲戒手続に付すことになるであろう。／しかしながら、人権裁判所の検討はここで終わるのではない。そのような人権裁判所の検討は、問題となっている人に課される可能性のある制裁の厳格さがどの程度なのかを考慮に入れないならば、無意味なものとなってしまうであろう。法の支配に服する社会においては、懲罰(punishment)として課されるべき自由の剥奪は、その性質、その執行の期間や方法からみて、さほど重大な不利益ではないと認められる場合を除き、『刑罰』にあたるというべきである。問題となっている処分の重大性、締約国における伝統、人権条約がすべての人の身体の自由をことのほか重視していることからすれば、そのように考えるべきなのである」*21と述べている。

---

*18　Pieter van Dujk et al. (eds.), Theory and Practice of the European Convention on Human Rights 544 (4th ed., 2006).
*19　(1979-80) 1 EHRR 647, at para. 82.
*20　Emmerson et al., supra note 15, at 193-194.
*21　(1979-80) 1 EHRR 647, at para. 82.

人権裁判所の判例において、第2の基準である違反行為の性質をめぐっては、違反行為を定める法令が市民一般を対象としているのか、特定集団を対象としているのか、手続の始動が法令の執行権限を法的に付与された公的機関によるのかどうか、手続が懲罰的性格あるいは一般抑止的性格を含んでいるかどうか、違反行為に対する制裁が行為者の有責性の認定に基づくものかどうか、同種手続が他国においてはどのように分類されているか、などが具体的に検討されてきた。違反行為が一般市民を対象とする法令によるものであり、法的執行権限を有する公的機関が手続を始動し、手続に懲罰的・一般抑止的性格が認められ、行為者の有責性の認定に基づき制裁が課され、他国において刑事手続と分類されているような場合、人権条約の見地からは「刑事上の罪」の決定手続にあたるとする方向に、判断が促されるのである[*22]。

　第3の基準としての制裁の厳格さは、判例において、しばしば決定的なものとされてきた。とりわけ、施設への収容による自由の剥奪をともなう制裁についてはそうである。この基準をめぐっては、懲罰として自由の剥奪が決定される場合には、その性質、期間、執行方法からみればひどく不利益とまでは認められないときでも、「刑事上の罪」の決定手続にあたるとされ、出廷保証命令（binding over）のように、制裁が過去の行為ではなく、将来の行為を条件に課される場合でも、「刑罰」とされることがあり、多額の金銭的制裁は、とりわけ支払い不能のとき施設収容がなされる場合、「刑罰」にあたるとされ、少額の金銭的制裁でも、明白に懲罰・一般抑止の目的から課される場合には「刑罰」とされ、判断の基礎になるのは、現実に課された制裁ではなく、課される可能性のある制裁であるとされてきた[*23]。

　人権裁判所の判例においては、国内法による手続分類という第1の基準に比べ、第2、第3の基準、すなわち違反行為の性質と制裁の厳格さとが重視されてきたが、いずれか一方のみがとくに重視され、判断にとって決定的なものとされることもあった。また、上述のように、国内法により刑事手続と分類され、「刑罰」と性格づけられていれば、違反行為の性質、制裁の厳格さのいかんによらず、その手続は「刑事上の罪」の決定手続にあたるとされてきた。「刑事上の罪」の決定手続であると判断するためには、これら3つの基準すべてが満たされなければならないのではなく、いずれか1つまたは2つでも決

[*22] Emmerson et al., supra note 15, at 194-195.
[*23] Id. at 195.

定的なものとなりえ、また、個々の基準から直ちに結論が導き出されない場合には、3つの基準について総合的判断がなされてきた*24。

このように、欧州人権裁判所は、潜脱禁止法理を具体化するにあたって、国内法による手続分類、違反行為の性質、制裁の厳格さという3つの判断基準によりながら、国内法による手続分類にかかわらず、ある手続が人権条約の権利保障との関係において「刑事上の罪」の決定手続にあたるのでないか、実質的に判断してきたのである。

3. イギリスの社会的迷惑行為防止命令と潜脱禁止法理

(1) 社会的迷惑行為とハイブリッド型規制

欧州人権裁判所の判例が確立した潜脱禁止法理のもと、イギリスにおいて、決定手続の性格や権利保障のあり方について問題とされてきたのが、社会的迷惑行為防止命令（ASBO）とその違反行為の処罰とを結合させたハイブリッド型規制である。国内法上、ASBOは予防目的による民事差止命令の一種とされ、その決定手続は民事手続と分類されている。しかし、ASBO自体にともなう長期の重大な行動制限、ASBOの懲罰的性格、ASBO違反行為が厳格な処罰に直結していることなどからすれば、ASBO決定手続を民事手続とすることによって、適正手続として本来要求されるべき権利保障を潜脱しているのではないか、との疑問が提起されているのである*25。

1990年代末、ニュー・レイバー政権が誕生すると、イギリスにおいては、犯罪に至らない社会的迷惑行為の拡大と、その反復によって近隣住民やコミュニティに生じる被害の大きさが認識されるようになり、それらに効果的に対処することが、政治的な重要課題として位置づけられた。かくして、1998年犯罪秩序違反法（Crime and Disorder Act of 1998）は、裁判所が、嫌がらせ、威嚇・威迫、迷惑など、コミュニティの近隣住民に対する社会的迷惑行為（anti-social behaviour）を防止するために、申立対象者による特定の行動の制限を内容とする社会的迷惑行為防止命令（ASBO）を発付することができるとした（1条1項）*26。

---

*24 Id. at 195-196. Karen Reid, A Practitioner's Guide to the European Convention on Human Rights 73-77 (2008) 参照。
*25 Pearson, Hybrid Law and Human Rights: Banning and Behaviour Order in the Appeal Court, (2006) 27 Liverpool Law Review 125, 128.

374

社会的迷惑行為への効果的対処は、人々の犯罪不安を和らげ、生活の質(quality of life)を向上させ、コミュニティを強化することになるといわれた。このことは、政府の度重なるキャンペーンにおいて表明されたように、社会的迷惑行為の広がりと深刻化、とりわけ青少年によるそれは、イギリス社会のなかで進行してきた道徳水準と家族という価値の低下がもたらした所産であるから、イギリス社会を再建するために、皆が一致して取り組むべき重要課題であるとの考えを基礎にしている[*27]。他方、犯罪に至らない社会的迷惑行為への効果的対処は、イギリス刑事司法政策において台頭してきたリスク管理の思想や、取締の拡大・強化を促すゼロ・トレランス政策とも結びついて、将来の犯罪を防止するための有効な早期介入の手段になるとも考えられた。

　社会的迷惑行為の法的規制は、社会的迷惑行為を防止するためのASBOと、ASBO違反行為の処罰とを組み合わせたハイブリッド型規制によっている。ASBOは、特定の人物との交遊、夜間外出、特定の場所への接近、他者の敷地の通り抜け、落書き、大騒ぎ、騒音、街頭での飲酒など、社会的迷惑行為に関連する特定の行為を禁止し、社会的迷惑行為の反復を防止するために、裁判所によって決定される民事差止命令の一種である。ASBO発付の申立は、社会的迷惑行為の影響を受けている近隣住民からの報告を受け、地方自治体、警察、住宅供給公社などによって行われる。ASBOは、最短２年の期間を定めて発付される。ASBOの決定には、ASBO発付の独立した申立に基づき、マジストレイト裁判所によりなされる場合と、刑事事件の有罪認定に引き続いて、マジストレイト裁判所、少年裁判所または刑事法院によって決定される場合とがある。1998年犯罪秩序違反法によって当初導入されたのは、前者の形態のみであったが、その後、2002年警察改革法(Police Reform Act of 2002)によって後者の形態が導入され、全発付件数の３分の２程度を占めるに至っている。さらに、2003年社会的迷惑行為防止法(Anti-Social Behaviour Act of 2003)によって、いずれの形態についても、ASBOの決定に関する国の権限が強化

[*26] 1998年犯罪秩序違反法について、「特集・イギリスの刑事司法」外国の立法205号(2000年)参照。法文の翻訳とともに、背景や概要の解説として、横山潔「1998年犯罪及び秩序違反法解説」が掲載されている。また、最近の日本の研究として、渡邊泰洋「イギリスにおける'ASBO'政策の展開——若者の反社会的行動への対応」犯罪と非行159号(2009年)が、ASBOの背景、正当化根拠、具体的事例、批判について明快にまとめている。本章作成にあたっても参照した。

[*27] 英国政府は、2004年から2008年、社会的迷惑行為の防止と取締強化に向けて、TogetherとRespectという２つの大キャンペーンを展開した。内務省ホームページ〈http://www.asb.homeoffice.gov.uk/default.aspx〉参照。

ASBO発付件数

	1999年4月～2000年5月	2000年6～12月	2001年	2002年	2003年	2004年	2005年	2006年	2007年	総数
ASBO発付件数	104	137	350	427	1,349	3,479	4,122	2,705	2,299	14,972
うち対象者が10〜17歳		62	193	251	628	1,340	1,581	1,053	920	6,028

ASBO違反行為

	2000年7月～2001年末	2003年	2004年	2005年	2006年	2007年	総数
ASBO違反行為数	327	564	1,415	2,204	1,852	1,619	7,981
ASBO違反機会数	876	1,564	4,401	8,126	8,693	8,740	32,400
一人あたりの平均違反機会	2.7	2.8	3.1	3.7	4.7	5.4	4.1

ASBO違反行為の処罰状況

年齢および性別		ASBO違反数	手続打切	罰金	コミュニティ内処分	拘禁処分	その他
10-17歳	男女総数	2,768	68	130	1,227	1,142	201
	男性	2,525	60	121	1,103	1,062	179
	女性	243	8	9	124	80	22
18歳以上	男女総数	5,213	83	425	855	3,086	764
	男性	4,516	66	361	700	2,727	662
	女性	697	17	64	155	359	102
全年齢	男女総数	7,981	151	555	2,082	4,228	965
	男性	7,041	126	482	1,803	3,789	841
	女性	940	25	73	279	439	124

年齢および性別		処分の割合（%）					
10〜17歳	男女総数	100	2	5	44	41	7
	男性	100	2	5	44	42	7
	女性	100	3	4	51	33	9
18歳以上	男女総数	100	2	8	16	59	15
	男性	100	1	8	16	60	15
	女性	100	2	9	22	52	15
全年齢	男女総数	100	2	7	26	53	12
	男性	100	2	7	26	54	12
	女性	100	3	8	30	47	13

出典：ASBOに関する統計数値は、すべて英国内務省ホームページ〈http://www.crimereduction.homeoffice.gov.uk/asbos/asbos2.htm〉による。

された。また、2005年組織犯罪警察法（Serious Organised Crime and Police Act of 2005）によって、内務大臣は、ASBO発付の申立を行う権限を有する機関を拡張することを認められた。これら以外のものも含む一連の立法によって、ASBOの決定に関する国の権限は強化されてきており、ASBO以外にも、薬物取引家屋閉鎖命令、介入命令など、社会的迷惑行為に対処するためのさまざまな民事差止命令が、ASBOをモデルとして導入されてきた。刑事事件の有罪認定に引き続いてASBOが決定される場合にも、その決定を行う裁判所は刑事裁判所ではなく、民事裁判所として機能するものとされている。ASBOに違反する行為は、直ちに犯罪とされ、刑罰の対象とされている。違反行為自体が犯罪にあたらない場合はもちろん、社会的迷惑行為を構成するものですらない場合でも、ASBOに定められた行動制限の違反があれば、それが直ちに犯罪とされるのである。ASBO違反行為を処罰する手続は、もちろん刑事裁判所において行われる。刑罰としては、略式起訴手続による6月以下の拘禁刑もしくは罰金、または正式起訴手続による5年以下の拘禁刑もしくは罰金が定められている（1998年犯罪秩序違反法1条10項）[28]。

　ASBOの運用状況は、前頁の表のとおりである。

(2)　ASBO決定手続と権利保障

　犯罪としてのASBO違反行為を認定し、刑罰を科すための手続が、刑事手続であることに疑いはない。他方、ASBO決定手続は、イギリス国内法上、民事手続とされている。問題となるのは、ハイブリッド型規制の前段を構成するASBO決定手続においても、刑事手続における場合と同様の権利保障が及ぼされるべきではないか、ということである。

　ASBO決定手続は、民事差止命令の決定手続としての性格を備えている。

---

[28]　Maya Sikand, ASBOs: A Practitioner's Guide to Defending Anti-Social Behaviour Orders 10-14 (2006); Andrew Millie, Anti-Social Behaviour 102-106 (2009). 控訴院刑事部は、2005年、ボーネス事件の判決において、ASBOは、対象者に対してそれぞれ特定の行為を禁止するにあたり、「その者による将来の社会的迷惑行為の反復を防止するために必要とされるもの」として、個別事件の具体的状況に応じて決定されなければならないと判示する一方（R v Boness and Ors, [2005] EWCA Crim 2395）、同年、マックグラス事件の判決において、ASBOにおいて制限される行為がそれ自体として嫌がらせ、威嚇・威迫、迷惑をもたらすものである必要はないとしている（R v McGrath, [2005] EWCA Crim 353）。実際、ASBOに含まれる行動制限は広汎にわたり、非常に些細な事柄にまで及んでおり、不適切な行動制限がなされることも少なくないと批判されている（Millie, id. at 109-111）。

ASBOを違反行為の処罰から切り離し、それだけに注目したときは、このような見方に傾くであろう。もっとも、ASBOのみに注目した場合でも、その決定手続を民事手続とすることに対しては批判もある。たとえば、アンドリュー・アシュワースは、ASBO自体、たとえ懲罰や一般抑止の目的ではなく、予防目的によるものとされていても、裁判所による過去の社会的迷惑行為の認定を前提として課されるものであり、2年以上の長期に及ぶ広汎な行動制限をともなう厳格な制裁であるから、その決定手続においては、刑事手続における場合と同様の権利保障がなされるべきであると論じている[*29]。また、ゲオフ・ピアーソンも、通常の民事差止命令とは異なり、ASBOは過去の社会的迷惑行為の認定を前提として、長期にわたる広汎かつ重大な行動制限を課すものであって、それ自体、懲罰的性格を有していることを見過ごしてはならないとしている[*30]。しかし、ASBOは民事差止命令であり、ASBO決定手続は民事手続であるというのが、英国政府の立場である。

　他方、マジストレイト裁判所などが社会的迷惑行為の認定に基づき、ASBOを決定する「民事」手続の段階と、刑事裁判所が犯罪としてのASBO違反行為を認定し、刑罰に関して決定する「刑事」手続の段階とを切り離すことなく、連続する一体のものとして捉えたうえで、手続全体として刑事手続としてみるべきである、とする立場がある。すなわち、ASBOの申立は公的機関によって行われ、ASBOの対象は市民一般である。さらに、ASBOと疑いもなく厳格な刑罰とが連続的・一体的に結びついており、刑事手続上、ASBO違反行為について、「意図的違反」であることや「有責な注意懈怠」であることの認定が要求されない。被告人が合理的抗弁を提起しない限り、たんに違反行為の存在が証明されるだけで十分なのである。これらのことからすれば、ASBO決定手続を含め、手続全体として刑事手続にあたるというべきである、とされるのである[*31]。

　英国政府は、ASBO決定手続は民事手続であるから、ASBOの前提となる社会的迷惑行為の立証において伝聞証拠が許容され、証明基準は証拠の優越の程

[*29] Ashworth, Social Control and "Anti-Social Behaviour": The Subversion of Human Rights?, (2004) 120 Law Quarterly Review 263, 280-283. アシュワースは、遡及処罰を禁止する欧州人権条約7条の適用においても、潜脱禁止法理のもと、実質的検討によって、人権条約の見地から「刑罰」にあたるかどうか判断しなければならないとする。

[*30] Pearson, supra note 25, at 140-141.

[*31] Emmerson et al., supra note 15, at 223-224.

度で足りるとの立場をとっていた。国内裁判所においてこのことが問題とされたのが、マッキャン事件である。この事件においては、警察署長の申立によって、マジストレイト裁判所が一部伝聞証拠を用いて社会的迷惑行為を認定し、それに基づきASBOを決定したことの適法性が争われた。

　2001年、控訴院民事部[*32]は、ASBO決定手続は、国内法上も、欧州人権条約の見地からも、刑事手続にはあたらず、民事手続であると判示した。判決は、1998年犯罪秩序違反法1条の規定からも、立法過程における政府答弁からも、ASBO決定手続が民事手続として意図されていたことは明白であるとしたうえで、さらに実質的検討へと進んだ。判決は、ASBO決定手続のもたらす結果は重大なものであると認めながらも、他の民事差止命令のなかにも、同じく重大な結果をもたらすものはあると指摘し、決定される命令の重大性のみでなく、その命令の目的がなにかを考慮すべきであるとした。判決は、「問題となっている命令は、社会的迷惑行為から一定区域内で生活する人々を保護するために必要とされる行動制限に限定されており、それゆえ明らかに、過去の非行（misconduct）に懲罰を科すことではなく、将来における保護を目的としている」[*33]と認めた。このように、判決は、ASBOの予防目的を強調し、その決定手続は民事手続であると判示し、ASBO違反行為の処罰を考慮に入れても、この結論に変わりはないとしたのである。

(3)　マッキャン事件貴族院判決

　2002年、貴族院は、マッキャン事件と同様の法的問題を含むクリンガム事件を併合したうえで、裁判官全員一致の判決により、ASBO決定手続は民事手続にあたると判示した[*34]。クリンガム事件においては、自治体当局の申立によって、マジストレイト裁判所が主として伝聞証拠によって社会的迷惑行為を認定し、それに基づきASBOを決定していた。ところで、イギリスにおいて欧州人権条約の国内法的効力を認めた1998年人権法が施行されたのは2000年

[*32]　R (on the application of McCann and others) v Crown Court at Manchester, [2001] EWCA Civ 281.

[*33]　[2001] EWCA Civ 281, at para. 40.

[*34]　R (on the application of McCann and others) v Crown Court at Manchester; Clingham v Kensington and Chelsea Royal London Borough Council, [2002] UKHL 39. その後、2005年、高等法院合議法廷は、刑事事件の有罪認定に引き続いて決定されるASBOは民事差止命令の性格を有すると判示した (R (W) v Acton Youth Court, [2005] EWHC 954 (Admin))。

10月2日であるが、これら両事件において、ASBOの決定に対して不服申立がなされたのはこれより以前であったため、欧州人権条約が直接適用されることはなかった。しかし、両事件の当事者は、欧州人権条約における「刑事上の罪」の決定手続のための権利保障がASBO決定手続にも及ぼされるべきかについて主張・立証を行ったため、貴族院の判決は、この問題について詳細な判断を示している。このことは、マッキャン事件の控訴院民事部判決においても同じであった。

貴族院判決において、冒頭に意見を述べたスタイン裁判官は、まず、ASBO立法の背景について説明した。それによれば、多くの人々が、犯罪に至らない社会的迷惑行為の反復により深刻な影響を受けながらも、報復の重大な危険があるため、警察に報告することができないままでいるが、「刑法それ自体は、そのような人々に対して、十分な保護を提供することができなかった。しかし、このような社会問題を解決するための立法として役立つモデルが存在した」[*35]。1998年以前より、民事差止命令によって特定の行為を禁止したうえで、命令違反行為を処罰するという規制方法が採用されていた。1998年犯罪秩序違反法に基づくASBOも、そのような規制方式によるものであり、その後も、2000年フットボール(秩序違反)法に基づくフットボール観戦禁止命令が設けられている。

続いて、スタイン裁判官は、実質的にみたとき、ASBO決定手続は刑事手続にあたるとの主張について検討した。それによれば、「出発点とすべきは、1998年犯罪秩序違反法1条に基づく第一段階の(ASBO決定)手続においては、検察庁(the Crown Prosecution Office)が関与することがまったくないことである。この段階において、刑法違反の行為について正式な訴追は存在しない。決定手続は、民事手続としての申立によって、開始されるのである」。同条1項(a)のもと、立証が要求されているのは社会的迷惑行為の存在のみであって、「これは客観的な立証に過ぎず、犯罪の構成要素としてのメンス・レア(mens rea)の立証は要求されていない。刑事責任(criminal liability)の立証は必要ないのである。かくして、手続の真の目的は、予防的なものである」。このことは、同条1項(b)が、社会的迷惑行為の行われる地域に居住する人々の保護の必要をASBO決定手続の申立の要件としていることからも、窺い知ることができる。「以上から分かるように、ASBOの発付は、ある人が犯罪行為につい

---

*35 [2002] UKHL 39, at para. 16.

て有罪であるとする認定でも、法的非難でもない。ASBO決定手続により、いかなる刑罰（penalty）が科されるわけでもない。その人の有罪の記録として残されるわけでもない。また、指紋採取が許される記録保存犯罪でもない（警察刑事証拠法27条参照）」[*36]。

スタイン裁判官は、エンゲル対オランダ事件のあげた３つの基準によりつつ潜脱禁止法理に関して判断した欧州人権裁判所の判例を概観し、欧州人権裁判所が、手続の当事者に対して生じる不利な結果として刑罰が科されないにもかかわらず、手続が「刑事上の罪」の決定手続にあたると判示した例はひとつもないとした。そのうえで、社会的迷惑行為に関するハイブリッド型規制について、「もちろん、法がこの方向にさらに発展していく可能性が認められるであろう。他方、もし、人権条約６条１項にいう『刑事上の罪』にあたる範囲を広く画定したならば、それは、民事差止命令の決定手続の有効性を失わせることとなり、したがって、自由な民主主義社会が民事差止命令を活用することによって法の支配を維持しようとする自由を、阻害することになるであろう」[*37]とした。

スタイン裁判官は、ASBO決定手続が、人権条約６条１項にいう「民事上の権利および義務」の決定手続にあたると判示した。マッキャン事件およびクリンガム事件において、「被上訴人である国側は、ASBO決定手続が性格上民事手続であること、そしてそれに人権条約６条１項による公正な裁判の保障が及ぼされるべきことを認めている。もっとも、内務大臣の代理人弁護士は、立場を留保している。私の意見によれば、人権条約８条による私生活および家庭生活の尊重を受ける権利とともに、差止命令という民事的救済手段の具体的な活用の仕方に照らし考えるとき、明らかに、ASBO決定の申立の対象者は、人権条約６条１項のもと、民事手続に適用される保障を享受することができるというべきである。さらに、イギリス国内法のもとでも、疑いもなく、民事手続に関する公正な審理を受ける憲法上の権利を保障されているのである」[*38]。

以上から、伝聞証拠の許容性について、スタイン裁判官は、「問題となっている手続は、国内法および人権条約６条のもと、民事手続であるとの結論を

[*36] [2002] UKHL 39, at para. 22.
[*37] [2002] UKHL 39, at para. 31.
[*38] [2002] UKHL 39, at para. 29.

得たのであるから、したがって、1995年民事証拠法および民事手続における伝聞証拠に関するマジストレイト裁判所規則に基づき、1998年犯罪秩序違反法1条によるASBO決定手続において、伝聞証拠を使用することが許されることになる。伝聞証拠の有する証明力には限界がある。しかし他方で、伝聞証拠も積み重ねられることによって、事実認定を決定する力を持ちうる。それは具体的事実によって決まることである」[*39]との結論を示した。

　他方、証明基準の問題について、貴族院判決は、証拠の優越の基準によるのではなく、刑事手続の場合と同様、合理的疑いを超える証明の基準によるべきであると判示した。スタイン裁判官によれば、「問題の手続が民事手続であるとの結論からは、原則として、民事手続において通常適用される証明基準、すなわち証拠の優越の基準が適用されることになる。しかし、関連する問題の重大性にかんがみるとき、少なくとも、特別に高度な民事手続上の証明基準が要求されることになるというべきである。……私の意見によれば、マジストレイト裁判所は、1998年犯罪秩序違反法1条に関するすべての事件において、刑事手続の証明基準を適用すべきであると判示することをもって、マジストレイト裁判所がその職責を果たすうえでより分かりやすい準則を示すことこそが、実際上有用であろう」。すなわち、マジストレイトは、同条1項(a)により、ASBO決定手続の被申立人が社会的迷惑行為をしたかどうか判断するさいには、刑事手続の証明基準に従うべきことになる。他方、同条1項(b)に基づき、そのような行為の影響を受けた人々を保護するためにASBOが必要かどうか判断するさいには、そのような判断は法的評価によるものであるから、この基準による必要はない。「このようなアプローチは、正確な判断を促進し、同法の適用における一貫性と予測可能性を確保することにつながるはずである」[*40]。

(4)　マッキャン事件貴族院判決への批判

　以上のように、マッキャン事件およびクリンガム事件の貴族院判決は、国内法上も、また、欧州人権条約6条との関係においても、ASBO決定手続は刑事手続ではなく、民事手続としての性格を有することを認めた。その理由とされたのは、検察庁が手続に関与しないこと、ASBOは犯罪記録に残されないこと、社会的迷惑行為に対して直ちに、すなわちASBO決定手続によって拘禁

[*39]　[2002] UKHL 39, at para. 35.
[*40]　[2002] UKHL 39, at para. 37.

処分が課されることはないこと、社会的迷惑行為について同様の規制を定めるスコットランド法が明確に民事手続としていることなどであったが、最も重視された点はやはり、ASBOは社会的迷惑行為の行為者に対して懲罰的性格を有する制裁を課すのではなく、将来の社会的迷惑行為を予防する目的を有していると認められたことであった[*41]。

　しかし、貴族院判決に対しては、厳しい批判が提起されている。貴族院判決が最も重視した予防目的をめぐっては、欧州人権裁判所の判例のなかには、ハイブリッド型規制ではないにせよ、社会的迷惑行為の予防を目的とする規制について、それにともなう行動制限の広汎さ、重大さなどから懲罰的性格があるとして、その決定手続を人権条約6条のいう「刑事上の罪」の決定手続にあたるとしたものがある。これらは懲罰的性格を承認したものであるが、それと同時に、予防目的があることも認めていた。すなわち、国内法上、予防目的が意図されている場合でも、それと併存する形で、たとえより重要とはいえなくとも、同等に重要な目的として、懲罰や一般抑止の目的があることを認め、それを理由にして「刑事上の罪」の決定手続にあたると判断したのである。ところが、貴族院判決は、このような判例を参照していない。貴族院判決による人権裁判所判例の参照は、自己の結論にとって都合のよいものだけを選択的に参照しているきらいがある、と批判されるのである[*42]。

　たしかに、1998年犯罪秩序違反法1条においては、予防目的が意図され、重視されていた。しかし、そのことから直ちに、ASBO決定手続が懲罰目的によるものでない、とすることはできないはずである。潜脱禁止法理の意義は、手続の性格を、国内法による手続分類のいかんによらず、実質的検討によって、欧州人権条約見地から独自に決定するという点にあった。しかし、貴族院判決は、手続の目的に関する判断を予防、懲罰のいずれなのか、という形で過度に単純化したうえで、立法時の意図とともに、社会的迷惑行為によってもたらされるとされる「社会の崩壊 (social disruption)」を食い止める（クレイヘッド裁判官）[*43]という効果にのみ注目して、ASBO決定手続が予防目的によるものと認めた。そして、それを根拠にして、民事手続として性格づけたのである。貴族院判決は、一方で、「問題の重大性」という理由から刑事手続の場合と同じ

[*41] Bakalis, Anti-Social Behaviour Orders: Criminal Penalties or Civil Injunctions?, (2003) Cambridge Law Review 583, 583-584.
[*42] Id. at 584.
[*43] [2002] UKHL 39, at para. 42.

高度の証明基準を要求しているにもかかわらず、他方で、民事手続であると結論づけるうえでは、意図された予防目的との背後にあるASBOの懲罰的性格を看過しているといってよい。この意味において、貴族院判決は、立法者の意図と、それが具現化した国内法による手続分類の背後にある違反行為の性質や制裁の厳格さについて、実質的検討をしているとはいえない。かくして、貴族院判決は、人権条約の権利保障の潜脱を許している。ピアーソンは、このように厳しく批判している*44。

また、判決においては、ASBOの申立が市民一般を広く対象にしている点が検討されていない。人権裁判所の判例のなかには、この点を重視して、国内法による手続分類のいかんによらず、人権条約の見地からは「刑事上の罪」の決定手続にあたると判断したものもある。貴族院判決は、ASBO決定手続の予防目的を示す、あるいは非懲罰的な性格を示す要素のみを選択的にとりあげ、予防目的によるものと結論づけた。しかし、そのような判断方法は、潜脱禁止法理の趣旨に適合しない。人権裁判所の判例の精神に悖るのである。もし、ASBO決定手続について人権裁判所が判断していたならば、おそらく、貴族院とは異なる結論に達していたであろう。このように批判されるのである*45。

貴族院判決は、伝聞証拠が許容されるべきと判示するさい、もし伝聞証拠が許容されないならば、社会的迷惑行為の深刻な影響を受け、その害悪を被ってきた人は、報復行為などを畏怖して裁判所において証言することに消極的であろうから、法秩序の維持が困難になるであろうとの懸念を示した。ハットン裁判官は、「コミュニティ、すなわち本件においてのように、社会的迷惑行為によって自己の権利を侵害されていると訴えている無力で脆弱な人々によって代表されるコミュニティの全体利益に奉仕するという要請と、ASBO決定手続の被申立人の権利を保護するという要請とのあいだに真に公正な均衡を図るためには、天秤を、コミュニティの保護の方に傾斜させる必要があり、それゆえ、ASBO発付の申立について判断するにあたっては、伝聞証拠の使用を許さなければならない」*46と述べている。しかし、コミュニティの保護の必要から伝聞証拠の許容が導かれるというのであれば、それは、ASBO決定手続にのみ妥当することではないはずである。同じ理由から、刑事裁判にお

---

*44 Pearson, supra note 25, at 139-141.
*45 Bakalis, supra note 41, at 584.
*46 [2002] UKHL 39, at para. 113.

いて犯罪事実を認定する場合にも、伝聞証拠が許容されるべきとの結論が導かれることになるであろう。しかし、刑事手続において伝聞証拠は排除される。貴族院判決が、一方で、ASBO決定手続に「関係する問題の重大性」のゆえに、合理的疑いを超える証明という高度の証明基準を要求しながら、他方で、「法の支配」や「コミュニティの保護」という広汎で曖昧な概念から、伝聞証拠の許容を導いていることには、説得的理由を見いだすことができない、と批判されるのである[*47]。

(5) ASBOとASBO違反行為の処罰との連続性・一体性

　社会的迷惑行為に対してハイブリッド型規制が用いられたのは、マッキャン事件の貴族院判決においても指摘されたように、伝統的な刑事的規制によっては、広汎かつ深刻な社会問題としての社会的迷惑行為に効果的に対処することができず、伝聞証拠の排除など、それにともなう実体的・手続的な権利保障が有効な対処の障害になると認識されたからであった。政府は、ハイブリッド型規制を通じて、民事的規制と刑事的規制双方の利点を組み合わせて、それぞれを最大限に活用しようとした[*48]。このように、ハイブリッド型規制としての本質的特徴は、民事差止命令であるASBOとその違反行為の処罰とが連続的・一体的に結合している点にこそあるのである。

　この点は、潜脱禁止法理のもと、「刑事上の罪」の決定手続にあたらないのか判断するうえでも、重要な意味を有するはずである。実際、マッキャン事件の控訴院民事部判決は、「ASBO決定手続については、それのみを別個切り離して検討すべきではなく、1998年犯罪秩序違反法1条10項に基づきASBO違反行為に対して科されうる制裁と結びつけつつ検討しなければならない。この制裁は疑うべくもなく刑罰であって、最高5年の拘禁刑も科されうる」だけでなく、「法規の構造上、当初の手続により認定された社会的迷惑行為が、同条項に基づく有罪認定の対象となる犯罪行為の構成要素、しかも最も重要な構成要素とされることになる」という上訴人側の主張に対して、参照すべき先例がないとして、正面からの判断を回避したものの、「この主張は、上訴理由を裏づける主張のなかで最も説得力のあるものである」と認めていた[*49]。し

[*47] Bakalis, supra note 41, at 585.
[*48] Ashworth, supra note 29, at 289.
[*49] [2001] EWCA Civ 281, at para. 45-46.

補論　社会的迷惑行為のハイブリッド型規制と適正手続　　385

かし、貴族院判決は、ASBO違反行為の処罰に関する刑事手続について、それがASBO決定手続と連続的・一体的に結びついている手続全体の一部であるという見方をとっていない。むしろ、貴族院判決は、これら両者を別個の独立した手続として捉えたうえで、ASBO決定手続自体の結果としていかなる刑罰も科されるわけではなく、ASBOは懲罰的制裁というより予防的手段であるとの判断を行っているのである[*50]。

　この点をめぐって厳しい批判を展開したのが、アシュワースである[*51]。アシュワースによれば、たしかに、マッキャン事件の貴族院判決がいうように、ASBO決定手続において、刑法違反の行為の認定が要求されているわけではなく、ASBOの決定が犯罪記録に残されることもない。しかし、これらのことは、国内法によりASBOが民事差止命令とされ、その決定手続が民事手続と分類されている以上、当然のことである。本来、潜脱禁止法理のもとで重要なのは、国内法の手続分類のいかんによらず、被申立人に対して刑事手続においてと同様の権利保障を与えるべきか、ということのはずである。

　アシュワースは、このような観点から、ASBO決定手続を民事手続とすることによって、本来要求されるべき権利保障を潜脱していないかについて検討している。それによれば、第1に、貴族院判決が「問題の重大性」を理由にして刑事手続と同様の証明基準、つまり合理的疑いを超える証明を要求したことは、判決のなかに、矛盾する2つの認識が反映していることを示している。すなわち、ASBO決定手続は、刑事手続上要求される権利保障という「障害」を迂回しつつ、社会的迷惑行為に対して最大限の統制を及ぼそうと意図したものである一方、それと同時に、ASBO違反行為は直ちに犯罪とされ、最高5年の拘禁刑という厳重な刑罰が科される規制構造となっているのである。証明基準に関する判断からすれば、貴族院判決は、ASBO決定手続と違反行為の処罰のための刑事手続とをあわせた手続全体について、民事手続と刑事手続の中間に位置づけているといってよい。

　第2に、貴族院判決において問題されたのは、法廷侮辱の手続によって担保された通常の民事差止命令を決定するための民事手続ではなく、ASBO違反行為に対する最高5年の拘禁刑という厳格な刑罰によって担保された「予防」的命令の決定手続なのである。このことこそ、民事手続と刑事手続との区別

[*50] Sikand, supra note 28, at 38.
[*51] Ashworth, supra note 29, at 275-278, 287-288.

を都合よく利用しつつ、両者を連続的・一体的に結合させていることを示している。ASBOは民事手続によって決定されるが、その違反行為があれば、それは直ちに犯罪とされ、処罰のためには刑事手続としての権利保障が与えられる。しかし、ASBOの場合、犯罪としての違反行為は、「正当な理由」がない限り処罰されるものであり、行為者は実質的に厳格責任を問われることになる。このとき、検察官は、ASBO違反の行為の存在を立証すれば足りるのであり、主観的な有責性の立証を要求されない。被告人が「正当な理由」を示す証拠を提出した場合にのみ、検察官は、「正当な理由」が存在しないことを立証すればよいのである。ASBO決定の根拠やASBOの内容に関する実質的な主張・立証はすべて、民事手続において行われることになる。さらに、民事裁判所には、ASBOの内容として、「被申立人によるさらなる社会的迷惑行為から保護する目的のために必要とされる」行動制限を定めることが認められているから（1998年犯罪秩序違反法1条6項）、ASBOにおいて、特定の家屋・敷地、店舗への立入禁止、特定の場所からの要求による即時退去、他者を畏怖させる行為の禁止など、立証された社会的迷惑行為を超える行動制限を広く課すことが可能となっている。これらASBOに含まれる行動制限のいずれか一つにでも違反したならば、最高5年の拘禁刑によって処罰されるのである。これらのことからすれば、ASBOとその違反行為の処罰とを連続的・一体的に結合させたハイブリッド型規制は、手続全体として「刑事上の罪」の決定手続にあたるというべきであり、ASBO決定手続は、「刑事上の罪」の決定手続に要求されるべき権利保障を潜脱しているというべきである。アシュワースは、このように論じている。

　以上のように、イギリスのASBO決定手続については、貴族院判決により民事手続とされた後にも、それがASBO違反行為の厳格な処罰と連続的・一体的に結合したハイブリッド型規制の一部であることに注目し、潜脱禁止法理のもと、欧州人権条約の権利保障との関係においては「刑事上の罪」の決定手続にあたるとしたうえで、そのための権利保障を推及すべきとする見解はなお有力である。ウェルチ対英国事件[*52]において、欧州人権裁判所が、ハイブリッド型規制ではないものの、イギリスの没収命令について、命令違反に対して自由の剥奪をともなう制裁の可能性があることを理由のひとつとして、その決定手続が「刑事上の罪」の決定手続にあたると判示していたことからも、近

[*52] Welch v UK, [1995] 20 EHRR 247.

い将来、人権裁判所は、ASBO決定手続についても、同様の判決をすることになるであろうとの見通しも示されている[*53]。実際、欧州評議会人権弁務官は、2005年、英国訪問調査の報告書[*54]において、ASBOの発付が容易になされている現状があること、ASBO決定手続において伝聞証拠が広く使用されていること、ASBOにおいて広汎な行動制限が定められていること、それゆえ不可避なこととしてASBO違反の行為が頻発するにもかかわらず、それに対してとても厳格な処罰がなされること、ASBO発付にともない実名・顔写真が公表されていること、少年に対するASBOの発付件数が多いことなどについて、深刻な懸念を表明している。スペインの法律家である人権弁務官は、「私にとっては、刑事手続の証明基準を要求する一方で、それと民事手続の証拠法則とを組み合わせることは、了解困難なことである。なぜなら、伝聞証拠や警察官の証言、あるいは『専門家証人』の供述のみから、ASBO発付の申立の根拠とされた違反行為の存在を、合理的疑いを超える程度にまで立証することは不可能なように思われるからである」。「ASBOは、民事司法システムと刑事司法システムとの境界線を曖昧なものにした。それゆえにこそ、公正な裁判を受ける権利と人身の自由とが尊重されることを確保するために、高度の注意を払わなければならないのである」[*55]と述べている。

4. ハイブリッド型規制と権利保障のあり方

(1) 自由権規約のもとでの潜脱禁止法理

　欧州人権裁判所の判例が確立した潜脱禁止法理、そのもとでのASBO決定手続における権利保障をめぐるイギリス法の展開は、日本法における社会的迷惑行為のハイブリッド型規制のあり方に対して、どのような示唆ないし視点を提供してくれるであろうか。

　本章冒頭にも述べたように、日本においては、暴力団対策法、ストーカー規制法のように、予防的な行政命令と命令違反行為の処罰とを組み合わせた規制方式が主流となっている。ASBOの場合と同様、民事差止命令と命令違反

[*53] Sikand, supra note 28, at 40.
[*54] Report by Mr. Alvaro Gil-Robles, Commissioner for Human Rights, on His Visit to the United Kingdom, 4th-12th November 2004, Office of the Commissioner for Human Rights, 8 June , CommDH (2005) 6.
[*55] Id. at para. 115-116.

行為の処罰とを結合させた規制方式は、DV防止法において採用されている。これらを問題にするさい、これまでは、行政命令ないし民事差止命令の決定手続と命令違反行為の処罰のための刑事手続とを切り離し、別個独立の手続として捉えてきたといってよい。両者を含む手続全体をハイブリッド型規制として捉えようとはしてこなかったのである。しかし、このような規制方式においては、両者の連続的・一体的な結合にこそ本質的特徴があるというべきであるから、手続全体をハイブリッド型規制として捕捉することが、適正手続の観点から権利保障のあり方を考えるうえで不可欠であるといえよう。両者を別個独立の手続として理解し続ける限り、前段部分については、行政手続としての、あるいは民事手続としての水準を満たす権利保障がなされていれば十分であるとの旧来の見方を超えることはできないであろう。

　ハイブリッド型規制として捕捉したときにこそ、潜脱禁止法理を日本法のなかに具体化する可能性も生じる。もちろん、潜脱禁止法理は、欧州人権条約6条の適用の仕方を判断するにあたって、人権裁判所の判例が産みだし、確立した法理である。日本は、欧州人権条約の締約国ではない。しかし、自由権規約14条は、欧州人権条約6条とほぼ同じ文言によって、「刑事上の罪(criminal charge)」の決定手続における、あるいは「刑事上の罪に問われた」者に対する権利保障を規定している。また、自由権規約15条は、欧州人権条約7条と同様、遡及処罰を禁止し、自由権規約9条3項は、「刑事上の罪に問われて逮捕され又は抑留された者」の権利を保障している。この自由権規約は、日本において国内法的効力を有している。自由権規約14条のもとでも、国内法による手続分類のいかんによらず、その権利保障との関係において「刑事上の罪」の決定手続にあたるかどうかは、実質的に判断されるべきである。すなわち、潜脱禁止法理が妥当すべきなのである。この点について、自由権規約の注釈書のなか、マンフレッド・ノヴァックは、「『刑事上の罪』という文言は、欧州人権条約6条の同じ文言に対応するものであるが、自由権規約の見地から独自の意味を有するものとして解釈されるべきである。そうでなければ、締約国は、実質的にみれば犯罪に関する、刑罰の賦課を含む決定を行政機関の権限に委ねることによって、自由権規約14条の適用を潜脱することが可能となってしまうからである」[*56]と述べ、潜脱禁止法理が妥当することを説いている。

　もっとも、1983年発表の文献によれば、規約人権委員会においては、未だ、

[*56] Manfred Nowak, U.N. Convention on Civil and Political Rights Commentary 243 (1993).

潜脱禁止法理が完全に受け入れられている状況にはないとされるが[*57]、ノヴァックが指摘するように、この法理を具体化させるにあたっては、欧州人権裁判所の判例により用いられてきた判断基準を、自由権規約のもとでも適用すべきであろう。すなわち、国内法による手続分類とともに、違反行為の性質、課されうる制裁の厳格さを実質的に検討すべきことになるが、欧州人権裁判所の判例からすれば、予防目的と併存して懲罰または一般抑止の目的が認められる場合、市民一般が適用対象とされる場合、公的機関の申立により手続が始動する場合、制裁にともなう行動制限や自由の制約が広汎・重大である場合には、「刑事上の罪」の決定手続にあたるとする方向に、判断が促されるであろう[*58]。このとき、ハイブリッド型規制については、前段の行政命令ないし民事差止命令の決定手続を別個独立に検討するのではなく、命令違反行為の処罰のための手続と連続的・一体的に結合していること、どのような行為が命令違反になるか、すなわちどのような行動制限をともなう命令が発付されるかが前段の手続において決定されること、命令違反行為に対して科されうる刑罰がどの程度厳格なものかなどを十分考慮しなければならない。

(2) 行政命令の決定手続と権利保障のあり方

自由権規約14条のもと、日本法においても、潜脱禁止法理が妥当すべきとするとき、ハイブリッド型規制における権利保障は、どのようにあるべきなのか。日本のハイブリッド型規制の典型例として、暴力団対策法による暴力的要求行為の規制をとりあげ、検討することにしたい。

イギリスのASBO決定手続については、上述のように、欧州人権条約6条との関係においては「刑事上の罪」の決定手続にあたるとの見解が有力であった。しかし、このような理解に立つかどうかにかかわらず、ASBO決定手続は、まぎれもなく裁判所による司法手続である。それゆえ、マッキャン事件の貴族院判決によって民事手続として性格づけられたとしても、「民事上の権利および義務」の決定に関する司法手続として、欧州人権条約6条1項による「公正な公開審理」の保障を受けることになる。他方、暴力団対策法に基づく暴力的要求行為の規制においては、まず公安委員会による中止命令・再発防止命令による規制がなされ、これらの行政命令に違反する行為がある場合、命令違反

[*57] Pieter van Dijk, The Right of the Accused to a Fair Trial under International Law 21 (1983).
[*58] Nowak, supra note 56, at 244.

行為の処罰がなされることになる。司法手続ではなく、行政手続が前置されている点に特徴があるが、そうであるがゆえに、よりいっそう広汎で、迅速かつ柔軟な規制が可能となっているであろう。

　潜脱禁止法理に関する欧州人権裁判所判例の判断方法と判断基準によったとしても、暴力団対策法に基づく暴力的要求行為の規制手続全体が「刑事上の罪」の決定手続にあたるとすべきであって、その前段部分としての中止命令・再発防止命令の決定手続においては、自由権規約14条2項ないし6項などに規定されている「刑事上の罪」の決定手続のための権利保障がなされるべきである、との結論を導くことは難しいかもしれない。ASBO決定手続の場合と同じとはいえないのである。それは、司法手続ではなく、行政手続であるからというのではなく、第1に、ASBOが市民一般を対象としているのに対し、暴力団対策法による中止命令・再発防止命令の対象は、「指定暴力団員」に限られる（同法11条）。第2に、ASBO違反行為の処罰の場合、5年以下の拘禁刑または罰金が科されうるのに対して（1998年犯罪秩序違反法1条10項）、暴力団対策法の定める法定刑は、1年以下の懲役もしくは100万円以下の罰金またはこれらの併科である（46条）。刑罰の厳格さにかなりの違いがある。第3に、ASBO違反行為の処罰においては、行為者に厳格責任が問われることになる。また、ASBO自体に対して不服申立の権利が与えられている反面、ASBO違反行為の処罰に関する刑事手続においては、ASBO自体の適法性を争うことは許されていない。他方、暴力団対策法による処罰においては、犯罪一般の場合と同様、行為者の主観面での有責性も要求される。また、処罰対象となる行為の内容を実質的に決めることになる行政命令について、その適法性を刑事手続の段階であらためて争うことも可能であろう。

　もっとも、刑罰の厳格さに差があることはたしかであるが、暴力団対策法においても拘禁刑の可能性があり、また、前段の行政手続によって決定された行政命令に違反する行為が直ちに処罰されることに違いはない。さらに、暴力団対策法による行政命令については、刑事手続においてその適法性を争いうるとしても、行政命令の前提となる禁止行為の認定と、それに基づく行政命令の決定自体は、あくまでも行政手続によってなされる。刑事手続において争いうる行政命令の適法性も、これを基準とする。これらのことからすれば、暴力団対策法においても、行政的規制と命令違反行為の処罰による刑事的規制とが連続的・一体的に結びついていることに変わりはないのである。

　加えて、暴力団対策法や同法施行規則の規定によれば、中止命令・再発防止

命令の決定手続は、公安委員会の職権により始動するとの手続形式がとられているものの、実質的には、暴力的要求行為の取締にあたる警察の申立によって始動するといえるであろう。また、これらの行政命令が予防目的を有するものであり、それ自体懲罰的性格を含むとはいえないにせよ、広汎な行動制限がともなうことは否定できない。しかも、中止命令の場合でも、その内容は、暴力的要求行為の中止にとどまらず、中止を「確保するために必要な事項」にまで及ぶ（同法11条1項後段）。再発防止命令の場合、行動制限は、予防上必要な事項に広く及ぶことになる（同条2項）。このようにして定められた行政命令のいずれかの事項にでも違反すれば、直ちに処罰されることになるのである。このことからすれば、処罰対象となる命令違反行為の具体的内容が、行政命令の決定手続によって定められている、ということができるであろう。暴力団対策法制定当時になされた罪刑法定主義の潜脱という批判は、このような趣旨によるのである[59]。

　以上のように、暴力団対策法による暴力的要求行為の規制において、前段の行政命令の決定手続と命令違反行為の処罰のための刑事手続とは、まさにハイブリッド型規制として連続的・一体的に結合しているのであって、そのような本質的特徴からすれば、たとえ、行政命令の決定手続を含む手続全体について、「刑事上の罪」の決定手続のための権利保障が要求されるべきとまではいえないとしても、中止命令・再発防止命令の決定手続において、行政手続一般における水準を超える、より強力な権利保障が要求されるというべきであろう。現在、暴力団対策法においては、再発防止命令の発付にあたって、公開の意見聴取が要求され（34条1項）、関係指定暴力団員が、「当該命令に係る業務と当該命令に係る暴力的要求行為との関係に関し、意見の陳述を求め」られるに過ぎない（暴力団対策法に基づく意見聴取の実施に関する規則28条の2）。この意見聴取も、中止命令の発付にあたっては、違反事実の明白性と、「命令の性質から機動的に命令を行う必要があり事前手続として意見聴取を行っていたのでは命令を行う意味がなくなる」こととを理由として要求されていない[60]。決定の基礎となる証拠になんら制限がないこと、不利な証人を「審問」する機会の保障がないこと、指定暴力団の指定のための意見聴取（暴力団対策

---

[59] 福田雅章「『暴力団対策法』の問題点と危険性」法律時報64巻2号（1992年）4頁。
[60] 暴力団対策法制研究会『逐条・暴力団による不当な行為の防止等に関する法律』（立花書房、1995年）222頁。

法5条) の場合と異なり、保佐人による法的援助が規定されていないこと、不服申立の権利が保障されていないこと (行政手続法27条2項、行政不服審査法5条1項参照) など、行政命令の対象となる指定暴力団員に対する防御権の保障は貧弱である。適正手続の保障としては、ハイブリッド型規制の前段部分をなす行政命令の決定手続について本来要求されるべき水準に遙かに及ばない、といわざるをえない。自由権規約14条のもと、日本法においても潜脱禁止法理が妥当することを認める以上、その趣旨からして、このことは許されない。

　適正手続の保障の弱さは、ストーカー規制法に基づく公安委員会の禁止命令の決定手続 (5条) についても、同じく認められる。公安委員会の行政命令を前置する暴力団対策法、ストーカー規制法などと異なり、DV防止法は、DV行為のハイブリッド型規制として、まず、被害者の申立に基づく司法手続によって裁判所が保護命令を発付することとしており (10条)、保護命令に違反する行為の処罰をそれに結びつけている (29条)。保護命令は、接見禁止命令と退去命令とを含む、一種の民事差止命令である。保護命令の発付は、原則として、「口頭弁論又は相手方が立ち会うことができる審尋の期日を経なければ」ならず (同法14条1項)、決定理由を付すこと (15条1項)、即時抗告の権利の保障 (16条) などが定められている (配偶者暴力に関する保護命令手続規則参照)。対審構造の公開手続のもと、弁護士の法的援助を受ける機会も保障される。司法手続によることから、行政手続による場合に比べ、相当に手厚い権利保障がなされているといえよう。行政命令ではなく、民事差止命令を前置することによって、直ちに自由権規約14条1項のいう「民事上の権利及び義務の争いについての決定」手続として、「公正な公開審理を受ける権利」が保障されることになる。もちろん、憲法32条による公正な裁判を受ける権利も保障される。

　ハイブリッド型規制において本来要求されるべき適正手続の水準を満たすためには、行政命令を前置するのではなく、少なくとも、司法手続により裁判所が決定する民事差止命令を前置し、「公正な公開審理」(自由権規約14条1項) のための権利保障を及ぼすべきであろう[*61]。このとき、処罰対象となる犯罪行為の重要部分が、民事差止命令の内容として、前段の民事手続によって決定されることからすれば、その命令の前提となる禁止行為の立証については、証拠の優越の基準ではなく、合理的疑いを超える証明の基準によるべきであろう。イギリスのASBO決定手続について、マッキャン事件の貴族院判決も

このことを要求していた。社会的迷惑行為への迅速な対処のためには、行政命令によるべきとの考えもあるであろう。しかし、従来のような形で行政手続を前置することは、適正手続の保障という観点から許されないというべきである。迅速な対処のために必要であるならば、適正手続を強化したうえで、行政手続による仮の命令のみを認め、その後速やかに、裁判所による民事差止命令の決定手続へと移行させるべきであろう。

5. ハイブリッド型規制と刑法の謙抑主義

　以上、本章は、社会的迷惑行為のハイブリッド型規制の特徴を明らかにし、欧州人権条約の判例により確立された潜脱禁止法理、ASBO決定手続における権利保障をめぐるイギリス法の展開を検討した。そのうえで、自由権規約14条のもと、日本においても潜脱禁止法理が妥当すべきであるとし、ハイブリッド型規制の前段手続においては、それに相応しい水準の適正手続が保障されなければならず、そのためには、暴力団対策法、ストーカー規制法のような行政命令の前置ではなく、少なくとも、DV防止法の例に倣い、司法手続による民事差止命令が、命令違反行為の処罰に前置されるべきことを論じた。潜脱禁止法理の趣旨からすれば、自由権規約14条1項の要求する「公正な公開審理」の保障を推及すべきなのである。

　ところで、ハイブリッド型規制については、禁止行為すべてを直ちに処罰対象としないことから、刑法の謙抑主義に適うものとされていた。広島市暴走族追放条例事件の最高裁判決も、禁止行為が明確であるとの判断を前提として、「事後的かつ段階的規制によっている」ことを、合憲性の根拠となる「弊害防止手段としての合理性」を示すものとして指摘していた。本当に、ハイブリット型規制は、刑法の謙抑主義に適合するのであろうか。

　刑法の謙抑主義について、内藤謙は、強制的な人権剥奪という刑罰の性格からして、「刑法は、たとえ生活利益を保護するためであっても、ただちに発動

---

*61　実際、ストーカー規制法案の国会審議においては、大森礼子議員から、公安委員会による禁止命令の決定手続について、「権限乱用」や「市民の自由」が脅かされる危険性が示唆され、本来ならば、裁判所による民事差止命令の一種としての「保護命令」と、その実効性を担保するための命令違反行為の処罰とが結びつけられるべきであって、行政手続による禁止命令によるのは「過渡的形態」であるとの認識が示されていた（第147回国会参議院地方行政・警察委員会議録第10号〔平成12（2000）年5月16日〕）。

すべきものではない。……他の社会統制手段でまにあうときは、その手段に委ねるべきなのである。刑法が発動するのは、倫理的制裁や民事的損害賠償、行政手続による制裁などのような、刑法以外の社会統制手段では十分でないときに限られなければならない。刑法は生活利益保護のための『最後の手段』なのである」と論じている*62。また、平川宗信は、「刑罰は、最後の手段（ultima ratio）であり、それを用いることが必要不可欠な場合以外は使用されてはならない。……社会的制裁や民事的・行政的制裁で足りる場合は刑罰を用いるべきではなく、どうしても刑罰によるしかない場合に限って刑罰を用いることが許される」としたうえで、刑事的規制のためには、補充性、当罰性、適応性が認められなければならないとしている。平川宗信によれば、このような刑法の謙抑主義が、憲法31条から要請されているのである*63。たしかに、ハイブリッド型規制においては、まず行政的規制ないし民事的規制がなされたうえで、命令違反行為があったときに限り、その処罰がなされるという規制構造がとられている。刑事的規制は、行政的・民事的規制の実効性を担保するものとして位置づけられている。ハイブリッド型規制が刑法の謙抑主義に適うという理解は、このことから生じている。暴力団対策法の運用状況に示されているように、実際にも、行政命令が発付された後、命令違反行為が処罰されることは少ない。

　しかし、このような理解は、ハイブリッド型規制において、前段におかれた行政的・民事的規制と命令違反行為の処罰による刑事的規制とが連続的・一体的に結合していることを看過している。2つの規制が連続的・一体的に結びついて、全体としてハイブリット型規制を構成しているという視点に欠けるのである。ハイブリッド型規制は、まさにこのような規制方式をとることによって、実質的には、むしろ刑事規制の対象を拡大させている。それは、次の2点においてである。第1に、行政命令が前置されているハイブリッド型規制の場合、行政命令に違反する行為がすべて直ちに処罰とされることから、結局、暴力団対策法における暴力的要求行為（9条）、ストーカー規制法における「つきまとい等」により相手方に身体の安全、住居等の平穏、名誉が害され、あるいは行動の自由が著しく害される不安を覚えさせるような行為（3条）など、行政命令が前提とする禁止行為、すなわち、未だ犯罪とされず、刑罰の対

---

*62　内藤謙『刑法講義総論（上）』（有斐閣、1993年）55〜56頁。
*63　平川宗信『刑事法の基礎』（有斐閣、2008年）160〜168頁。

象とされていない、その意味において立法者により処罰に値するとは評価されていない行為が広く、行政命令を媒介としつつ、刑罰の威嚇によって制約を受けることになる。このことは、間接的なものながら、刑事規制の拡大というべきであろう。第 2 に、行政命令のみならず、民事差止命令においても、その内容として、犯罪として処罰されていないことはもちろん、各法令において禁止対象となっているわけでもない行為が制限されることになる。すなわち、暴力団対策法においては、暴力的要求行為の中止を「確保するために必要な事項」(中止命令、11 条 1 項後段)やその「防止するために必要な事項」(再発防止命令、11 条 2 項)、ストーカー規制法においては、「つきまとい等」により相手方に身体の安全、住居等の平穏、名誉が害され、あるいは行動の自由が著しく害される不安を覚えさせるような行為 (3 条) の反復 (5 条 1 項 1 号) やそのような行為を「防止するために必要な事項」(同 2 号)、DV 防止法においては、「つきまとい」や「はいかい」(10 条 1 項 1 号)、住居からの「退去」や「はいかい」(同 2 号) にまで、行動制限は及ぶこととなる。そして、行政命令・民事差止命令の内容とされた行動制限に違反する行為は、直ちに犯罪とされ、処罰されることになる。この場合、もともとは犯罪とされておらず、処罰対象とされていなかった行為が、行政命令・民事差止命令による行動制限の対象とされることによって、まさしく直接、処罰対象とされることになる。

　このように、実質的にみたとき、ハイブリッド型規制は犯罪に至らない行為にまで刑事的規制の対象を拡大させることになり、その点において、むしろ刑法の謙抑主義に反するのである[*64]。広島市暴走族追放条例事件の最高裁判決において、田原睦夫裁判官の反対意見が、「市が管理する公共の場所を利用する公衆の漠とした『不安』、『恐怖』」を保護するために、「人間の根源的な服装や行動の自由、思想、表現の自由」を「刑罰の威嚇の下に直接規制するもの（傍点は引用者）」であるから、「保護法益ないし侵害行為と規制内容の間の乖離が著しい」と指摘したことは、このような趣旨において理解することが

[*64] イギリスにおける社会的迷惑行為のハイブリッド型規制についても、アシュワースらは、「明白なこととして、政府は、刑事法による適正手続の保護を迂回するための装置として、民事裁判所を通じて、実質的には新たな犯罪を作り出すというこのような規制方式を開発したのである」と早くから批判していた (Ashworth, Gardner, Morgan, Smith, von Hirsh and Wasik, Neighbouring on the Oppressive: the Government's 'Anti-Social Behaviour Order' Proposals, (1998) 16 (1) Criminal Justice 7, 10)。かつて厄介事ではあったものの、刑事的規制のもとにおかれることはなかった行為が広く、ASBO とその違反行為の処罰を通じて、十分な適正手続のないまま、実質的に「犯罪化」されるに至ったとの批判は、現在もなお強い (Millie, supra note 28, at 113)。

できる。暴力団対策法について、かつて福田雅章が、「本来刑法の処罰対象にもなりえない些細な行為に対して行政的に介入し、その規制権違反に刑罰を科すという間接的な方法を用いることによって、実質的に刑罰権の発動が拡大されることになるから」、「刑法の謙抑主義に反する」[*65]と指摘したのも、同様の趣旨による。刑法の謙抑主義との矛盾は、曽根威彦が指摘するように、広島市暴走族追放条例にも妥当するのである[*66]。

　ハイブリッド型規制において、命令違反行為の処罰が行政命令・民事差止命令の実効性を担保する目的によることはたしかである。しかし、実質的にみたとき、犯罪とされていない行為にまで刑事的規制が拡大していることからすれば、この目的によって刑法の謙抑主義との適合性が根拠づけられるわけではない。謙抑主義からすれば、補充性・当罰性・適応性がない限り、刑事的規制は許されないはずである。それが、憲法31条の要請なのである。たとえ、社会的迷惑行為ないし反社会的行為が、他者の人権の保障との関係において一定の制約を受けることが認められるにしても、犯罪にあたらない行為を行政命令・民事差止命令により広く制限したうえで、その命令に違反する行為をくまなく処罰するというハイブリッド型規制は、刑法の謙抑主義の観点から、根本的に見直されるべきであろう。

【付記1】本章は、日本刑法学会第86回大会の共同研究「自由と安全と刑法」（コーディネイター・生田勝義立命館大学教授）（2008年5月17日・神戸大学）における私のコメント「社会的迷惑行為に対するハイブリッド型規制と適正手続」をベースにしている。このコメントは、すでに、刑法雑誌48巻2号（2008年）において発表している。

【付記2】生田勝義教授からは、同「刑事法の動き・葛野尋之『社会的迷惑行為のハイブリッド型規制と適正手続』立命館法学2009年5＝6号（上巻）」法律時報83巻1号（2011年）において、①潜脱禁止法理は特定集団に対するものを例外扱いするが、そのことには結社の自由、法のもとの平等という憲法的要請からみて問題があるのでないか、②DV防止法における保護命令の管轄を

[*65] 福田・注59論文4頁。
[*66] 曽根・注11評釈183頁。この指摘について、葛野尋之「コメント」刑法雑誌48巻2号（2008年）281頁を参照している。

地方裁判所ではなく、家庭裁判所とすべきではないか、③緊急対処の必要がある場合に「仮の行政命令と速やかな裁判所の差止命令」という可能性を認めているが、これは現行DV法における審尋なしでの保護命令（14条）とそれに対する即時抗告、それによる命令の効力の停止（16条）を超えるものなのか、④社会侵害性という観点から、差止理由となる事実をどのように限定すべきか、⑤「広汎だが緩やかな介入法」（生田勝義『人間の安全と刑法』〔法律文化社、2010年〕参照）の可能性についてはどうか、という残された課題を提示していただいた。

　いずれも本質的問題であり、残念ながら、研究を未だ深めることができていない。①については、潜脱行為原則において、特定集団の行為についての規制がただちに例外とされるわけではなく、一般的規制でないことから、規律維持目的のための予防的規制と認められやすいという趣旨であることを確認しておきたい。③については、審尋なしの命令に対する即時抗告という枠組みよりも、「仮の行政命令と速やかな裁判所の差止命令」という枠組みの方が、むしろより厳格な手続保障があるのでないかと考えていた。この点については、審尋なしの命令に対する即時抗告について、どの程度の手続保障がなされているかを実証的に解明することを含め、さらなる検討が必要なように思う。④については、裁判所の差止命令違反に対して刑事制裁が予定される以上、差止理由を構成する行為については、それ自体として、犯罪には至らないまでも、犯罪に準じた社会侵害性が要求されるように思う。その実質をどのように具体的に示すかについては、今後の課題とさせていただきたい。

【付記3】イギリスにおいて、ASBOをめぐっては、違反率の高さ（2011年、ASBOの違反率は57％であり、違反があった場合の53％に拘禁刑が科されていた）から、その有効性に対して疑問と不満が高まり、その結果、2014年社会的迷惑行為・犯罪・警察法（Anti Social Behaviour, Crime and Police Act of 2014）により、ASBOに代替するものとして、迷惑・不愉快行為予防差止命令（Injunction to Prevent Nuisance and Annoyance; IPNA）および犯罪行動命令（Criminal Behaviour Order; CBO）が導入された。後者は、犯罪行為についての刑事裁判所による有罪認定にともない発せられるものである（Home Office, Anti-social Behaviour, Crime and Policing Act 2014: Reform of anti-social behaviour powers, Statutory guidance for frontline professionals [2014]）。この法改正は、本章が紹介したような手続保障の不十

分さについての批判に応えるものではなく、対象者に対してアルコール・薬物治療センターへの通所、落書きの原状回復などの積極的行為を命じるなど、むしろ予防的処分をより強化することによって、社会的迷惑行為への有効な対処を狙いとするものであった。アンドリュー・アシュワースとルチーア・ツェドナーは、法制度全体にわたり「予防司法」の傾向が近時ますます高まっていることを指摘し、批判的に検討している（Andrew Ashworth and Lucia Zedner, Preventive Justice [2014]）。イギリスの社会的迷惑行為対処法の改革については、今後の研究課題としたい。

[著者略歴]

葛野尋之（くずの・ひろゆき）

一橋大学大学院法学研究科教授。博士（法学）。

1961年福井県生まれ。1985年一橋大学法学部卒業。1990年一橋大学大学院法学研究科博士課程単位修得退学。日本学術振興会特別研究員（一橋大学）、静岡大学助教授、立命館大学助教授・教授を経て、2009年より現職。2003〜2004年ロンドン大学政治経済学院（LSE）客員研究員。
主著：『未決拘禁法と人権』（現代人文社、2012年）、『コンメンタール少年法』（共編、現代人文社、2012年）、『少年司法における参加と修復』（日本評論社、2009年）、『刑事手続と刑事拘禁』（現代人文社、2007年）、『少年司法の再構築』（日本評論社、2003年）。

刑事司法改革と刑事弁護

2016年3月10日　第1版第1刷

著　者　葛野尋之
発行人　成澤壽信
編集人　北井大輔
発行所　株式会社 現代人文社
　　　　〒160-0004　東京都新宿区四谷2-10八ッ橋ビル7階
　　　　Tel: 03-5379-0307　Fax: 03-5379-5388
　　　　E-mail: henshu@genjin.jp（編集）　hanbai@genjin.jp（販売）
　　　　Web: www.genjin.jp
発売所　株式会社 大学図書
印刷所　株式会社 平河工業社
装　幀　Malpu Design（清水良洋）

Ⓒ 2016 Hiroyuki KUZUNO

検印省略　Printed in Japan
ISBN978-4-87798-623-0 C3032

本書の一部あるいは全部を無断で複写・転載・転訳載などをすること、または磁気媒体等に入力することは、法律で認められた場合を除き、著作者および出版者の権利の侵害となりますので、これらの行為をする場合には、あらかじめ小社または著者に承諾を求めてください。
乱丁本・落丁本はお取り換えいたします。